How the Scots Invented the Modern World

THE TRUE STORY OF HOW WESTERN EUROPE'S POOREST NATION CREATED OUR WORLD & EVERYTHING IN IT

苏格兰

现代世界文明的起点

〔美〕阿瑟·赫尔曼 著
启蒙编译所 译

上海社会科学院出版社
Shanghai Academy of Social Sciences Press

目　录

中文版序(李宏图)　i

导读(陈正国)　1

前言　1

序幕　1

第一部分　顿悟　13

第一章　新耶路撒冷　15

第二章　自掘坟墓　36

第三章　人性研究(一)　57

第四章　人性研究(二)　79

第五章　南北鸿沟　101

第六章　最后一战　124

第七章　经济起飞　151

第八章　精英协会：亚当·斯密和他的朋友　177

第二部分　大迁徙　213

第九章　“伟大的设计”：苏格兰人在美洲　215

第十章　北部的光芒：苏格兰人、自由主义者与改革　252
第十一章　最后的吟游诗人：沃尔特·司各特爵士与高地复兴　275
第十二章　实践：科学与工业中的苏格兰人　305
第十三章　日不落：苏格兰人与大英帝国　329
第十四章　自力更生：苏格兰人在美国　369
尾声　393

进阶阅读的原始资料和指南　412
致谢　441
简明人名译名表　443
简明地名译名表　451

中文版序

李宏图[①]

2013年,为了研究苏格兰启蒙运动,我利用一个学期的学术休假专门前往当年苏格兰启蒙运动的中心,也就是亚当·斯密、詹姆斯·瓦特等思想家和发明家工作过的格拉斯哥大学。一天,当我在格拉斯哥大学市中心的英国著名连锁书店Waterstone's看到这本书被隆重推出的时候,立刻意识到这是一本不同寻常的书。这一念头驱动着我随即拿起这本书翻阅起来,正像格拉斯哥大学专门研究苏格兰启蒙运动的著名学者贝瑞教授所说,这并不是一本很严肃的学术著作,但很有参考价值。的确,这本书的作者基于翔实的材料,运用简洁流畅的语言、形象生动的叙述对唤醒人们再次关注苏格兰启蒙运动、了解苏格兰启蒙运动思想家们如何创造现代世界起到了一定的启蒙作用。

在中国,谈到苏格兰启蒙运动,很多人不太了解,苏格兰这样小的地方还会出现影响现代世界历史进程的一场思想解放运动。这是因为长期以来,我们一谈到启蒙运动马上就会想到18世纪法国的启蒙运动,以及如伏尔泰、孟德斯鸠、狄德罗和卢梭等一批思想巨人。殊不知在相同时期的苏格

① 复旦大学历史系教授,专攻世界近现代史、欧洲近现代思想史和社会史,出版多部学术著作,并担任"剑桥学派思想史译丛"主编。——编者注

兰也发生着一场启蒙运动，涌现出了一批思想家，如弗朗西斯·哈奇森、亚当·斯密、大卫·休谟、亚当·弗格森等。历史学家将此称为苏格兰启蒙运动，并给予了很高的评价。研究苏格兰启蒙运动的著名学者布罗迪认为，苏格兰启蒙运动是18世纪的一场思想盛宴，对西方文化具有重大意义。18世纪一些最为杰出的哲学家、政治经济学家、社会学家、历史学家、科学家、医学家甚至修辞学家和神学家都来自苏格兰。苏格兰启蒙运动也是一场伟大的具有世界性广度的思想和文化运动，引领了苏格兰以及欧洲走向现代化。正如本书书名所标示的那样，苏格兰启蒙运动“发明”了现代世界，它不仅创造了观念的现代性，而且也在政治学、经济学、道德科学、哲学、历史、宗教、艺术、工程、数学、自然科学、医学等很多方面为欧洲文化，也为人类文化的发展增添了光彩，更为重要的是，它塑造和建构起了一个现代社会。有点儿让人意外的是，本书书名被译为“苏格兰：现代世界文明的起点”则未能突出原作者想要体现的苏格兰启蒙运动与现代性这一主题。

如果从18世纪这一时代出发来思考的话，苏格兰启蒙运动既属于整个18世纪启蒙运动思想谱系中的有机组成，又带有其自身独特的特点。那么什么是苏格兰启蒙运动呢？要回答这一问题，首先就需要回到著名思想家康德对18世纪法国启蒙运动所下的定义。康德在《回答这个问题：什么是启蒙运动?》一文中这样表达道：“启蒙运动就是人类脱离自己所加之于自己的不成熟状态。不成熟状态就是不经别人的引导就对运用自己的理智无能为力。当其原因不在于缺乏理智，而在于不经别人的引导就缺乏勇气与决心去加以运用时，那么这种不成熟状态就是自己所加之于自己的了。Sapere aude！（古罗马诗人贺拉斯的一句话）要有勇气运用你自己的理智！这就是启蒙运动的口号。”他还说：“这一运动除了自由以外并不需要任何别的东西，而且还确乎是一切可以被称为自由的东西之中最无害的东西，那就是在一切事情上都有公开运用自己理性的自由。”

在康德这里，启蒙运动的核心就是敢于运用自己的理性，这也成了他对18世纪法国启蒙运动的一个重要界定。有鉴于此，在回答什么是苏格兰启蒙运动这个问题的时候,很多学者大都采用了“康德范式”,并且与法国启蒙运动展开比较进行解答。因为正是在对两者的比较中,我们才能够挖掘出苏格兰启蒙运动有别于法国启蒙运动的内在特征,以及它对现代世界的意义与贡献何在。

在18世纪法国的启蒙思想家那里,他们前所未有地强调人的理性,在理性的高扬之中勇敢地批判当时的君主专制,批判以贵族特权为基础的等级社会,批判教会的迫害和宗教的狂热,在将光明洒向现实黑暗的同时也建构起了未来社会的图景,其中最为重要的是这样三个层面:自由、平等和宽容,后来演变成自由、平等和博爱。这正是法国人引以为自豪的地方,也是法兰西民族对现代世界的伟大贡献。而对于苏格兰启蒙运动来说,他们不同意法国启蒙思想家一味强调的对理性的建构,认为在此之外还应该尊重社会既有的习俗和习惯。因此,“苏格兰启蒙运动”与“法国启蒙运动”的基本区别就在于前者更能深刻地认识到“理性”本身在驱动或实现社会变化方面的局限性。同样,苏格兰启蒙运动思想家对未来社会的理解和设计也与法国思想家们完全不同,他们从社会发展的阶段论出发,认为人类社会相继经历了捕猎阶段、畜牧阶段、农耕阶段,最后到达了商业社会,因此亚当·斯密创造出了“商业社会”,亚当·弗格森提出了“公民社会”这些基本概念。与法国思想家对未来社会构建理念不同的是,苏格兰启蒙思想家认为未来社会的基础是市场、法律和道德这三大要素。可以说这不仅是苏格兰启蒙思想与法国启蒙思想的最大差异,它还从另一视角理解着现代性,这同样是苏格兰启蒙运动思想家们对现代社会所做出的伟大贡献。

苏格兰启蒙运动与法国启蒙运动还有个明显不同的特征,法国启蒙运动诞生在贵族的沙龙里,而苏格兰启蒙运动则诞生在大学里,因此大学在这场运动中起到了重要作用。在苏格兰,从15世纪开始就相继建立起了圣安德鲁斯大学(1411/1412)、格拉斯哥大学(1451)、阿伯丁大学(1495)和爱丁堡大学(1583)。这些大学完全按照世界上最早创立的意大利博洛尼亚大学和巴黎索邦大学的模式建立,而且在创办之初,其教员也都来自巴黎索邦大学所培养出的苏格兰籍教师，当然很多在苏格兰大学里任教的老师原先也都在巴黎索邦大学和其他大学任教，并且在欧洲学术界都享有盛誉。例如约翰·缪尔(John Mair)是与伊拉斯谟齐名的科学家，先在巴黎索邦大学任教，后回格拉斯哥大学。在18世纪之前，苏格兰地区的学术与欧洲特别是与巴黎有着非常广泛和密切的联系。一批苏格兰地区的学生前往巴黎学习，然后又回到苏格兰，特别是到大学任教。诚如布罗迪所说，苏格兰早期大学的师资都毕业于欧洲大陆的大学，而非英格兰，在欧洲大陆，最吸引苏格兰学生的大学首推巴黎。这样的学术互动关系一直持续到18世纪。18世纪很多受到过这种学术文化熏陶的苏格兰学者都在大学任教，其中启蒙运动的领袖如弗朗西斯·哈奇森、亚当·斯密、托马斯·里德就是格拉斯哥大学的道德哲学教授，改良蒸汽机的瓦特也在这所大学任职。而像休谟等人则在爱丁堡大学担任教授。

从教学内容上说，这些大学为学生提供了与欧洲大陆相同标准的教育，而且接受了新的思想和观念。例如笛卡儿、牛顿、普芬道夫等人的哲学、法学和科学的思想都在大学里得到了传授。到了18世纪初，还专门设立了法学讲座教授，例如1707年爱丁堡大学设立了公法、自然法和万国法(public law and law of nature and nations)钦定讲座教授，随后在1710年设立了民法教席，1722年设立了苏格兰法教授职位。在格拉斯哥大学，1713年也设立了民法讲座教授。当然在设立讲座教授职位之前，法律教学已经在这些大学展开。例如斯蒂尔子爵(Viscount Stair,1616—1695)讲授苏格兰法，并写出《苏格兰的法律机构》(*The Institutions of the Laws of Scotland*,1681)一书，这本书被认为是苏格兰法律思想的奠基之作。而乔治·麦肯齐(George Mackenzie)爵士则是犯罪法律学的权威，他的《犯罪事件中的苏格兰法律与习俗》(*Laws and Customs of Scotland in Matters Criminal*)一书是苏格兰关于这一领域的第一本教科书。在这些大学所展开的对法律的教学研究在苏格兰启蒙运动中起到了重要作用，使得苏格兰启蒙运动带有强调法律是现代社会的基础的特征，例如亚当·斯密提出要让自由市场经济这只“看不见的手”发挥作用其实就包含了法制原则,在他看来,没有法制的市场经济无异于陷入了霍布斯所说的“丛林法则”。

在苏格兰,大学里的学术和文化氛围完全是开放的,与欧洲大陆的文化交流也非常频繁,按照今天的说法就是非常“国际化”。因此,有学者认为,苏格兰启蒙运动也是在与欧洲其他地区文化交往的背景下发生的,很多思想家也是欧洲文化和学术共同体的重要成员,例如弗朗西斯·哈奇森、亚当·斯密、大卫·休谟等,他们的写作和思考也都是在欧洲范围内来进行的。当然这并不是说苏格兰启蒙运动的思想家们完全无视他们所生活于其中的苏格兰,恰恰相反,他们完全着眼于苏格兰自身的背景和现状进行思考。1707 年,在苏格兰与英格兰合并之后,特别是到了 18 世纪 30 年代英格兰的工业革命开始之后,如何融入英格兰这样一个经济发展水平更高的“文明”社会恰恰就是这些苏格兰启蒙运动思想家们在思考的问题,他们也希望通过这样的思考来解决苏格兰的现代化问题,按照斯密的说法就是建立起商业社会,而弗格森则认为是公民社会。正是在这一思考中,他们不仅为本地区的发展贡献出了思想上的智慧,赋予了苏格兰富于创新和勇于实践的特性,也为人类文化增添了亮丽的色彩。

如果说法国启蒙运动思想家创造了沙龙这样一种“公共空间”的话,那么苏格兰启蒙运动则是呈现出了另外一种形态。在 18 世纪的苏格兰,由于都在一所大学任教,同时又因为各种学会(比如精英协会)纷纷成立,这些启蒙思想家们很容易建立起紧密的联系,形成一个志同道合的文化和学术共同体。例如格拉斯哥文学协会,像约瑟夫·布莱克(Joseph Black)、威廉·卡伦(William Cullen)、托马斯·里德、威廉·里奇曼(William Leechman)、詹姆斯·瓦特、约翰·安德森(John Anderson)等大学教授们也都参加了这样的协会。在某种意义上可以说这些协会就是知识分子的自我组织,也是不同学科进行沟通交流的最好场所,他们彼此都从不同的学科中汲取灵感和知识。同时,“社交性”也成为苏格兰启蒙运动思想家的重要特质,他们被称为“文人共和国”(republic of letters)。因此,苏格兰启蒙运动思想家们并不囿于自己的学科，写出了一些跨学科的论著，成了百科全书式的人物。例如亚当·斯密就涉及经济学、道德哲学、法学和修辞学等问题，托马斯·里德的学术范围包括心智和人类行动、数学、修辞和法学等，并在对法国哲学的回应中发展出了苏格兰常识学派。至于专业性的学术团体更是不胜枚举，例如苏格兰哲学协会、格拉斯哥文学社、阿伯丁智者俱乐部、爱丁堡精英协会等。这些社交性的俱乐部也是苏格兰启蒙运动重要的特征之一，正是在这些"公共空间"中，他们进行讨论甚至辩论，所涉及的议题也很多。由此他们才会掀起一场具有整体性的声势浩大的苏格兰启蒙运动，并做出了如此伟大的贡献。

从身份来说，苏格兰启蒙运动的这些思想家们不仅在大学任教，也与法国启蒙运动时期思想家被称作为"哲学家"的人不同，他们被称之为"知识分子"(literati)。作为大学教师，这些苏格兰启蒙运动的思想家们在教授知识的同时也在通过对知识的传播来改变人们的思维方式，并且在面对来自各种权威的束缚时也敢于进行表达和批判，也就是康德所说的"理性的公开运用"。例如亚当·斯密在其《国富论》中就大胆地批评当时存在的种种垄断行为，呼吁经济自由，特别是市场的自由。在他们看来，这就是启蒙运动的目的，每个人都能够摆脱来自各种权威的束缚，实现自主和独立，从而实现一个宽容和自由的社会。同样，他们也都在为推动社会的进步而思考和行动，无论是斯密的商业社会的建立，还是弗格森的公民社会理论的提出、瓦特对蒸汽机的改良，以及20世纪60年代X光射线的发明，无一不是这样一种内在精神气质的体现。他们始终坚信，现代工业和商业社会的发展将会使人们更为自由，自由将带来文雅，并推动人类的进步。

在苏格兰启蒙运动这些知识分子中，弗朗西斯·哈奇森无疑是整个18世纪苏格兰启蒙运动最重要的人物，这个被司各特奉为苏格兰启蒙运动之父的思想家是格拉斯哥大学的道德科学教授，他与托马斯·里德和杜格尔·斯图尔特(Dugald Stewart)是苏格兰常识学派的领袖；亚当·斯密在经济学上贡献巨大；大卫·休谟与约翰·米拉(John Millar)、亚当·弗格森则分别在哲学和社会学取得了重要成就。在历史学方面,威廉·罗伯逊(William Robertson,爱丁堡大学校长)是当时最重要的历史学家。在自然科学方面,1747 年苏格兰产生了英国第一个化学教授威廉·卡伦(后成为格拉斯哥大学讲座教授);亚历山大·门罗·普里默斯(Alexander Monro Primus)父子相继成为爱丁堡大学教授,创造了新的医学模式,并将爱丁堡发展成为全欧洲的医学中心,其在 18 世纪领先于全世界;约瑟夫·布莱克是热理论学者,正是他和詹姆斯·瓦特一起改良了蒸汽机。这些人如耀眼的星斗闪亮在 18 世纪苏格兰的天空,他们所涉及的领域包括政治、经济、哲学、历史、数学、医学、宗教、自然科学、道德科学等等,当时的爱丁堡也因其在文化上的繁荣被公认为是“北方的雅典”。

2014 年,苏格兰独立公投使得这个地区重回人们的视野,特别是在中国,旅行社对苏格兰高地优美风光的推介更引发了人们对这一地区的向往,但对于其历史,特别是苏格兰人对现代世界的贡献人们还是不甚了了。正如本书作者所说,当代世界是由科学技术、资本主义和现代民主构成,如果把这三个要素看成现代世界的特质的话,那么苏格兰启蒙运动的思想家们都对此进行了思考,为人类贡献出了自己独特的智慧,例如瓦特改良的蒸汽机、亚当·斯密的市场经济理论等就直接塑造了现代世界。因此,在今天阅读这样一本关于苏格兰启蒙运动的书,重回 18 世纪那个思想激荡、激动人心的时代将对我们大有裨益。因为这本书让我们重新发现了一向被遭到忽视甚至已被遗忘的思想与历史,它不仅将把我们从先前褊狭的片面中解放出来,而且将为我们塑造自身的思想观念,以及在现时代如何发明与建构起现代世界提供更多的资源与借鉴。

2015 年 6 月于剑桥大学

导 读

陈正国①

这是一本有关苏格兰近代历史的好书。

“苏格兰”一词在中文世界不大受关注，主要原因当然是因为其父兄之邦——英格兰过于耀眼，几乎就要完全掩盖了苏格兰的地位与成就。然而事实上是否如此？自从大清帝国被迫认识西方以来，清朝文献就学会了清楚区分“英格兰”与“苏格兰”。当年在清帝国领地上的大不列颠子民，有许多其实来自苏格兰。例如文献上被称为义律与懿律的海军统帅，以及帮助过清廷对付太平天国的戈登。但是到了20世纪，中文文献逐渐以英国笼统指称所有英伦三岛的事物，甚至以“英格兰”代表“英国”。以“英国”指称、转译大不列颠(Great Britain)或联合王国(the United Kingdom)，如果不是错误，至少是严重不妥：因为英国的“英”字很容易让中文世界误以为是英格兰的别称，是英吉利的现代名词。英语、英吉利、英格兰、英国的类似性，使得中文世界容易将苏格兰甚至北爱尔兰边缘化。例如我们说“英美法系”的“英”其实只能指涉英格兰。因此，严格说来，所谓“英国的习惯法传统”或

---

① 台湾“中研院”历史语言研究所助理研究员。台译本为《苏格兰人如何发明现代世界》，韩文正译，台北：时报文化出版企业股份有限公司，2003。本文原为台译本的“代序”。——编者注

“英国国教”都是错误的陈述。同理，如果我们说“英国大文豪莎士比亚”或“英国女王伊丽莎白一世”，我们就不可能同时说“英国的瓦特改良了蒸汽机”。我们的翻译作品常将 *History of England* 误译为“英国史”而非“英格兰史”。长期以来，我们学院里的“英国史”课程其实都只讲述“英格兰史”加上以伦敦为主要观点的“大不列颠”史。这些错失根源于我们对苏格兰历史太不清楚。自从 1707 年英苏《联合法案》(*the Act of Union*)生效之后，苏格兰(Scotland)就失去了议会以及单一主权国家(state)的地位，而仅是文化地理的国家(country)。可是和英格兰人(the English)一样，苏格兰人(Scots, the Scotch or the Scottish)自认是个不折不扣的民族(a nation)。如果以主权国家的观点来写作历史，苏格兰史到了 17 世纪就画下了休止符。但是如果以民族或社会观点来看，苏格兰的历史则绵延至今。假若以所谓英伦三岛的眼光来看，苏格兰人民在 18 世纪以后经历了一场重大的政治社会文化结构、习惯的转变，并且逐渐发展出了不列颠人(Britons, or the British)的新认同。此后苏格兰与苏格兰人就成为大不列颠史里不可或缺的元素。本书处理了 16 至 19 世纪近三百五十年苏格兰民族史。在这三百多年中，苏格兰经历了宗教信仰、政治制度、产业结构等方面的巨大变动。紧接而生的社会风俗、文化创造、思想学术当然也与时流转、胜义迭出。

法国的学术传统告诉我们，地理决定了文明的走向。苏格兰虽然勉强可算孟德斯鸠所谓的文明摇篮——温带地区——但绝对不是上帝应许之地。它的土质过硬而且贫瘠，更兼有占总面积约三分之二只宜粗放经营的高地。当欧洲通过地中海与东方贸易往来，邻近地区产生所谓文艺复兴的荣景时，当海上新航路陆续被发现，西、葡、荷、英等国开始纵横海外时，苏格兰的贵族几乎不知道新财富、新艺术、新学术的滋味。经院传统依然主导着贵族与大学的学问。文字经典的传统虽然持续发展(例如苏格兰的詹姆斯六世——同时也是英格兰的詹姆斯一世——被人认为就是一位古典学者与政治理论家，布坎南[George Buchanan, 1506—1582]则是当地望重士林的学者与史家)，但有关视觉艺术的开发则相当匮乏。不过到了 18 世纪中叶，苏格兰突然散发惊人的创造力。它开始相信自己有杰出的画家如拉姆齐(Allan Ramsay,1713—1784),剧作家如侯姆(John Home,1722—1808),建筑师如亚当(Robert Adam,1728—1792),以及伟大的诗人拉姆齐(Allan Ramsay,1686—1758,画家拉姆齐的父亲)、彭斯(Robert Burns,1759—1796)。当然它还有一群才华横溢的文人、哲学家、科学家、历史学家如休谟(David Hume,1711—1776)、里德(Thomas Reid,1710—1796)、亚当·斯密(Adam Smith,1721—1790)、弗格森(Adam Ferguson,1721—1816)、布莱克(Joseph Black,1728—1799)、罗伯逊(William Robertson,1723—1794)等等。为什么天才总是成群而来?因为天才也受限于地理、文化条件。

苏格兰固然错失了"地中海时代",但它却能及时积极参与"大西洋时代"的建立。本书作者详细说明了苏格兰人如何参与早期美国与美国企业精神的建立。不过除了北美,18世纪苏格兰人的足迹早已随着大不列颠帝国的船只踏遍了从几内亚到刚果,从印度孟加拉到中国西藏,从中国沿海到澳洲等世界各个角落。这些经验除了让苏格兰社会的物质文明大有斩获,更开启了苏格兰人的世界观。与吉本、休谟齐名的罗伯逊(后人统称为英国18世纪史学三雄)著有《苏格兰史》、《查理五世统治史》、《美洲史》。他强调精神文明与物质文明有绝对密切的关系。他认为历史的进步表现在心智的开展。可是少了经验,少了物质世界的涉入而谈心智的开展,根本就是缘木求鱼。这种物质主义式的论调竟然出自一位长老教会的大会主席之口,不啻令人称奇不解。从18世纪70年代开始,他的好友,也就是后来敢于批判法国大革命激进主义而名垂青史的保守主义健将柏克(Edmund Burke,1729—1797)在议会发表强烈言论批评当时印度总督海斯汀(Warren Hastings,1732—1818)。柏克花了十年时间指责海斯汀擅权专制,欺压印度人民。罗伯逊知道以后,写了一本论欧洲早期对印度文明看法的小书以为呼应。书中阐释,商业是宽容的基础。事实上罗伯逊的次子就在东印度公司任职。美洲独立战争爆发之后,弗格森应政府之邀赴美洲与革命军谈判,希望对方悬崖勒马。在谈判破裂、知道美洲终将独立之后,弗格森向友人表示，一切只盼双方贸易不受影响。

罗伯逊、弗格森等人都是神职人员，却都强调物质与商业的重要性。这固然是因为他们清楚认识到大西洋时代的意义，另一方面却也表明了宗教在苏格兰社会里所扮演的角色与文化条件。他们的创见就在于在时代变幻中重新审视文化传统，并赋予经典新的解释。当然，这并不表示坚守前定论（预选论）教义的加尔文主义者就是食古不化，或者说规避硬性教义就能海阔天空没有实践上的矛盾。最有名的例子当然是他们的好友休谟的无神论与自利论。在休谟被指控为无神论、将被判逐出教会时，这群教会朋友帮他保了驾。休谟死后，这群朋友又轮流在他的坟边守了八夜，以免坟茔遭人破坏。可是他们之间的对话仍少不了针锋相对。尤其是弗格森（大概是休谟在苏格兰的第二号挚友）的论著几乎都是针对休谟而来。德国学者哈贝马斯有所谓公共空间（public sphere）的理论，表明人们如何理性对话、寻求共识的可能。18 世纪的苏格兰可谓具体实践了这个理论。或者更准确地说，此段苏格兰史提供了哈贝马斯理论的历史依据。

可是，尽管意见的冲突或矛盾可以透过理性、修养与社会制度加以协调、软化，认同的问题却很难如此轻易解决。对于苏格兰而言，参与大西洋时代的建造就是舍弃了长期的盟国法国，甚至荷兰。反之，苏格兰人必须开始大量吸收英语世界的文化与思维。时至今日，苏格兰独立问题仍是此间政治主轴之一。可是当年亲身感受到大西洋共荣圈果实的苏格兰中产阶级，一方面视英语文化为必经甚至是终极之路，另一方面却认为不必然融入英格兰社会。休谟与亚当·斯密都曾经到过英格兰闯荡求发展，却都因为他们的苏格兰腔调过重而饱受奚落。休谟后来捎了一封信给亚当·斯密，表达了凄凄然无家可归的晚景。他说，巴黎是他最喜欢的都市，但毕竟不是故乡。伦敦可以称为故乡，处之却宛如异乡人。亚当·斯密最后心有戚戚焉向他最好的朋友召唤道，回来吧，回到苏格兰，回到你朋友之间。共荣并不表示没有区隔、没有等差。用弗格森的话来说，共荣是指物质的层次。这是人性所向往之路。但是人群社会的存在不是单靠物质，甚至不靠物质。

弗格森谈的是认同,而不是社会发展。

本书作者认为,19 世纪末苏格兰的创造精神不见了。更重要的是,苏格兰人丧失了本土性创造。这是个有趣的断言。苏格兰社会的人文学术的衰落迄今仍不是学界所关心的议题,就如同很少有人会花心思研究为何 18 世纪的牛津剑桥暮气沉沉。不过从 19 世纪以后,我们发现英格兰的青年才俊不太愿意跋涉到北方,进入苏格兰的大学就读。比较著名的例子似乎只有哲学家罗素的祖父,担任过英国首相的约翰·罗素(John Russell,1792—1876)——如果不是父亲坚持,他自己其实比较喜欢剑桥。相对地,许多苏格兰年轻人渐渐感到苏格兰丧失了活力,纷纷希望到北美或伦敦发展。例如后来复刊《爱丁堡评论》并当上苏格兰大法官的杰弗里(Francis Jeffrey,1773—1850)刚毕业时一心只想去北美发展,只是苦无好机会。他甚至想到印度闯荡一番事业,最后还是被劝阻了。他的同学如麦金托什(James Mackintosh,1765—1832)、布鲁厄姆(Henry Brougham,1778—1868)、密尔(James Mill,1773—1836)等人最后则都定居于伦敦。政治似乎可以解释部分原因。18 世纪中叶的学者、神职人员与贵族们声气相息。这个被史家称为改良时代(the age of improvement)的时期,如果少了贵族的积极参与,结果自然会大打折扣。例如大地主奥伯斯特的辛克莱(Sir John Sinclair of Ulbster,1745—1835)本身是个经济学者与英国首任农委会(Board of Agriculture)主席,他对农地改良根本是身体力行。许多苏格兰学会与俱乐部也都是靠这些大乡绅的支持才得以开花结果。例如本书所谈的"精英社团"的发起人,一半以上是贵族或乡绅。我们无法想象,如果没有有力人士的援助,恶名昭彰的休谟是否还可以出任律师公会的图书馆主管。可是随着时间的演进,苏格兰的贵族影响力下降了。相对而言,伦敦持续增加了它的影响力。那些在合并后仍留在故乡打拼的大贵族逐渐融入了伦敦政坛。他们的后代就在当地以股票房地产生意自营。同样地,政治改革成了有志青年的热门选择。伦敦当然成为他们一展才华的地方。布鲁厄姆后来在伦敦做了议员和最高法院法官。麦金托什到印度当了一阵子低阶法官,回到英格兰后当了东印度公司附属学院的政治学教授，最后在伦敦当议员。密尔毕业后在苏格兰当了一年传教士。此后移居伦敦靠写作维生，认识边沁（Jeremy Bentham，1748—1832）之后成为激烈的政治改革者。伦敦靠着政治与经济力量吸纳了苏格兰的人才。有趣的是，伦敦大学的成立就是上述这些人奔走努力的结果。比较著名的例外是小说家司各特（Walter Scott）。他和上述这些人同期在爱丁堡求学，一生都住在苏格兰写小说和文学评论。本书明显以美国观点来看苏格兰民族史。美国是个更大的伦敦，吸纳了更多苏格兰人才。苏格兰裔在美国的成就究竟与苏格兰社会有何关系，中国台湾与其他地区的中文读者应该会有兴趣仔细思考。

相较于休谟与亚当·斯密，19 世纪的苏格兰青年更容易融入伦敦——大西洋时代的中心。这也表明，他们的文化焦虑感似乎已经淡漠。他们缺少了前代人那种既融合又竞争、爱恨交织的两难气氛。深刻的文化常常是从限制中产生的。自由与人权观念早发的大不列颠继禁止奴隶买卖后，全面开放了犹太人的公民权。当狄斯累利（Benjamin Disraeli，1804—1881）以犹太人身份出任保守党党魁与英国首相时，德法的犹太人正开始遭受新的压抑与怀疑。可是这也是德法的文学、艺术、科学、哲学正要大放异彩的时刻；占人口之少数的犹太人可以说是居功甚伟。难道文艺思想的发轫强健都要以心灵的动荡作为补偿？答案似乎如此。至少在苏格兰的例子证明如此。休谟与亚当·斯密的怀疑论看似特别，其实他们只是同时代怀疑气氛的巨人而已。18 世纪的苏格兰人选择了向南方看齐，选择了与大西洋时代共荣。他们也立刻获得了物质上的果实。可是在许多辩论社团活动里，最常被点选的辩论主题其实是“科技商业的进步是否让人更快乐”、“现代人是否比古人进步”。19 世纪的欧洲，尤其是法国与英国普遍相信进步主义。亲眼看到苏格兰社会欣欣向荣的苏格兰 18 世纪思想家当然也铭铸了进步的观点。可是归根结底，他们真正担心的问题是社会是否会再次退步。大不列颠海军横行世界时，苏格兰高地军团成为他们陆战的主力（当然我们也不该忘记印度雇佣兵的贡献）。可是，苏格兰毕竟是个海洋国家。它透过摇晃的海绵看到自己不确定的影像。因为这一点不确定，所以它的人民试图建立一些确定的事物，无论经济发展、教育、学术还是民间社会。

大家对苏格兰历史与社会的了解相当有限。这本书的出版不啻久旱甘霖。作者将政治事件、军事冲突与文化创造揉成一气，却又不失层次的写作技巧，让本书阅读起来饶富趣味。以本书作为大家了解苏格兰历史与社会的起点，应该是个美丽的开始。

前　言

苏格兰裔的人们总是为民族的光荣历史和成就而自豪，尽管他们自己也对其一知半解。

他们可以从那些耳熟能详的故事里面列举出许多名字和细节，例如“勇敢的心”威廉·华莱士（William Wallace）和罗伯特·布鲁斯（Robert Bruce）；苏格兰的玛丽女王和宣告苏格兰独立的阿布罗斯（Arbroath）宣言；诗人罗伯特·彭斯和企图篡夺王位的小查理王子（Bonnie Prince Charlie）①。他们可以讲述詹姆斯·瓦特改良蒸汽机，约翰·博伊德·邓禄普（John Boyd Dunlop）发明自行车，亚历山大·弗莱明（Alexander Fleming）发明青霉素的故事，可惜其他人似乎没有多少兴趣。苏格兰人经常抱怨说，他们这个民族没有得到应有的地位。不过他们的抱怨更像是一种嘲讽，而没有乞求别人关注的意思。由于长期遭到忽视，他们养成了一种非同寻常的自尊心。

本书的观点是：身为苏格兰人这个事实并不仅仅代表着国籍、出生地或者血缘宗族，它的意义甚至超出了文化范畴，还意味着一种心态、一种世界观。

---

① 即查尔斯·爱德华·斯图亚特（Charles Edward Stuart），王位觊觎者老詹姆斯的长子，英格兰兼苏格兰国王詹姆斯二世之孙。——译者注

这种苏格兰式思维或心态是深思熟虑的产物，经由众多先人的构想流传至今。它又是一种自觉的现代视点，深深植根于先入为主的观念和习俗之中，而这些观念和习俗支配着我们今天的生活，以至于我们常常忽略其重要性，更不用说追究它的起源。从这个角度来看，现代世界的大部分都带有“苏格兰”的性质，只是我们没有注意到而已。现在是发现这个秘密的时候了。

本书即将讲述的是苏格兰人如何创造出现代性的基本理念的故事。我们还将揭示，在 18 世纪，那些理念是如何改变了苏格兰人的文化和社会，他们又是如何让思想随着移民传遍世界各地的。显而易见，苏格兰人没有包办一切，德意志、法兰西、英格兰、意大利、俄罗斯等其他许多民族也为建造现代世界作出过贡献。但苏格兰人绘制了蓝图，并教我们怎样评价最终的产品。当代世界由科学技术、资本主义和现代民主构成，但当我们审视这个世界并试图自我定位时，实际上就是透过苏格兰人的视角去观察的。

这种认识来之不易。沃尔特·司各特爵士曾说：“我是苏格兰人，因此我不得不与各种事物作斗争。”18 世纪和 19 世纪的苏格兰历史既是一场艰辛的胜利，又是一场悲剧，苏格兰人在获得巨大成就的同时也付出了鲜血和生命的代价。1700 年时，苏格兰是欧洲最贫穷的独立国家（毕竟爱尔兰是由英国人统治的，巴西还是葡萄牙的殖民地），直到 1800 年，苏格兰的人口仍然未满 200 万。然而这个人口稀少、领土狭小、文化落后的民族却摇身一变，一跃成为推动现代化进程的主导力量，其中的秘密鲜为人知，却能带给我们许多启示。

看看你的周围，就可以发现到处都有苏格兰人留下的痕迹。

序　幕

特伦教堂(Tron Church)坐落在爱丁堡的摄政大街上,几乎位于皇家大道的中点。皇家大道上坡的一端通向爱丁堡城,下坡的另一端通向荷里路德宫(Holyrood Palace)。1696年时,特伦教堂是象征苏格兰长老派教会的权势和成就的纪念碑,而苏格兰人将其称为“苏格兰教会”(Kirk)。1633年,商人和官员在这个地方为市场上交易的商品设立了标准的度量衡,爱丁堡的地方议会决定在附近兴建一座新的教堂。这座教堂完全按照长老会的风格设计,不像圣吉尔斯(St. Giles Cathedral)大教堂,也不像坐落于烛匠路(Candle Makers Row)修道院旧址的格里菲莱斯(Greyfriars)教堂,没有任何地方能让人联想起苏格兰被罗马天主教支配的不幸过去。而且它不受查理一世任命的爱丁堡新主教的管辖,也不会强迫人们加入英国的国教圣公会。

这座教堂于1637年动工。第二年冬天,民众在鼓声与赞美诗的歌声中争相涌入教堂,在全国教徒联署书上签名,订立了国民誓约,反对英国国教和英王查理一世。他们接管了爱丁堡,组织军队反抗英格兰的压迫。由于苏格兰人抵抗英王的“主教战争”①爆发,特伦教堂停工了。1652年,奥利

① 主教战争(Bishops' War),指1639年至1640年间英格兰与苏格兰的战争。1637年,坎特伯雷大主教命令苏格兰长老教会在举行宗教仪式时使用英国国教的《公祷书》,激起了苏格兰人的反抗,是英国资产阶级革命的导火线。——译者注

弗·克伦威尔(Oliver Cromwell)率军围攻爱丁堡,这座教堂没有受到影响。可直到1660年,查理一世的儿子查理二世横渡英吉利海峡策划复辟的时候,教堂仍未竣工。大约到了1678年,工匠们才最终完成了那个低调的尖塔,它是“旧式的荷兰风格,由木头、铁块建造,带有少量装饰,在所有方面都是最出色的”。爱丁堡市徽挂在大门上方,上面用拉丁文雕刻着如下字句:

爱丁堡市民以此教堂 献给基督与他的教会

爱丁堡的特伦教堂还兼有另一种功能,就是罪犯的刑场。被法庭宣判有罪的人在这里戴上枷锁接受惩罚。1679年,有人在日记里记录道:“这段时间法庭每天都判决许多刑事犯和诈骗犯。”他带着欣赏的语气继续写道:“在特伦每天都有机会旁观行刑,可以看到许多披枷戴铐的犯人,还有单调乏味的场景;所以对于公证人和旁观者而言,那是很了不得的一年。”

而对于另一种罪犯来说,1696年也是很了不起的一年。这年8月的天气反常地冷,事实上整个夏天一直又湿又冷。特伦教堂的钟敲响8时的时候,有四个年轻人挤作一团,在寒风中匆匆走过。其中一人是十九岁的高等民事法院职员约翰·尼尔森(John Neilson),另一个是二十岁的爱丁堡大学学生帕特里克·米德尔顿(Patrick Midletoyne)。还有两人是未满十九岁的神学院学生托马斯·艾肯赫德(Thomas Aikenhead)和年仅十三岁的大学生约翰·波特(John Potter)。我们无法确定,只知道他们可能刚从克莱里休(Cleriheugh,有“神职人员住所”之意)酒馆出来,那是附近的学生、法庭职员和法律从业者喜欢光顾的地方。

他们经过教堂时,呼啸的冷风让艾肯赫德直打哆嗦。他转过身对其他人说:“如果《以斯拉记》(*Ezra*)里面所说的地狱够暖和,我宁可马上去那儿。”那只是一个小玩笑,我们不知道其他小伙子笑了没有,可是第二天,其中一个人——或者是他们朋友圈的另一个人——找到教会官员,告发了艾肯赫德。

艾肯赫德的玩笑很快变得不再是玩笑了。据其他学生揭发,托马斯·

艾肯赫德在神学院里也总是嘲弄基督信仰。他说圣经的语句并非上帝的原话,而是先知以斯拉编造出来的——他称之为“以斯拉的罗曼史”,让听者惊得目瞪口呆。他断言耶稣没有神迹,不会治好麻风病,也并未让盲人复明,那些都是哄骗十二门徒的蹩脚魔术,并称那些门徒是“一群愚蠢可笑的渔夫”。他还声称基督复活是个神话,关于救赎的教义是谎言。关于旧约,艾肯赫德说假如摩西(Moses)真有其人,应该是个比耶稣更能干的政治家和魔术师(从肆虐埃及的青蛙和瘟疫等十灾,以及“燃烧的荆棘”、跨越红海等等传说来看),而伊斯兰教的先知穆罕默德(Mohammed)在这两人之上。

这些不敬的言论已经让虔诚的长老会信徒大受震惊和侮辱,可是艾肯赫德进一步抛出了爆炸性观点。他宣称上帝、自然与世界是一体的,且永恒存在。艾肯赫德为某种形式的泛神论开启了大门,换句话说,就是神或造物主存在于自然和时间之外,上帝创世记是一种神话。

艾肯赫德这小子或许只是闲得无聊,也许是喜欢标新立异,刻意显示他有能力轻率地对待别人顶礼膜拜的偶像。这个刚刚成年的神学院学生自以为懂得一切,听众瞠目结舌和哑口无言的反应大概令他乐不可支。可惜教会的掌权者们一点儿都不觉得有趣。真正致命的证据来自艾肯赫德的朋友、二十一岁的芒戈·克雷格(Mungo Craig),他指控艾肯赫德曾说耶稣是个骗子。苏格兰的检察总长听说这件事之后,断定艾肯赫德的言论构成了亵渎上帝罪。议会在1695年通过的法令规定,任何“神智清醒的人”对上帝或圣贤出言不逊,一律处以死刑。

苏格兰司法制度的运行与英格兰大不相同,起诉罪犯的权力完全掌握在检察总长一人手里。他可以起诉任何案件,无需理由即可将人监禁,也可以驳回证据确凿的案子,即使地方法官认为没有必要的案件,他也能继续追究。当时的检察总长詹姆斯·斯图尔特(James Stewart)是个地主①家庭的

① 苏格兰的“地主”(Laird)头衔类似于“勋爵”,但是地位和受尊敬的程度似乎略有不及。——译者注

继承人，熟谙法律，笃信长老教派。他深知，来自南方英格兰的一种被敌视者称为“自由主义”（latitudinarianism）的新兴宗教思潮使苏格兰教会深感忧虑。

“兼容并蓄”的英格兰圣公会就是自由教义派，此名称源于他们愿意对非正统的信仰主张采取宽容自由的态度。在更加保守的传统新教徒看来，这些异端的主张太不严格，甚至亵渎上帝。自由教义派相信基督教应该是宽容和“理性”的宗教，不应坚持死板苛刻的教义。这些人虽然在苏格兰深受鄙夷唾弃，却在英格兰的教会渐渐得势，其中一些人成为主教，约翰·蒂洛逊（John Tillotson）甚至当上了坎特伯雷大主教。蒂洛逊和其他“自由派”还与17世纪横扫欧洲的新科学思想有密切关系，他们热心地赞扬英格兰最著名的两位科学家——化学家罗伯特·波义耳（Robert Boyle）和数学家艾萨克·牛顿（Isaac Newton），宗教信仰与探索人类和世界本质的理性科学明明是冲突对立的，他们却对矛盾视而不见。在接受传统教育的苏格兰长老教派看来，自由教义派与无神论没有太大差别。而在艾肯赫德的玩笑话里面，斯图尔特检察总长嗅出了自由派和无神论的危险气息。

斯图尔特拥有令人生畏的权力，可以用一系列法律来起诉。1695年，改革派教徒代表大会建议，教士可直接代替地方法官审判涉及亵渎上帝的案件。苏格兰议会只得强化了关于渎神的法令，加上类似于“三振出局”的规定，罪人如果不知悔改，连犯三次之后就将被视为“顽固不化的渎神者”而判处死刑。

这是艾肯赫德第一次被推上被告席。因为没有达到三次的累犯条件，根据法律，他的处罚只是监禁或公开示众责罚。不过如有证据证明他曾经“侮辱或咒骂”上帝和圣贤，死刑的特别规定就适用了。詹姆斯·斯图尔特检察总长判定克雷格的证言成立，于1696年11月10日下令逮捕艾肯赫德，铁了心要把他送上绞刑架。

艾肯赫德被关入爱丁堡市立监狱托尔布斯（Tollbooth）的一个单人牢房，立刻意识到自己的处境非常不妙。最初他极力否认自己说过渎神的话，面对证人的证词,他又声称如果说过那些话,也只是复述在书(他没有具体说明是哪些书)里面看到的理论而已——具有讽刺意味的是,提供那些书的正是指控他的主要证人芒戈·克雷格。他表示忏悔,写信对法庭说,他对自己讲过的言辞"发自内心地深恶痛绝",听到它们被大声念出就"颤抖不已"。他强调自己虔诚地信仰三位一体的圣贤、救世主耶稣基督和圣经的真理,而且为自己"出生、受教于爱丁堡这个充满福音的地方而自豪"。艾肯赫德请求法庭鉴于他年少无知并且真心忏悔,对此案从轻发落。然而他已落入了权力的掌中,无处可逃。

审判秘密进行,斯图尔特检察总长亲自主持,诉讼过程中被告没有辩护律师。

跟现在一样,苏格兰陪审团裁决时有三种选择,即"有罪"、"无罪"和"证据不足"。如果陪审员断定没有令人信服的证据支持,即使犯人明显有罪,诉讼也可能以"证据不足"结束。如果这种情况发生,艾肯赫德本可逃过极刑,但他未能正面提出反驳指控的证据,且斯图尔特一心想杀鸡儆猴,最后陪审团判定他渎神的罪名成立。

12 月 23 日,斯图尔特提请执行死刑。"事实确凿……在长达一年多的时间里,被告托马斯·艾肯赫德不敬重上帝,无视他的神圣律法……到处散布亵渎上帝与救世主耶稣基督的邪恶言论,"判决书在列举罪行之后宣布:"判处被告死刑,没收其全部财产,昭告民众,以儆效尤。"判决当场生效,艾肯赫德将在第二年 1 月 8 日被处绞刑。

此案传遍全国,苏格兰的两位首席法学家安思托瑟(Anstruther)和方汀霍尔(Fountainhall)前往监狱探视这个倒霉的年轻人,看到艾肯赫德哭得几乎精神崩溃,他们感到不安。艾肯赫德说他已为过去的想法深刻忏悔,请求获准缓刑,"因为我最终的命运取决于此"。对于世俗法庭审判渎神的案件,安思托瑟很不以为然,他写信对友人说:"我不赞成教会介入世俗案件。"他认为,法庭和死刑存在的目的是惩罚扰乱社会和颠覆政府的罪行,而非用于冒犯上帝的罪。一般情况下,法律不会关注辱骂、说谎和酗酒这类问题,事实上也应该如此。不过他承认："我们的教士们总体上都是思想狭隘、墨守成规的，不能开明地处理这类事情。"

后来成为圣安德鲁斯大学神学教授的托马斯·哈利波顿（Thomas Hallyburton）无疑就是这种人。他对这个案子的观点简洁明了，并且容不得任何异议。他主张法律由上帝制定，人类必须遵守，"我们身为凡人，就必须遵守、服从主的意愿，受他的约束……正如昭示世人的那样"，如圣经和福音书中记载的，"他的意志就是法律，也是最高的法律"。哈利波顿的看法是，艾肯赫德这个"狂妄自大的家伙"触犯了法律，因此必须接受惩罚，以便警示其他试图步其后尘之人。

世俗与宗教法律之间的正确关系是什么？围绕这个问题，观点不同的两派开始论战，一方以严苛的哈利波顿为代表，另一方是安思托瑟这样比较富于世俗思想的律师。英格兰学者约翰·洛克（John Locke）对此案尤其关注。洛克以前是政治作家和理论家，不过这种职业生涯快结束了。他最近一部作品直接涉及了这些论题。1689 年 10 月出版的《论宽容》（*A Letter Concerning Toleration*），其观点与哈利波顿相反。"世俗的法庭不该干预灵魂的事务，"洛克写道："因为人的力量仅作用于外部世界，而真正带来救赎的宗教只来自于内心的信仰，除此之外皆不为上帝所接受。"

依照洛克的见解，关键不在于艾肯赫德是否说过触犯上帝律法的言论。宗教信仰属于个人意识或良知的领域，官方机构无权介入。洛克的观点与自由教义派十分接近："我认为真正的教会应以宽容为主要特征。"这也符合安思托瑟的意见，即世俗权力应限于"世俗事务"，因其性质不包括宗教事务。洛克的理论对英格兰影响很大，促成了 1689 年《宽容法令》（*Act of Toleration*）的诞生，构成了现代政教分离体制的基础。然而苏格兰盛行的观念就完全不同了，法庭仍然在起诉和处决女巫（第二年就有两个人被绞死），1692 年，马萨诸塞还发生了恶名昭著的赛伦（Salem）女巫审判。

另一个苏格兰律师詹姆斯·约翰斯通（James Johnstone）也同情艾肯赫德的遭遇，他将审判情况告诉了洛克，还寄去了起诉书、学生证词和艾肯赫德的上诉请求的复本。约翰斯通指出，所有证人都是二十来岁的少年，“没人明确指证，起诉书里也没有艾肯赫德造谣惑众的记录”，“启用长期不用的法律应当慎重，尤其是针对死刑。这个年轻人只是轻浮无知，容易驯服也未教唆他人，在这种情况下处决他会显得过于残酷无情。”

与此同时，艾肯赫德向苏格兰的首席大法官及其管辖的皇家枢密院递交了请愿书请求赦免。他复述了自己的忏悔和痛改前非的渴望，“请诸位大人网开一面”。他写道：“看在上帝的分上，垂怜我可悲的境遇。”安思托瑟自告奋勇为他辩护，帮他请求宽恕，声称如果饶了艾肯赫德，这个年轻人将会洗心革面，成为真正的基督徒。但枢密院回复说，如果教会不同意，就没有从轻发落的余地。当然，教会是不可能宽恕他的。就像安思托瑟写的：“那些虔诚伪善的教士们带着无知的热情高喊口号，要求砍掉他的脑袋。”

枢密院对艾肯赫德的上诉进行投票表决，结果是平票，最后大法官波尔沃思（Polwarth）投下了死刑的决定票。

于是挽救艾肯赫德的可能性只剩下一个，那就是伦敦。这里是苏格兰，英国议会和枢密院当然插不上手。但威廉国王和玛丽女王①毕竟是苏格兰名义上的统治者，假如居住在白金汉宫的皇室听到风声而插手这个案件，就可以颁布特赦，或至少要求重审。可惜苏格兰教会先发制人，他们向威廉和玛丽送交了一封请愿书：“本地存在大量的不敬和渎神行径，我们对此痛心疾首，故而不得不乞求陛下允许以死刑严惩。感谢陛下的优秀法律，让我们得以遏制情势蔓延。”

死刑准时执行了。公元1697年1月8日下午两点，托马斯·艾肯赫德被带到位于爱丁堡与莱斯（Leith）之间的绞刑架前。按照惯例，犯人有权发表临死宣言。艾肯赫德在寒风中一边发抖一边说道：“我可以控诉这个世界，他们诬蔑我，把类似的罪名强加到我身上，但我的行为只是出于对真理和自身幸福的纯粹热爱而已。”他用颤抖的嗓音声明：“追求真理的欲望永无

① 指詹姆斯二世的女儿玛丽二世和女婿威廉三世，他们两人是新教徒。——译者注

止境，这是每个人固有的本性”，所以他会追随理性所示的方向。他这样做了，并付出了生命的代价。

接着他谴责了指控他的主要证人芒戈·克雷格：“如果那些讨厌的概念（正是它们让我被处刑）以前不足以使他烦恼，现在他也会受到上帝和良心的谴责。”不过随后他原谅了克雷格和参与审判的其他人，并说希望上帝也原谅克雷格。

然后，他讲出了最后一个愿望：“我郑重期盼，我流的血可以阻止席卷不列颠的无神论潮流……现在，我主在上，圣父、圣子、圣灵，请接受我的灵魂。”行刑人抽掉梯子，犯人身体悬空，未满十九岁的托马斯·艾肯赫德就这样死了。

这就是17世纪末的苏格兰。严厉而暴虐的教会大权在握，无情甚至残酷的加尔文教派当道，渎神和巫术要受到法庭审判。当人们请求赦免、理性或事实真相时，呈现出的是古怪以至于荒谬的矛盾。

那时的苏格兰正站在通向现代世界的门槛上。然而，如果称其为“传统苏格兰”，却也是一种误解，实际上那是一段比较接近于近代的时期。迫害艾肯赫德的人所属的文化传统从苏格兰宗教改革开始，仅有一百年多一点儿的历史。

对于托马斯·哈利波顿教士和斯图尔特检察总长等人而言，16世纪约翰·诺克斯（John Knox）在苏格兰推行的宗教革命既留下了光荣的遗产，也留下了苦难的记忆。真正的信仰战胜了罗马天主教会的腐败势力，代价却是长达一个世纪未间断的血雨腥风，苏格兰被弄得四分五裂，各种政治动乱、内战、外邦入侵、宗教迫害和镇压一波未平一波又起，苏格兰教会不得不与已站稳脚跟的各种政治势力进行残酷的斗争。为了维护长老会教派的信仰，苏格兰的玛丽女王丢了王位，查理一世被砍头，詹姆斯二世被驱逐。

1696年时，人们对当年的惨状还记忆犹新。对于17世纪60年代和70年代的“王政复辟”，苏格兰人讽刺地称之为“杀戮时期”。在英格兰人的印象中，查理二世是个温和、好脾气的无赖，然而在苏格兰，他却派遣军队野蛮地镇压那些反叛他父王的“国民誓约”和“神圣盟约”运动余党。那些请求威廉和玛丽不要放过艾肯赫德的长老会教士中间，有很多人尝过被迫隐瞒信仰、在深山峡谷里如野兽般躲藏的滋味，看着他们的友人和邻居被杀害或被送到大西洋彼岸做奴隶。

起诉艾肯赫德的詹姆斯·斯图尔特曾被迫流亡海外。投下死刑决定票的波尔沃思男爵帕特里克·休姆(Patrick Hume)是反王政复辟的贵族，他知道被追捕是什么滋味。1683年，查理二世的几个主要反对者密谋行刺失败而被捕(即所谓的“麦屋密谋”[Rye House Plot])之后，尽管休姆没有直接参与此事，但还是在波尔沃思教区的家族墓园躲了起来。他在那里待了一个月，只吃忠仆偷偷送来的食物。墓地没有光源，只有通过石头缝射入的光束，他借助微弱的光线反复阅读拉丁文版本的《圣经·诗篇》，以此鼓励自己。多年之后，八十岁高龄的他仍能背诵其中的句子。

既然没有尝过宽容仁慈的滋味，怎能指望他们仁慈地对待年轻的渎神者呢？

不过到1696年时，旧秩序已日暮西山了。处决艾肯赫德是苏格兰加尔文教派独裁者们的最后挣扎。像安思托瑟和约翰斯通这样的大学教授和律师，还有年轻一代的教士已经成长起来，他们受到来自南方的进步思想的洗礼。1701年，身为检察总长的詹姆斯·斯图尔特推动议会进行了重要的法律改革，通过一项人身保护法令，对检察总长随意逮捕和监禁人的权力加以限制。

另外，一种更加不祥的变化正在发生。在艾肯赫德被处决的同一天(即1月8日)，爱丁堡的市府官员请苏格兰枢密院“在这个极度匮乏的时期”为在街上乞讨的大量穷苦百姓提供援助。1695年起，连续三年的庄稼歉收酿成了严重的饥荒，苏格兰的传统经济正濒临绝境。两百年后的一位历史学家这样描述当时的情况：

苏格兰东部频繁出现一种叫做“哈雾”(haars)的冷湿海雾，加上夏

> 天雨水过多，长期缺乏日照，经常发生暴风雨，霜冻和降雪又在秋天提早到来，农作物都枯死了。这种灾难性的气候持续了七年，谷物几乎无法成熟，未熟便枯萎的谷子就那样在12月的倾盆大雨和暴风雪中被冲走……成百上千的牛羊死亡，物价飞涨，农产品有价无市。由于疾病和匮乏，农村地区的人口大量减少。

1697年到1703年的凶年期间，因饥荒而死的确切人数我们不得而知，只知是数以万计。罗伯特·希巴德（Robert Sibbald）这样描述当时的情况："每个穷人的脸上都能看到死神的阴影。"苏格兰本来就是总人口不到两百万的贫弱小国，17世纪90年代，它陷入了空前绝后的灾难，即便在后来的"高地清洗"运动的最糟时期，也未落入这样的境地。

进入18世纪，苏格兰别无选择，必须另辟蹊径。对于下一代的低地苏格兰人而言，父辈的世界——"国民誓约"、"神圣盟约"、"杀戮时期"、荒年和饥馑、特伦的刑场、处决女巫和托马斯·艾肯赫德——正在变成遥远而模糊的记忆。

苏格兰人的思考方式是向前和乐观的，他们正在努力改变这个文化和物质皆落后的国家。与此同时，他们也将改变世界。18世纪末期，象征现代世界的基本制度、思想、心态、习俗在苏格兰人手中已大致形成。无论在字面还是比喻的意义上，苏格兰人都在全球继续披荆斩棘，开创了人类历史的新纪元。正如我们所知，"人类历史"（human history）的概念多半是苏格兰人的发明。

苏格兰人历史观的基础是追求进步。他们主张社会与个人一样，都是不断成长和进步的。他们学习新技能、新思想，对于个人能力及个人应有何种自由，认识也在不断更新。苏格兰人告诉世人，衡量进步的决定性标准是我们比过去前进了多少，以今衡古，而非以古论今。本书将会提到亚当·斯密、大卫·休谟、亨利·布鲁厄姆、沃尔特·司各特勋爵等杰出人物，对于这些现代苏格兰人来说，"过去"就是审判并处决托马斯·艾肯赫德的苏格兰。

话说回来,在奠定现代苏格兰基础的过程中,同样信奉正统基督教的加尔文派教也以令人惊异的方式发挥过作用,给人留下了深刻印象。归根结底,如果缺乏苏格兰长老会的赏识和支持,苏格兰人开创现代文明的故事将是不完整的。

第一部分
顿　悟

觉得奇怪吗？在这个时代，我们已经失去了自己的王室、自己的议会、独立的政府，连主要的贵族阶层都离开了这个国家；我们对自己的口音和发音方式不满意，讲着一种生造的堕落的语言的方言；我说，这不是很奇怪吗，在这样的环境下，我们真的能成为在欧洲文学界最著名的人？

——大卫·休谟，1757 年

1745 年（詹姆斯二世党人）叛乱后，这个国家突然涌现众多天才，在外国人看来就像雨后春笋。某种程度上是因为信息和自由主义从海外不断大量输入，与苏格兰的古老习俗相结合，产生了这种可喜的现象。

——杜格尔·斯图尔特（Dugald Stewart）

第一章
新耶路撒冷

I

日耳曼宗教改革的成就几乎全部归功于马丁·路德(Martin Luther),苏格兰的宗教改革却是由约翰·诺克斯依靠英雄般的意志和旺盛的精力一人完成的。

与路德一样,诺克斯在民族文化史上刻下了永不磨灭的印记。他是一位多产的作家和传教士,拥有惊人的才能和坚强的意志,毕生不懈努力,对教义要求严谨。他早年是传播新教的狂热分子,为此屡遭流放和监禁,甚至被判罚奴役,戴着铁链镣铐在国王的大船上服役。所谓天将降大任于斯人,严酷的经历锻炼了他的身体和精神。约翰·诺克斯成了“无所畏惧之人”。从1559年起,他凭一己之力,威逼利诱,迫使苏格兰贵族和城市阶层一举推翻了中世纪遗留的罗马天主教会,正式采纳了日内瓦的约翰·加尔文(John Calvin)的教义信条。此教义十分严格,讲究苦行,认为圣经是上帝本人的教导,这位上帝严苛而多疑,对所有罪人和渎神者都会毫不留情降下雷霆之怒。人的灵魂进天堂还是下地狱将取决于上帝的恩惠,与善行或良愿无关——这仿佛是诺克斯本人性格的自然延伸。加尔文主义对于他就像呼吸般自然,与他同时代的苏格兰人都受到这种信仰的教育。

约翰·诺克斯的最终目标是将苏格兰人改造成上帝的选民，将苏格兰改造为新的耶路撒冷。为此，他愿扫清一切罗马天主教在苏格兰土地上的残余。有人赞美他："对付罗马教廷，别人只是修剪枝叶，他却是连根拔起，百般摧毁，片甲不留。"诺克斯及其追随者要肃清的对象不仅是苏格兰的天主教，还包括它所有的物质象征，从修道院、主教、道袍、圣遗物直到市场上的十字架，无一例外。他们砸碎教堂的彩绘玻璃和圣徒塑像，捣毁唱诗班的长椅和圣坛隔板，打翻圣坛……延续百年的宗教文化传统就这样被消灭，它们在我们眼里也许是伟大的艺术杰作，可是在诺克斯眼里它们只是罗马天主教的余毒，是"偶像崇拜"和"撒旦的化身"。于是，这些偶像在苏格兰南部完全消失了，加尔文派的教会取而代之。

诺克斯及其属下还在苏格兰强制推行加尔文派的安息日新规则：禁止工作（星期日拔鸡毛也会被捕），不准跳舞、吹风笛、赌博、玩牌，看戏等娱乐活动一律禁止。除非有牧师的书面许可，任何人不可擅自离开教区。教会取缔了一切传统集体娱乐，如嘉年华会、五月节庆典、哑剧还有耶稣受难日的表演。违规者要被判刑和流放，通奸者一律处以死刑。教会法庭（即长老会的管理机构）创造出了许多酷刑，如鞭挞、连颈手枷、封口钳（一种封口的铁制头盔，在嘴巴里插一块铁片，用来惩罚说谎者或渎神者）、浸水刑椅以及放逐，还用火刑烧死女巫或者被认定魔鬼附身的人。在这种严苛的专制统治下，信徒们唯一得到的巨大报偿就是直接面对上帝的机会。通过圣餐仪式，信徒以葡萄酒和面包的形式得到基督的血肉，如今这种交流的权利平等地属于所有人：无论贫富和男女老幼。反观罗马天主教，圣经对外封闭，一般人无法接触。而现在，只要你耳聪目明，就能吸收上帝的教诲。每逢星期日，教堂里圣乐飘扬，赞美诗绕梁不绝。上帝的圣餐会成了集体庆典，供应足量（时而丰盛）的葡萄酒和糕点（诺克斯曾经出席过一次圣餐聚会，那次会众们喝掉了 8 加仑半的红酒）。

教会是生活的中心。它选举出教区的长老委员会，甚至选任教区牧师。长老委员会被称为红衣会议，负责照顾穷人和病人，养育教区的孤儿。如有待嫁的少女因为太穷办不起嫁妆，就由红衣会议代劳打点。凝聚教徒的不仅仅是严刑峻法，还有对上帝的信仰和身为选民的信念。“上帝爱我们，”诺克斯写道：“因为我们是他亲手所造。”

在很大程度上，诺克斯成功地将苏格兰改造成了新耶路撒冷。宗教改革在苏格兰低地打下了坚实基础，这片区域土地富饶，有河流经过，西端是克莱德峡湾（Firth of Clyde）和格拉斯哥，南至卡莱尔（Carlisle）以北的哈德良长城（Hadrian's wall）①，向东延伸至爱丁堡和特威德河畔的肥沃平原贝里克（Berwick-on-Tweed）。此地区北边是风景优美却土地贫瘠、人烟稀少的苏格兰高地，其历史几经浮沉。不过，诺克斯影响了整个苏格兰，根据他理想中的乌托邦，教会构造了新社会，既颠覆了苏格兰的过去，又颠覆了一切世俗价值观，无论其来源为何。1572 年 11 月去世之前不久，诺克斯在一封信中如此写道：“尘世万物终将腐朽——宗教的性灵亦难免，唯上帝的造物永恒。”

诺克斯所鄙视的“尘世万物”，政治权力首当其冲，确切地说，是君王的权力。原因也许是诺克斯的主要同盟者苏格兰贵族希望君王服从他们，也或许因为他接触的每任君主都是儿童或妇女（英格兰的少年国王爱德华六世，苏格兰的玛丽女王，外号“血腥玛丽”的玛丽一世，还有“血腥玛丽”同父异母的妹妹、都铎王朝最后一位君主伊丽莎白一世），因此他毫不掩饰自己的不耐烦和轻蔑的态度。然而，“血腥玛丽”和苏格兰的玛丽女王都离不开他。虽然她们是天主教徒，但她们需要诺克斯所代表的宗教权威承认自己的合法地位。玛丽女王宣布要嫁给无能的表兄达恩利勋爵（Lord Darnley），诺克斯严厉谴责，使玛丽当众大哭。尽管如此，玛丽还是与达恩利结了婚，这门亲事引发了一系列丑闻，她最终失去了王冠，而达恩利丢了性命。1570

---

① 公元 120 年前后，古罗马帝国君主哈德良兴建的防御工事，横亘不列颠岛，位于英格兰与苏格兰之间，用于防御北方蛮族，由石灰石和泥土构筑，长度约 150 公里。——译者注

年，诺克斯意识到，对于重建新耶路撒冷，玛丽已无利用价值，遂将她一脚踢开。代替玛丽的是她年幼的儿子詹姆斯六世，为了让新国王成为长老会派教徒，苏格兰的首席人道主义者乔治·布坎南担任詹姆斯的导师。

诺克斯和布坎南坚信，政治权力由上帝赋予，属于人民，而非国王或贵族的既定特权，甚至也非教士的专利。长老会与上帝订立了誓约，因此他们有责任捍卫权力不被干涉。摧毁偶像崇拜、推翻暴政，是上帝赋予"全体人民"的神圣使命，诺克斯写道，"任何人都责无旁贷"。

当时，这种政治梦想无疑是超前的。布坎南将君权神授转化为天赋人权，改造为成熟的教条，这在欧洲前所未有。布坎南来自苏格兰中部的斯特灵郡(Stirling)，当时此地仍保有浓厚的高地文化气息——实际上，布坎南会说盖尔语和苏格兰方言。他先在圣安德鲁斯大学学习，后来转到巴黎大学，同窗好友包括几位宗教改革的巨擘，如约翰·加尔文和创立天主教耶稣会的圣依纳爵·罗耀拉(Ignatius Loyola，西班牙文的名字是 Ignacio de Loyola)。他获得过希腊文和拉丁文的奖学金，水平超过所有同辈。他还是苏格兰长老会的创始人和教徒代表大会的主席——在此之前从未有人能以平民身份担任宗教领袖。他帮助教会编写了《第一训导书》(*First Book of Discipline*)，不过最大的功绩还是 1579 年出版的一部探讨政治权力的性质的著作《苏格兰人的政府法则》(*The Law of Government Among the Scots*)。

布坎南在书中断言，一切政治权力属于人民，人民选举出的管理者——国王或治安团体，都是民众事务的代管者。人民总是比其制定的规则更强大，如果管理者违背大家的意愿，人民就有撤换的自由。他解释说："人民喜欢谁，就可让谁戴上王冠，他们有这种权利。"人们向来把这种思想归功于约翰·洛克的创见，其实苏格兰斯特灵的这位长老会教士在一百多年前就表述过类似观点。布坎南更进一步，认为如果统治者或法律有负选民所托，那么每位公民——"无论如何低贱"——都有神圣的权利和责任除掉暴君，甚至可以杀死国王。

民主政治的公式在此浮现：政府属于人民并为人民服务。然而在 16 世纪晚期,民智未开,社会条件尚未成熟,这种思想只引起了反政府行动。诺克斯去世后,苏格兰陷入了长达二十年的动乱,直到玛丽的儿子詹姆斯六世继承王位,推翻了老师的理论,重新确立了君主权力的地位。"主权在民"的梦想破灭了,但其在教会的影响并未消失,苏格兰的各个教区和省份都保留了独特的宗教会议体制。在欧洲所有国家中,苏格兰的教会制度是唯一民主的。会众选举的长者组成红衣会议,牧师由这些长老任命而非少数掌权的贵族或地主。长老还派代表团参加当地的宗教会议,会议轮流派代表参加全国教徒代表大会。这意味着加尔文派教会并非纯粹行使上帝旨意的机构,其成员是民众的真正代表。

自然而然,自治的苏格兰教会与王室以不稳定但均衡的状态共处,尽管后者(如斯图亚特王室)声称统治权是上帝赋予的。对于长老会而言,统治者仍是上帝和他的子民,而非君王。传教士安德鲁·梅尔维尔(Andrew Melville)甚至告诉詹姆斯六世,苏格兰是双重国度,一个属于君王,另一个属于耶稣基督,人之国须受神之国支配。詹姆斯六世在位将近五十年(1603 年伊丽莎白一世去世后无子嗣,由他兼任英格兰国王,即斯图亚特王朝的詹姆斯一世),思想较为开明,对此问题没有强求。其子查理一世不识时务,登基后企图破坏不听话的长老派教会,强迫他们在祈祷时使用英格兰国教圣公会的《公祷书》(*Book of Common Prayer*),点燃了民主的火药库。

1637 年 7 月 23 日,星期日,爱丁堡圣吉尔斯大教堂的晨祷仪式开始了。副主教按照查理国王的命令打开新的祈祷书,他刚一开口,女性会众就开始高声叫骂,其他人拆掉长椅到处投掷,抗议的巨大声浪传到教堂外面。骚乱持续了几个月,爱丁堡的大主教无奈离职逃亡。受到激励的教士、贵族和平民百姓聚集起来,于 1638 年 2 月的最后一周签署了"国民誓约"(National Covenant)。

国民誓约不仅是一份请愿书或信仰宣言。它在功能上是长老会版本的民主宣言,打着真正宗教的旗号,挑战了国王随意制定法律的特权,用实际行动证明,不经教徒代表大会和议会的允许,苏格兰人将反对任何强加的变革。签名的人们宣誓维护诺克斯建立的信仰："我们将极力维护……上帝赐予我们的权力，至死方休。"

成堆的联署书被人们从爱丁堡带到邻近的城镇，渐渐传遍全国。无论男女、贫富、老幼，成千上万的教徒签了名。牧师带领教区会众集体署名。"我目睹上千人同时举手，"有人这样描述，"他们热泪盈眶。"据说在西南部，竟然有人以血书明志。

到了5月底，苏格兰未签约的地区只剩下偏远的西部高地、阿盖尔北部的岛屿和最忠于王室的戈登(Gorden)家族占据的阿伯丁郡(Aberdeen)和班夫郡(Banff)，政治力量的平衡岌岌可危。这股浪潮甚至蔓延到苏格兰移民居住的爱尔兰的阿尔斯特(Ulster)地区，尽管王室官员拼命阻止，但仍有数百人签了名。

11月，教徒代表大会在格拉斯哥召开，苏格兰人向"撒旦与敌基督分子的王国"宣战，即反对查理一世及其手下的主教。这场战争是查理不情愿又无力应付的。"国民誓约"派的军队由几千名志愿者组成，大多数人只有锄头和镰刀这类武器。然而他们成功击败了国王的雇佣军，迫使查理赔偿求和。这场主教战争(实际上分为两次，其间有短暂的停战)暴露出了斯图亚特王朝的软弱无能，促使伦敦议会通过决议废黜查理一世。英国内战爆发，查理一世于1649年被处决，奥利弗·克伦威尔以"护国公"的身份成为最高统治者。英国内战永远摧毁了不列颠徒有其表的君主专制，带来了新的政治理念，即由被统治者掌管政府。追本溯源，变革来自苏格兰教会发起的国民运动。

但我们不能忘记，长老教会的动机主要是憎恨撒旦，而非热爱民主。教义并未赋予人们自由选择的权利。许多不愿签名的人被戴上枷锁公开示众，或被迫离开故乡。简单地说，发起运动的人只是宗教狂热分子，意在摧毁一切障碍——国王、主教、不够狂热的邻居。至于交流思想的自由、表达思想的自由、宽容和理性约束之类的现代民主原则，他们完全没有考虑过。

话说回来，这种宗教狂热也有两面性。一方面如后来发生的艾肯赫德案件所揭示的,它是个人自由和独立思想的大敌。因此,启蒙运动的苏格兰思想家鄙视它,将其视为自由社会的最大威胁——恰如现代知识分子鄙视和恐惧所谓的宗教权力。不过另一方面,它也是专制暴政的敌人,当统治者坏到一定程度时,它赋予人们反抗权威的力量。大卫·休谟受过加尔文派教会的迫害,从1638年的国民运动中看出了这个特征。1757年,他对读者解释说,约翰·诺克斯的宗教信仰“将神性……赋予了每个人,而且以他本人的视角,每人被赐予的特质远远优于那些重视形式和礼仪的机构所能给予的”。

苏格兰文化中蕴含的平等主义和民主精神具有深刻而久远的影响。17世纪60年代,英国人吉尔伯特·伯内特(Gilbert Burnet)造访苏格兰西部,对所见所闻大为叹服。他写道:“穷苦百姓也能毫无顾忌地议论政事,还有对王室权力的限制,真令人十分惊奇,对于所有话题,他们都能引经据典,随时回答我们提出的问题。”他还说:“政治悟性蔓延至各色人等,甚至最低微的佃农和仆人。”

诗人罗伯特·彭斯曾用更加生动的语言描述:“人要保持之所以为人的尊严。”(A Man's a Man for a'that.)对于苏格兰人而言,外在形式毫无意义。使人出众的是内在素质,即道德和智慧的完善——在17世纪的国民运动中,就是指宗教狂热。彭斯是无神论激进派,而我们仍能通过他的诗歌听到一百多年前的回响:

见他人锦衣玉食
吾人无须顾影自怜
人之为人,不在外表
光鲜亮丽,过眼云烟
箪食瓢饮,不改其志
人之为王,即在于斯

彭斯了解教育对于塑造内在特质的重要性。这方面，苏格兰长老会做过贡献，对后世影响极其深远。

1696 年，即艾肯赫德被捕的同一年，苏格兰议会通过了“兴学法案”（*School Act*），规定苏格兰各地教区至少设立一所学校。这样每个教区都拥有“宽敞明亮的校舍”，每位教师的薪水在 100 马克（用英国的货币来表示就是 60 苏格兰镑或 5 英镑）至 200 马克之间。

长老会支持教育的理由显而易见：未成年人必须识字才能阅读圣经。早在 1560 年初版的《第一训导书》中，诺克斯就呼吁建立全国性教育系统。八十年后，议会终于通过了第一项教育法令，1696 年修订的条例意在补充和强化。不过十年光景，苏格兰的教区几乎都有了某种形式的学校和正规的教师。有些地区的教育简单粗糙，只教授最基本的阅读和语法，但每人都有机会学习，且至少理论上是免费的——即使实际上未必如此。

究竟有多少苏格兰人由于法令而受益，真正学会了读写，历史学家仍然争论不休。在教育和别的很多方面，苏格兰高地人都远远落后。不过有一点可以确定：在 18 世纪末，苏格兰人的识字率领先全球。一个英国人惊异地发现，“在苏格兰的穷乡僻壤……总的来看，最贫穷的人也会识字念书”。1790 年，金罗斯郡（Kinross）的克莱西（Cleish）镇，几乎每个八岁儿童都识字，阅读水平相当好。据估计，1720 年之前，男子的识字率保持在 55% 左右，1750 年上升至 75%，而同时期英格兰男子的识字率仅有 53%。直到 19 世纪 80 年代，英格兰才终于赶上了这个北方邻国。

苏格兰是欧洲第一个现代意义上的文明社会。这意味着人们不仅阅读圣经，还阅读别的书籍。宗教审查制度设置的障碍最终在 18 世纪被破除，知识爆炸随即展开。亚当·斯密和大卫·休谟这类作者的著作涵盖的读者群扩及一般大众，而不仅限于知识分子。

在苏格兰，即使不算富裕的中等阶层也拥有自己的藏书，如果想阅读昂贵的书籍，还能从当地图书馆借阅。1750 年，所有城镇都有图书馆。位于珀斯郡（Perthshire）克里夫（Crieff）的因内佩弗里（Innerpeffray）就是很好的例子。那里的图书馆保留了从1747年至1800年间的借阅记录。记录显示借阅者形形色色,包括当地的面包师傅、铁匠、箍桶工人、染匠和染坊学徒、农夫、石匠、采矿工人、裁缝以及佣人。藏书以宗教书籍为主,但被借阅的书一多半都是世俗主题,作者包括约翰·洛克、法国启蒙运动的博物学家乔治-路易·勒克莱尔·德·布丰(George-Louis Leclerc de Buffon)、苏格兰本土的历史学家威廉·罗伯逊(William Robertson)。阅读的风气开创了文化的多重面向,在苏格兰培育了大量读者群。他们的品味形形色色,主题包罗万象。

罗伯特·彭斯出生于苏格兰西南部的阿洛威(Alloway),父亲是贫穷的农民,他教儿子用犁耕田糊口。不过他有长远眼光,让小彭斯接受与英国绅士相同的教育,学习拉丁文和法文。知识帮助未来的诗人打开了通向新世界的大门。彭斯回忆道:"尽管挨过老师的鞭子,我的学习还是相当出色。"他阅读的第一批书是从当地铁匠那儿借来的,如汉尼拔(Hannibal)的传记和《威廉·华莱士生平》(*William Wallace*)。"华莱士的故事给我灌输了一种民族偏见,"彭斯回忆:"它在我的血液里燃烧,直到生命之泉枯竭,进入永远的安眠。"十六岁时,这个艾尔郡(Ayrshire)的少年农夫已阅读了大量经典著作,如莎士比亚(Shakespeare)的部分戏剧、亚历山大·蒲柏(Alexander Pope)和苏格兰诗人艾伦·拉姆齐的诗歌、阿迪森(Addison)在《旁观者》(*Spectator*)杂志上的文章、杰里米·泰勒(Jeremy Taylor)的神学著作、杰思罗·塔尔(Jethro Tull)的农学著作、罗伯特·波义耳的化学讲义、哲学家约翰·洛克的《人类理解论》(*Essay Concerning Human Understanding*)、法国启蒙运动思想家弗朗索瓦·芬乃伦(François Fénélon)的讽刺作品《忒勒马科斯历险记》(*Les Aventures de Télémaque*),还有一些地理和历史作品。

彭斯算特例吗?当然。不过他的故事确实表明,即便在苏格兰乡村,从小培养读写能力也成了社会习惯。书籍贸易在爱丁堡当地的经济中有着重要地位。1763年,这个城市的人口仅有6万,却拥有6家出版公司,1790年增至16家。造纸业是民族经济的支柱产业。历史学家阿南德·齐尼斯

(Anand Chitnis)记录道："苏格兰本土的制造业中，从业人员数量超过造纸业的只有羊毛、制麻、铸铁和酿酒业。"在低地农业带的偏远乡村，与工业沾边的往往只有造纸作坊。位于柯里(Currie)的一家作坊开张时，立刻替镇上引来了两百多个居民。

造纸、油墨、印刷、销售构成了产业链，为广大读者服务。1795年的官方调查显示，苏格兰总人口150万，其中将近两万人依靠写作或出版谋生，10500人从事教育。这表明，尽管苏格兰相对贫困，人口稀少，但重视阅读、学习和教育的观念已植根于苏格兰文化。苏格兰对教育的重视和普及程度，放眼欧洲无出其右者。

这种心态塑造了苏格兰的高等学府。本书之后会提到，大学在苏格兰近代史上有着关键作用。这绝非一朝一夕，而是具有牢固深厚的基础。尤其是格拉斯哥大学和圣安德鲁斯大学，它们的悠久传统可追溯至中世纪。中世纪晚期思潮的代表人物约翰·邓斯·司各托(John Duns Scotus)就是苏格兰人，在巴黎大学被誉为"哲学与神学之王"的约翰·梅尔(John Mair)晚年曾在这两所大学任教(乔治·布坎南和约翰·诺克斯都当过他的学生)。1574年，有人评论说："格拉斯哥拥有各种各样的语言、艺术和科学，优质而廉价的学校，欧洲没有第二个地方能够媲美。"

爱丁堡大学、阿伯丁的马里斯切尔学院(Marischal College)和国王学院的历史较短，不过并不比上述两所大学逊色。这些学府不像18世纪的牛津和剑桥大学那样成为知识分子的象牙塔，也未成为与外界隔绝的闭塞堡垒。苏格兰的大学尽管规模较小，却是国际性学术中心，吸引了新教欧洲、英格兰和阿尔斯特的学生(因为牛津、剑桥和都柏林的三一学院招收的学生仅限于圣公会的教徒)。

识字读书的潮流渐渐普及，大学既是学术交流中心，也是大众教育中心。1720年至1840年，大学生的人数增加了两倍。通常只要会拉丁文即可入学，而许多学生在教区学校就奠定了这方面的基础。大学的学费也相对低廉。

格拉斯哥大学一年的学费只要 5 英镑，仅为牛津或剑桥学的十分之一。这说明，像艾肯赫德这样的爱丁堡药剂师的儿子能上大学并非特例。大学生多半出生于商人或教师等家庭，工人或劳动阶层较少。但在英格兰大学里，来自地主士绅和贵族等上层的学生占多数。1740 年至 1830 年间，格拉斯哥大学半数以上的学生来自中产阶级，还有不少学生来自下层，尽管数量不是太多。

18 世纪，为积攒足够的学费，技工、农民、店主等平民子弟可能在十三四岁就省吃俭用，上大学后，他们能与弗雷泽（Fraser）、麦克斯韦（Maxwell）、厄斯金（Erskine）这些苏格兰最有名的贵族子弟同堂学习。罗伯特·福里斯（Robert Foulis）的父亲靠加工大麦为生，他本人是理发店的学徒，经常在闲暇时去格拉斯哥大学旁听最著名的哲学家弗朗西斯·哈奇森（Francis Hutcheson）和数学家罗伯特·西蒙森（Robert Simson）的课程。福里斯的才能给哈奇森留下了深刻印象，因而被破格聘用为哈奇森的助教。这种事在牛津和剑桥都未有先例，直到维多利亚时代末期才有所改善。

除了男孩，其他人也可接受教育。爱丁堡和阿伯丁市民中间，大学的审计课成为流行的业余爱好。大学教授也定期参与“社区外教”活动，为学院圈子之外的学生普及知识。

18 世纪 50 年代，格拉斯哥大学的罗伯特·迪克（Robert Dick）讲授自然哲学，听众全是市民。19 世纪早期，爱丁堡大学的化学教授托马斯·霍普（Thomas Hope）公开讲课，吸引了三百多位认真好学的女士。对于苏格兰中产阶级来说，教育不仅能提高职业能力和社会地位，还成为一种生活方式。

1696 年的兴学法案引发了深远的变革，而教会从未预见——这很好地证明了，社会运动的重大结果往往并非刻意安排，亚当·斯密和后世苏格兰思想家都熟知这一点。斯密曾在《国富论》中评述，苏格兰的教育体系“使几乎所有平民都能识字阅读，其中很多人能写字和记账”。今天我们承认，在复杂的现代世界，识字和计数是生活的基本技能。从这层意义上说，18 世纪的苏格兰已准备好了“进入”现代世界，其他欧洲国家都落后了一步。

Ⅱ

听起来似乎匪夷所思，在各项领域独占鳌头的一向是英格兰，苏格兰人也承认。至少在17世纪末，苏格兰人开始对这个南方邻国产生了复杂的自卑情绪，于是他们采取重要措施试图弥补，艾肯赫德案件就是怪诞的表现，苏格兰教会的顽固派将其视为针对英格兰宗教文化入侵的先发制人的反击。无论如何，两国关系向来不睦，直到近年才有所缓和。

随着罗马帝国覆亡，英格兰和苏格兰因为历史和地理等因素成了共同体。它们实际上是兄弟王国，位于同一区域，由同一股势力统治，都远离欧陆传统文化，在公元10世纪和11世纪期间都曾抵抗过北欧维京人的入侵。

两国的形成过程大致相同，封建君主为巩固权力，把土地分封给有实力的追随者——在苏格兰就是氏族的族长——来换取他们的效忠。它们采用相同的语言文字。早在11世纪，苏格兰王室就以英语（或英格兰中部一种叫做Scots的方言）作为官方语，致使盖尔语渐渐成为无人使用的死语。

为扩张领土、攫取财富，两国国王一有机会就攻击对方，挑起战争。两国人结下深仇大恨，彼此长期猜疑敌视。威廉·华莱士引领苏格兰摆脱了英格兰的压迫，被苏格兰人奉为英雄、“勇敢的心”。可是在英格兰人眼里，他是野蛮的刽子手，为拓展苏格兰人的领地烧光北部边境的村落，进行种族清洗。英格兰教士编写的《兰纳科斯编年史》（*Lanercost Chronicles*）如此评价华莱士在1305年的可怕暴行：

> 杀人如麻，命如草芥
> 英格兰望尘莫及
> 觉醒吧，苏格兰
> 你们的领袖如此野蛮

英格兰人将爱德华一世（1277—1307）描述为中世纪最贤明的君主，因为他吞并了威尔士和北方领土，将英格兰塑造成未来大不列颠王国的核心。而在苏格兰人看来，他是头号恶棍、奸诈专制的暴君，不仅蹂躏爱丁堡，还盗走了苏格兰王权的象征"斯昆石"（holy Stone of Scone）——几百年来，苏格兰国王一直在这块石头前加冕。

由于宗教改革，两国抛弃了罗马天主教，改奉加尔文新教的两个略有分歧的教派为国教。但即便如此，苏格兰长老会与英格兰圣公会的仇恨仍未消弭，一有机会就互相迫害。1603 年，王室的意外变故令这种情形雪上加霜。伊丽莎白一世是都铎王朝的最后一位君主，终生未婚，没有子嗣。她去世后，由其外甥继承王位。这个外甥正是她憎恨的姐姐——苏格兰玛丽女王之子。于是苏格兰的詹姆斯六世成了英格兰的詹姆斯一世，斯图亚特王朝就此开始。接下来的一个世纪，两国由同一人统治。

这段历史不堪回首。王室指派的官员接管了苏格兰政权，他们根据宫廷顾问的命令处理政务。詹姆斯国王满足地待在宫中，自鸣得意，"我只用笔就能统治苏格兰"。他将苏格兰贵族玩弄于股掌，迫使其屈从王室，丝毫不给其自主的空间。

他强迫苏格兰官员接受大主教的指挥，让会众在圣礼时下跪。苏格兰贵族涌入伦敦的宫廷，声名狼藉，被英格兰人称为贫穷贪婪的食客和寄生虫。于是英格兰人对苏格兰人的恶劣印象根深蒂固，一直延续到美国独立战争，至今难以抹除。

同时，在詹姆斯一世和儿子查理一世的高压统治下，两国人民积怨日深，终于揭竿而起。内战既发生在英格兰，也发生在苏格兰。1647 年，查理一世惨败，向苏格兰求援，承诺如能夺回王位，就赋予苏格兰宗教自由，并支持其教会。苏格兰竟然应允，结果在普雷斯顿（Preston）战役中被克伦威尔击败，实在愚蠢又短视，令人吃惊。最后，查理一世非但失去了王冠，还丢了脑袋，苏格兰独立的美梦破灭了。随后近十年，英格兰军队占领了苏格兰，后者不得不忍受铁蹄蹂躏。

千年来的历代君主未曾做到的事，奥利弗·克伦威尔做到了。他不但统一了英格兰和苏格兰,将其置于同一个政权下,还占领了爱尔兰,并于1652年对德罗伊达(Drogheda)居民进行残酷屠杀,迫使爱尔兰投降。创下非同寻常的成就后,他得到的回报是三个民族永远的仇恨。时至今日,爱尔兰人、英格兰人和苏格兰人共同憎恨的历史人物非克伦威尔莫属。

最初承认查理二世为王的是苏格兰而非英格兰。1660年5月,查理二世回到伦敦即位,应该标志着南北两国和解。但查理二世要苏格兰屈从自己,且偏偏触动了必会激起强烈反抗的宗教问题。他重蹈父亲的覆辙,强迫苏格兰接受圣公会机构的领导。他选中大臣劳德戴尔(Lauderdale)公爵治理苏格兰,1667年到1680年,此人成为统治苏格兰的独裁者,是谓"杀戮时期"。历史学家约翰·希尔·伯顿(John Hill Burton)说,"没有哪位东方君主能使人民如此顺从"。在派驻西印度群岛时,劳德戴尔就惯于使用武装占领、酷刑拷问、死刑和奴役等手段迫使反对者顺从。"杀戮时期"使苏格兰加尔文教徒的仇恨从伦敦统治者和圣公会扩展至整个英格兰,甚至包括高地苏格兰人,因为劳德戴尔喜欢招募支持斯图亚特王朝的高地部族(外号"高地主人")组成军队,镇压参与过"国民誓约"和"神圣盟约"运动的西南低地人。

1680年,劳德戴尔被召回伦敦,但人们并未忘记那一连串残酷的宗教迫害,直到查理的弟弟,信奉天主教的詹姆斯二世继承王位时,反抗仍在继续并达到高峰。包括阿盖尔(Argyll)伯爵①在内的苏格兰贵族与英格兰的反天主教势力共同密谋推翻詹姆斯二世,结果事情败露,一干人全部身亡。

1688年,詹姆斯二世被赶下台,他的新教徒女儿玛丽和女婿奥兰治亲王威廉(William of Orange)继位,全苏格兰举国欢庆。光荣革命缓和了英格兰与苏格兰由来已久的冲突,教会重获独立。以前斯图亚特王朝利用册封贵族操纵苏格兰议会,威廉和玛丽废除了这个规矩。然而在别处,新的裂痕显

① 这个家族就是坎贝尔家族,这位被斩首的伯爵是阿盖尔伯爵九世,他的儿子因投靠了奥兰治亲王威廉,在光荣革命后被册封为公爵,成为阿盖尔公爵一世。——译者注

现。卡梅伦(Camerons)、阿平的斯图尔特(Stewarts of Appin)、麦克劳德(MacLeods)、格伦科的麦克唐纳(MacDonalds of Glencoe)这些高地部族都是在旧政权时期兴盛起来的,他们希望詹姆斯二世复辟。新政权的欧洲大陆政策尤令他们愤怒,因为威廉集中力量与法国的路易十六①开战。这是激起詹姆斯二世党人反抗的导火索,与其说他们忠于反复无常的斯图亚特王朝,不如说是反对权力中心从爱丁堡转移到了伦敦。

到了1689年,情势大致稳定。两国仍由同一个国王统治,拥有各自的首都和议会。然而,两国的势力均衡已经被打破。经济而非宗教成为新的焦点。英格兰成了不列颠帝国,不断向海外扩张,殖民地远至大西洋彼岸的北美,南及非洲,东到亚洲。1660年到1688年,英格兰轮船运送的货物吨数翻了一倍。中世纪时,伦敦和布里斯托尔(Bristol)主要出口羊毛纺织品,如今商人都从北美和亚洲进口原料,加工出口到欧洲,以糖、烟草、辣椒、蜂蜜、棉花等货物为主。随着成本降低,需求增加,伦敦的经济越发繁荣,议会通过了"航海条例"(Navigation Acts),保卫大西洋和亚洲的水路,确保商人控制北美和亚洲的市场。英格兰海军成了全球最强大的舰队,势力很快扩张到印度,控制了非洲的黑奴交易。通过英格兰银行、皇家证券交易所、贸易委员会这些新兴机构,英格兰商人的财富源源不断地供给国家和政府。英格兰更加富裕、政治稳定、人口增长,胜过苏格兰,成为欧洲的新兴超级大国。

与之相对,苏格兰传统经济已陷入绝境。无论高地和低地,都靠旧式的地主—佃农关系耕种、生产,百万人只是勉强糊口。即便收成最好,饮食也单调乏味。普通苏格兰人以燕麦和大麦之类的谷物为主食,很少吃肉,顶多在节庆场合吃点儿鱼类或瘦猪肉。只有富贵阶级才能享用油腻的肉类、美味的甜食和烟草美酒,虽然现代营养学家认为前者才是有利健康的食谱。

---

① 应为路易十四。下文在提到17世纪前后的时候,路易十六均应为路易十四。——译者注

然而在苏格兰，美食并非总能享用，1695 年起由于连年歉收发生饥荒，贵族们被迫省吃俭用。

英格兰人效仿以前的荷兰人，学会了在恰当时机进口粮食，交换有利可图的制造品。苏格兰虽也有海外贸易，但只停留于运输未经加工的原材料和食物等初级商品，如谷物、牲畜、羊毛、鱼类、煤炭和铅矿石，都是现代贫穷的第三世界国家出口的低附加值产品。雪上加霜的是，威廉国王和继位的安妮（Anne）女王在欧陆与法国开战，得罪了这个主要贸易伙伴，还拒绝法国进入繁荣的英国市场和殖民地。苏格兰处境艰难，被不盈利、非生产性的传统贸易框架束缚，对此他们心知肚明。

为摆脱困境，1695 年，苏格兰的统治阶层在爱丁堡召开议会。他们的计划直截了当：苏格兰全盘照搬英格兰的做法，通过立法创建一套全新的经济制度，与英格兰抗衡。此议会曾制定法律制裁渎神者，也曾兴办学校，现在又建立了苏格兰银行，模仿居功甚伟的英格兰银行（不过苏格兰银行最初规模比英格兰银行小得多，本金只有 10 万英镑，后者的本金是 60 万英镑）。第二年，议会授权成立了公营企业，仿照不列颠的东印度公司，开辟出苏格兰自己的海上贸易运输线路，连接东方和西方。结果这家达里恩（Darien）公司揭开了苏格兰史上最悲惨的篇章。

威廉·帕特森（William Paterson）是居住在伦敦邓弗里斯郡（Dumfriesshire）的苏格兰人，成立达里恩公司和苏格兰银行都是他的构想。另一个苏格兰人约翰·洛（John Law）在 1718 年说服法国王室成立皇家银行。帕特森和他一样，凭着敏锐的洞察力，他们把握住了在 17 世纪欧洲出现的海外贸易新趋势。两人都雄心勃勃，可惜洛的野心最终毁掉了法国的财政系统。而帕特森是个梦想家，只要想出一个好点子，就不允许任何细节问题阻碍计划。安德鲁·弗莱彻（Andrew Fletcher）是东洛锡安区（East Lothian）的地主兼议员（后面会提到，他将是我们故事的一个关键人物），帕特森得到他的支持后，极力劝说大家创办公营的合股企业，其形式类似于为英格兰赚得大量财富的东印度公司和垄断黑奴交易的皇家非洲公司。议会同意了他的计划,又于1695年5月26日适时授予其公司永久垄断苏格兰在亚洲和非洲地区的贸易权,以及期限三十一年的美洲独家经营权。

可以想见,英格兰商界的反应是惊愕和敌意。他们努力游说议会,向国王威廉递交请愿书,请他勿批准此法案。国王最后还是签字了,但伦敦和威斯敏斯特的政商气候变得十分险恶,苏格兰企业原本希望利用既有的英格兰贸易纽带坐享其成,结果未能如愿。不过帕特森另有一套备用方案。1696年7月23日,苏格兰议会的外贸委员会采纳了他的提议,准备在位于巴拿马(Panama)地峡的达里恩建立苏格兰殖民地。当时那片狭长的地带荒无人烟,只有海滩和热带丛林,可帕特森抱有神奇的梦想,坚信它会成为未来世界贸易的重要枢纽。他相信,达里恩连接东方与西方、大西洋与太平洋,一定会成为完美的货物流通港口,并称巴拿马是"海洋之门,宇宙枢纽"。现在巴拿马的主人是苏格兰,而非英格兰或西班牙(尽管自1531年西班牙探险家巴尔博亚[Vasco Nunez de Balboa]发现西太平洋后,西班牙就声称拥有其主权)。公司改弦易辙,目标从促进贸易改为拓展殖民地。帕特森只需要资金和愿意移民巴拿马的志愿者,移民任务看来不太难,因为农业国苏格兰正面临前所未有的饥荒,无数人正在缓慢走向死亡。

英格兰用尽一切手段阻止苏格兰筹集资金。英格兰的投资者抽回资金,阿姆斯特丹和汉堡的银行家听到不确切的消息说,如果给达里恩计划投资,他们与伦敦的最赚钱的合同就会被终止。可苏格兰人迸发出了巨大的爱国热情——以及对英格兰的怨恨——自发筹集了足够的现金。这是自国民誓约运动以来仅见的盛况,成百上千的地主和商人倾其所有购买达里恩的股票,许多苏格兰高级贵族抵押了财产。短短数月,公司募集的资金总额高达40万英镑,相当于当时苏格兰流通货币总量的一半。

这是了不起的壮举,多数投资者不为发财,而是出于荣誉。或许人人相信,英格兰蓄意破坏好事,因此必须给他们还以颜色,表明自己的骨气。住在爱丁堡的伦敦政治代言人昆斯伯利(Queensberry)侯爵对这件事疑虑很深,但他听说汉密尔顿(Hamilton)公爵夫人捐助了3000英镑,也只好捐出同样的数目。

爱丁堡附近的莱斯港热闹起来，很快聚集了许多船只、商铺和移民，其中包括威廉·帕特森一家。他们打算带各种商品去巴拿马与土著做生意，如5000册英文版《圣经》和4000顶扑粉假发。1698年7月17日，在爱丁堡民众的“眼泪、祈祷和祝福中”，五艘船离开港口驶往新世界，于11月3日抵达达里恩湾。

从头到尾，这次远征都是多灾多难。帕特森一行人原先打算携带九个月的补给，抵达时才发现他们的补给只够用六个月。英格兰在牙买加和哈瓦那有基地，不过他们当然不能让东西落到苏格兰人手里。了解热带的人能预料到这些来自寒冷国度的冒险者的遭遇。海岸附近蚊虫肆虐、热病流行，人们一个接一个倒下，平均每天就有十二人死去。人们开始酗酒，将组织纪律、神圣信仰等抛诸脑后。西班牙人再次声称巴拿马包括达里恩属于西班牙，没收了一艘船，威胁要展开攻击。精疲力竭的幸存者遭受疾病和灾害的打击后，于1699年7月踏上归途。自他们在欢送声中从莱斯港出发，时间仅过去了一年。

当初1200位移民中，只有很少的人活着返乡。威廉·帕特森的妻子也在达里恩去世，同她丈夫的美梦一道被埋葬在异国他乡的荒凉海滩上。

或许性格使然，苏格兰人拒绝放弃。他们又组织了两次远征，但均铩羽而归。最后一次人数最多，配备了精良的武器和充足的补给，打从上岸之后，几乎无时无刻不在丛林里与西班牙人奋战，然而到了1700年4月，他们终于认输。返航的四艘船上挤满了乘客，据一个目击者形容，“船舱里简直像猪圈”。祸不单行，途中他们又遭遇了可怕的风暴，两艘船沉没，另外两艘船来到靠近英格兰和西班牙的港口避难，却被当地政府捕获，最终没有一艘船返回苏格兰。

达里恩冒险让两千多人魂断异乡，20多万英镑打了水漂，还毁掉了贷款银行。与达里恩计划相关的众多家庭破碎，公司破产，加上现金损失，本来就危机重重的苏格兰银行濒临破产。1704年12月，苏格兰银行停止支付储户的账款。在财政崩溃、农业歉收、连年饥荒等多重灾难的打击下，苏格兰陷入绝境。

达里恩计划还造成了两国关系的进一步恶化。威廉国王曾抱怨说，“苏格兰一直对朕怀有敌意”。1702年威廉去世后，他妻子的妹妹安妮继位。她是斯图亚特王朝的最后一任君主，也是新教徒。达里恩的悲剧仍在延续。面对苏格兰从欢欣到破败的历程，英格兰揶揄、恐惧，到最后松了一口气。他们意识到苏格兰迟早要成为商场上的竞争对手，好在这个对手还太天真，因此他们决心保护自己的财富和帝国不让外来的苏格兰人染指。1704年，英格兰议会通过了“排外法案”(*Aliens Act*)，规定所有居住在英格兰的苏格兰人都属于外国公民，他们在英格兰的资产不能由子孙继承。法案还禁止与苏格兰进行大宗贸易往来。这项法案两年后被废除，却充分暴露了这个南方邻国的反苏格兰情绪。

苏格兰人同样愤怒。明眼人都看得出，达里恩冒险从一开始就注定失败。正如当代历史学家帕特里克·赖利(Patrick Riley)所言：“在一块热病流行的异乡土地上，没人能真正建起殖民地。”帕特森一行人明知这项事业定会激起英格兰的强烈抵制，却未采取任何预防措施。他们没有寻求与英格兰合作的机会，也不愿为达成目标而妥协。帕特森和弗莱彻只想着用英格兰人自己的游戏规则击败伦敦政府，一开始就表现出傲慢和挑衅的姿态。如今事情搞砸，大家都知道该怪谁——英格兰人。

有传闻说达里恩的最后一批船里有一艘是被英格兰船击沉的，1705年4月末，那艘英格兰船从福斯(Forth)峡湾到莱斯港时，被苏格兰人扣押了。苏格兰官方逮捕了船长和全体船员，指控他们犯有谋杀罪和海盗罪。英格兰船长和十四名船员受到类似于私刑的审判，被判死刑。这与之前的艾肯赫德案不同，王室很快介入，宣布赦免。但苏格兰枢密院看到爱丁堡民众群情激愤，害怕发生动乱，还是将船长和两名水手长送上了绞刑架。报复心切的苏格兰人欢欣鼓舞，愤慨的英格兰人怒火中烧，两国关系跌到谷底。

明智之人对此自有洞见，其中包括许多达里恩计划的原始股东。这一切代价只证明了一件事：如果没有英格兰的帮助，苏格兰就无法参与大西洋经贸体系，更赚不到钱。然而现行政治体制下，两个独立王国由同一个君主统治，英格兰就不可能帮助苏格兰。事实证明，若必须在两国利益之间选择，王室必然偏向更加富裕、人口众多的南方。苏格兰只能永远屈居老二，除非找到新的更大的财富来源，同时满足两国的胃口。

于是解决方案很明显了。两国政治家开始越来越频繁地提起同一个词：**结盟**。这个词以前只在议会辩论和宣传手册里出现，但谁都没有料到，达里恩惨败的苦涩回忆让它变成了现实问题。英格兰政界基本赞同。实际上，1704 年的"排外法案"就有一项条文，号召两国高级官员就"两国结盟事宜"展开协商。辉格党和托利党都认为，这种手段可以控制苏格兰，防止类似达里恩的事件再次发生，并且确保苏格兰不会脱离英格兰的经济和政治轨道。

站在英格兰的角度，现在急着谈结盟还有很大的地缘政治因素。1688 年，詹姆斯二世遭到罢黜，就与英格兰的世仇法王路易十六结盟。在法国的协助下，詹姆斯在爱尔兰登陆，组织了一支天主教军队与英格兰对抗。在 1690 年 6 月底的博伊奈（Boyne）战役中，威廉与爱尔兰新教徒组成的同盟军终于击溃叛军。但支持詹姆斯的"詹姆斯二世党人"在苏格兰仍然有很大影响。英格兰政治家相信，通过结盟可防止苏格兰变成斯图亚特王朝复辟分子的反攻基地。

苏格兰的意见则更加复杂。安德鲁·弗莱彻等人以为，达里恩冒险的经历证明苏格兰永远不能指望英格兰。1705 年他对苏格兰议会表示，"只有脱离英格兰，建立属于自己的王国，才是苏格兰长治久安的唯一途径"。来自康沃斯（Carnwath）的乔治·洛克哈特（George Lockhart）等支持詹姆斯二世的苏格兰人深表赞同。英格兰当然希望结盟，洛克哈特写道，"因为那样苏格兰就会永远沦为奴隶，失去向英格兰要求赔偿损失的合法手段"。此外，由于英格兰议会立法规定，罗马天主教徒不能继承英格兰王位——包括英格兰—苏格兰联合王国的王位，结盟就意味着彻底剥夺了斯图亚特王朝的詹姆斯及其子孙继承王位的机会。

事先很难想象,达里恩惨败后的五年内,“结盟”就在两国成了热门政治议题。苏格兰议会在原则上同意组织委员会,负责协商出双方都可能接受的方案。人人都明白,两国目前的关系恶劣到了极点,不能再这样下去,势必要改弦更张,建立新局面。而关键问题是,什么样的局面?

第二章

自 掘 坟 墓

I

1706 年秋，爱丁堡成为万众瞩目的焦点。10 月 3 日，苏格兰议会开始就与英格兰结盟事宜进行投票。《鲁滨逊漂流记》的作者丹尼尔·笛福(Daniel Defoe)除本职的记者职务之外，还兼职做政府宣传员，替安妮女王的大臣哈利勋爵(Lord Harley)做密探。此时他也来到苏格兰，以便向主子报告所见所闻。他发现这里的气氛格外紧张，在爱丁堡黑暗狭窄的街道小巷随便转上一圈，就能听到人们在指责那些“对英格兰奴颜婢膝、趋炎附势、放走国王、出卖祖国的贼子”。笛福不禁想，幸好伦敦还未公布草案内容，若参加谈判的苏格兰官员还想回国，“他们最好找保镖护卫，否则恐怕就会被打死”。

这年春天，双方谈判代表已在伦敦协商并签署了草案。“谈判”只是好听的说法。谈判委员会在 1705 年时由苏格兰议会授权成立，但议会无权选择委员会成员。事实上，双方的谈判代表均由王室亲自指定，全都遵从王室意志，替所谓的“结盟”背书，让苏格兰成为英格兰的附庸。这是安妮女王和身边大臣的如意算盘，也是苏格兰委员会的唯一选择。“你知道，我们身不由己，事态不是我们所能控制的。”一位代表写信对朋友说。也许由于这个缘故，虽然文件包含二十八项条款，且意义重大，但谈判却只持续了十八天就草草结束。现在只需要苏格兰议会的批准，它就能正式成为法律，虽然没人认为会顺利通过。

条约内容苛刻，希望两国以联邦形式结盟的苏格兰人非常失望。某位支持者解释说，条约可让这两个“完全不同、自由、独立的王国各自的利益整合为共同利益，使双方受益”。通过结盟将产生新的大不列颠王国，由同一个君主和不列颠议会统治。不过那些晦涩的条文显示，新政府成员中的英格兰人将远远多于苏格兰人。首府是伦敦，在苏格兰以南大约400英里。苏格兰枢密院将失去所有权力，涉及两国的事务将全部由英格兰直接管辖，包括税赋、海关和国内消费税、军事和外交事务。

为顾及苏格兰的尊严，条约也做了些让步。苏格兰可保留独立的司法系统和宫廷，城镇可保留原有的自治权。最重要的是，苏格兰商人获准可以进入英格兰的海外市场，包括从北美和加勒比海直到非洲及印度地区。但条约只字未提教会独立或教徒代表大会的权利。这点不确定因素在本位观念强烈的长老会派教徒心中埋下了火种，进一步强化了苏格兰中心地带反结盟的情绪。

另外还有个严重的问题，令条约通过的希望越发渺茫。条约规定结盟后苏格兰议会就此解散，不列颠下议院为苏格兰人保留45个席位（议员总数是558人）；苏格兰贵族的待遇更糟，只能在不列颠上议院得到16个席位。实际上，签下这项条约，苏格兰就等于为其政治前途自掘坟墓。站在英格兰王室的立场，找来苏格兰委员会，就是要唆使他们叛国。

昆斯伯利侯爵詹姆斯·道格拉斯（James Douglas）是议会里支持联盟势力的代表。他的任务简洁明确：采取任何必要手段确保条约顺利通过，哪怕花钱买票也在所不惜。为了帮他在议会游说，伦敦甚至提供了一笔两万英镑的秘密资金。关于这笔贿赂资金是怎样“收买”苏格兰议会的，史学家可以说出许多故事。不过事实很可能超出昆斯伯利和伦敦王室的期待（最后昆斯伯利自己掏腰包花费了12000多英镑）。无论他们的原则为何，当时苏格兰贵族和地主遭遇达里恩灾难后，正穷困潦倒。例如，洛克的朋友詹姆斯·约翰斯通本富于正义感,这次由于缺钱也不顾一切地支持联盟——“没想到我这么需要钱,”他后来承认,如果没有这笔钱,“我家的房子就保不住了”。难怪笛福对哈利勋爵说:“说来说去,在这里有钱能使鬼推磨。”

苏格兰贵族长久以来对王室惟命是从,就因为贪图王室的恩赐,如今他们联合起来支持条约。另一方面,反对派是各种团体和派系组成的乌合之众,唯一的共同点是,结盟会损害他们的利益,所以十分不满。低地地主与高地的部族首领结盟,爱丁堡和格拉斯哥市民也与他们联手,因为他们担心英格兰商人会争夺苏格兰市场。长老会的顽固派害怕削弱教会势力,竟不顾教派分歧,与秘密信仰天主教的詹姆斯二世党人联合,而后者认为两国一旦结盟,斯图亚特王室复辟的机会就将永远断绝(事实上正是如此)。反对派领袖表面上是第五代汉密尔顿公爵,但掌握实权的却是协助帕特森建立达里恩公司的弗莱彻。

弗莱彻狂放不羁、难以捉摸,鄙视一切权威,尤其讨厌斯图亚特王室。他出生于洛锡安区索尔顿(Saltoun)的一个地主家庭,母亲据说是罗伯特·布鲁斯的后裔。他刚过二十岁就在政界崭露头角,到处煽风点火,被爱丁堡历届政府视为灾星。据描述,他“身材矮小,瘦削,褐色皮肤,充满激情,表情严肃,好像总是在生气”。熟悉他的达特茅斯(Dartmouth)伯爵形容他“勇敢正直,却对政府抱持一种不切实际的荒诞观念,性情反复无常,昨天夸夸其谈的观点今天就亲口推翻……”

弗莱彻参与过无数次堂吉诃德式的冒险,达里恩计划只是其中之一。1685年,他冒险加入阿盖尔伯爵率领的死硬派反天主教革命集团,企图阻止詹姆斯二世登基,将查理二世的私生子蒙茅斯(Monmouth)公爵推上王位。弗莱彻的火爆脾气搞砸了计划,却让自己挽回一命。骑在马上前进时,他和骑兵队的向导发生争吵,一怒之下拔枪射死了对方。蒙茅斯本想让弗莱彻指挥骑兵,这下只好把他派往海外。后来蒙茅斯在赛吉穆尔(Sedgemoor)战役中失败,和阿盖尔一道以叛国的罪名被处决了。虽非出于本意,但此时弗莱彻却安稳地待在荷兰。他被缺席判处死刑,家产悉数充公,却逃过一劫,毫发未损。

流亡荷兰期间，弗莱彻遇到了奥兰治亲王，即未来的威廉三世。他们成了朋友。1688 年，弗莱彻加入威廉的英格兰远征军。光荣革命后，弗莱彻发现新国王只想利用苏格兰军队在欧陆打仗，却无意给苏格兰自由，于是转而反对威廉。

弗莱彻狂热追求自由，但他的做法比较极端。1697 年，他号召建立了强制性的跨国兵团，设置了四个营地，其中一个在苏格兰，三个在英格兰，规定二十二岁以上的男子必须接受最严格的军事训练。“任何女人都不得进入营地；以任何方式随意滥用自己身体的人一律死刑伺候。”第二年，为解决苏格兰的经济萧条，他提议将苏格兰农民贬为奴隶，将穷人分配给当地地主（包括他自己），主人对手下的人拥有生杀大权。

就本能和性格而言，弗莱彻既是专制者，又是无政府主义者。他自诩为出身古老家系的苏格兰贵族，其实他在海外的时间几乎与在苏格兰的时间相等。他是知识分子，博览群书，据称拥有傲视苏格兰的私人图书馆。马尔（Mar）伯爵这样的结盟支持者看不起弗莱彻，认为他是个“粗暴、自以为是的狂热分子”。也有不少人把他视为英雄，因为 1703 年他促使议会通过法案，确保了新教徒继承苏格兰王位的权利（尽管他对加尔文教派并无好感），并确立了一条规则：王位继承事宜的任何变动都必须得到苏格兰议会的许可。

弗莱彻曾说：“我不在乎名位，只关心实质。”在他看来，最珍贵的是土地，有了土地就可雇人耕作，为地主提供源源不断的财富。“否则上帝为何创造如此广阔的土地、丰富多样的物产？”他在 1703 年写道。从参与达里恩计划这件事来看，他懂得商业的价值，但鄙视以商业为生的人。人们拥挤在城市里，蝇营狗苟，“靠生意谋生，做些婆婆妈妈的案头工作，供养少数人的奢华生活”，他问，“还有比这更混乱、更不合理的事吗”？

弗莱彻鄙视商人，也鄙视人性的弱点，反对大政府。照他的思维，这些东西都是一丘之貉，是天生的同党。他认为结盟是同魔鬼做交易，出卖苏格兰的独立主权，以求从不列颠帝国的海外贸易中分一杯羹。他还看到变化的凶兆——以金钱和商贸为中心的社会即将出现。在他看来，那是违反自然、“摧残人性”的新世界。弗莱彻当然要全力阻止那种景象变成现实。

Ⅱ

按照惯例，苏格兰议会举行了庄严隆重甚至稍嫌烦琐的开幕仪式（上一次在1703年举行，那时，为结盟投票的议会第一次拿到席位）。议院大门口的扶手椅是宫廷长官的传统座位。政府官员们身着礼服，按官阶地位的高低排列两旁。时间一到，议员开始列队游行，从荷里路德宫出发，经过摄政大街、圣吉尔斯大教堂来到议院。两个小号手走在队伍最前方，紧随其后的是各自治城镇的代表①，他们骑着马，两人一组。最后是各郡和乡村地区的代表，同样各自成双并行。

随后是身穿华丽礼服和丝绒外套的男爵，身上佩戴着各自的家族盾形纹章，每人前面都有人牵马，后面有三个仆从佩戴着主人的纹章和勋章绶带。接着是伯爵，每人率领四个仆从；还有更多的小号手；随后是皇家纹章院长官里昂勋爵（Lord Lyon King of Arms），带着四种王权的象征：国剑（Sword of State）、权杖、金袋、王冠。王室高级专员昆斯伯利侯爵本人在一群雇员、侍从官和男仆的簇拥下骑着马，公爵和侯爵跟随其后，最后是阿盖尔公爵约翰·坎贝尔（John Campbell），以及由骑兵队长率领的皇家近卫骑兵队。“议会大游行”是一种权力表演，活生生地展示了从约翰·巴里奥（John Balliol）和罗伯特·布鲁斯的时代延续至今的“政权机构”，提醒人们议会确实代表着这个王国的传统封建秩序。

这一次，爱丁堡市民聚集在一起，向他们的英雄汉密尔顿公爵及盟友阿图尔（Ahtoll）欢呼，对昆斯伯利侯爵、马尔伯爵和其他委员发出嘘声。当他

① Estate，原意是有特定政治权力的三个社会等级，在英国尤指构成上议院的三个阶层之一。——译者注

们走进议会大门,迎接他们的是“反对结盟”、“卖国贼”之类的抱怨和咒骂。旁观的丹尼尔·笛福惊奇地评论说:“仅仅几个月前,这个民族还在郑重其事地呼吁结盟,然而到了现在……他们却公然反抗自己的主人,谴责那些谈判结盟的绅士出卖和背叛自己的国家……”

不过支持结盟的势力自有办法应付暴怒的反对者。条约承诺撤销贸易壁垒,让苏格兰商人进入英国的海外市场,振兴苏格兰的经济,这是最具诱惑力的条件。斯泰尔(the Earl of Stair)伯爵是昆斯伯利侯爵的得力助手,他一开始就强调必须向议会介绍贸易问题,然后告诉女王和顾问官员。至于伦敦掌权、废除议会、王位继承权等问题会自然而然地解决,现在不用担忧。

在这一点上,弗莱彻与斯泰尔是一致的。结盟确实是与魔鬼做交易。苏格兰人即将被迫出卖政治自治权,换取经济发展——说得直白些,就是为了钱。不过问题来了:被吹嘘得如此重要的政治自治权究竟价值多少?议会的独立立法权又值多少钱?

在这层意义上,神圣庄严的游行和华丽盛大的庆典都是自欺欺人的幌子。事实上自詹姆斯一世即位后的一个多世纪,伦敦一直掌管着苏格兰事务。长久以来,苏格兰最大的贵族一直唯英格兰马首是瞻。议会声称代表苏格兰民族的团体,但没有人对其抱有幻想。当前的议会是 1703 年选举产生的,上一次选举还是在 1689 年。

苏格兰议会与英格兰议会不同,没有历史悠久的声誉,不是公开辩论的论坛,也非保护自由公民权利的机构;恰好相反,它在历史上声名狼藉,对王室消极、恭顺、服从。大多数苏格兰人只当它不存在,即使哪天消失了,除了议会成员,恐怕也没有人会注意或关心。由于经济困窘,档案主事官詹姆斯·约翰斯通选择支持结盟,议会召开前,他对朋友表明:“就算放弃立法权,我们也没有损失。现在重点在于,苏格兰是要继续受英格兰政府的统治而没有贸易特权,还是服从英格兰议会换取贸易特权?”

然而,有人却下定决心不那么精明或现实。他们也有一张王牌:宗教。

议会开幕，宣读了女王的信件，敦促他们签订条约，这时一位反对派提议先举行一次公开的斋戒活动。他意图明显：煽动苏格兰教会和长老会派教士对条约的不满情绪。条约对苏格兰教会只字未提，然而宗教与可有可无的议会不同，长老教会和教徒代表大会的独立问题曾激起苏格兰人的激烈反抗。很多教士已经强烈反对结盟，如果公开斋戒，无疑将演变成一系列集会游行，掀起反抗结盟的浪潮。

昆斯伯利侯爵支持者对此心里有数。据一名成员说，斋戒活动的提议"引起了长时间的辩论"，最后未被采纳。教会的问题仍然悬而未决。10月15日进行了第一次正式投票，决定是否详细讨论条约的每项条款。弗莱彻、汉密尔顿等人竭力阻扰，但决议仍以66票的多数顺利通过。

第二天，反对派遭到意外打击。同一天苏格兰教徒代表大会在爱丁堡召开，默许了结盟条约。这次出其不意的胜利应归功于一个人的努力：爱丁堡大学校长兼教徒代表大会时任主席威廉·卡斯代尔斯（William Carstares）。他机敏、聪慧、守口如瓶，和许多杰出的苏格兰人一样，他在结盟前为了坚持信仰而饱受迫害。他是九个孩子中的长子，父亲是支持国民誓约运动的优秀牧师，为躲避劳德戴尔公爵的骑兵追杀到处逃亡。后来卡斯代尔斯由于散布反对劳德戴尔的言论而被捕，监禁在爱丁堡城堡；被释放后，他逃往荷兰，参与反对詹姆斯二世的密谋，结果再次被捕。严刑拷问下，卡斯代尔斯被迫招供，导致一个无辜者被送上格拉斯哥广场的绞刑架。可能因为这段经历，卡斯代尔斯变得沉默寡言，无论对敌对友一概防范，并仇恨斯图亚特王室及其支持者。

回到荷兰后，卡斯代尔斯遇到了威廉·奥兰治。他的正直虔诚、坦荡慷慨和雄辩的口才立刻吸引了未来的国王，被任命为宫廷牧师。与安德鲁·弗莱彻不同，1688年后，他仍忠诚于威廉国王，成为爱丁堡和教会的可靠栋梁。1703年，他出任爱丁堡大学的校长，当时他同父异母的兄弟威廉·邓禄普（William Dunlop）是格拉斯哥大学的校长。在这两人的管理下，苏格兰教育界就像一个联合大企业。由于卡斯代尔斯的关系，从那时起，苏格兰的大学变成了“辉格党”①的精神堡垒：支持革命、新教徒继承王位、汉诺威（Hanover）王室——还有结盟。

卡斯代尔斯是长老会的坚定信徒，主张苏格兰教会独立，这在爱丁堡尽人皆知（1715 年去世以前，他甚至亲自下达艾肯赫德的处死令）。但他更加恐惧斯图亚特王朝复辟。大家都知道，教会是坚决反对结盟的。然而卡斯代尔斯在教徒大会上警告说，如果结盟不成，将来再出现一个天主教徒的国王，那么大家都会倒霉。面临两难，只能折中。如果坚持得到一切，最终就会失去一切。如果接受一个圣公会的国王，与英格兰结盟，那么或许可以在条约定案的时候取得让步，维持教会的地位，保留长老会的教义和规则。这番说辞奏效了，教徒代表大会终于同意结盟。这次策反充分显示了卡斯代尔斯出色的政治才能，无需费力应付反对派，也不用花钱贿赂，就夺走了反对者的最有力王牌——宗教。后人发现卡斯代尔斯的私人文件里保存了一封未署名的信件，其中简单地写道：“如果没有您出力协助，联合法案就不可能在苏格兰议会通过。”

马尔伯爵写信对伦敦的哈利勋爵说，现在他有把握相信条约可以通过。不过反对者肯定还会使出“一些愚蠢放肆的伎俩”，耽误结盟的进程。

“愚蠢放肆的伎俩”果然出现了。10 月 23 日，一群暴徒袭击了爱丁堡市长兼谈判委员会主席帕特里克・约翰逊（Patrick Johnson）的住宅。市政府出动警卫队逮捕了六名肇事者，其余人逃走了，他们在街道上到处乱窜，砸碎玻璃，吓唬行人，威胁立法机关，随意抢劫，直到晚上 9 时。昆斯伯利侯爵只

① “Whig”是英格兰政治史上最有名的词汇之一，然而追根溯源，这个词是来自苏格兰语（正如相对的“Tory”是爱尔兰语）。苏格兰语的“Whigg”是一种酸奶或乳清，饥荒时是贫苦民众的主要食物。因为参与国民誓约和神圣盟约运动的很多基督徒出身底层，反对者用这个词嘲讽他们地位低贱。1648 年，大批盟约派基督徒前往爱丁堡，抗议苏格兰与查理一世联手，于是产生了“Whiggamores”、“酸奶人进军”等词汇，后来干脆用缩写“Whigs”代替。到了洛克的时代，已经被用于泛指所有与新教和新教伦理有关的人物，不分苏格兰人还是英格兰人。——原书注

好派一队士兵从荷里路德宫到内泽波港（Netherbow Port）去，确保外面的城门至少有一扇敞开。

第二天，昆斯伯利侯爵命令三个皇家军团进驻城内，爱丁堡进入戒严状态，街道恢复了平静。不过从那时起，结盟支持者就不敢轻易抛头露面了，要带着保镖才敢出门。昆斯伯利侯爵也采取了种种防备措施，每天一离开议会就钻进封闭的四轮马车，一路全速飞奔回家，任凭围观的人群大声咒骂并向马车投掷粪便。

11 月 7 日，骚乱已蔓延到格拉斯哥，为了躲避暴怒的人群，格拉斯哥市市长逃往爱丁堡。就像七十年前的国民誓约运动那样，反结盟的抗议者试图煽动类似的情绪。11 月 20 日，一群武装暴徒进攻邓弗里斯郡，烧掉条约的复本，张贴了一份用词直白未经文饰的公告，宣布结盟“违背我们作为人类和基督徒的……最基本的自由和权益”。

然而此时是 1707 年，不是 1637 年，形势今非昔比。随着时间一天天过去，结盟正在按计划进行。

11 月 4 日，第一项条款被提交到议会（英格兰议会分成上议院和下议院，苏格兰议会不同，所有成员都是一个整体），内容规定英格兰与苏格兰“从此永远结成一个统一王国，名为大不列颠”。反对阵营中，情绪最激烈的反弹并非出自安德鲁·弗莱彻，而是另一个顽固分子贝尔黑文（Belhaven）勋爵。他发表了歇斯底里的长篇演说，痛斥结盟等于谋杀，他用苏格兰古代神话做比喻——母亲卡尔多妮娅（Caledonia，古代或诗歌中苏格兰的别名）被谋逆的儿子用匕首刺死，临死前发出的悲叹正是莎士比亚的戏剧《恺撒大帝》中的台词：“我的儿子，连你也背叛了我！”①

贝尔黑文看到的前景是英格兰变得强大繁荣，海军“威慑全欧洲”，蚕食

---

① 这是恺撒遇刺时对其中一个凶手布鲁图说的话，后者的母亲是恺撒众多情妇中的一个，所以恺撒也把他视为儿子，并在事先起草的遗嘱中给他预留了丰厚的遗产。——译者注

掉无力自卫的苏格兰。“我们的人民贫穷而默默无闻,尽管曾拥有光荣历史,却迁移到世界的偏僻角落,没有名声,也没有盟友……如今我们又将永远沦为奴隶。”接着他用了另外一个古典暗喻:“禀报吾王,汉尼拔已兵临城下,正逐步逼近,正走向御座。如果我们再不警惕,他就会抢夺王位,毁掉我们的国家!”他指着王冠和权杖怒吼:“我们将被永远赶出这个议事堂!”

贝尔黑文又转向其他议员大喊,“我们需要的不是人口,也不是繁荣,再多的物质也不能让一个民族幸福”,然后他号啕大哭:“上帝啊,为何如此!竟有这么多丧权辱国之人。”由于情绪过激,贝尔黑文表示不能继续,就此中断了演说。

全场震惊,一时沉默。这时另一位年老瘦削的议员慢慢站了起来。他是大法官波尔沃思,最近刚被女王封为马奇蒙特(Marchmont)伯爵,十一年前,他投下了宣判托马斯·艾肯赫德死刑的决定票。他轻蔑地冷笑道:“瞧吧,勋爵在说梦话。”同时对贝尔黑文投去冷冷一瞥,“无需在意,等他醒来,就会发现只是大梦一场。”寥寥数语似乎立刻解开了冻结会场的魔咒,议会开始投票表决,第一项条款很快以32票的多数通过。“优势明显,”马尔伯爵记述道,“不过没有达到预期”。

经过激烈争论,第二项和第三项条款也通过了。第四项的讨论内容是苏格兰“完全开放贸易与航行的自由交流”。之前,安德鲁·弗莱彻一直保留火力。他只是反对动用皇家军队镇压10月23日的骚乱,因为肇事者代表着苏格兰人民的真正意愿。他与领导人汉密尔顿公爵不和——其实公爵是墙头草,根本无力组织反对派,令人十分失望。弗莱彻原本脾气火爆,更加容易与汉密尔顿发生争执。

弗莱彻正式登场了。用一个朋友的话说,核心条款也就是结盟的经济条件让弗莱彻“兴致勃勃”。在他看来,苏格兰进入英格兰海外市场的前景太黯淡。“我实在看不出,就算我们能与英格兰(在美洲)的大农场自由贸易,又有何益处?只会进一步耗费民力,让商业彻底破产……”他竭力高喊:“结盟甚至将毁掉我们现有的产业!”

弗莱彻质疑海外贸易给苏格兰整体经济带来的利益。他把对外贸易轻蔑地描述为“世界各国竞相争抢的金饽饽”，坚决主张“我国商业不可能一蹴而就”，即使赚到钱，也会被富人和贵族拿到伦敦购置地产、服装之类的奢侈品，肆意挥霍精光。这时，苏格兰的地理优势反而成了不利条件，“我国空气清新，气候有益健康”，他曾写过，“土地可养育大量的人，而大多数人生活穷困，单靠工业或贫民习艺所无法维持”。最好的办法还是他在十四年前提议的奴隶制。他补充道：“此外，我国民众生性高傲，好逸恶劳，这是难以克服的困难，英格兰人就没有这样的问题。”简单地说，弗莱彻认为，英格兰有办法使商业利润转化为国家财富，但苏格兰绝无可能。因此，通过结盟使国家发展只是痴人说梦。

不管有无受贿，大多数议员都明白，弗莱彻才是痴人说梦：没有经济力量，如何维持政治独立？结盟支持者心里有数，苏格兰物质的贫困和经济的衰退就是支持结盟的最大理由。苏格兰甚至世界的未来都寄希望于帝国和海上贸易运输线。“咱们是个穷国，”前任谈判委员、皮特蒙德的威廉·西顿（William Seton of Pitmedden）说，“无力保护商业，就无法赚取足够的利益，所以只能与强大的邻邦联手，共用资源保护商业。”156 票对 19 票，最后第四项条款以压倒性多数通过。此结果令弗莱彻大失所望，他大发雷霆，愤怒地冲出议事堂。

接下来的两个月十分乏味，基本上无事可陈。经过枯燥琐碎而无关痛痒的讨论，议会依次批准了其余二十五项条款。1707 年新年伊始，内阁大臣开始谈论“国土问题”；1 月，重头戏登场。第二十二条的内容是解散苏格兰议会，议员将加入新的不列颠议会，苏格兰人在下议院有 45 个席位，在上议院有 16 个席位，人数还不到英格兰的十分之一。在反对派看来，如果新联邦成立，苏格兰的地位就会大大降低，而第二十二条就是最明显的象征。“如果苏格兰人自愿放弃利益，把命运交给联合议会，”弗莱彻曾警告说，“那么他们就不值得同情”。要知道，两院的席位加起来也只有 61 个。在内战和 1688 年的光荣革命中，苏格兰人和英格兰人都曾为保卫议会主权而流血战斗，现在这个原则却岌岌可危。

眼看要引起激辩，昆斯伯利侯爵赶紧请出他的得力顾问斯泰尔伯爵约翰·达尔林普尔（John Dalrymple）。如同普雷布尔（Prebble）描述的，此人“机智聪明、能言善辩、野心勃勃”。达尔林普尔的父亲是苏格兰最著名的法理学家，父子都受过斯图亚特王朝的残酷迫害。后来儿子认识到“识时务者为俊杰”，见风使舵，平步青云当上了大法官，最后官至苏格兰国务大臣。

达尔林普尔缺乏人性，做事不讲原则。1692 年 2 月 13 日，在格伦科发生过一件骇人听闻的惨案：支持威廉·奥兰治的坎贝尔家族屠杀了三十七名詹姆斯二世党人，死者都是同乡的麦克唐纳家族，包括妇女和儿童。达尔林普尔应该为这件惨案负最大责任。大屠杀的消息惊动了苏格兰议会，他冷漠无情地写道：“真奇怪，只是一个小小聚落①的盗贼被清除了，有什么值得遗憾的？”丑闻发生后，他被迫辞去大臣职位。由于对威廉和玛丽忠心耿耿，1700 年他又被册封为斯泰尔伯爵。

普通苏格兰人都警惕甚至畏惧作为公众人物的斯泰尔伯爵。传说他的家族都被魔鬼附身，他的姐妹萨拉（Sarah）能够凭念力在天花板上飘浮。民间普遍认为他的母亲是巫婆，当女儿珍妮（Janet）违背她的意志结婚时，她（据散布丑闻的人说）诅咒自己的女儿：“嫁给他，你一定后悔莫及！”婚礼当夜，新房传出骇人的惨叫。第二天早上房门打开，人们发现新娘倒在血泊中死于非命，新郎躲在壁炉角落里胡言乱语，显然已精神错乱。

耸人听闻的“达尔林普尔诅咒”成了沃尔特·司各特爵士的一部小说的原型，唐尼采蒂（Donizetti）又使用这个故事改编成歌剧《拉美莫尔的露琪亚》（*Lucia di Lammermoor*），其中发狂一幕给同时代的人留下了深刻印象。虽然这个故事是假的（实际上，珍妮·达尔林普尔是在结婚两周后病死的），但诅咒的传闻煞有其事，以致同僚都对斯泰尔伯爵戒惧三分——当然安德

① 聚落（sept）指苏格兰高地比部落规模更小的氏族团体，由低级别首领掌管，详见第五章。——原书注

鲁·弗莱彻是例外。有一次发生争吵，他甚至威胁要把达尔林普尔绑在马尾巴上，拖着走遍爱丁堡（第二天，弗莱彻被迫为出言不逊道歉）。

当初就是斯泰尔伯爵在幕后帮助昆斯伯利侯爵，选出那些容易屈服的苏格兰委员，迫使他们签署条约草案。也是他设计使议会通过条约，用甜言蜜语引诱，尤其许诺贸易自由，然后图穷匕见，提出条约的核心——第二十二条。斯泰尔伯爵异乎寻常，没有道德原则，与声誉良好、正直诚实的威廉·卡斯代尔斯完全相反，然而正是他清除了条约最后的障碍。

他的论点正如他的性格，直截了当，不带感情：一切对原则的议论都是空谈，对苏格兰无益。实际问题在于谁来买单。斯泰尔伯爵说，在两个王国的代表条款方面，如要进行合理比较，唯一标准就是每个王国愿意缴纳多少税款，而非议会有多少席位。结盟之初，英格兰人向新的不列颠国库交纳的税金数量将是苏格兰的35倍。根据这种前景，他对同僚断言，英格兰人本有资格拥有35倍的席位，而现在的比率只是10比1，苏格兰人反而占了便宜。

双方剑拔弩张，激烈交锋。斯泰尔伯爵仍旧不动如山，从容应对所有异议和冒犯。1月7日，第二十二项条款最终以40票的多数顺利通过。精疲力竭的斯泰尔伯爵兴高采烈地离开议会，在民众的咒骂声中返回爱丁堡的住宅。他早早上床休息，却一睡不醒。第二天清晨，仆人推开房门，发现主人已中风死在床上，终年五十八岁。

这是结盟条约的第一个牺牲者。支持者和家人印了一份纪念海报，用黑色边框装饰，宣称“他的名字将因结盟而永垂青史，为后世传颂”，反对派则暗示他是死于“达尔林普尔诅咒”，写了另一份墓志铭：

> 行人驻足，莫掬同情之泪
> 埋葬于此的是彼拉多①狗腿

① 本丢·彼拉多（Pontius Pilate）是古罗马钉死耶稣的犹太总督。——译者注

1 月 14 日,最后一项条款也通过了。反对派用尽所有招数,包括威胁退出议会,但无济于事。1 月 16 日,全体议员在议事堂最后表决,条约总体以 110 票对 69 票通过。昆斯伯利侯爵挥权杖轻触,苏格兰王国从此成为历史。“这是一首古老歌谣的尾声!”谢菲尔德(Seafield)勋爵说。尽管缺少恰当庄严的仪式,但它标志着一个王国和一个时代的终结。在其他结盟支持者的眼里,贝尔黑文和弗莱彻的“梦想”、自由独立的苏格兰从未存在,现在他们只管自己,放眼未来,没有兴致回顾历史。

然而这场闹剧还未结束。全体议员在议事堂集合准备签署条约时,愤怒的群众突然闯进来,吓得议员们四散逃窜。他们打算在附近的一家酒馆会面,然后又将地点改在位于修士门的莫雷屋(Moray House)后边的度假小别墅。可每次都被人发现,纠集群众围攻,惊恐的议员只得各自逃命。最后,他们假装解散回家,然后在位于摄政大街、正对着特伦教堂的一幢房子找了个地下室。每个人顺着不同的路线陆续来到那里,像做贼一样不敢发声,一边心惊胆战地窥探窗外,一边在文件上签字,再偷偷摸摸地离开。每人都得到昆斯伯利侯爵的暗示,当天夜里就前往伦敦。有传闻说,爱丁堡的暴徒计划在早晨拦截昆斯伯利侯爵的马车,当然谁都不愿意落在愤怒的暴徒手里。

议员们到了伦敦,开始争抢犒赏。一些支持者发了财,昆斯伯利侯爵的荷包里装了 12000 英镑,马奇蒙特伯爵拿到了 1100 英镑,赛斯诺克(Cessnock)的坎贝尔拿到了 50 英镑——看起来很少,不过我们知道,1 英镑相当于 12 个苏格兰镑,所以实际上他的报酬是 600 个苏格兰镑。格拉斯哥伯爵掌管人口注册局,因而获得了 1200 英镑的年金。根据条约的一项特别条款(第十五条)的规定,达里恩公司的许多投资者得到了相应补偿,但其他遭受损失的人却一无所获,或只能拿到一点儿钱。于是嫉妒和仇恨不可避免,在后世眼里,那些投下赞成票的人出卖了自己的荣誉和诚信,然而除了昆斯伯利侯爵,恐怕没有人承认自己得到了足够的报偿。

伦敦方面形势稍微乐观一些。3 月 4 日,条约在两院顺利通过。苏格兰人普遍鄙视结盟，但在特威德河以南特别是伦敦，很多人支持条约。如今苏格兰不用担心斯图亚特王朝复辟了，新教徒的王位继承权已得到保证，法律条文正式规定，在英格兰的政治和商业活动中，苏格兰将处于从属地位。

反观苏格兰，即使条约支持者也没有什么兴致庆祝结盟。他们在一场前途未卜的巨大赌博里下了注，却没人能预知未来的事。1707 年 5 月 1 日，条约正式生效，马尔伯爵收到了爱丁堡一个朋友的信件，信里说："到处都是喜庆的音乐，今天明明是我的婚礼，为何我还如此忧愁？"

安德鲁·弗莱彻一如既往地刻薄。"让他们永远跳舞吧，"他对支持者说，"一直跳到自掘的坟墓里去！"

弗莱彻和其他悲观论者都错了。结盟非但没有自掘坟墓，反而推动了经济的爆炸式发展。仅一个世代，苏格兰就从三流国家跃入现代社会，开展了文化和社会的革命。反对派曾预言苏格兰会成为英国的奴隶，但事实远非如此，苏格兰人体验到了前所未有的自由，初次品尝到了"成长"的滋味。1688 年光荣革命后，苏格兰第一次迸发出了巨大的能量和创造力，"光荣革命所开启的事业，"《爱丁堡评论》（*Edinburgh Review*）创刊号宣称，"结盟使其大功告成"。

条约签订二十年后，这个评判仍显荒谬可笑。结盟支持者在进行一场豪赌，而短期之内，前景看上去相当黯淡。

第一场风波发生在 1708 年，当时伦敦议会废除了苏格兰枢密院，即使是在教徒代表大会上拯救过条约的威廉·卡斯代尔斯也感到愤怒。议会解散枢密院，等于剥夺了苏格兰人与伦敦政府之间最后一个调停机构。从那时起，苏格兰的独立政治地位就不复存在了。

1709 年，伦敦要求爱丁堡引进国教圣公会的祈祷仪式在苏格兰教堂推广。对于虔诚的苏格兰教徒而言，仅仅是"祈祷仪式"这个词就让他们联想起天主教会、弥撒、教皇和罗马娼妇（指天主教）等令人不快的意象。爱丁堡市议会和高等法院一起颁布禁令反对此事，但被伦敦的上议院驳回了。于是圣公会在苏格兰扎了根，1712 年又起了一场风波——伦敦的议会通过了"共存法案"（*Act of Tolerance*），规定苏格兰的圣公会教徒与长老会教徒一律平等,终结了苏格兰教会对宗教生活的垄断。

即使在伦敦,也出现了反对结盟的声音,尤其是当英国的反对党——托利党意识到,辉格党政府是依靠苏格兰籍下院议员的支持才得以继续掌权的时候。1713 年,有人在议会提出终止结盟。具有讽刺意味的是,提出议案的是谢菲尔德勋爵,当初签订条约时,正是他宣扬“这是一首古老歌谣的尾声”。支持者们联合起来,解除盟约的提案仅以 4 票之差落败——将两个王国联系在一起的羁绊是多么脆弱!

通过结盟确保让新教徒继位的希望最后也落空了。

安妮女王是斯图亚特王朝的最后一代君主,没有子嗣作为继承人。为了让新教徒继位,议会安排的继承人是她那沉默寡言的德国远亲乔治·汉诺威选帝侯(Elector George of Hanover)。1714 年 8 月 1 日,久病缠身的安妮女王驾崩。她的主治御医是约翰·阿巴思诺特(John Arbuthnot),一个来自金卡丁郡(Kincardineshire)的苏格兰人,拥有圣安德鲁斯大学的医学学位。新王乔治一世登基之初,阿巴思诺特就目睹侍臣、政客和公务人员们不择手段地争权夺利,感到十分厌恶。“我相信人类心底隐藏着龌龊卑劣的本性,现在终于有机会冷眼旁观,以哲学家的角度思索其内涵。”他写信对朋友亚历山大·蒲柏说。

在这轮政治斗争中,马尔伯爵是最大的输家之一,被迫放弃了位高权重、油水丰厚的苏格兰国务大臣职位。他与两国的大多数贵族一样,没有退休金和皇家赏赐。为了金钱可以不择手段,他厚着脸皮在宫廷里待了一整年,试图讨好乔治一世,却一无所获。1715 年 8 月,马尔终于在皇家社交聚会上见到了乔治一世,可是讲排场的国王背对着他,根本不跟他说话。马尔恼羞成怒地离开了英格兰,召集一群朋友和扈从参加每年惯例的猎鹿大会,猎场位于布雷马(Braemar)周围的峡谷和森林,俯瞰迪河(Dee River)。狩猎结束后,他们在岩石上休息,仆人们调制了大量的威士忌酒、蜂蜜,煮热了汤,一群人开怀畅饮,酒过三巡之后,马尔开口说话了。

“我曾帮助促成结盟,使两国归于安妮女王的统治,可现在我发现这是个错误……”他向惊讶的同伴们发誓，自己正在努力破坏那个“该死的同盟”，让苏格兰人“重获自由，重享自古以来的权利”。数天后，马尔开始拥护被放逐的詹姆斯·斯图亚特，宣布他才是苏格兰和英格兰的合法统治者。

事态骤变，第六代马尔伯爵约翰·厄斯金联合了两股政治势力，反对结盟，并支持天主教徒詹姆斯·斯图亚特。当时詹姆斯在法国，与马尔完全没有联系，他同样对马尔叛变的消息感到吃惊。马尔意外的鲁莽举动产生了效果，尽管他只是低地贵族而非部族首领，但东西方的高地部落却纷纷带兵响应。布雷多尔本（Breadalbane）和格伦里恩（Glenlyon）的坎贝尔、戈登、弗雷泽、克兰拉纳德（Clanranald）的麦肯齐（MacKenzie）、麦克莱恩（Maclean）和麦克唐纳家族都宣誓效忠，为斯图亚特王朝的复辟事业献身。

这年10月，马尔伯爵手下的步兵和骑兵部队已达一万人，远超1745年“詹姆斯二世党人”叛乱时小查理王子（老詹姆斯的儿子）纠集的底层贫民的规模。事实上，苏格兰福斯峡湾以北的地区全都公开支持詹姆斯，长老会支配的大片低地地区、甚至英格兰西北部也有人加入。来自伦弗鲁郡（Renfrewshire）的绅士身穿胸甲，携带手枪，来自高地的部落首领身穿格子呢短裙，手持大砍刀，一起并肩进军。詹姆斯开始相信这次起兵能够成功。12月22日，他带着随从在彼得黑德（Peterhead）登陆，开始筹划加冕典礼。

然而那时，马尔伯爵已经失去了机会。11月13日，他的军队在谢里夫缪尔（Sheriffmuir）与忠于王室的阿盖尔公爵率领的部队作战，对方兵力远远不及。然而不巧，双方的部队都伤亡过半。

有人说胜利属于我们
有人说胜利属于他们
还有人说两败俱伤
有一点毋庸置疑
我看到的谢里夫缪尔
是尸横遍野的坟场

这首古老歌谣所说的并非事实。阿盖尔保住了性命,还和剩下的士兵一起守住了阵地,赢得了战役。输家是马尔伯爵,他逃回位于珀斯的基地,等待法军增援,可是法国人没有来。当阿盖尔的援军到达,马尔和詹姆斯只得灰溜溜地撤离珀斯。1716 年 2 月 3 日,詹姆斯·斯图亚特垂头丧气地回到法国继续过流亡生活,陪伴左右的是让他蒙羞的马尔。

1745 年的"詹姆斯二世党人"叛乱比 1715 年的这次更著名,但这次影响力巨大,它剧烈震撼了两国的统治阶层。仅仅由于马尔伯爵的软弱犹豫和无能才挽救了结盟。这起事件给苏格兰划了一道新的苦痕,"詹姆斯二世党人"与支持汉诺威王室的"辉格党"从此势不两立。苏格兰的未来也变得更加不确定,没有人知道"王位觊觎者"詹姆斯会在何时卷土重来,也没有人知道大不列颠这座大厦有朝一日是否会土崩瓦解。

结盟支持派的最大理由是新的经济利益,但在条约签订后的十年里,经济形势仍未见好转。正如弗莱彻等人预言的,苏格兰的民族产业之前依靠高关税和贸易壁垒生存,结盟后将难以维持。羊毛工业就是一个典型,无法与价廉物美的英国产品竞争。亚麻本是苏格兰最重要的制造品,此时遭到严重打击,酿酒业和造纸业也一蹶不振。

更加不幸的是,苏格兰人还要承担更多税赋。即使是本国产品和生活必需品也要交消费税,英格兰人已经习惯了高额关税和消费税,苏格兰人却怨声载道。麻布、纸张、食盐等苛捐杂税使苏格兰人对结盟越发不满,甚至连低地的长老会教徒也赞同 1715 年的反叛行动。1725 年,导火索被点燃,议会对麦芽课以重税,这是酿造啤酒以及苏格兰威士忌①的关键原料。起义首先在格拉斯哥爆发,掀起了 18 世纪苏格兰最大规模的暴动。

即便在当时,较有远见的苏格兰商人和大地主也已经注意到一个事实:英格兰人愿意支付较多的税金,是因为其政府善用税收。自 17 世纪中期,

---

① uisge beatha 是盖尔语,意为"生命之水",本书即将结束时还会提到这个产业。——译者注

英格兰政府逐渐进化成为严密廉能、目标明确的机构，奠定了政治稳定的基石。它维持公共秩序，执行法律；在首都伦敦与偏僻乡村之间开辟交通；为当地地主和城镇贵族提供闲差予以安抚；配备近十万人的常备军，保卫不列颠在欧洲大陆和海外殖民地的利益；维持一支强大的海军，守护从新大陆一直到印度加尔各答的海上交通和贸易航线。

由于联合法案的束缚，苏格兰人身不由己地卷入了一场深刻的变革，这场变革让他们在拓展眼界、获得机会的同时，也保护了他们所珍视的生命、自由和财产。这场巨变使得苏格兰人在18世纪开始觉醒，意识到政府没什么了不起。与此相对，他们懂得了强大政权的益处，也发现无能的政府无法阻碍社会变革和经济发展。

作为大不列颠的成员，苏格兰地位低下，但这却是一桩好事。新成立的议会总是忽视苏格兰；除非有麦芽暴动或詹姆斯二世党人那样的威胁，伦敦政府几乎不会注意在北方边陲发生的事情。苏格兰人能够同时拥有两个世界的优点：强大的行政机构带来的和平秩序，以及自由发展和革新的空间。在接下来的一个世纪里，苏格兰人学会了自食其力。苏格兰商人和资本家与美国同行一样，很早就认识到了在私人经济领域采取自由放任政策（laissez-faire）的益处，从而捷足先登。

不列颠政治制度具有看似矛盾的双重性质：一个实力强大但无为而治的政府。结盟之后的苏格兰逐渐习惯了这种特性，学会将其当做生活中的基本现实，正如结盟本身包含的双面性。用乔纳森·斯威夫特（Jonathan Swift）的话来说，这个国家好像“一艘单桅双体船”。苏格兰人开始以全新的角度和长远的眼光思考问题。

英格兰经济学家约翰·梅纳德·凯恩斯（John Maynard Keynes）曾说：“从长远看，我们都会死。”不过与英格兰结盟后发生的变化为苏格兰的启蒙学者带来了不同的启示。苏格兰最伟大的思想家（如亚当·斯密和大卫·休谟）都能深切体会，这种变化始终是一种平衡或交换，虽然短期内要付出代价，但可由长远利益作为补偿。“长远考虑”、“综合权衡”、“整体估量”，这些不仅是常用措辞，而且表达了18世纪苏格兰启蒙学者的普遍看法。他们比别人更准确地把握了现代社会的复杂本质，结盟条约就是证明。

制定结盟条约并非为政治梦想，也非出于谨慎预期，甚至不为爱国。签署条约的大多数人考虑的只是眼前的紧迫，实际上他们主要为自己考虑，因此难免贪污受贿。短期看，结盟毁掉了一个独立国家，使南北王国都面临巨大而不确定的政治风险，苏格兰经济差点儿崩溃。然而长期来看，这件事促使苏格兰进入了现代社会。

苏格兰不必等待太久。到18世纪20年代，1715年战争的硝烟和骚乱已经平息，经济大有起色。苏格兰农业从荒年的恐怖中恢复，谷物出口倍增，人们有余裕开始从事商业。低地的农民摆脱了饥荒的困扰，开始担心谷物产量过剩而导致价格下跌。格拉斯哥商人加入了大西洋商会，进入到以前被英格兰垄断的美洲殖民地市场。1725年，他们占有烟草市场的份额超过15%，并在往后的二十年里一直居于领先地位。

不仅烟草，还有蔗糖、蜂蜜、棉花、茶叶等各种各样的原材料都像潮水一样涌入苏格兰。加工好的成品源源不断地出口，最多的是亚麻制品和棉纺织品，而且无需交关税。1729年，博格勒姆(Borlum)的威廉·麦金托什(William Mackintosh)就发现，苏格兰乡绅的生活比以前舒适得多，“他们的服装、食物和家具都比以前高级”。格拉斯哥是连接大西洋两岸的第一个贸易枢纽，艾尔(Ayr)、格林诺克(Greenock)、佩斯利(Paisley)、阿伯丁和爱丁堡等港口城市也很快参与进来。18世纪30年代，苏格兰的经济已走出困境，1755年，苏格兰的出口总额增长了一倍有余。这几乎全部归功于结盟后开启的海外贸易——当年安德鲁·弗莱彻不屑地称为“烂柿子”。

弗莱彻于1716年去世，没有参与1715年的叛乱。他讨厌詹姆斯二世党人和辉格党，视其为“瘟疫”。去世前他曾说：“天主不仁，让我国遭外族欺侮。”具有讽刺意味的是，他在结盟条约签订后长期旅居欧洲，却在折返途中客死伦敦——敌人的首善之都。有人问他为何离开苏格兰：“阁下忍心背弃祖国吗?”他回答道：“此地到处都是卖国奴才，岂堪久居?”这位地主曾打算将他的多数同胞变成奴隶，现在也用“奴才”一词形容政见不同的苏格兰人，因为他们否定了他企图让这个王国倒退成奴隶社会的梦想，这实在奇怪。同样奇怪的是，弗莱彻鄙视商业和商人，却选择在世界性大都市——伦敦、巴黎、阿姆斯特丹——度过大部分人生，而这些城市都是在商业财富的基础上建立的。为实现抽象而严格的自由理想，他希望苏格兰拒绝财富的诱惑。然而，苏格兰在大不列颠占有一席之地，整个国家焕然一新，靠的就是财富。

当然，结盟条约本身不足以成事。推动苏格兰迈向下个关键阶段而向现代世界转变的力量并非外部影响，而是源于内部的两个机构：大学和法院。

第三章

人性研究(一)

人文研究,以人为本。

——亚历山大·蒲柏

第一个说出“以人为本”的是18世纪的英国诗人亚历山大·蒲柏,但证明这句话的是两个苏格兰人:弗朗西斯·哈奇森和卡姆斯(Kames)勋爵。

两人都是苏格兰启蒙运动的奠基者,可他们的作风恰成对比。哈奇森是牧师兼教师,性格内向,说话温和,善于照顾学生,培养了整整一代苏格兰知识分子,他最著名的学生亚当·斯密称他“永远无法忘怀的哈奇森先生”。卡姆斯是律师兼法官,性格强韧,直言不讳,在充满险恶政争的苏格兰司法界令人敬畏,官至最高法院的大法官。卡姆斯工作繁忙,只能在巡回法庭开庭的间歇抽空写作,他那些关于法律和社会起源的著作流传很广。与高尚而理想主义的哈奇森不同,卡姆斯的世界观更加实用主义、世俗化甚至有些愤世嫉俗。两人在苏格兰知识界掀起了彻底变革,创立了对人性和社会的全新认识,影响一直延续至今。

苏格兰启蒙运动为何如此重要?提到启蒙运动,多数人都会联想到群星荟萃的贵族沙龙、烛光摇曳的聚会、令人反感的俏皮话、装腔作势的笑声,或者头戴假发的哲学家和评论家发表他们对欧洲的独裁者的进步观点。伏尔泰(Voltaire)在波茨坦的无忧宫(Sans Souci)拜访普鲁士的腓特烈大帝(Frederick the Great)；丹尼斯·狄德罗(Denis Diderot)编纂《百科全书》，力劝俄罗斯女皇凯瑟琳大帝(Catherine the Great)①废除鞭挞等酷刑；让-雅克·卢梭(Jean-Jacques Rousseau)批评政治和社会制度，为法国大革命打下了思想基础。这些法国启蒙运动的思想家实在太著名，在关于18世纪文化的讨论中一直占据首要地位。

然而这是误解。苏格兰启蒙运动可能没那么轰轰烈烈，但在许多方面比法国启蒙运动更健全、更有独创性。重要的是，它的影响也重大而深远。事实上，如果我们挑选一批在18世纪最后二十五年支配欧洲思想界的著作，那么苏格兰作者名列前茅。亚当·斯密的《道德情操论》和《国富论》，大卫·休谟的《人性论》(*Treatise of Human*)和《道德、哲学及文学随笔》(*Essays Moral, Political, Literary*)，威廉·罗伯逊的《苏格兰史》和《查理五世统治史》，亚当·弗格森的《文明社会史论》(*Essay on the History of Civil Society*)，约翰·米勒(John Millar)的《阶级差别起源》(*The Origin of the Distinction of Ranks*)，托马斯·里德的《从常识的原则探讨人的心灵》(*Inquiry into the Human Mind*)……其中排最前的是弗朗西斯·哈奇森的《道德哲学体系》(*System of Moral Philosophy*)和卡姆斯勋爵的《人类历史纲要》(*Sketches of the History of Man*)。

这是一张叹为观止的书单。如果要把这些作品的主题大致分成两类，那就是"历史"和"人性"。最早把这两个主题联系在一起的是苏格兰人。苏格兰的启蒙作者将人类视为历史的产物，他们主张，人类最根本的性质——包括道德精神，都是在不断演变和发展的，受到个人无法控制的各种因素的影响。归根结底，人是环境的产物。这是苏格兰"学院派"的伟大发现，流传至今并被现代社会普遍接受。

同时，他们也坚信，人性的变化并非主观随意，也非混沌无序，而是根据

---

① 即叶卡捷琳娜二世。——译者注

某些可依循的原则和演化模式。从根本上说,对人类的研究是一种科学研究。苏格兰人发明了今日所谓的社会科学:人类学、种族起源学、社会学、心理学、历史学,还有亚当·斯密奠基的经济学,而且他们的成就不止这些。

苏格兰启蒙运动不仅重新整理了人类大量的既有知识,而且尝试转化了所有知识领域的不同分支:文学艺术、社会科学、生物学、化学、地理学、物理学和其他自然科学,使其成为一系列条理清晰的学科,通过教育流传后世。那些苏格兰启蒙运动的伟大人物从未忽视教育的使命,他们中大多数是教师或大学教授,还有教士,利用教堂布道传播知识。哈奇森、弗格森和托马斯·里德都兼具双重身份,既是教师,又是神职人员。对于他们而言,知识分子的目标就是探究学问、教育学生,将自己精通的学问传授给下一代。苏格兰人认为,人类认知水平的提高是人类历史进程中必不可少的过程。

这种态度催生了伟大的成就,直到苏格兰启蒙运动退出历史舞台很久后,它仍然在发挥作用。事实上,今天它还存在于大多数人的书架上或电脑硬盘里,几乎每天都能用到,这就是《大英百科全书》(*Encyclopaedia Britannica*),第一卷于1768年在爱丁堡出版。编者最初的意图是收录人类知识和科学的完整纲要,并持续增添最新发现,形成连贯可掌握的知识体系。这个目标实现了,法国启蒙运动中狄德罗编纂的《百科全书》已成为摆设,如今只能用于满足历史学家的好奇心,而《大英百科全书》历经两个多世纪,仍在不断发扬光大。

《大英百科全书》的编者还将这部作品视为**不列颠**的百科全书——既为英格兰所有,也为苏格兰所有。与其他苏格兰启蒙运动的领导人物一样,他们认为自己是“不列颠人”(Britons),是根据结盟条约建立的现代新社会的成员。有些人甚至放弃了“苏格兰人”这个称谓,开始自称“北不列颠人”(North Britons)。这个词听起来也许奇怪,但在他们的观念里,1707年的结盟条约标志着过去时代的终结,苏格兰颠沛流离、保守封闭、血雨腥风的历史一去不复返了。今日该何去何从?这是横亘在苏格兰人眼前的关键问题。

哈奇森和卡姆斯首先描绘了新文化的轮廓，给未来打下了基础。他们的门徒和追随者亚当·斯密、休谟和罗伯逊等人将充实和装点这块文化园地。苏格兰的城市和大学里，全新的精神世界正在成型，它与中世纪的苏格兰或者宗教改革时期严苛的正统教义都截然不同。其核心不再是上帝，而是人类自己。人类既是个体，又是历史和社会变化的产物，换言之，这就是我们现在对于人类的认知。

I

弗朗西斯·哈奇森是长老会派牧师之子，但他的家乡并非苏格兰"本土"，而是位于北爱尔兰阿尔斯特的移居地。1606 年，两个苏格兰贵族休·蒙哥马利（Hugh Montgomery）和詹姆斯·汉密尔顿（James Hamilton）赦免了爱尔兰反政府军的头目康·奥尼尔（Con O'Neill），以交换他在唐恩（Down）和安特里姆郡（Antrim）的三分之一的庞大产业。然后，他们鼓励苏格兰其他地区的佃农移居那里，开垦土地建设农场。詹姆斯一世发现，这可以有效招安爱尔兰的天主教徒，于是他在 1610 年划出横跨六郡、近 50 万英亩的土地，赏赐给愿意皈依王权的移民（即承认詹姆斯一世为英国国教会的领袖，默认排除所有天主教徒）。移民分两批大量涌入，第一批是来自苏格兰西部岛屿的高地人，第二批是低地人和接受伦敦商人资助的英格兰人（因此他们聚居的城镇被命名为伦敦德里[Londonderry]）。但在新教徒聚集的阿尔斯特六郡，苏格兰人首先留下足迹且人数最多。虽然后代称他们为"苏格兰—爱尔兰人"，但无论哪个方面，他们都是正宗的苏格兰人。事实上，他们是伟大的苏格兰移民代表，改变了整个世界。

阿尔斯特的苏格兰人是约翰·诺克斯的真正传人，拥有原教旨主义者的宗教狂热，持激进的平等主义，引用詹姆斯·麦考什（James McCosh）的著名评语，就是"热爱教育，渴求博学的神职人员"。弗朗西斯·哈奇森的祖父和父亲就是博学的牧师。弗朗西斯于 1694 年出生，父亲约翰·哈奇森是阿马市（Armagh）的牧师，启蒙老师是他的祖父。后来他自然继承家业成为牧师。

阿尔斯特的苏格兰移民饱经磨难,在弗朗西斯诞生前几十年,他们经历了爱尔兰天主教徒的大屠杀,尤其是1641年的血洗波塔顿(Portadown),男女老幼无一幸免,于是苏格兰人以牙还牙。很多人参加了国民誓约运动,支持议会军,反对查理一世。他们屈服于克伦威尔的统治,曾在1687年反抗詹姆斯二世,阻止法国人进城。阿尔斯特跟未开发的美国西部类似,严酷的环境让居民变得坚强,紧密团结。他们周围强敌环伺,不但遭到爱尔兰原住民的攻击,还受到"外来"伦敦政府圣公会官员的压迫。但尽管如此,阿尔斯特的苏格兰人仍然遵循祖先传统,努力坚持独立地位和生活方式,包括长老会派的信仰。

但信仰已然改变。从英格兰和荷兰传入的所谓"新灵光"(the new light)①在苏格兰的教士阶层传播开来,并在阿尔斯特得到了支持。有的牧师在思想上倾向于英格兰的自由教义派,怀疑旧式加尔文主义的严苛教条,比如相信人的原罪与生俱来,每个人出生时就命中注定上天堂或下地狱。他们想知道,既然上帝按照自己的形象造人,那么人的概念意味着什么?接受基督为救世主,又会如何改变人的生活?年轻的弗朗西斯曾在唐恩郡由詹姆斯·麦卡尔平(James McAlpin)设立的学校学习,无从得知他是否受"新灵光"的影响,但有一点可以确定,约翰·哈奇森反对淡化宗教的传统,围绕长老会信仰在爱尔兰该走什么道路的问题,父子两人发生了尖锐的分歧。如果弗朗西斯·哈奇森早年就开始反思自己的信仰,那么他在1711年进入格拉斯哥大学时就会大有斩获。

格拉斯哥与阿尔斯特仅一水之隔,是苏格兰西部最大的城市,坐落在克

---

① "new light"和"old light"分别是18世纪20年代至50年代从长老会和公理会分裂出来的教派,前者是福音派加尔文主义者,后者中庸温和。双方都宣扬加尔文派和清教徒的传统教条,主要分歧在实践方面,前者重视基督徒生活,后者认为掌握正统神学比生活更重要。——译者注

莱德峡谷，中世纪时是商业市镇，风格与爱丁堡迥然不同。居民和游客都认为它更有吸引力。爱丁堡拥挤、肮脏，无数烟囱喷出的煤烟令人窒息（所以人们半开玩笑地为它起了“老烟城”的绰号）。格拉斯哥城干净得多，四条宽阔的主干道汇集在中央路口，构成优雅的十字架造型，丹尼尔·笛福称赞它是大不列颠最美丽干净的城市。与英格兰结盟前一个多世纪，格拉斯哥已是国际贸易港，这里发出的商船定期来往于欧洲大陆、美洲的苏格兰人聚居地、新斯科舍（Nova Scotia，由詹姆斯一世赞助）和新泽西等地。早在达里恩冒险之前，美国的珀斯安波伊（Perth Amboy）就是贸易枢纽，格拉斯哥的商人在那里装卸货物，运送来到美洲的移民。

1684 年，格拉斯哥全城四处张贴标语，招募志愿者前往“美利坚东新泽西州”，据说那儿的森林有成群的鹿和麋鹿，大海里有捕不完的鱼，沙滩上遍地牡蛎和蚌蛤，气候宜人，一年仅有两个月寒冬，土著居民很少，对外来者“乐于助人，不会惹是生非”。后来英格兰接管了珀斯安波伊，将其并入殖民版图，只允许向英格兰商人开放。但格拉斯哥的商人没有放弃，他们在新泽西海岸的生意依旧兴隆，只是化明为暗，干起了走私。

格拉斯哥的大学也表现出了这种自由进取的企业家精神。1700 年时，格拉斯哥的大学生数量是 400 人（同期爱丁堡的大学生是 600 人左右），其中不仅包括哈奇森那样的阿尔斯特人，而且包括来自南方英格兰的有条件的学生。格拉斯哥大学的历史远比爱丁堡大学悠久，较少受到当地商人或教会的干涉。爱丁堡大学的教授大多数都是由教会控制的市议会任命的，直到 1800 年，他们仍然掌握着 26 个教席中的 18 个，而且影响着其他职位能否得到认可。而在格拉斯哥，雇用教师和支付工资的决定权属于学校的管理者，到 1688 年之后，这一点显得更加重要了。哈奇森进入格拉斯哥大学时，学校里正在掀起改革的浪潮。

威廉三世[①]登基之后，人人自危的“杀戮时期”和血腥迫害终于结束。

---

① 即荷兰执政奥兰治的威廉一世，他在英格兰被称为威廉三世。——译者注

威廉三世本人是加尔文派教徒,他给了教会长期争取的独立地位,抛弃老主教,承认了教徒代表大会的权力。但是威廉三世也坚持认为,过去那种用喷火怪兽吓唬人民、在国民运动时期反对王权的宗教信仰已经过时了。但国民誓约和神圣盟约运动遗留下来的影响遍及全国,是很难彻底清除的。于是国王决定利用政府自己的地盘——大学作为根据地,他选择的代理人是前任宫廷牧师威廉·卡斯代尔斯,也就是那位《联合法案》的救星。

卡斯代尔斯直到1703年才就任爱丁堡大学校长,不过他的连襟兄弟威廉·邓禄普早在1690年就当上了格拉斯哥大学的校长。邓禄普任命了许多董事讲席教授,成功地逐步削弱了激进派的势力,卡斯代尔斯也如法炮制。他们一起重新修订了苏格兰大学的课程内容。在历史学、植物学、医学、法律等新的领域增加了许多教授职位,从此打破了旧式加尔文派神学在教育界占据的垄断地位。

这些变化造成了重大的影响。进入18世纪以后,有头脑、有抱负的年轻苏格兰人开始对神学敬而远之,因为这个领域太容易引发争议,常常牵涉到政治斗争。他们把精力放到了其他学科:数学、医学、法律(1710年卡斯代尔斯在爱丁堡大学设置了第一个民法教席,1712年格拉斯哥大学设置了第一个刑法教席)以及其他自然科学——当时被称作自然哲学。卡斯代尔斯的工作为苏格兰启蒙运动的科学方面打下了基础,还促使化学家约瑟夫·布莱克和医学家威廉·卡伦(William Cullen)这样的卓越人才脱颖而出。

这意味着理科与文科的苏格兰知识分子地位平等,自然科学家、医学家、数学家甚至工程师至少与文学家、哲学家、历史学家和艺术家同样重要。启蒙学者应该兼通文理。自然科学与人文学科互相冲突的传统概念,也就是后来英国作家C. P. 斯诺(C. P. Snow)所说的“两种文化”之分,对苏格兰启蒙思想家完全不适用。

当然,这一切的实现还有待未来。起初弗朗西斯·哈奇森在格拉斯哥大学走的是传统路线,攻读神学硕士学位。不过新思想已经渗透到这所大学。哈奇森班上的教授之一是罗伯特·西蒙森(Robert Simson),这位新上任的神学教授是根据卡斯代尔斯和邓禄普的指示委派的，事实上还是邓禄普的姻亲。因为他需要借助校长的力量与格拉斯哥的教会对抗，这也算是两全其美。虽然顽固不化的保守派十分憎恶西蒙森，但哈奇森和格拉斯哥大学的很多“爱尔兰同乡”还是被他深深吸引了。

西蒙森直接挑战旧加尔文派最严苛的教条，教学生用更加理性的眼光看待人和上帝。我们周围的世界并不是魔鬼的地盘，它反映着造物主的意志，因而秩序井然、物产丰富，符合对称和谐的规律，而且惊人的美丽。透过这个世界，我们得以深化对神性的理解，但是没有取代圣经中的上帝。西蒙森解释说：如同耶稣在福音书中的教导一样，自然显示出上帝的仁慈，上帝关注着我们的命运，会满足我们的需求和渴望。

无论诺克斯的教义手册还是普通教会的说教布道，宣扬的都是烈火与硝烟的可怖景象，用惩罚让人慑服。西蒙森描述的世界却迥然不同，他的造物主更加温和、有人情味，他的造物善良而有秩序，这就是西蒙森的神学基础理论。哈奇森乐于接受这种思想，不过西蒙森的教学方向有时显得太激进，又让他感到困惑。西蒙森提出，相信基督是救世主并不是获得救赎的必要条件，只要正直且有道德，即使是异教徒也可以得到救赎。他怀疑三位一体，怀疑耶稣基督不是上帝的儿子——约翰·洛克和艾萨克·牛顿这样的英国先进思想家也摒弃了这些传统的基督教教义。据说有一次讲课的时候，西蒙森甚至对学生说，如果读到圣经里宣称基督是“最高之神”，就应该“持怀疑态度”。

毫无疑问，西蒙森为此惹上了不少麻烦，教会当局视其为眼中钉，谴责他的言论是对上帝的亵渎。他的自然信仰的上帝很容易就会演化成激进的自由派、自然神论者的“自然神”，那种上帝放任造物的理论（在正统派基督徒看来）与完全的无神论仅有一步之差。不管怎么说，他的思想在当时都是惊世骇俗的。类似的观念曾经断送了托马斯·艾肯赫德的性命，时间仅仅过去了十五年，就已经可以在神学课堂上公开传播。这表明早在弗朗西斯·哈奇森还是一个学生的时候，苏格兰的学术环境就如此宽松了。

哈奇森毕竟是牧师的儿子,无法完全接受老师的激进思想。不过最让他困扰的并不是有关上帝的超然观念,他发现这种不拘一格的英国式自然信仰与某种道德相对论有共通之处,后者也是来源于英格兰的一种思想潮流。如果上帝没有为了拯救人类而牺牲自己的独子,如果英国自然神论者的主张是正确的,上帝真的对在人间发生的事情漠不关心,那么圣经给我们制定的道德律还有什么意义？在那种情况下,人类的未来就完全取决于个人的信仰。那样的话,人类就是被遗弃在地球上自生自灭的野蛮人,像热带丛林里的人一样,只能凭本能求生。

在理性时代(即启蒙运动时代)之初,托马斯·霍布斯(Thomas Hobbes)描绘的险恶幽灵正在许多思想家的脑海中隐约浮现,年轻的哈奇森就是其中之一。霍布斯的《利维坦》(*Leviathan*)所描写的就是在国家诞生的过程中争权夺利的"丛林"竞争。根据霍布斯的叙述,人类意识到,由于不存在自然道德律约束他们的欲望,所以必然会发生"一切人反对一切人的战争",因此必须把权力交托给唯一的君主,以便防止人类灭亡。可以说,哈奇森的毕生工作就是用各种方式反驳托马斯·霍布斯的理论:人性天生是自私邪恶的,所以需要国家的绝对权力不断地鞭策;道德的理念是人为的而不是神的启示,建立在伦理习俗的基础之上——现代的霍布斯学派、后现代主义者认为,道德是一种"社会建构"……哈奇森对这类观念深恶痛绝。

不过,他还看到了一个具有讽刺意味的事实:霍布斯那样的道德相对主义者最终竟然与传统加尔文派那些残暴的绝对主义者殊途同归。他们都断言人类天生是堕落的生物,如果没有铁一般的强制约束,就不能做出善良慷慨或自我牺牲的行动;两者的结论是相同的,只是约束的手段有区别,加尔文派是通过教会的神圣戒律,霍布斯则主张依靠国家的绝对权力。

哈奇森相信,可以在那两种极端之间找到一个折中的办法,既维持无懈可击的道德律的概念以控制人类的行动,又能避免那位多疑、严厉而暴虐的上帝的负面影响。在另一位教授格肖姆·卡迈克尔(Gershom Carmichael)的课堂上,哈奇森找到了这个问题的部分解答。

如果说哈奇森是苏格兰启蒙运动之父，那么卡迈克尔就堪称启蒙运动的鼻祖。他是最早在苏格兰大学里讨论艾萨克·牛顿的理论的教授之一。他是道德哲学教授，向学生介绍过两位17世纪伟大的自然法思想家：荷兰的胡果·格劳修斯（Hugo Grotius）和德国的萨穆埃尔·普芬道夫（Samuel Pufendorf）。哈奇森听过卡迈克尔的讲课——更确切地说，是诵读他用拉丁文写的讲义，那个时代的大学授课一般都是采用这种形式。

卡迈克尔的课程讨论的主题是人类的本质，如果剥离掉所有复杂的文化和背景（包括宗教）构成的限制和规则之后，人还剩下什么？哲学家所谓的"人类的自然状态"是什么？这里的人是一种抽象的概念（毕竟即使在非洲或美洲最偏僻的原始丛林里也没有人真的发现过这样的存在），是研究和理解的原点。对于哲学专业的学生来说，就像是解剖学教室里悬挂的骨架标本一样。一方面，他是一种人工的产物；另一方面，实际上并没有骨架悬挂在那里，他也不对应于任何我们知道的个人，无论死人还是活人。尽管表面显得很可怕，但这种明显的非现实性却使他稍微有些可笑。学生们会给他起荒唐的名字，摆弄他，利用他开玩笑和恶作剧。

然而课程开始之后，我们发现他透露出了一些被皮肤、肌肉和组织掩藏起来的重要事实。透过它可以看清那些隐蔽的构造、本质的结构和关系，如果没有它，人的其余部分就不可能存在。剥离了外在的表象，露出骨架、骨髓与核心之后，他向我们揭示了人类自身的本质和真实。

那正是卡迈克尔与他的前辈格劳修斯、普芬道夫希望达成的目标。尤其是普芬道夫的思想在年轻的哈奇森心中引起了热烈的共鸣。普芬道夫认为，自然状态的人带有天赐的理性火花，让他能够掌握自然的支配法则，其中包括道德法则。作为在社会中生活的人类，我们从自然状态过渡到文明状态时具备某些天赋的**权利**，例如生命权和财产权。但是，相应地我们也必须遵循某些义务。最明显的例子之一，就是我们必须遵守通过"社会共识"建立起来的法律。另一方面，还存在控制我们对于他人的私下行为的道德律。如果没有道德准绳，就不可能存在集体；如果没有集体，我们的生命就没有保障,维持生存所必需的东西(就是财产)也得不到保护。普芬道夫说,当我们认识到,我们的利己主义要求我们对待别人像对待自己一样时,才具备与其他同胞共同生活的条件。

后来,哈奇森对普芬道夫的理论更多地持批评态度,说那种观点"用利益解释一切,还有些自私"。不过在学生时代,它给哈奇森指出了一种颇具吸引力的可能性。长老会派和霍布斯学派的世界观都是错误的。人类确实是道德生物,不是出于偶然,而是出于造化的设计。人类天生就懂得怎样帮助别人,做一个善良正直的人。现在问题是:他是怎样学会迈出那决定性的一步的?是否如普芬道夫所说的那样,必须经过艰难的考验,还是存在一种更简单、鼓舞人心的办法,使我们明白美德可以获得报偿?

听了卡迈克尔的课程以后,哈奇森仍然没有想通这个问题。他大学毕业之后回到阿尔斯特继承父业当上了牧师,可是他知道自己的教育还没有完成。事实上,1718 年时他离开家乡前往南方的都柏林,就是为了继续求学。

爱尔兰的首都都柏林是一座与格拉斯哥十分相似的城市:商业繁荣、风气自由、文化开放。新教徒在这座城市占支配地位,全国有野心的圣公会信徒聚集于此,希望在政府部门寻找工作,或是在三一学院得到教职,也有人想在爱尔兰教会得到一份清闲轻松的美差。爱尔兰教会的那位灵活机警、拥有精明政治头脑的大主教威廉·金(William King)就居住在都柏林。

阿尔斯特的苏格兰人也去都柏林寻找工作,但是他们不可能进入三一学院和圣帕特里克(St. Patrick)学院,因为两大教派之间的竞争很激烈,好在这种竞争是以友好的方式进行的。都柏林的情况与苏格兰甚至阿尔斯特都不同,圣公会与长老会能够在互相宽容的环境中共存。部分原因是为了团结对抗在爱尔兰占大多数的天主教徒,刑法禁止天主教徒担任公职或者某些职业(尽管不久之后他们在都柏林形成了欣欣向荣的中间阶层)。不过主要因素还是那股席卷英格兰的新思想文化潮流:约翰·洛克、塞缪尔·克拉克(Samuel Clarke)、艾萨克·牛顿以及那位老成世故的贵族哲学家、第三代沙夫茨伯里(Shaftesbury)伯爵安东尼·阿什利·库珀(Anthony Ashley Cooper)等人的思想具有普遍的吸引力。

哈奇森受到邀请，在都柏林帮忙建立一所大学形式的长老会派学院。他与一群热情而有活力的知识分子、教士和学者相处，很快投入了这项事业。这群人的中心是莫尔斯沃思(Molesworth)子爵，他是贵族政治家和政治理论家，也是沙夫茨伯里伯爵的朋友。莫尔斯沃思子爵把这位来自阿马市的年轻温和的牧师介绍给众人，在他家的餐桌上，哈奇森结识(至少是听说)了伦敦和都柏林的精英知识分子。乔纳森·斯威夫特就是其中之一，他曾经把《布商的信》(*Drapier's Letters*)第六卷送给莫尔斯沃思子爵。还有一位闻名却未见面的人物，就是莫尔斯沃思子爵的朋友兼赞助人沙夫茨伯里伯爵，他是约翰·洛克的学生，在同时代的人中间是最具独创性的道德思想家。另外一位重要人物是后来成为主教的乔治·贝克莱(George Berkeley)，他的哲学观念很激进，令同时代的人震惊而愤怒(贝克莱认为，我们对于世界的知识仅仅局限于感官的认知，超出感觉领域的其他对象我们完全无法确知)。但是贝克莱与莫尔斯沃思圈子里的人争论的真正焦点还是政治问题，现在哈奇森也卷入了其中。

贝克莱曾经写过一本题为“论消极服从”(*Passive Obedience*)的小册子，坚决主张任何造反的行为——包括对暴君的反抗——都是违背上帝意志的。那等于是直接打了1688年的革命一记耳光，因为光荣革命推翻了詹姆斯二世。实际上，很多人怀疑贝克莱同情斯图亚特王朝，他也可能因此而失去了都柏林圣保罗学院院长的职位。莫尔斯沃思子爵与沙夫茨伯里伯爵和洛克意见相同，坚决相信光荣革命的原则，主张政治自由的理念。他们是辉格党人(沙夫茨伯里伯爵的父亲甚至是辉格党的创始人之一)，这不仅是因为他们是虔诚的新教徒，还由于他们相信，无论在个人生活还是在政治活动中，人类都天生具有追求自由的渴望，而贝克莱的观点与他们相反。

那种观念化为了植根于哈奇森内心的热情。后来他的朋友和学生都描述说，他坚定不移地信奉政治自由的理念，“憎恨所有奴役人的规则”。有一个评论家称赞说,哈奇森在晚期作品之一《道德哲学体系》中“大胆地主张当人民的基本权益受到侵害的时候他们所拥有的权利”。实际上,正是由于哈奇森的贡献,诺克斯和布坎南拥护过的反抗权力和人民主权的旧教条才融入了苏格兰启蒙运动的主流思潮,只是在形式上经过了改良而更加成熟。

雅致(refined)和**改良**(refinement),这是苏格兰启蒙运动的重要关键词。此外,哈奇森在都柏林阅读莫尔斯沃思子爵的赞助人沙夫茨伯里伯爵的作品时,还引入了另一个术语:**文雅**(politeness)。这个词来自于珠宝工人和石匠(打磨、雕琢石头和珠玉),沙夫茨伯里将其奉为人类的最高德性。他所谓的文雅或有教养并不是一般概念中的讲礼貌,而是涵盖了成熟高尚的文化的所有长处:对于事物的敏锐理解力和思维能力、繁荣的艺术和文学、自信心、对真理的尊重以及知识分子的批判精神,此外最重要的是对于人性善良一面的赞赏。沙夫茨伯里伯爵的座右铭是“爱与奉献”,他认为仁慈、同情、自我约束和幽默感是“高雅的”成熟文化结成的果实。雅典人在苏格拉底(Socrates)的时代取得过这种成就;在贺拉斯(Horace)和维吉尔(Virgil)时代的罗马,它曾经昙花一现;在文艺复兴时期的威尼斯和佛罗伦萨也曾经出现过。作为艺术、文学之都和商业中心,现在伦敦继承了这一传统,大不列颠成了最伟大的现代“文雅之邦”,这里诞生出了牛顿和洛克、诗人蒲柏和约翰·德莱顿(John Dryden)、建筑师伯灵顿(Burlington)、范布勒(Vanburgh)和克里斯托弗·雷恩(Christopher Wren)等优秀人才。

沙夫茨伯里还说明了最高雅最成熟的文化的来源,答案很简单:自由自主。“所有文明都归功于自由自主,”他写道,“我们彼此琢磨,通过一种温和的碰撞,除去粗糙的棱角。如果懈怠磨练,人类的理解力就会不可避免地驽钝,那将会摧毁文明、修养甚至慈善本身……”沙夫茨伯里从约翰·洛克那里引用了政治和宗教信仰自由的概念(洛克是他父亲的医生,也是他的导师),将其与个人自由联系到一起,通过与他人的友善社会交流,改良得更加高尚完善。沙夫茨伯里主张两者缺一不可:人类只有首先获得政治意义上的自由,才能够在社会和理智意义上得到自由。

都柏林的社会活跃、开放而成熟，似乎生动地证明了沙夫茨伯里的正确性。另一方面，与他人交流深化了我们的理解力，使我们的思维更敏锐，同时也教我们懂得**对他人**的义务——正如都柏林的圣公会教徒和阿尔斯特的长老会教徒通过共处学会了互相宽容，站在对方的角度思考。沙夫茨伯里的话一定让哈奇森回想起了普芬道夫的理论。两者的不同在于，沙夫茨伯里认为，我们帮助他人的原因不是因为我们认识到要在社会中生活就别无选择，而是我们发现帮助他人是**快乐的**事情。帮助别人、甚至陌生人（比如给迷路的驾驶员指路，带盲人穿过繁忙的十字路口）的行为会让我们内心充满安宁、快乐和满足。这就是沙夫茨伯里所说的道德的精髓。做好人**意味着**与人为善。这是社会公德的要求，最重要的是，我们的感情确证了这一点。人天生是社会的动物，帮助他人愉快地生活是与生俱来的责任。“没有人生来就是邪恶残酷的，”沙夫茨伯里总结说，“除非感情天生就有缺陷或弱点……做出邪恶残酷行为的人也是可悲的，永远不会幸福。”

沙夫茨伯里的论述给了哈奇森重要的启示，他逐渐接近了在格拉斯哥遇到的有关上帝与人类的基本问题的答案。通过莫尔斯沃思子爵和其他都柏林友人的推动，他开始将答案写成论文。

Ⅱ

人类是怎样变成道德生物，远离残暴野蛮，以友好、尊重、合作的态度对待他人的呢？苏格兰长老会知道这个答案。《简明教义问答》（*The Shorter Catechism*）中如此写道：“十诫概括了基本的道德律。”在苏格兰，这是妇孺皆知的。

在受到卡迈克尔、沙夫茨伯里和普芬道夫的影响以后，哈奇森学会了用另一种方法思考。他相信，每个人都拥有与生俱来的道德感，以及分辨是非善恶的基本认识，那是上帝根据自身标准赋予他的造物的能力。“正是依循人类天性的框架，我们注定会由于道德的行为感觉到快乐，并且赞同自己或别人的善行。”

换言之,我们天生具备道德判断的能力,正如我们天生有手脚、眼睛一样。道德理性(比如"他做的是好事,她做的是坏事")是人类固有的能力,但是它与判断距离、计算数字等其他类型的理性不同,要通过感觉和情绪来呈现。其最重要的表现方式是爱,尤其是对他人的爱,它是一切道德的原点。爱也证明托马斯·霍布斯的主张是错误的,自私并非人类的天性。哈奇森断言说:"如果没有对于他人的爱,如果我们不是像渴求自己的幸福那样希望别的一部分人幸福,那么道德就不会存在。"对于他者的善意和"共感"以及"由于善行产生的愉悦"是我们判断是非的基础。我们断定,帮助我们所爱的人幸福快乐是好事,因为那也能让我们快乐;伤害所爱的人是坏事,因为看到他们不快乐,我们也会痛苦。我们由此认识到,他人的幸福也是自己的幸福。

哈奇森断言,所有人生活的终极目标都是幸福。"当一个人确信在存在的所有层面上,他的一切欲望都能够得到满足时,就肯定处于幸福的状态。"庸俗的人曲解这句话,只知道满足物质的欲望:金钱、食物、性。但是哈奇森认为,最高级的幸福是给他人带来幸福。他在都柏林写的一篇文章中说:"自从苏格拉底时代以来,凡是深思熟虑过的人都能充分地证明,最真实、最生动、恒久不变的乐趣,生活中最幸福的享受,全部存在于我们对他人的友爱和善意之中。"

当我们逗小孩子笑的时候,会感到发自内心的喜悦。哈奇森认为,我们的内在感情会本能地向外延伸,通过他人,通过爱和感情的联结,就像永远扩散的涟漪一样,在与他人互相作用的过程中渐渐成长。包括基督教的教义在内,道德的基本原则都是教导我们怎样为人处世,让我们尽可能多地给他人带来幸福。

由此可见,利己主义与利他主义不再是互不相容的了。在最高层次的道德状态中,它们合二为一,成为"驱使同一个身体行动的两股力量",形成了"追求个人完善和最高级幸福以及他人幸福"的"永恒不变的动力"。德性其实是它本身的报偿,不过那是最高级的报偿——令精神和灵魂得到满足。

如果三百年之后的今天这些理论听起来幼稚且荒唐可笑，我们就需要重新思考。哈奇森不是傻瓜，他敏锐地预见到他的观点的主要反对者不是托马斯·霍布斯那样的犬儒，而是同胞加尔文派教徒。他知道人们会伤害别人，做出邪恶的行径，也知道人类经常会漠视良心，忽略使我们构成社会的“善意和人性的羁绊”。

但是他声称，那些不是人类的本质。作为上帝的造物，每个人都受到上帝的无穷善意的影响。只要用理性思考，倾听良心的声音，每个人都能够分清是非，将他人的快乐置于自己的利益之上。有趣的是，证据来自他自己的经历。哈奇森的祖父亚历山大去世的时候，遗嘱说把房子和土地都留给他最喜欢的孙子弗朗西斯，而不是长孙汉斯（Hans）。有这么一大笔财产可以大幅度提高生活水平，可是正直的弗朗西斯却要把遗产让给哥哥。汉斯听说以后也拒绝继承，坚持要按照祖父的遗嘱分配财产。于是两兄弟花了几个月的时间互相推让——无论让沙夫茨伯里还是其他人来说，这都可以算是利他主义的完美典型（最后两兄弟同意平分这笔遗产）。通过这件事和其他许多小事例，哈奇森明白了人的天性不是邪恶的。人类能够做好事，能够对他人行善，这是被每天的日常生活所证明的。

1725年，哈奇森出版了他的第一部作品——题为“探究美与德性概念之起源”（*Inquiry into the Original of Our Ideas of Besuty and Virtue*）——并把它献给了从未谋面的老师沙夫茨伯里。这部作品不仅使他在都柏林一举成名，而且使他的名声传遍了英格兰甚至欧洲大陆。1726年该书推出了第二版，两年之后他又出版了《论激情和感情的本性与表现》（*Essay on the Nature and Conduct of the Passions Fections*），它的影响力更大，以至于当格拉斯哥大学的格肖姆·卡迈克尔教授去世之后，哈奇森取代了老师的地位，成为首席名人。

然而，教会当局的反应却是压倒性的否定和排斥。他们在弗朗西斯·哈奇森身上看到了他们所厌恶的“新灵光”传统的一切特征：相信“自然”得到的、贬低十诫的重要性、质疑宿命的神圣性。就在1729年,他们终于强迫罗伯特·西蒙森辞去了神学教授的职位。然后,他们准备对付哈奇森,阻止他担任教师。

格拉斯哥大学的年轻教职员工都将哈奇森视为改革的潜在领导人,一些来自英格兰的学生甚至宣称,如果哈奇森不担任教师,他们就要退学。但即便如此,哈奇森能否继承卡迈克尔的教席仍然是个未知数。

正在这时出现了一位意想不到的强有力的同盟者,他就是后来的第四代阿盖尔公爵、伊斯雷(Islay)勋爵阿奇巴尔德·坎贝尔(Archibald Campbell)。即使在那个英杰辈出的时代,他也相当不同寻常。他的祖父是安德鲁·弗莱彻的朋友阿盖尔伯爵,1685年在赛吉穆尔战役失败后被处死;他的父亲在谢里夫缪尔击败了马尔伯爵的军队。伊斯雷勋爵对战争没什么兴趣,精力主要集中在政治上,后来成了苏格兰最有权势的人。他与低地和高地的部族都关系密切(他是苏格兰高地最大的坎贝尔家族的首领),在威斯敏斯特和宫廷也有关系网。在四十年的政治生涯中,他无情地运用那些关系,为辉格党和汉诺威王室谋利。

不过伊斯雷勋爵也是个有头脑的人,对科学非常感兴趣。他本人是个熟练的业余化学家,又是数学家罗伯特·西蒙森的好朋友。他给苏格兰的大学提供过大量赞助,尤其是格拉斯哥大学,在那里他的意志就是法律。从1722年起到1761年去世,经由他任命的教职至少有55个,其中包括格拉斯哥大学和爱丁堡大学的教授。卡斯代尔斯和邓禄普发起的苏格兰大学改革就是由他完成的。他创立了格拉斯哥大学的实用天文学和化学教职,向大学植物园捐赠过珍稀植物和材料。苏格兰的一些著名科学家都是以某种方式依靠他的帮助得到职位的,例如罗伯特·西蒙森、化学家约瑟夫·布莱克和医学理论家威廉·卡伦。实际上,如果没有他,格拉斯哥可能就不会在苏格兰启蒙运动中发挥如此重要的作用。

在这方面,伊斯雷勋爵最重要的贡献就是帮助了弗朗西斯·哈奇森。他意识到,哈奇森是传统狭隘的保守派的眼中钉,如果让他进入格拉斯哥大学，就可以进一步宣传改革和辉格党的理念。因此他向学校教员和董事施加压力，让哈奇森击败两名对手（其中之一是卡迈克尔的儿子）得到了教师职位。在那个时代伊斯雷勋爵是最可怕、最惹人憎恨的政治家，但是假如没有这位利己主义的贵族的支持，哈奇森和他的利他主义道德哲学恐怕永远不会有如此巨大的影响，从这层意义上说，还真是有微妙的讽刺意味。

格拉斯哥大学里比较年长的教员们对哈奇森的出现感到愤愤不平，可是这点困难从来没有成为他教学或写作的障碍。哈奇森谨慎地准备课程讲义，以免让别人找到诽谤的借口。他成了非常出色的教师，实际上申请听课的学生人数总是超出限额，以至于他不得不雇用一名助手。

学生们的热情另有原因。哈奇森打破了古老惯例，使用英语而不是拉丁语讲授道德哲学，几百年来学院一直采用传统的拉丁语，他可能是全欧洲第一位用本国语言讲课的大学教授。这样一来，不仅各个阶层的学生都能够听他讲课，而且在课堂上形成了一种非正式的自然随性的环境，使听者留下了更强烈的印象。后来，他的一位学生这样描述哈奇森讲课的情景：

> 他长相英俊，表情沉着而有吸引力；讲课的时候不看讲义，习惯在讲台前来回走动。他口才很好，风度翩翩，嗓音和态度都让人愉快，总是能吸引听众的全部注意力。当他开始解释道德这个核心主题的时候，会带着热情展开滔滔的雄辩，令人无法抗拒。

哈奇森每星期上五天课，负责的课程是自然宗教、道德、法理学和政府管理学，每逢星期日还做一次布道，宣讲“基督教信仰的优越性”。他还引入了另一项重要的创新：每星期有三天与学生一起讨论指定的读物，其内容通常是亚里士多德（Aristotle）、西塞罗（Cicero）等古代作家关于道德的作品。他以身作则，向同事们施加温和的压力，逐步推动格拉斯哥大学的课程改革；还促使希腊语和古典文学被列入课程，构成了高雅学术的基础。他帮助其他思想开明的同事获得重要的职位,很快格拉斯哥大学在学术界赢得了巨大声誉。英格兰和苏格兰的观察家认为,格拉斯哥大学的学生的智力和素质比爱丁堡大学的学生更优秀,而且其中很多学生不是出身于“上流家庭”,而是来自中层阶级甚至底层贫民。

在18世纪,哈奇森在格拉斯哥大学推行的学院改革为其他苏格兰大学树立了榜样。尽管如此,但哈奇森从来没有忽略过他的主要目标,即“改变苏格兰神学研究的面貌”。他想帮助教士同行们转变观念,摆脱约翰·诺克斯的严格死板的教条,将精力投入到信徒们在日常生活中面对的道德问题上去。他希望长老会的信仰变得更人道、更和善一些。他的思想引起了公开论战。“我在这里已经被称为‘新灵光’,”1742年他写信给朋友时说道,“我觉得自己并没有那么高的价值,可是我发现这种情况伤害了一些与我最亲近的牧师们。”尽管如此,他仍然设法在教会里组织了一个游说团体,那个团体后来被称作“温和派”。其成员包括威廉·里奇曼(William Leechman),他是哈奇森推荐的神学教授,还有哈奇森以前的学生亚历山大·卡莱尔(Alexander Carlyle)和马修·斯图尔特(Matthew Stewart,他的儿子杜格尔[Dugald]后来成了爱丁堡大学最著名的教授),以及威廉·罗伯逊和休·布莱尔(Hugh Blair)这样的牧师,他们奉哈奇森为职业楷模和精神领袖。

所有人都信奉哈奇森的主要观点,即来自基督的信息首先是道德信息。教堂的讲坛不是激起畏惧、散播恐慌的地方,而是鼓舞人心、劝人上进的场所。教会应该是启发良知的学校,陶冶同胞们的无私情操、培养与人为善的性情。实际上,它成了沙夫茨伯里的“文雅文化”的试验场。苏格兰启蒙运动的伟大思想家与法国人不同,即便是自称怀疑论者和无神论者的休谟也从未将基督教视作不共戴天的仇敌。在哈奇森的教士信徒们看来,教会与启蒙运动是天生的盟友,正如自然科学与人文学科并不互相对立一样,它们是构成同一项智力事业的两大分支。

不过哈奇森最深远的影响在他的职业领域之外。1737年,亚当·斯密进入格拉斯哥大学学习，很快就为哈奇森的魅力所倾倒。每星期有三天，从早晨7时半至8时半，他必定坐在这位伟人的教室里聆听道德哲学课程，后来还去听他主讲的法学和政治学课。亚当·斯密和其他学生们发现，人类的所有行为都有潜在的规则，它们是自然法律所控制的“宏大而互相联系的”道德体系的一部分，包含“**经济定律**，或家族成员的权利”，以及“**私有权**，或与生俱来的自由自主之法律”。

自由自主是其中最关键的因素，也是驱动其他因素的力量。人类生来就是自由平等的，追求自由的欲望甚至超过了在社会中与他人合作共处的需求。社会承认它是与生俱来的权利，绝对不可触犯。这种权利是**普遍的**，换言之，它与出身血统或身份地位无关，适用于任何地方的任何人。

> 自然赋予我们每个人追求自身幸福的渴望，以及亲切关怀他人的感情……准许我们具有一定程度的互相理解和积极交流的能力，并在这些感情的驱使下带着自然的冲动去运用能力；因此，每个人都天生就有权根据自己的判断和意向发挥能力，为了达到目的勤奋努力，而不损害他人的人格或利益。

哈奇森使这种自由自主的基本原理延伸到了政治领域之外。他不仅赞同洛克关于言论自由和信仰自由的观念，而且挑战其他形式的压迫，那些是被洛克甚至沙夫茨伯里所忽略的。

他关注的主题之一是女性的法律权益。哈奇森定义的权利适用于所有人，不认同任何基于性别的差别对待。另一个更重要的问题是奴隶制度。他说过：“无论出于什么原因，都不可以剥夺一个理性生物的一切权利，将其变成商品。”哈奇森的讲义在他去世后被编辑成《道德哲学体系》一书，该书“抨击了所有形式的奴隶制度，也否定了仅凭力量或财富进行统治的正当性”。他的思想激励了许多废奴主义者，其影响不仅遍及苏格兰，而且远至伦敦和费城。

弗朗西斯·哈奇森描述了一种新的政治和社会理念,即“自由社会”的梦想,远远超过了洛克或任何同辈的英国思想家。他是欧洲第一位古典意义上的自由主义者:相信社会、经济、智力以及政治领域的个人自由可以发挥至最大程度。不过我们应该记得,这种自由的终极目标是幸福,而哈奇森始终将幸福定义为通过帮助他人得到快乐。

他相信自由的结果不是自私自利;通过我们的道德理性,它实际上掌握在上帝手中。哈奇森主张让人们随心所欲地去做任何事情,却从不担心伴随的危险,因为根据他的想法,一个自由的社会必定拥有坚实而恒久的基础,那就是我们与生俱来的道德感,它使我们能辨别是非善恶,保持正派的作风,正如我们的理智能让我们分清真实与虚假一样。“德性的本质,”哈奇森写道,“如神的智慧与善意一般永恒不变。”

如此一来,哈奇森有关幸福的学说就具有两个层面。一方面,它涉及通过快乐和满意的生活满足私欲。托马斯·杰斐逊(Thomas Jefferson)把“追求幸福”这一条作为不可动摇的基本人权加入了《独立宣言》,强调了哈奇森学说的这一方面。而在另一方面,这种学说又是极端的利他主义。没有人能独自生活,他的学生们注意到了这个要旨。哈奇森始终在命令我们走出自我,参与身边同胞的生活;而参与的意愿和程度就是衡量我们的标准。他这样概括自己的观点:“采取最佳的行动,为最多的人制造最多的幸福。”这个观点的影响一直延续了两个世纪,也为另外两个苏格兰人的功利主义哲学奠定了基础,他们是詹姆斯和约翰·斯图亚特·密尔。

道德和善良的愿望,以仁慈和同情的态度对待他人;渴望自由,包括政治自由;作为公民,在社会中享有天赋权利的欲望,而且是人人皆有的**普遍**追求。为什么人类会有这样的追求?因为它们能够带给人类“幸福”。这就是弗朗西斯·哈奇森教给同时代人的道理。

可是这样一来,他的信徒们就面临一个问题:如果这些欲望真的如此普遍,为什么那么多社会都拒绝满足人民的愿望?在漫长的历史中曾经出现过各种各样的政治和社会体系,为什么很少有社会符合哈奇森的“自由社会”梦想？

哈奇森于 1746 年去世，他没有解答我们的问题。他毕竟只是哲学家，不是历史学家。他的精力集中于描述事物的理想状态，而不是解释造成它们实际状态的原因。另一个苏格兰人将承担这个任务，不过他的根据地不是格拉斯哥而是爱丁堡。

第四章

人性研究(二)

我们已经考察过精神的机制与心灵的情感;但是对于从原始野蛮状态进化到最高级文明的过程,其历史仍然有待研究。

——卡姆斯勋爵亨利·侯姆

I

亨利·侯姆(Henry Home)的父亲是苏格兰贝里克郡(Berwickshire)卡姆斯(Kames)地区的一个地主,他母亲的祖父是格拉斯哥大学校长罗伯特·贝里(Robert Baillie)博士,在17世纪40年代曾经热心地参与国民誓约运动。当国民誓约运动的野火迅速燃遍苏格兰南部低地地区时,“我给六个小伙子配备了火枪和长矛”,老人回忆道,“给我儿子准备了一柄宽刃的大剑①”。

侯姆后来得到了卡姆斯勋爵的称号②,可是他没有继承祖先的宗教狂热

---

① 这是一种苏格兰高地战士用的武器。——译者注

② 当苏格兰法官取得最高法院的席位时,就会自动获得“大人”(Lord)的称号,并获准得到其他荣誉头衔。例如亨德森·詹姆斯·包斯威尔(Hence James Boswell)的父亲亚历山大号称奥金莱克(Auchinleck)勋爵,詹姆斯·伯内特(James Burnett)被称为蒙博多(Monboddo)勋爵。卡姆斯这个头衔根据家族地区命名,并不是贵族爵位,也不表示地位高贵。从这层意义上说,卡姆斯勋爵一生都是平民。——原书注

精神，在他身上看不到任何加尔文派教会的悲观主义道德留下的痕迹或者严格苦修的精神。相反，他被培养成为圣公会教徒，学会了作为乡绅的自尊和快乐（特别是当别人在为生活艰苦奋斗的时候），而且很早就懂得了拥有丰厚收入的重要性。他从来没有进过学校，只在家跟随私人教师学习。由于他很早就显示出了对书籍和知识的偏好，所以对于这位继承了一笔适中遗产的乡绅而言，最理想的职业就是法律了。

1712年，就在弗朗西斯·哈奇森抵达格拉斯哥的后一年，十六岁的亨利·侯姆启程前往爱丁堡，到约翰·迪克森（John Dickson）门下学习法律。迪克森是所谓的"状师"，相当于英格兰的初级律师。这不是在玩弄专门术语，而是为了表明两个国家的法律体系之间存在真正的差别，即使同样是从事法律研究和实践的人，思维方式也存在差异。

在12世纪到13世纪，苏格兰与英格兰的法律几乎同时起源，可是后来却发展出了截然不同的特征。随着时间的流逝，英格兰律师和法官的视野越来越褊狭。他们习惯沿用过去的判例裁决所有争端——因此有"习惯法"这个术语，意思是在英格兰王国普遍通用。

相反，苏格兰人学会了兼容并蓄的基本法律原则，倾向于古代罗马的民法，他们效仿中世纪的法律学者——那些致力于在欧洲大陆恢复和推广古罗马制度的伟大"民法学家"们。这意味着从约翰·诺克斯的时代开始，苏格兰的法律就更接近法国和意大利，而不是南方的近邻英格兰。实际上直到17世纪，苏格兰的很多律师仍然远赴法国完成他们的专业训练，而不是去英格兰，因为英格兰的法律准则与苏格兰的法律思想几乎完全无关。

在美国人看来，两国的法律体系似乎没有什么区别。原告将案件提交法庭时，首先要雇用一个初级律师（用苏格兰的说法就是"状师"），接着由初级律师找一位大律师（用苏格兰的说法就是"辩护律师"），帮他的代理人向法官提交申诉。但是，共同点只有这些而已。在苏格兰，原告与被告之间的关系更加对立；起诉方不作公开的陈述，不利于被告的证据必须进行自证。法官和陪审团（在卡姆斯的时代，民事审判是没有陪审团的）要承担非常重大的责任。苏格兰的地方法官与英国和美国的不同,不仅要问清证据能证明什么,而且会提出决定性的问题:**事情的全部真相是什么**?

在苏格兰的民事或刑事案件中,法官的判断透过事件真相反映着公平公正的基本原则。他依据的基准不是判例而是理性——古罗马的法律精神,后来的评论家甚至称之为"书面推理"。事实上自中世纪以来,苏格兰的法律精神就一直依靠古罗马的法律填补本国法律的缺陷。高等民事法院的法官甚至由参议员担任,就好像是继承了古罗马的元老院制度。

爱丁堡大学的亚历山大·贝恩(Alexander Bayne)是研究苏格兰法律的第一位教授,他解释说:"我们认为古罗马的法律符合我国既定的法律和习俗,因此将其运用到我们的法律中。"后来成为著名法官的卡姆斯勋爵也赞同这个观点:"我们的法律移植了古罗马的制度,罗马法律彰显了公平的规则,给人充分的余裕进行敏锐的理性思考。"它首先教苏格兰法官学会了独立思考,而不必顾虑过去的法官们的裁决;它还发挥了一个无比重要的作用,即确立了一条不可动摇的法学原则:任何人——即便是君主——都不能凌驾于法律之上。

1707年的《联合法案》生效之后,除了教会和大学,唯一没有变动的苏格兰机构就是法律系统。议会大楼曾经是独立政府的总部,现在变成了最高法院的总部。年轻的亨利·侯姆第一次来到此地的时候,想必会看到身穿华丽绛紫色长袍(模仿法国王公贵族的红色长袍)的法官们大步走来走去,律师们闹哄哄地忙乱,法警传唤委托人出庭,还可以听到从附近的街道小巷传来的店主摊贩们叫卖货物的声音。这个地方就是他将来的世界中心,在余生中,他一直居住在距离议会大楼只有几个街区的地方。

一般情况下,要从事律师职业,首先必须跟随状师(这个名称源于用来批准法律文件的皇家印章)学习。与迪克森一起工作之后,侯姆有机会接触到许多复杂的法律问题,诸如土地的出卖和让渡以及世袭头衔的继承之类。他执着于那些问题,花费了很多时间去掌握苏格兰封建土地所有制度的晦涩难懂的规则和词汇,它们是诺曼法兰西、英国中部和苏格兰的混合产物。

首先是土地保有权的各种形式，例如**监管、永久租借、变更、保有和转让**。然后是对于地主的各种义务：**契约、承租、地税（以劳务换算租金）、抵押、让售**和“贷借抵押契约”。他通过学习懂得，无论在高地还是低地，苏格兰的封建土地所有制度都是由于军事需求而产生的。在18世纪的欧洲，这种古老的土地所有制仍然到处存在，只不过它在苏格兰具有更强的组织性和系统性。但是从那以后，私有财产涌现出各种新形式，比如土地买卖、租赁和转让，既与旧形式部分重叠，又是对旧有形式的挑战。旧的土地所有者与新的土地所有者究竟谁比较正确？这是侯姆毕生致力于解决的问题，而他首先必须做的是跟随迪克森进行基础训练。

遇到最高民事法院院长休·达尔林普尔（Hew Dalrymple）爵士之后，侯姆对法律的兴趣发生了急剧的变化。达尔林普尔法官是约翰·达尔林普尔的弟弟，后者就是那位在逼迫议会通过《联合法案》之后猝死的斯泰尔子爵（Viscount Stair）①。他们的父亲、第一代斯泰尔子爵是促进苏格兰法律组织系统化的功臣，于1681年出版过《苏格兰法律制度》这部著作。尽管他们家有“达尔林普尔诅咒”的可怕传闻，但在优雅随和的休·达尔林普尔身上却看不出那类迹象。侯姆还是一个年轻的法庭书记员的时候第一次遇见达尔林普尔，这改变了他的一生，他是这样描述的：

> 我在外面的房间等待，听见里面传出大键琴演奏的令人愉快的乐曲。人与人之间竟会存在如此巨大的差别，我开始沉思这种困境。“为什么隔壁房间里的人能够如此幸福，而我却平庸无奇，整天忙忙碌碌？”如果我足够幸运，是否能够与他一样？

改变境遇的办法只有一个。就是从工作简单但是赚钱不多的状师（初

---

① 前文说他是伯爵，但他到底是伯爵还是子爵，或者兼有两个头衔，已不好查，姑且保留，不影响阅读。——译者注

级律师)升级,当上收入更丰厚但是更具竞争性的辩护律师(大律师),那样就可以代表委托人出庭,并要求更高的酬金。此外,苏格兰的最高民事法院和最高刑事法院的法官也是按照职衔来选拔的。

年轻的侯姆很快就下定了决心。他与达尔林普尔家的人成为密友,与他家的儿子同住一间宿舍,渐渐熟悉了朋友家的大键琴演奏的音乐。为了取得进入律师公会的资格,他开始勤奋地学习。

从13世纪开始,苏格兰的辩护律师就成了法庭上的代理人,并且在16世纪组织了自己的行业协会——律师公会。入会的认证变得越来越严格,甚至有些学院派头。公会成员必须在大学里修满至少两年的哲学和法律课程,用来代替七年以上的正式实践经验。

这种情况与英格兰有显著区别。英格兰的大律师根本不需要受过正规的学院教育,其职业训练完全是古老的中世纪作风,就是在伦敦的四家法律学会(Inns of Court)①见习,以师傅带徒弟的方式实际教授。与初级律师类似,年轻的大律师必须学会模仿先人,遵循以前的判例,因为在实践中没有可以选择的机会。

但是苏格兰的律师更多的不是在实践中培养能力,而是严格的学院教育的产物。他们在国外留学两年,远赴荷兰甚至法国的大学,使得苏格兰的法庭具有一种英格兰法庭所没有的世界性氛围。

罗马法典和民法理论深深吸引了渴望成为辩护律师的年轻人。在准备最终考试的时候,亨利·侯姆的书桌上并排放着东罗马帝国的《查士丁尼法典》和老达尔林普尔的《苏格兰法律制度》。从1664年起,学校教务委员会规定由资深的辩护律师主持举行公开的资格考试,考试内容是民法,并由学院院长选择一段民法的内容让学生发表演说。1723年1月17日,侯姆参加了考试,他抽到的演说题目是在做学徒的时候就已经熟悉的主题:遗产的撤

---

① 是指拥有律师认证资格的四家法律学会:Inner Temple、Middle Temple、Lincoln's Inn、Gray's Inn。——译者注

回和转让。这一年他二十七岁，已经是位成熟的辩护律师，能够在法庭上独当一面。

亨利·侯姆是正在冉冉升起的明日之星。“他身材颀长，风度翩翩”，他的朋友艾伦·拉姆齐如此描述，“表情敏锐，总是带着几分嘲讽”，这个身影经常出现在议会大楼以及附近的酒馆和餐厅里面。无论男女都觉得他很有吸引力。诗人威廉·汉密尔顿（William Hamilton）曾经这样描写他：

光彩照人的神圣魅力 无限之美围绕在光环之旁

他后来向詹姆斯·包斯威尔承认说，“我一步踏入了令人目眩的纸醉金迷的世界”。进入社交界之后，他发现自己已经无法应付账单，而且欠下了300英镑以上的债务，于是停止了社交应酬，把精力集中到工作上。

在迪克森手下工作的经历使他牢固掌握了有关土地保有、继承、转让的错综复杂的苏格兰法律；加上对民法的钻研，现在他可以最大程度地利用所有的背景知识：严格的理论教育拓展了他的思维，而且拥有丰富的实践经验，足以处理微妙的细节。在法庭上他也是魅力十足的明星律师，概述案件的时候不夸张宣扬，而是用合乎逻辑的陈述说服法官和陪审团。不久之后，他升格成为律师公会的资深审查员，并于1737年升任律师公会图书馆的馆长。

在其后的五年中，通过管理人托马斯·拉迪曼（Thomas Ruddiman）的帮助，侯姆把图书馆改造成了一座知识宝库，里面不仅收藏法律书籍，还包括哲学、历史、地理和外国游记等作品。它很快变成了大不列颠首屈一指的图书馆，也是爱丁堡启蒙运动的温床。后来大卫·休谟和亚当·弗格森也担任过律师公会图书馆的管理员，前者在这里写作了《英格兰史》，后者在这里写作了《文明社会史论》。人类学、民族学、社会学，几乎所有现代社会学科都是从这里的书架和藏书间诞生形成的。最初的功劳应该属于侯姆。

在许多方面，侯姆都精力旺盛仿佛不知疲倦，热情致力于知识的组织化和系统化,反映了苏格兰启蒙运动精神的基本特征。他出版的第一部著作收录了最高民事法院过去的审判案例,目的是帮助律师和法官理解苏格兰法律的未来趋向。他还熟读过前任院长方汀霍尔爵士的手稿,方汀霍尔就是曾经去托尔布斯监狱探望托马斯·艾肯赫德并在枢密院为其辩护的律师。律师公会图书馆收藏了他的私人文件,其中记述了枢密院的日常事务。通过详细阅读那些记录,侯姆培养出了宝贵的洞察力,领悟到了政治与法律之间的相互作用,政治的问题会影响法庭的判决,反之亦然。

侯姆得出结论,这就是正常的状况,而不是异常事态。他认识到,法律是活生生的东西,"建立在经验和日常生活的基础之上",他后来写道,"因此我们的法律必须吸收新的思想,拓展新的领域,采纳新的论点,我们的律师应该不断创新"。法律不是由传统和判例组成的无生命的链条,而是灵活可变的工具,实现正义、维持秩序的手段,它必须随着社会的变化而变化,适应人类的需求。法律是实现目标的手段,至于目标是什么,则取决于人类的愿望和需要。

但是首先还需要某种起到楔子作用的基本原则,还需要某种可以承载一切的坚实基础,否则法律就会变成权力的玩物,而不是人类的工具。

理性可以作为这种原则,理性让我们掌握知识,并从中得出结论。另一种基础是自然:侯姆与哈奇森一样,将萨穆埃尔·普芬道夫那样的哲学家视为导师,认为凡是人类社会全都反映着上帝制定的潜在自然法律。不过这种自然法也不是固定或不可改变的。1751 年时他总结说:"自然法则也是我们人类天性的法则,不可能是一成不变的。必然随着人类的天性而变化,随着人性的发展而逐渐完善。"

那么还有什么东西是不变的?如果一切都转瞬即逝,连定义人类基本特征的东西都在不断地变动,那么还有什么可以让我们相信它就是根本的真实?侯姆决定找出这些问题的答案。

但是他从事的法律职业虽然非常成功但却辛苦费力,因此要挤出时间来做研究十分困难。1752 年 1 月,他被任命为最高民事法院的普通法官,因而获得了勋爵的头衔。他的生活通常很有规律，每天清晨5时至6时之间起床，阅读卷宗为出庭做准备。在中午以前去法院，与同事一起听取和讨论案情，詹姆斯·包斯威尔的父亲也是同事之一。法院开庭的时间是下午3时左右，他会放弃正餐，以便抽出时间阅读书籍和手稿，其中包括《查士丁尼法典》、盎格鲁—萨克逊和法兰克人的法律、从希伯来人到伊斯兰教的法律理论，以及爱德华·寇克(Edward Coke)爵士和威廉·布莱克斯通爵士等英国评论家的文章。

一般只有在法院开庭的间歇，他去乡间度假的时候才有机会提笔写作。即使在乡间，他的日程仍然被管理农场和款待宾客占满了。拉姆齐记得有一次，卡姆斯一边穿衣服准备赴宴，一边让“助手浏览他上午写好的文字，标注出需要更正修改的地方”，以便进一步推敲。

在城里的时候，晚上的时间总是用于交际，他和妻子都热衷于社交聚会。他们邀请朋友一起参加音乐会或者去剧院看戏(虽然在18世纪40年代的爱丁堡，戏剧表演在理论上仍然是违法的)，然后回家与至交好友共进晚餐。卡姆斯勋爵很少在午夜之后就寝。

但是从学术研究的角度而言，用于家庭交际的夜晚也不完全是浪费时间。卡姆斯喜欢一边吃饭一边喝酒(他经常喝掉数量惊人的红葡萄酒)，一边与朋友讨论严肃的哲学和法律问题。在往后的将近一个世纪中，他的这种爱好奠定了爱丁堡智力生活的作风和基调，他的宾客里面有好几位年轻的天才人物，他们将在苏格兰启蒙运动中发挥重要作用。

其中一位是约翰·米勒，他担任过卡姆斯儿子的家庭教师，后来成为格拉斯哥大学的第一位民法教授。作为教师兼学者，米勒实际上开创了现代政治学。另一位年轻人是亚当·斯密，他于1746年初到爱丁堡，想在学校里寻找工作，可是未能如愿。于是卡姆斯给他安排了一些公开讲课的机会，主题有修辞学、文学以及最合卡姆斯心意的法理学。这些课程从1748年持续到1751年，其内容后来成为《国富论》的基础。

第三位是最高民事法院的同事、奥金莱克勋爵的儿子詹姆斯·包斯威尔。任性倔强的詹姆斯经常与冷漠严厉的父亲吵架，当家庭纠纷恶化的时候,外表粗枝大叶、内心慈蔼的卡姆斯勋爵就会居间调停。1762 年 7 月底,"杰米"·包斯威尔通过考试当上了辩护律师,卡姆斯带着年轻人去苏格兰边境的乡村旅行,那儿距离他的故乡贝里克郡的庄园很近。包斯威尔称卡姆斯是拥有"伟大性格"的"非凡天才"。在包斯威尔搬到伦敦遇见著名的塞缪尔·约翰逊(Samuel Johnson)以前,从很多方面来说,卡姆斯在他心目中都是相当于父亲的人物。事实上,包斯威尔曾经计划为卡姆斯撰写传记,遗憾的是一直没有完成,否则就可能产生一部不亚于《约翰逊传》的杰作,让现代读者们像熟悉那位来自利奇菲尔德(Lichfield)的博学之士一样了解这位优秀而擅长反讽的法官。

在卡姆斯勋爵周围的年轻门生中,他最喜欢的还是大卫·休谟。他们既是近邻又是远亲——分别属于伟大的侯姆家族的两个旁系;大卫·休谟出生和成长的奈维尔(Ninewells)距离卡姆斯家仅有 10 英里。休谟在童年时就失去了父亲,因此卡姆斯慢慢代替了父亲的角色。当任性的少年休谟决定放弃法律转而学习哲学的时候,多亏卡姆斯安慰震惊的母亲和亲戚们才打消了他们的疑虑。

休谟说卡姆斯是"我结识的最好的朋友",不过也是"全世界最狂妄自大的人"。他形容卡姆斯"拥有钢铁般的身体和意志",而且"喜欢年轻人,愿意指导他们,但是喜欢下命令,如果他们逐渐成熟并开始拥有自己的见解,就总是与他们争吵"。实际上,休谟与卡姆斯就不断发生争执,尤其是在有关宗教的事情上。大卫·休谟是无神论者,而卡姆斯是圣公会派教徒(在爱丁堡的苏格兰人中很少见,主要集中于拥有土地的上流社会圈子里),并且厌恶不信教的人。为了反驳休谟,卡姆斯甚至写了《道德与自然宗教原理》(*Essays on the Principles of Morality and Natural Religion*)一书,结果却与休谟的作品一样,遭到了教徒代表大会顽固派的激烈反对和谴责。①

① 该书对卡姆斯的朋友、阿伯丁的哲学家托马斯·里德造成了巨大影响,为他的常识哲学打下了基础。详见第九章。——原书注

教徒代表大会进行投票，抵制出版的提案没有被通过。不过这件事证明，从宏观的角度来看，这对导师和门生的相似之处多于差异。他们都反对传统思想，主张道德与社会性都是出自人类的强烈愿望，而不是源于神性——用休谟的话来说就是“仅仅是人类为了社会整体利益而发明出来的”。他们比哈奇森更加激进，打破传统观念，使我们对人类本质的认识与神学分离开来。他们都将人类视为环境的产物，尽管休谟讨论的是人类的个体，卡姆斯则特别关注人类的整体。他们把人看做**相对物**，也就是说，我们在某种程度上是依靠自己在特定时间与场合的经验塑造的生物，而不是仅仅依靠某种先天的性质或感觉。

这种认知变成了苏格兰学者在历史学、人类学、心理学和经济学方面的核心思想。就这层意义而言，休谟或许会同意亚当·斯密的说法：“我们每个人都得承认，卡姆斯是我们的精神导师”。

Ⅱ

卡姆斯利用一切时间进行研究、阅读和讨论，1732 年他的付出终于第一次收获成果，出版了题为“法学问题探究”（*Essays upon Several Subjects in Law*）的论文集。接着他在 1747 年出版了法律历史的散文集，然后在 1751 年出版了《道德与自然宗教原理》。加上 1758 年的《法律的历史轨迹》（*Historical Law Tracts*），它们不仅为比较法律研究开启了新的一页，还为人类历史研究开拓了新领域。

卡姆斯提出的问题乍看起来很简单：法律为什么会存在？为什么人类会制定管理自己行为的规则条例，而且还愿意遵守？

他给出的答案是古典式的，但是还附带一个特别的转折。他断言，人类制定法律是为了保护私有财产。对于贝里克郡地产的继承者而言，这是不证自明的。不过这个结论也植根于每次自然法和民法的讨论中。私有财产的概念标志着所有社会规范的起点。每个小孩都知道有些玩具是自己的，而且只属于自己，还有些玩具是属于别人的。罗马律师称这种常识为“meum et tuum"①,即"那是你的,这是我的"。我们可以与别人分享,甚至可以暂时假装我骑着的三轮车真的是**我的**东西。但是最终所有的账目都要清算,东西必须归还给合适的主人,否则小孩就会大哭,大人就会吵架。这说明对公平的直觉和正义感是人类根本的天性,谁都不能违背。

"那是你的,这是我的",让我们就这么办。换句话说,只要你尊重我的所有权,我就尊重你的所有权。这就是我们最初创造社会、组织政府的原因:让每个人都安居乐业,付出多少劳动就得到多少报酬,不必害怕阻碍。"确保人们通过正当方式获得财产,"卡姆斯这样写道,"这是自然法的原则……也是社会的平安福利必不可少的条件。"

就其本身而言,那并不算很有独创性的见解。约翰·洛克、萨穆埃尔·普芬道夫甚至托马斯·霍布斯都说过类似的言论。但是卡姆斯加入了两条新的意见,赢得了读者们的关注。

第一,弗朗西斯·哈奇森坚持认为,人们组建政府是为了追求普遍的幸福,而卡姆斯则强调利己主义的私有财产概念,引入了一种现实主义的倾向。卡姆斯十分愿意相信人类天生具有道德感,社会性是人类的自然属性。在《道德与自然宗教原理》一书中,他大力支持哈奇森的观点,其中甚至包含了哈奇森式的句子,比如"我们的自然天性就是适合社会的生物,通过分享同胞们的喜怒哀乐,我们紧密地联系在一起"。但是卡姆斯毕竟是律师,职业生涯即使没有让他变得愤世嫉俗,也教给了他现实主义的思考方式。他意识到,人类愿意聚集到一起组成社会这个团体,为别人放弃一些个人自由,必然具有更不可抗拒、更有说服力的原因。

迫使我们行动的正是我们保护自己的财产即劳动成果的强烈愿望。因此,我们不得不投身于社会这个网络,通过权利、义务和责任与他人联系起来,否则我们对财产就永远没有安全感。"如果没有财产,"卡姆斯指出,"劳动和勤奋就都是徒劳无功。"

---

①　拉丁语,我的(东西)和你的(东西)。——译者注

哈奇森主张人类最重要的本能是道德感，而卡姆斯却认为最重要的本能是私有财产的概念和占有的欲望。"占有是人类的天性"，这是人类反对财产公有制的理由之一。仅仅拥有还不够，还必须确认它们是**我的**东西。财产并非只是物质的范畴，还是向外部世界延伸的部分自我意识，如果没有它，人就会失去人格的一个重要维度。事实上，在18世纪和卡姆斯的作品中，"property"（财产、资产、所有物；特性、性能）这个词的意思与"propriety"（正当、合适、适当）是相同的：那些东西属于我（是我的财产），并且只属于我。卡姆斯以及大卫·休谟和亚当·斯密等后继者认为，拥有**东西**其实就等于拥有**自我**。财产使我成为完整而完全的人类。

如此一来，就可以自然地得出推论：拥有财产的欲望是支配人类生活的力量，我们投入了大量的时间和精力去获得、占有、增殖财富，甚至不惜偷盗。在《法律的历史轨迹》中，卡姆斯评论道："我们渴望富裕。"大卫·休谟的叙述则更加生动："占有财产的欲望对我们的人生影响最大，其他一切热情，甚至利己主义本身的影响都无法与之相比。""为自己和最亲近的人获取物品、占有财富，这种贪婪的欲望不知满足、没有止境、无处不在，也是**直接破坏**社会的罪恶之源。"

卡姆斯认为财产是社会起源的因素，看似与休谟的观点矛盾，实则是表里一体。我们建立政府恰恰是为了抑制其他人对我们个人财物的贪欲。哪里有个人财产，哪里就会出现法律和政府，这不是因为我们渴求法律或政府，而是出于不得已。我们需要的东西别人也需要，如果我们不希望自己的东西被抢夺，就不能抢夺别人的东西。

法律能帮助我们，当我们没有时间或者没有意向的时候，法律迫使其他人不侵犯我们的个人财产。在这个意义上，卡姆斯相信不仅法律条文，而且法律的执行同样起到了教育的作用。法律告诉我们对他人的责任，有关财产以及其他权利，还有对自己的义务。侵害另一个人的财产就意味着损害了所有人，因为侵犯一个人的财产权或生命权等权利就威胁到了所有人的权利。换句话说，法律向世界投影了某种道德图景，作为社会成员的我们必须共有它。

在摩西十诫和汉谟拉比法典的时代,法律还处于最早的发展阶段,只是简单地教人们不可伤害别人,不能侵害别人的财产。后来法律开始强调遵守承诺的重要性,包括签订契约、买卖商品。到了古罗马时代,民法法典的内容"扩展到了其他各个方面,涵盖了人与人的普通交易行为中所涉及的各种明显义务"。

最终一种诉诸内心的手段补充了法律的创建道德秩序的作用:良心的影响。"在具有正常规范的社会,"卡姆斯解释说,"法律会随着人类心智的成长而逐渐成熟,由于识别能力的提高和感情的敏锐,以前被忽视的许多义务将与我们的良心联系到一起。"我们固有的道德感会找到一个社会的基础,法律不得不适应新的看法:"法庭不能再忽略这样的义务。"

卡姆斯得出结论,最幸福的社会应该是法律与文化(他和 18 世纪的其他人将其称为"礼仪")相称的社会。他写道:"一个国家的法律与人民的礼仪、生活环境以及国家相一致的时候,才算是尽善尽美,由于这些因素很少会保持不变,所以法律应该随时配合它们而改变。"

那么那些变化是什么?这是卡姆斯围绕他的课题提出的第二个新见解,其影响甚至比第一个更加重大而深远。在广泛阅读比较法学、历史学和地理学作品的基础上,卡姆斯尝试将人类社会的历史划分成四个截然不同的阶段,以便显示在每个阶段中人类的思考、行动和管理生活的方式是怎样改变的。

他在《法律的历史轨迹》中解释说:"狩猎和捕鱼是人类最初的职业。"猎人和渔夫的生活方式就像南非丛林的部族(Bushmen)和卡姆斯时代的爱斯基摩人那样,每天的狩猎活动促使人类尽量避开其他竞争对手,与自己的家庭成员团结。过了若干年后,人类学会了驯养牲畜和放牧,了解到怎样利用动物为自己服务。这是第二个阶段,即畜牧—游牧阶段。"牧人的生活推动了更大群体的形成",就是宗族和部落,但是"即便它算是一种社会形式,也只限于当地,极少与外界交流"。

“人类社会的本质精神在于共同的利益，通过个人的劳动使自己也使其他人有利可图”，但是这种社会形态要等到第三阶段才出现，它就是农耕社会。耕种土地是一种共同作业，必须通过合作完成。比如一年一度的收割需要合作，“这种环境使人们联系在一起互相帮助，形成了关系密切的社会”。新的职业出现了：农夫、木匠、铁匠、石匠；新的关系也随之产生：手工艺者与农夫、地主与佃农、主人与奴隶。在某种意义上可以说，这是新形式的分工合作，但是也是为争夺利益而发生矛盾冲突的新源头。

卡姆斯主张，在人类社会的前两个阶段，即狩猎—采集和畜牧—游牧阶段，我们不需要法律或政府，“除非是家长要管教家里的孩子”。直到农耕社会才需要额外的辅助。为什么呢？因为“农业导致大量个体结成了密切的联盟”，产生出了前所未有的复杂权利和责任关系，按照过去的习惯已经无法管理。于是需要法律的制裁和惩罚进行约束，从而也需要法律的执行者——“正直而有力量的人”——担任仲裁和审判。“简言之，在每个社会里面，”卡姆斯断言，“政府制度趋向完善的进步与社会中的人密切联系的程度严格地协调一致，这可能是普遍通用的至理。”

然而在农耕社会阶段，这种“密切联系”才刚刚开始形成而已。其后还有一个更高级的阶段，进入那个阶段后，人类的活动中心将从乡村转移到港口和商业城镇。新诞生的社会形态的特征是活跃的商品和服务交易，因而被称为“商业社会”。新阶段产生更多的利益，人类的合作更广泛，关系也更加错综复杂，所以需要新的法律管理航海、商品的销售、传播以及税务，而且人们对事物的看法和“规矩”也发生了新的变化。

> 商业贸易容易消弭国家之间的鸿沟和引起敌意的偏见，软化人们互相交往的态度。彼此共同的利益需求是最强大的羁绊之一，人们为了满足欲望而联合在一起。商业促使每个国家确立一种公民社会的秩序，守护公共的安宁，从而带给人们和平。商业精神一旦赢得优势……就能促进社会发展，在政策、联盟、战争和谈判方面将出现新的天才。

讲这段话的人不是卡姆斯勋爵,也不是亚当·斯密,而是斯密的朋友威廉·罗伯逊,一位教士兼历史学家,也是后来的爱丁堡大学校长。罗伯逊对启蒙运动的最大贡献是采用了卡姆斯的四个阶段理论诠释罗马帝国衰亡之后的欧洲历史,从而开创了现代的历史研究。他运用卡姆斯的社会演变模式组织起了一部西方文明史。

1769 年《查理五世统治史》出版,罗伯逊在该书中叙述,欧洲中世纪的黑暗时代标志着欧洲社会倒退回了畜牧—游牧阶段,汪达尔人(Vandals,日耳曼民族的一支)和法兰克人等蛮族取代罗马文明占据了欧洲大陆;文明的第三阶段——农业社会的复苏,伴随着中世纪封建制度的种子。然后从低地国家[1]和意大利开始,商人们在商业的古老发源地——地中海沿岸地区重操旧业;第四阶段的商业社会终于带着欧洲的特色诞生。"随着商业贸易在欧洲的不同国家发展,"罗伯逊总结道,"那些国家相继……采纳了著名的文明国家的文化和规矩。"正如沙夫茨伯里伯爵和弗朗西斯·哈奇森的诠释,"文雅文化"现在拥有了牢固的历史基础。

卡姆斯、斯密和罗伯逊都认为,在文明社会的每个阶段,人们谋生的手段决定着法律、政府和文化的性质。我们的性质取决于我们的工作——猎人或者渔民,牧羊人或是游牧民,农民或是农场主,商人或是工匠,后者构成了"商业社会"——如果用读者更熟悉的词语来表述,就是"**资本主义社会**"。在卡尔·马克思(Karl Marx)之前大约一百年,卡姆斯等苏格兰人就已经发现了历史变革的潜在原因:"生产手段"的变化。

此外,卡姆斯还有两项不同寻常的成就。首先,他发现了一套灵活渐进的标准,基于不同社会在四个阶段中所处的位置来描述和比较它们的特征,对过去和现在都适用。当今的英格兰和法国明显符合现代商业社会的特征,古代的雅典和文艺复兴时期的意大利与之类似;另一方面,中世纪的英格兰和 18 世纪的俄罗斯属于农业社会的阶段;古代希伯来人和美洲平原上

---

① 指现在的荷兰、比利时、卢森堡。——译者注

的印第安人部族属于畜牧—游牧阶段，苏格兰高地的部落也是如此。

但是没有哪种情况可以说是固定不变的。重点在于：人类社会的群体永远处于不断演化发展的状态，尽管速度缓慢，有时无法察觉到，但仍然是在一步一步地向前，向更高的阶段进化。卡姆斯的后继者们借用了一个法国术语来描述这种社会进化的过程，称其为"文明化"，意味着社会从原始、野蛮的状态转变成开化的、"有教养的"状态。

文明的四个阶段理论将人类的历史界定为一个连续推进的世俗的过程。在往后的一个世纪中，苏格兰历史学家的任务就是理解那些不同阶段的特征，认清推动每个阶段的关键力量。

其次，卡姆斯还解决了弗朗西斯·哈奇森曾经暗示性地提过、却从未完整解答的问题：如果他的理论没错，每个人都有追求自由和幸福的相同欲望，那么为什么在各种社会里面都有那么多人无法如愿以偿？

卡姆斯勋爵给出的答案是这样的：因为在社会的原始阶段物质条件有限，资源匮乏或者供应不稳定，所以集体的需要就会凌驾于个人的权利之上。南非丛林部落的猎手必须把猎物分给部落的其他成员，不管他自己是否愿意，否则其他人就会有饿死的危险。在中世纪的黑暗时代，欧洲的农民必须一起耕种土地生产粮食，因为没有人知道维京人或撒拉逊人（Saracens，阿拉伯人的古称）什么时候会来抢劫，一旦遭到攻击，一年的收成就全毁了，大家都要面临饥荒。

在这样严酷的环境下，社会不可能信任个人的选择或意向。人们受到习俗的支配，只信任"部落的长者"或有战功的贵族的个人权威。所以，法律和刑罚都十分严厉苛刻。

然后随着物质条件的改善，人们想出了新的方式积累财产，于是管理社会的制度就**无可避免地**随之进化。换句话说，物质方面的进步带动了其他方面的进步，从依靠狩猎采集为生的相对贫穷的非洲丛林部族，发展成从事商业贸易的伦敦和爱丁堡这样相对繁荣的城市。如罗伯逊所说，商业社会的富裕和互惠互利的联盟能够"软化人们互相交往的态度"。过去约束人们行为的是对法律、刑罚和宗教戒律的畏惧,现在个人的良知正在逐渐取代它们的作用。一个现代的社会科学家会说,社会化的规范植根于人的内心。我们不再需要国王、贵族、主教或神甫牧师等权威人物来指导我们的行动,自己就能明辨是非。卡姆斯解释说,“道德感应该是得到公开承认、人人乐意遵循的”。这样一来,个人的自由代替了古老的集体主义传统和约束,每个人都可以发挥积极作用,哈奇森关于自由社会的理想就有可能实现了。

甚至在苏格兰也有这种可能。1745 年詹姆斯二世党人发动叛乱(详见第六章)之后,卡姆斯出版了《不列颠古老习俗探讨》(*Essays upon Several Subjects Concerning British Antiquities*),他在书中表明,与詹姆斯二世党人的主张相反,苏格兰的传统政治与对英国国王的忠诚和献身没有关系,只是由于国王把土地赏赐给忠实的追随者,形成了贵族阶层,他们是国王统治人民的中介。这就是封建制度的起源。他写道:“从来没有哪种宪法赋予(君主)如此大的权力,完全掌握人民的生命和财产。”安德鲁·弗莱彻等人曾经主张,传统的苏格兰法律是政治自由的保障,然而事实正相反,它们是专制统治的护身符。

然后历史的大变革开始了。在中世纪末期,“欧洲恢复了和平,人们的各种生产技能得到培养”,然后“制造业和商业开始复兴,财富逐渐积累”,封建制度“理所当然地变成了极其沉重的负担,它开始摇摇欲坠,由于缺乏牢靠的基础,终于承受不住自己的重量而轰然倒塌”。封建制度输给了商业贸易,因为它违背了“所有人类最基本的不变欲望,即对独立自主和财产的追求”。商业社会能够充分满足人们“独立自主”的愿望,鼓励人们推翻习俗和传统,在商品和服务自由流通的基础上建立一种新的法律体系。

早在 1747 年,卡姆斯就已经认识到了被亚当·斯密及后代经济学家们所证明的事实:商业社会发生的变革比过去任何一个阶段的都更激烈。这种进步是需要代价的,所有旧的东西几乎都被颠覆了,包括法律、政府结构甚至道德和文化。资本主义所固有的创造和破坏能力令卡姆斯的后继者极感兴趣,亚当·斯密就是其中之一,他将亲眼见证资本主义在苏格兰高地和低地发挥那种可怕的威力。

Ⅲ

将近八十岁的时候，卡姆斯勋爵修订了《人类历史纲要》一书，对四个社会阶段的理论进行补充润色，使其流传后世。罗伯逊等人组成的“苏格兰历史学派”、启蒙运动的不朽历史名作——爱德华·吉本（Edward Gibbon）的《罗马帝国衰亡史》都借鉴过他的理论。在两百多年间，它界定了比较人类学和社会学的领域，开发出一种历史研究的新类型，即“文明史”，一直延续到阿诺德·汤因比（Arnold Toynbee）的《历史研究》（*A Study of History*）和威廉·麦克尼尔（William McNeill）的《西方的崛起》（*The Rise of the West*）。其核心思想就是财产形式的转变推动了文明社会的演化。卡姆斯在《人类历史纲要》中写道：“如果没有私有财产，就没有制造业；如果没有制造业，人类将永远停留在野蛮状态。”

当然到了今天，我们又开始怀疑，将社会一概地划分为“野蛮”或“文明”是否过于草率。多元文化主义者会说：那些是误导我们的成见，是对非西方人的诋毁，特别是对有色人种的侮辱，目的是抬高西方的价值观。他们试图消除四个阶段理论的影响，认为它是“种族优越感”甚至种族歧视的表现。

在19世纪，卡姆斯的理论确实为种族主义提供过理论基础。但它也发挥了有力有效的正面作用。它帮助人们将历史看成一个**不断前进**的过程，将变化当成一种正常甚至求之不得的社会特征，而不是不受欢迎的麻烦。而且它与种族问题**划清了界限**。苏格兰的启蒙思想家们可以毫无困难地把中国或波斯看成“文明”社会甚至“商业”社会，因为他们清楚地了解到欧洲曾经处于多么原始和野蛮的状态——自家后院的高地地区就是实例。因此苏格兰的历史学家对种族决定文化的想法天生免疫。他们用后天的教育而不是先天的本性去解释人类的行为和习俗制度。卡姆斯本人也反对过非洲黑人天生比白人劣等的观念。他质疑道：如果黑人也像欧洲的白人那样，有机会运用自由的力量,谁能保证他们不会创造出更好的社会?

卡姆斯和罗伯逊或许愿意对其他社会和人民做出“价值判断”,但是他们的判断与皮肤的颜色完全无关。他们关注的基本问题不是种族而是人类的自由,弗朗西斯·哈奇森同样如此。约瑟夫·奈特(Joseph Knight)的案件就是明证。

约瑟夫·奈特是出生于非洲的黑奴,在牙买加被贩卖,并于1769年跟随主人来到苏格兰。三年后,英国首席大法官曼斯菲尔德(Mansfield)勋爵[①]判定蓄奴在英格兰是违法行为,奈特听说这个消息后以为这条法令也适用于苏格兰,就去找主人要求支付这三年的工资,可是被主人拒绝了。他试图逃跑,结果被抓了起来。

珀斯郡的法院审理了这个案件,司法长官裁定苏格兰没有奴隶制度,牙买加的奴隶买卖在苏格兰不受法律保护。奈特被释放,他的主人提起上诉,1777年这个案件被提交到爱丁堡的最高民事法院。由于这个案件非常重要,全体法官都列席参与审判,包括卡姆斯在内。审判结果不仅会影响苏格兰,也将影响世界的历史。

奈特的辩护律师陈述道:“我们的法庭不会支持牙买加的法律,因为它违背了道德与正义的首要原则。”为了帮助奈特重获自由,詹姆斯·包斯威尔准备了简要的答辩,另一位奴隶制度的反对者、精力旺盛的塞缪尔·约翰逊也提供了建议。他们的论点简洁明了:“没有人天生是别人的财产。”只有当一个人主动宣布放弃与生俱来的自由权利,才有可能成为别人的合法奴仆。既然没有证据表明他放弃自由(奈特的行为明显相反),那么就必须给他自由。

当时已经年过八旬的卡姆斯表示赞同,他用有力的语气告诉同事们:“我们坐在这里是为了行使正义,而不是维护不义。”大多数法官都与他意见

---

① 其实曼斯菲尔德也是苏格兰人,尽管他在英国学习法律、在伦敦的法院担任法官。——原书注

一致，他们宣布：“牙买加的法律允许对黑人的奴役，那是违背正义和公平的，在任何程度上都不会得到本国法律的支持。”他们判定蓄奴在苏格兰是违法行为，并当庭释放了奈特。詹姆斯·包斯威尔兴高采烈地告诉其他朋友，尽管曼斯菲尔德法官在五年前做出过相同的裁决，但这次判决具有更加重大的意义，因为它树立了范围更广泛的原则。它涉及“一个普遍的问题：在自由国家，法律是否能够容许任何人以任何形式永远为一个主人服务”。在古代或原始社会适当或必要的东西未必适用于现代社会，多年来卡姆斯一直试图证实这个历史性观点。在法律以及其他一切领域，进步都是有可能的。

不过这件事也证明了苏格兰法律的进步。为了维护公平和正义的基本原则，卡姆斯和其他法官不是根据判例，而是根据“理性的要求”来审判案件。人类对自由的诉求是普遍的，这个普世的观念获得了胜利。最初由弗朗西斯·哈奇森在格拉斯哥大学的讲堂上提出的见解，现在通过卡姆斯和其他法官的努力，在最高民事法庭上得到了确认。

卡姆斯勋爵在奈特的案件中表现出了他最好的一面。而在其他方面，他却是个铁石心肠的人。如果说弗朗西斯·哈奇森代表了苏格兰启蒙运动以及苏格兰民族性格中温和、慈善、人道的方面，那么卡姆斯就代表了冷漠无情、冷眼旁观的另一面。他强调人类的“利己主义”和“对富裕的饥渴”，后来休谟的作品继承了那种讥讽和冷嘲，也令哈奇森的道德利他主义的拥护者们感到不快。

与高等法院的其他法官不同，卡姆斯执法严厉，热烈地支持死刑，甚至会吊死偷羊贼，认为自己的做法与文明社会的法律体系没有矛盾。他坚决主张说，“法律的目标就是惩罚那些最卑劣下贱、自甘堕落的家伙，他们是人类的耻辱”，并认定只有死刑才能阻止那些人，他们“完全没有荣誉、正义和人道的感情”。

现代自由主义者当然不会喜欢他的这种态度，而且必须承认，卡姆斯总是带着某种快乐做出死刑判决，连同僚法官们都觉得震惊。在一次审判中，他判决两名被告绞刑,当天晚上他的心情特别愉快,向客人吹嘘说“今天我杀了两只鸟”。还有一次,他判一个熟人死刑,那个人以前经常和他下棋,当看守带走犯人的时候,卡姆斯说了句黑色幽默的话:“将军,托马斯!”

谦恭有礼和社交的微妙是哈奇森所说的高雅文化的关键内容,可是在卡姆斯眼里它们毫无意义。他可以满不在乎地做出粗俗的举动,喜欢叫别人“畜牲”甚至“贱货”(在苏格兰,这个词同样适用于男人和女人)。如果在街上遇到朋友,“嘿,大卫,你个混球最近咋样?”就是他打招呼的一般常套句。有的人觉得他幽默,有的人却无法接受。他对社会地位完全无视,在庄园里悠闲散步的时候,如果没有包斯威尔或者托马斯·里德那样的知识分子陪伴聊天,就会随便找个仆人领班、园丁甚至农场工人,一边沿着田埂大摇大摆地前进,一边高声谈论法律和社会习俗问题,卡姆斯偶尔会弯下腰去查看土地,甚至抓一把上个星期洒下去的用于试验的新肥料尝尝味道。

分析到最后,我们发现卡姆斯勋爵及他的文章反映了苏格兰的精神,完全贯彻了实用的原理,脚踏实地,没有多愁善感,没有虚伪矫饰,而且排除了任何怜悯的情绪。他将人类视为道德或社会的动物,神圣天道的成分在他的分析中越来越微乎其微,甚至连宗教感情也不能改变他的冷淡态度。八十六岁那年他终于患上了致命的疾病,可是他仍然像平常那样没有感伤,坚忍地接受了现实。最后一次在法庭上露面的时候,他还是以独特的玩笑向同僚们道别:“拜拜啦,贱货们!”

在那之后一个多月,也就是1782年圣诞节前夕,詹姆斯·包斯威尔从伦敦来到卡姆斯家中探望。他感到惊讶和几分失望,因为他发现死神的接近也未能改变这位朋友兼导师的思想,他的生活仍然平淡而琐碎。卡姆斯没有留下任何智慧或深刻的见解,甚至没有悔恨遗憾,什么都没有。

包斯威尔是虔诚的基督徒,对来世坚信不疑。他试图说服老人转变信仰,于是劝说卡姆斯:“大人,我相信您一直对神抱有温和的看法,并且从不怀疑来生。”

可是卡姆斯坐在扶手椅里一言不发。后来包斯威尔承认，人死后永远在地狱里受折磨的教义无法达到预期的目标。“废话，”卡姆斯毫不犹豫地回答，“那种东西没人真的相信。”

六天后，他离开了这个世界。

第五章

南 北 鸿 沟

高地人天生是盗贼。

——卡西乌斯·狄奥(Cassius Dio),古罗马历史学家,公元3世纪

距今2万年前的最后一次冰河期,面积巨大的冰川覆盖了欧洲的北半部。在有些地区,欧亚大陆的冰盖厚度甚至达到1英里,它们好像原始的大型推土机,无情地铲平了挡路的一切东西。受到最大破坏的是斯堪的纳维亚半岛和不列颠北部,地表的土壤都被碾碎,只剩下裸露的岩层。当巨大的冰盖终于消融退去,留下的是一片花岗岩的山峦和冰川侵蚀形成的纵深峡谷,那就是苏格兰高地的荒凉风景。那里也是不列颠最贫瘠的土地,粗糙坚硬的地表上仅仅覆盖着又薄又脆的表土层。

尽管自然条件恶劣,但在接下来的几千年里,陆续有人类在苏格兰高地定居。首先是新石器时代的前凯尔特部族;随后是皮克特人(Pict),他们为争夺北不列颠而与哈德良长城以南的罗马人开战;然后是来自爱尔兰的游牧民族,他们自称"盖尔人"(Gael),但是罗马人叫他们"苏格兰人"(或者"土匪")。凯尔特人依靠语言和文化,盖尔人依据广义上的家族集团聚集在一起,那是氏族部落的原型。到了18世纪中期,已经有60多万人在这片荒凉、偏远的土地上生活,但是由于土壤贫瘠,生产出来的农作物只能勉强供

一半人口填饱肚子。

1745年时，苏格兰高地面临饥荒的威胁。山雨欲来，高地部族即将暴动的流言传遍了南方，大规模的政治动乱似乎就要发生了。

I

从18世纪30年代至40年代，在善于观察的苏格兰人眼里，卡姆斯勋爵所说的社会演化的四个阶段不是单纯的理论，而是日常现实的一部分。看看周围的环境，可以同时发现四个阶段的现象特征。

举例来说，格拉斯哥和爱丁堡正在显示出"文明的"商业社会的所有特征。从克莱德峡湾的艾尔郡和拉纳克郡（Lanarkshire），穿越洛锡安延伸至贝里克和罗克斯伯勒（Roxburgh），低地中部的这片河谷地区物产富饶，属于农业社会的阶段，为了每年的收成，地主和佃农都必须辛辛苦苦地劳动。事实上，苏格兰风格的"定居"农业不是固定不变的，农业技术改良的浪潮正在以惊人的势头席卷低地地区。卡姆斯勋爵本人就是最热情的改革者之一，他在自家的土地上坚持不懈地试验各种各样的新型作物、轮作技术和肥料，以便增加土地的生产力。卡姆斯甚至把农业称为"最高级别的技艺"，并写了一部影响甚广的农业著作。他在该书中训诫其他地主和佃农，说他们"头脑愚钝死板，只知道守着老习惯和老经验不放"，敦促他们采用新技术。1740年苏格兰遭受灾害而歉收，引起了本国历史上最后一次大面积饥荒，其后许多人吸取教训，开始按照他的指示行动。变化正在苏格兰低地成为常态，恰如我们在现代地球村的生活，无论城市还是乡村都在经历前所未有的转变。

与此相反，苏格兰高地的部族似乎永远停滞在游牧阶段。当地的住民世世代代都是牧民，依靠牛羊牲畜生活，种植作物只起非常次要的作用。部族的生活方式完全符合卡姆斯的描述："放牧牛羊，为了共同抵御敌人，以家族联合的形式构成社会。"氏族体系原本是一种长处，现在却使其成员越来越孤立，与不列颠和苏格兰的其他人民分离开来。

在17世纪之前，低地和高地居民之间互有往来，彼此并不敌视。然而到了18世纪00年代情况变了，甚至在《联合法案》签订以前，一系列变化就导致南北苏格兰之间划下了鸿沟。其原因部分是社会和经济方面的，比如城市化进程，地主与佃农的关系变成以货币为媒介，于是低地最后残余的氏族制度被彻底根除了。还有宗教方面的原因，低地地区的人信奉约翰·诺克斯的长老会派，而北方的部族倾向于坚持天主教的信仰，或者追随部落首领加入圣公会派的教会。此外，还有语言方面的差异，盖尔语在福斯峡湾以南的地区彻底绝迹，却在苏格兰北部的峡谷与赫布里底（Hebridean）群岛牢牢扎下了根。无论在哪个方面，南部与北部的裂痕都在18世纪进一步加深，1745年的事件发生后才有所缓和。

这时如果我们将目光转向苏格兰西部的岛屿和北部最偏远的角落，就会发现那里的社会形态依旧处于最原始的狩猎—采集阶段。赫布里底群岛的海边零星分布着小型的村落，数百年以来，渔民们一直在只有岩石的荒凉海滨生活，依靠捕鱼和采集海藻、海螺勉强维持生计。1773年塞缪尔·约翰逊与詹姆斯·包斯威尔到那里旅行，目睹赫布里底群岛居民的简陋小屋和贫寒生活之后，惊讶地写下了记录。

只要知道北方的真实情况，任何苏格兰人都不会对“高尚的野蛮人”之类的神话抱有幻想。让－雅克·卢梭的信徒或者现代的激进派环保主义者可能会认为那是人与自然的和谐生活，然而现实远没有那么浪漫。据约翰逊记述，那是一个阴沉、单调、枯燥的世界，那里的居民“全部生活都被一连串的苦难填满；每天从早到晚劳动，只能勉强维持生存；对严冬的恐惧、对春天的期盼、首领的反复无常，以及与附近氏族的争斗，构成了精神上的所有痛苦或快乐”。难怪他会用那句著名的格言作为总结：“在一个苏格兰人眼中，最有希望的前途就是通往伦敦的大路。”

去格拉斯哥或爱丁堡也许比去伦敦更容易实现。虽然狩猎—采集和畜牧—游牧生活方式束缚了苏格兰人，使他们陷入赤贫和愚昧无知，但是商业贸易帮助苏格兰人打开了通向新世界以及不列颠其余地区的大门。1740年，格拉斯哥最大的烟草商逐渐得到认可，加上在美国做生意赚到的财富，这座城市的面貌开始发生转变。格拉斯哥的商业区到处都是仓库和会计所，业务范围不但向西越过大西洋，而且向东向南扩展，商人们将美国的烟草货物加工后再出口至法国、斯堪的纳维亚半岛和俄罗斯以及地中海沿岸的港口（见第七章）。

不过，首先显示出现代商业社会的关键优势的城市是爱丁堡。1740 年，它还是一座远远不及伦敦的小城市，甚至比不上布里斯托尔。市民无论贫富，都生活在老城区的阴暗狭窄的小巷里，由于人口太多，住房十分拥挤。但是每个观察者都能注意到，随着新能量的注入，这座城市立刻焕发出了文化活力。包斯威尔用他的笔生动地描述过 18 世纪 40 年代的爱丁堡，时刻不停的喧嚣和社会的多样化是其特色，他每天从学校回家，匆匆忙忙地穿过那些曲折的小巷，从马巷（Horse Wynd）到包斯威克街（Borthwick's Close），沿途可以看到"律师、作家、苏格兰猎手、布商、长老会牧师、乡绅、海军和陆军军官、搬运工、主席和仆役"——"仆役"（cadies）这个词指干粗活的年轻男仆，现在我们说的这个词主要是指高尔夫球的球童。

尽管偶尔会激起当地教会的强烈抵制，但沙夫茨伯里伯爵所说的"文雅文化"仍然以世俗的形式进驻了爱丁堡。在年轻的卡姆斯眼里象征着上流生活的大键琴已经成为民众日常生活的一部分，这要归功于修士门外的十字键（Crosskeys）酒馆。这家酒馆的主人帕特里克·斯蒂尔（Patrick Steel）会制作小提琴，集合了一群天才的业余音乐家定期举办演奏会。柯尔维尔（Colville）勋爵演奏大键琴，福布斯·纽霍尔（Forbes Newhall）演奏古大提琴，斯蒂尔本人演奏小提琴，明托的吉尔伯特·艾略特（Gilbert Elliott of Minto）爵士演奏横笛——一种来自德国的新乐器，吸引了大批女性听众。不久之后，爱丁堡音乐协会让这座城市成了苏格兰的音乐之都。

更加大胆的是，舞蹈也渗透进了爱丁堡的生活。1710 年，爱丁堡第一次举办舞会。其后十年里，爱丁堡的大贵族——汉密尔顿、莫顿（Morton）、安南代尔（Annandale）和伊斯雷——纷纷效仿伦敦和巴黎的贵族，举办宴会或家庭"聚会"，伴随着小步舞曲、加伏特舞曲（gavotte）和波罗乃兹舞曲（polonaise）夜夜笙歌。真正的突破发生在1737年，见习牧师可以自由地学习跳舞，不用再害怕教会、上帝或什么人的惩罚。18世纪40年代，亚历山大·卡莱尔在神学院做学生时就热衷于学跳舞。后来他承认自己相当擅长舞蹈，"可以在所有场合选择舞伴"。

卡莱尔可能还阅读过亚当·皮特里（Adam Petrie）的《最佳举止规范》（*Rules of Good Deportment*），该书于1720年在爱丁堡出版，生动地阐释了沙夫茨伯里和哈奇森理想中的"文明社会"如何需要个人行为的新标准。"礼仪是一种令人愉悦的技能"，同时也是"上帝命令我们遵守的义务"，这是皮特里设定的前提。他向苏格兰人说明：一位绅士在大街上走路时不会奔跑；在说话的时候不会挤眉弄眼、指手画脚；在强调观点的时候不会去戳别人的肚子；"发表议论的时候与别人保持适当的距离，以免把唾沫喷到对方脸上"。

皮特里还提醒人们注意餐桌礼仪，吃饭咀嚼的时候不可以发出声响，嘴里不要塞满食物，他说那种行为"更像是野兽，不适合有理性的人类"。有礼貌的人不会在用餐时舔手指头，也不会用嘴去吹热汤。最后他总结道："进餐的时候不要去闻食物或饮料的味道，更加不可以去闻别人的食物，那是最粗鲁无礼的举动。"

1705年，爱丁堡出现了第一家日报社。达里恩冒险失败的灾难性风波平息以后，苏格兰皇家银行于1727年首次开张，同时开办的还有友谊保险公司和皇家医院等机构。1739年，《苏格兰人杂志》（*Scots Magazine*）创刊，它一直延续到今天。商店向人们供应文明礼仪的各种道具：花边丝带、手套、亚麻内衣、鼻烟、绅士用的扑粉假发，它们受到当地市民的欢迎，成为爱丁堡商业生活的一个部分。举例来说，艾伦·拉姆齐离开故乡拉纳克郡来到爱丁堡的时候当过假发店的学徒。虽然他的生父和继父都是打短工的体力劳动者，但多亏了苏格兰的乡村学校，使他受过足够的教育，"大致可以看懂"贺拉斯的拉丁文原作。1707年，也就是《联合法案》签订的那年，拉姆齐有了自己的假发店，不过他仍然孜孜不倦地学习知识，熟读伦敦的各种书刊，比如阿迪森的《旁观者》和笛福的《评论》（*Review*）。1727年他出版了第一部诗歌集，随后在圣吉尔斯大教堂附近的卢肯布斯（Luckenbooths）开了一家书店。

拉姆齐比其他苏格兰人更早意识到，高度的文化也可以是做生意的好材料。为了增加顾客数量，他不仅提供最新的书籍，而且允许顾客支付较少的费用借阅一两个星期。那是不列颠的第一家流通借阅图书馆，不久苏格兰各地的人纷纷效仿。拉姆齐的做法触怒了教会，教士们警告说，他在城里散播渎神和有罪的作品，要求书店关门停业。市议会派人检查书店里的书，但是他们惊讶地发现书架上都是神学书籍和传道书，于是只好决定允许书店继续经营。

然后拉姆齐试图在约翰·诺克斯的故居旁边开设一家剧院，但这次他做得过头了，教会猛烈抨击“那个地狱之子、戏院丑角，毒害我们的下一代，使他们的灵魂堕落”，计划被迫搁浅。直到若干年后，戏剧才可以在爱丁堡公开上演，当时的人们只能参加通常在私人家中举办的所谓“表演会”。不过与古老的戒律和禁令的斗争已经迎来了转折点，教会使用“毒害我们的下一代”的说法恰好表明当权者知道长老会正在失去控制力。

在18世纪40年代的苏格兰，商业还有另一层重大意义。格拉斯哥和爱丁堡是不列颠联盟的忠诚拥护者的大本营。它们都是出类拔萃的“辉格党”城市，忠于英格兰和汉诺威家族的新国王（德国出生的乔治的继承人），服从位于威斯敏斯特的议会和英格兰首相的命令。威廉·卡斯代尔斯那样的第一代苏格兰辉格党人曾经为两国结盟而努力斗争，并认为结盟的主要目的是确保新教徒的王位。但是下一代辉格党人——威廉·罗伯逊、大卫·休谟、休·布莱尔、约翰·侯姆①和亚历山大·卡莱尔等——就不同了，他们理所当然地接受了结盟。他们自称是卡姆斯和哈奇森的信徒，给自己设定的

---

① 此人不是上章所写的卡姆斯勋爵亨利·侯姆，他是位剧作家，见陈正国为本书所写的“导读”。——译者注

使命是确保苏格兰在联合王国中拥有与英格兰同等的权利和地位。1759年罗伯逊写作《苏格兰史》的时候自夸说:“两个民族通过联盟而融合,形成了统一的民族;延续了数百年的差异正在淡化,分歧正在逐渐消失;在这个岛国的全部地域盛行着同样的礼仪……”

苏格兰与英格兰的差异之一在于政治方面。法理学家兼老辉格党员、格兰奇的约翰·厄斯金(John Erskine of Grange)早在1735年就注意到了这一点。与英格兰合并之后,苏格兰虽然失去了独立地位、自己的议会和枢密院,但是与许多人害怕的情况相反,并没有受到专制和暴政的压迫。“法律规定的自由与实际有效的自由,”厄斯金写道,“存在巨大的差别。”他解释说,苏格兰人“曾经拥有前者,可是缺乏真实的自由”。即使地位最高的贵族也不是真正的自由人,“因为他们没有法律,没有法律的自由只是沙上楼阁”。他举了华莱士和布鲁斯的例子,“其实我们苏格兰的民族英雄甚至不如现在的波兰人”。18世纪的波兰正处于混乱的无政府状态。“他们以自由和独立的名义战斗,但不是为了国家,而是为了王位和贵族。”苏格兰人开始认识到,抛弃陈规陋习并不值得遗憾,而是值得庆幸的事情。事实上在1735年,处死巫术使用者的法律终于被废除了。

两个民族之间在文化和文学方面也存在差异,在罗伯逊和其他人看来,这与政治方面的差异一样重要。然而在17世纪,苏格兰文学界基本上没有什么像样的成就,没有人能与莎士比亚、弥尔顿、德莱顿和蒲柏等人相提并论。而到了罗伯逊的时代,苏格兰与英格兰“拥有同样水准的品位,语言纯正,趋于成熟”。

“语言纯正”这句话触及了18世纪苏格兰人面临的一个棘手问题,换言之,一个受过良好教育的苏格兰人是否应该放弃苏格兰方言,使用英语作为写作和说话的主要语言?选择英语就要克服社会和文化上的强大压力。每个人都知道,英格兰在不列颠王国中占支配地位。凡是有干劲和野心的苏格兰人都会以在英格兰——尤其是在英国的首都伦敦——取得的功名作为衡量成功的标准。要在英格兰获得成功,就必须学习他们的语言和行动,毕竟在各个方面,约翰逊博士所说的“通往伦敦的大路”都是真实的格言。与此同时,使用英语意味着必须放弃从童年起已经习惯的语言和文化环境。可是应该做到什么程度？这个文化认同的问题不仅是早期苏格兰启蒙运动学者直接面对的难题,也困扰过现代世界的人们。

实际上,在罗伯逊、亚当·斯密和大卫·休谟等苏格兰辉格党人之后的一两个世纪里,印度、中国以及其他第三世界国家的知识分子也将遇到同样的问题:如何应对强势文化的入侵？虽然外来的先进文化值得赞赏,但是如果应对不当,本国的传统就会受到侵蚀,甚至有失去自我的危险。苏格兰人有时还可以自欺欺人,假装不列颠实际上只有一种文化,就好像只存在大不列颠一个王国那样。他们甚至自称“北不列颠人”,暗示两个民族之间残留的差别仅仅是地理方面的。然而从来没有哪个英国人自称“南不列颠人”,苏格兰人也明白这个事实。单凭主观愿望的政治想法,无论如何都不可能填补文化的鸿沟。

诗人詹姆斯·汤姆森(James Thomson)是最早意识到这个问题的人之一。他出生于苏格兰边境的乡村,不但是第一个自然派诗人,还是英国浪漫主义的先驱。他写过一首赞颂辉格党的诗,后来被改编成英国皇家海军的军歌,在两个多世纪里一直伴随着《统治吧,不列颠尼亚》(*Rule Britannia*)的副歌旋律回响:

> 在创世之初,不列颠被造物主安置于蔚蓝的大海之上,
>
> 我们与诸神结下永恒的誓约,守卫这片大地,听那守护天使的歌唱:
>
> 统治吧,不列颠尼亚！统治这片波澜壮阔的海洋！
>
> 不列颠人永远不会被奴役！

诗歌里面包含着苏格兰辉格党的理念:我们是苏格兰和英格兰融合成的不列颠人,属于同一个国家,享有同等的权益和自由。尽管如此,汤普森

的灵感来源却是他的故乡、特威德河谷的南迪安(Southdean)的风景。他在爱丁堡读书和生活了九年时间,直到1726年去了伦敦才遇到一个苏格兰同乡米伦(Millan),得到帮助出版了他的组诗《四季》(*The Seasons*)的第一部分,终于赢得了渴望已久的文学成功。① 汤姆森能成为18世纪最著名的作家之一,要归功于英语而不是苏格兰语,是英国人而不是苏格兰人充当了他的诗歌灵感的媒介。

那么应该使用英语还是苏格兰语呢(姑且不谈盖尔语,城市居民几乎没有人用它说话)?这两种语言的起源都是古老的盎格鲁—撒克逊方言,但是除此之外,它们在单词、语法和句法方面都存在很大分歧。苏格兰语兼收并蓄,借鉴了法语、盖尔语和斯堪的纳维亚语,在爱丁堡、格拉斯哥和阿伯丁的大街小巷随处可闻,也在克莱德和特威德的乡村和山谷通用。数百年以来,它一直是法院、政府机构、商业贸易和教会使用的官方语言。在中世纪和文艺复兴时期,它曾经孕育出优秀的文学遗产,就连苏格兰辉格党的死忠威廉·罗伯逊也欣然地承认这一点。然而进入18世纪之后,苏格兰语好像变成了二等语言。正如詹姆斯·汤姆森的职业生涯所证明的,苏格兰的现代或"文雅"文化必须借助南方英格兰的土地开花结果。

对于绝大多数苏格兰人而言,学习用英语交谈和写作的难度几乎相当于学习一门新语言。语法和口音方面的错误总是让他们露出马脚。大卫·休谟终其一生都用苏格兰方言交谈,虽然能够用英语写作,可是他一直对不能用纯正的英语说话感到遗憾。他坦白说,他和苏格兰同胞们"为自己的发音和腔调感到不满"。两种语言在常用词方面就有很多区别,例如英语里面"night"的发音是"nite"而不是"nicht";必须用"old"代替"auld",用"above"代替"aboon",用"talk"代替"crack",用"gathering"代替"rockin";苏格兰语的"我很高兴"是"It pat me fidgin' fain","我很生气"是"I'm a' in a pelter",

---

① 与此同时,米伦创办了不列颠最有名望的出版社——麦克米伦(Macmillan)出版公司。——原书注

要逐一记住这些是很困难的。休谟向一个英国记者坦率承认："尽管在学习英语的过程中我耗费了很多精力，虽然有信心在写作时不犯错误，但是在说话的口音方面，如您所见，无论我怎样努力都矫正不过来了。"

在乔治王朝时期的不列颠，苏格兰人会遇到许多麻烦，最著名的代表人物就是詹姆斯·包斯威尔。

包斯威尔属于那种名声反而被成就拖累的作家。同时代的人视之为理所当然。在《约翰逊传》里，他把自己定位为敏感、谦逊、不爱出风头的幕后宣传者，全力塑造那位在他心目中有趣、令人钦佩而且真正伟大的人物的形象——如果他能完成卡姆斯勋爵的传记，想必会采取同样的写法。他那些长篇累牍的日记也由于同样的特点而被轻视。他以绝对诚实而直率的态度详细地记录自己的思想、经历和感情。或许是因为日记本该是自己写给自己看的，所以他始终在自言自语，没有考虑过读者：日记里的"包仔"(Bozzie)巨细无遗地描述了自己的幻想、野心、失误、焦虑和弱点，那些构成了我们对作者的主要印象。总而言之，读者看到的詹姆斯·包斯威尔是个和蔼、笨拙、平庸的人，几乎是凭运气创作出了文学杰作。

如今我们终于开始认识到，包斯威尔是位多才多艺、有真正天赋的作家，既学识广博，又诚实坦荡，有深切的同情心。他出生于爱丁堡，父亲是最高民事法院的奥金莱克勋爵，尽管严厉的父亲的过高要求给他的童年留下了阴影，但他仍然在导师卡姆斯勋爵身上找到了感情和理智上的寄托。在卡姆斯的帮助鼓励下，他潜心投入对文学的爱好，另外虽然对法律不是很感兴趣，但还是完成了律师的职业学习。

不过去伦敦发展是他自己的想法。1760 年，二十岁的包斯威尔第一次来到伦敦，他决心在这座文明中心的城市获得成功。他描述说，当时自己是"一个全部心思围绕着伦敦的年轻小伙子，终于如愿以偿地站在那里，开始品尝幸福的滋味"。他幻想自己"穿过卫兵的队伍，在宫廷上与贵族结交，享受上流社会的幸福，成为天才人物的同伴"。

但他是苏格兰人，这个身份成了实现梦想的最大障碍。他第一次见到约翰逊博士的时候,结结巴巴地说出的第一句话居然是:“我确实来自苏格兰,但这不是我的错。”约翰逊恶作剧地给他来了个落井下石:“是的,先生,我发现您的很多同胞也有这样的意见。”当时在伦敦的苏格兰人日子很不好过。新国王乔治三世任命的首相布特(Bute)勋爵出生于苏格兰,极度不得人心,政界反对“北不列颠人”的呼声越发高涨。有一次包斯威尔去看戏的时候,观众们反复高喊:“苏格兰人滚出去!苏格兰人滚出去!”过激派的约翰·威尔克斯(John Wilkes)每天都发表谩骂苏格兰移民的文章,抨击他们无知愚昧、贪婪堕落、道德败坏:“苏格兰的贵族绝大多数都专横暴虐,平民都甘当奴仆。”

在充满敌意的环境中,包斯威尔不得不像休谟那样带着满口的苏格兰乡音奋斗。1772 年 3 月,他向约翰逊博士介绍亚历山大·麦克唐纳爵士(Sir Alexander MacDonald)将军,那位卓越的将军说:“我曾经帮我的朋友包斯威尔纠正过几次口音问题,不过先生,我怀疑任何苏格兰人的英语发音都达不到完美。”约翰逊不屑一顾地回答:“唔,先生,还是有几个人说得不错……话说回来,既然一个人能克服十九个苏格兰发音,那么第二十个也应该不成问题。”后来包斯威尔遇到一位叫肯里克(Kenrick)的博士,他声称“可以在六个星期内教一个阿伯丁人学会流利的英语”。肯里克解释说,苏格兰语与英语的关键区别是与舌头动作相关的发音的抑扬顿挫,这是阿伯丁人学习英语的最大障碍。然而经过徒劳的努力之后,肯里克无奈地告诉包斯威尔:“先生,您根本不是在说话,而是在唱歌。”

按照我们现代人自然而然的猜想,这类歧视和“负面的成见”会招致文化方面的强烈怨恨,或至少是对抗情绪。可是在受过教育的苏格兰人中间,其影响恰恰相反,这可以说是苏格兰人的异常或者特性。包斯威尔喜欢看威尔克斯攻击苏格兰人的文章(据说是因为欣赏那种“打动人心的尖锐讽刺”),而且见面以后他发现威尔克斯是个既有趣又有魅力的家伙,于是两人抛开种族问题结下了永恒的友谊。1761 年夏天,爱尔兰演员兼“发音专家”(正确发音研究者)托马斯·谢里丹(Thomas Sheridan)到爱丁堡举办一系列讲座，讲解关于英语发声的问题，爱丁堡知识分子的反应是觉得很兴奋而不是反感。有三百多位绅士（其中之一就是包斯威尔）参加讲座，他们"论地位和能力都是这个国家的精英"，期盼谢里丹帮助他们掌握"苏格兰人最不擅长的"英语口语，矫正"方言这个本国最大的缺点"，甚至促使谢里丹为女士们单独举办讲座。托马斯·谢里丹的儿子理查德（Richard）是有名的剧作家，《丑闻学校》（*The School for Scandal*）的剧本作者，父亲的讲座收费是每人一个几尼（大约相当于今天的100美元），儿子的下一部作品的订阅费是半个几尼。爱丁堡市议会甚至授予谢里丹荣誉市民的头衔。总之，对于谢里丹和爱丁堡的精英们而言，这是个非同寻常的夏天，显然苏格兰人的文化焦虑症已经发展到了相当严重的地步，以至于心甘情愿地掏钱听一个爱尔兰演员教他们说英语。

这种现象招致了一些人的批评，他们谴责苏格兰启蒙运动向英国的"文化帝国主义"屈服。但是实情恰好相反。英国化非但没有引导苏格兰知识分子抛弃或忘记民族的特征，反而激励他们保护自己的文化并发挥其活力。直到18世纪80年代，卡姆斯仍然在法庭上讲苏格兰话。艾伦·拉姆齐和罗伯特·彭斯这样的诗人都熟练掌握两种语言，既能用完美的全盛时期英语，又能用纯粹的苏格兰语创作诗歌，至于使用哪种则取决于场合与心情。在爱丁堡生活时，包斯威尔一直讲家乡方言，见到让－雅克·卢梭的时候，他在脑子里用苏格兰语吐槽对方的古怪行为："我说，让－雅克同学，你不能表现得正常一点儿吗？既然你已经写了一本很棒的书，就会学会控制自己吧。为什么不能像其他人那样生活呢？"当然，他没有直接说出口。

结果苏格兰人在**形式上**使用英语，传承英国文化，但是在**骨子里**仍然是苏格兰人。他们不仅没有忘记自己的根，而且获得了新的资源。包斯威尔、休谟和罗伯逊这样的人都自然地承认了英国文化的优越性，从而能够分析、吸收并最终精通英国文化。他们不肯被威胁吓倒，因为他们决心用自己的方式打败对方。他们重新塑造了占据优势的英国文化，使其成为英格兰人和苏格兰人共同的精神家园。

他们的努力得到了报偿。罗伯逊和休谟使用四个阶段的理论阐释过去的历史,教英国人怎样写作"哲学式历史"。如果没有苏格兰学院派前辈的指引,爱德华·吉本恐怕就不可能写出启蒙时代最伟大的杰作《罗马帝国衰亡史》。多亏是用英语而不是苏格兰语写作,包斯威尔的《约翰逊传》才成了最著名的传记作品。亚当·斯密的《国富论》为现代经济学奠定了的基础,然而人们很容易忘记,他使用的英文并不是自己的母语。

到了1758年,前首相霍勒斯·沃波尔(Horace Walpole)承认:"苏格兰是全欧洲最有才华和潜力的民族。"伏尔泰也表示同意:"我们要向苏格兰寻求对于文明社会的理想。"一个来自欧洲中部的观察者评论说:"无论是过去将英语文学发扬光大,还是现在为英语文学赢得荣耀的主要作家,都是出生于苏格兰、在苏格兰接受教育的人,这是无可争辩的事实。"这可以说是逆转文化帝国主义的最简洁的例子,大卫·休谟曾经用反讽的形式表达自己的喜悦之情:

> 不觉得奇怪吗?在这个时代,我们已经失去了自己的王室、自己的议会、独立的政府,连主要的贵族阶层都离开了这个国家;我们对自己的口音和发音方式不满意,讲着一种生造的堕落的语言的方言;我说,这不是很奇怪吗,在这样的环境下,我们真的能成为在欧洲文学界最著名的人?

话说回来,在1745年之前,如果有人预测到未来的情况,大概会被认为乐观鲁莽过头了。当时的苏格兰辉格党人也知道,与特威德河以南地区的情况相比,连爱丁堡的生活都仍然是相当落后的。不过他们也清楚,国家正在改变,情况正在逐渐好转,那些仍然影响着苏格兰的制度和习俗,比如教规严厉不容异议的教会以及让佃农过度依赖地主的陈旧的封建习惯,都在慢慢改善。正因为如此,当1745年苏格兰陷入暴力和动乱时,带来的冲击才特别巨大,苏格兰历史上最黑暗的方面突然复苏,与新变化的潮流对抗,试图把未来拖进泥潭。

Ⅱ

围绕着苏格兰高地氏族流传着各种各样的传说。其中最古老、流传最久的是1745年冒牌王子小查理企图篡夺王位的叛乱，那是“詹姆斯二世党人”与“辉格党”之间的斗争，也象征着拘泥于原始的忠诚心的高地凯尔特部落，与迈向初步现代化和工业化的低地之间的文化冲突。实际上苏格兰辉格党也鼓吹这种看法，借以暗示他们与英格兰的同盟者所从事的战争实质上是一场推动文明的改革运动，是为了改变从野蛮时代遗留下来的不合时宜的社会秩序。

氏族制度确实不合时宜，不过它是苏格兰的封建时代（而不是部落时代）遗留下来的产物。把氏族联系在一起的是土地和土地所有权。它们的起源可以追溯到说法语的诺曼人和古代凯尔特人那里。那些在谢里夫缪尔为马尔伯爵战斗、在卡罗登（Culloden）为小查理王子战斗的高地勇士，如果我们要寻找他们的真正原型，就会发现他们不是古代的皮克特人或不列颠人（Briton），而是中世纪时追随征服者威廉（William the Conqueror）统一英格兰的士兵。

当然，“氏族”这个词来自盖尔语的“clann”，意思是“子孙”。它包含由四到五代亲属组成的集团，所有成员据称共同拥有一个祖先。氏族的首领都鼓励成员们相信他们真的像大家庭一般团结在一起。按照惯例，坎贝尔家族的阿盖尔公爵和弗雷泽家族的洛瓦特勋爵（Lord Lovat of the Frasers）这样的族长会要求佃农们效忠，就像父亲要求儿子一样。但是那种说法完全是虚构的。1745年时总共有五十多个部族，普通部族中的上下关系与黑手党的“家族”没什么不同。唯一重要的“血缘”是首领与各个“管家”（caporegimes）的关系，“管家”就是替族长收取地租的人，相当于黑手党分支机构的小头目。他们下面是大量无名无姓、人口不断变动的佃农和雇农，他们在和平时期耕种土地，在战争时期替首领卖命。至于主人是坎贝尔、麦克弗森

(MacPherson)还是麦金农(Mackinnon),他们完全不关心,没有哪个氏族宗谱研究者或吟游诗人(seanachaidh)会浪费时间去考证他们的祖先是谁。重要的是他们在部族的土地上耕作生活,那里是他们的家园。

"在这层意义上,"一位研究苏格兰高地历史的著名专家说,"并不存在真正的'氏族体系',也没有特定的氏族可以作为研究对象。"在16世纪之前,最早出现在书面资料中的那些氏族已经全部灭绝了。1745年时,统治这片土地的是弗雷泽、卡梅伦、麦肯齐、阿平的斯图尔特以及最著名的坎贝尔和麦克唐纳家族,他们主要都起源于13或14世纪,在那之前诺曼人雇佣军已经应王室的邀请来到苏格兰,在高地和低地地区建立起了封建式的土地所有制。诺曼人的封建制度与凯尔特人的部落传统混合在一起,形成了氏族这个混血产物。佃农们由族长领导,闲时种地,战时拿起武器上战场。许多诺曼人骑士及其后裔都当上了氏族首领,例如弗雷泽、德拉蒙德(Drummond)、蒙哥马利、格兰特(Grant)和辛克莱。英国王室的命令和部落的迷信巩固了他们的权力地位,于是像英格兰和法国的封建权贵一样,他们变成了中世纪苏格兰的统治者,无法无天,为所欲为。唯一的区别是,当冈特的约翰(John of Gaunts,英格兰国王爱德华三世的儿子,查理二世的叔叔)和大胆查理(Charles the Bolds,勃艮第末代大公)那样的统治者最终从欧洲其他地区(甚至包括苏格兰低地)完全消失之后,弗雷泽家族的洛瓦特勋爵和凯波奇的麦克唐奈(MacDonnells of Keppoch)①那样的族长仍然存在,这种情况在日后成了骄傲和传奇的源泉,但是也引发了分裂、冲突和战争。

根据苏格兰的封建法律,族长拥有土地和农民,手下的"管家"负责收取地租、管理佃农。法律还赋予族长形式上的司法权,他们有权决定生活在这片土地上的农民的生死,而且会毫不犹豫地行使这种权力。曾经有个女人被指控偷窃族长的钱财,克兰拉纳德的麦克唐纳下令把她的头发与海边岩石间的海草捆绑在一起,让大西洋涨潮时的潮水淹死她。

---

① 麦克唐奈及其近亲麦克唐纳是唐纳德家族(Donald)的两个独立分支。——原书注

另一个族长，巴里斯代尔的科尔·麦克唐奈（Coll MacDonnell of Barrisdale）更残酷。他要求属下的渔民上交五分之一的收获，交不出的人就要接受被当地人称作“巴里斯代尔”的刑罚：在平躺着的人背上压一块很重的石头，用铁环固定住肚子，在下颌支上铁制的楔子，当犯人撑不住石头重量的时候，楔子就会刺破下颌穿进口腔。要知道，这种残忍的事情发生在1740年而不是1140年，苏格兰竟然没有法律能制止麦克唐奈对佃农的横征暴敛。

普通的氏族成员向这种野蛮的权力屈服完全是为了土地，只有租用土地才能耕作，才能养家糊口。农民们不会使用麦克唐纳、麦金农或奥格尔维（Ogilvie）之类的部族名字，而是使用父名或某种诨名，例如科勒姆麦克（Collum mac，意思是某某之子）、弗格斯维克（Fergus vic，意思是某某之孙）、年长的安格斯（Angus mór）或者红色的安格斯（Angus ruadh）等等。一个人在氏族中的身份取决于与习俗的联系，与血缘无关。氏族成员服从族长，交纳地租，听吟游诗人唱歌讲故事，佩戴徽章（用草本植物制作的带叶小枝条），高喊口号，因为这是赖以生存的工作。族长、“管家”和保镖、党羽们在部落成员的眼里不是主人，而是负责保护最终属于所有人的财产的代理人。

不幸的是，族长们并不这么想。共同责任的意识可能存在过，后来却迅速消失了，所谓的忠诚变成了一厢情愿的东西。现在大多数族长都以为自己是拥有土地的贵族。他们过着奢侈的生活，穿褶裥花边的精致纺织品，喝法国的红葡萄酒；他们和他们的儿子都能进大学读书；坎贝尔和卡梅伦这样的家族在爱丁堡拥有豪华的宅邸，然而绝大多数族人还处于有上顿没下顿的赤贫状态。在氏族时代中期，族长的儿子仍然以传统的方式被养育，由地位卑微的女性担任奶娘，奶娘的儿子就是他的义兄弟。他必须在战斗中证明自己的领导才能，率领部下抢劫邻近部落的牲口，或者进行卑鄙的复仇活动。但是随着时间的推移，族长们开始将氏族的土地视为自家的财产，想方设法让自己的长子继承全部财产和权力，而不顾其他氏族成员的愿望和想法。卡姆斯的铁则——“占有是人类的天性”适用于贝里克郡的农场主或格拉斯哥的商人，也同样适用于苏格兰高地的族长。

在推动土地私有化的过程中，族长们的重要支持者仍旧是苏格兰王室。据说高地人支持小查理王子的动机是某种对斯图亚特王室的古老、神秘的忠诚心，其实那只是一个流传已久的神话。氏族首领们与王室互相勾结完全是出于共同的利益。王室认可族长对佃农拥有生杀大权，巩固其家族成员和支持者的特权地位，以正式法律维护其子孙继承土地的权利。作为交换，族长们代替王室管理这块偏僻、辽阔、鞭长莫及的土地，在形式上遵守王室的法律和命令。为了达到自己的政治目的，王室有时也会挑拨氏族之间互相争斗。

由于看不顺眼或者仅仅是觉得麻烦，斯特亚特王室曾经多次驱逐或者摧毁高地氏族。例如，他们铲除了高地西部和群岛地区的唐纳德家族的势力，将其土地交给坎贝尔家族接管；刘易斯的雷欧德（Leod of Lewis）和阿德纳默坎半岛的麦克莱恩（Maclains of Ardnamurchan）也有类似经历。1603年，詹姆斯六世干得更过火，因为与麦克格里格（MacGregors）家族的首领发生争吵，他就下令屠杀整个部族。甚至颁布法令规定，如果再有人敢用麦克格里格这个姓，一律格杀勿论，没收的财产送给杀人者。为了斩草除根，詹姆斯六世还悬赏通缉，如果将麦克格里格族人的首级交给政府官员，任何罪犯都能立刻得到赦免。

那是一场单纯的种族灭绝。在一年之内，至少有三十六人被谋杀或处死，詹姆斯六世本人就吊死了六个刚巧被他抓住的人。麦克格里格家族被永远赶出了斯翠谷和里昂谷（Glen Strae and Glen Lyon）的家园，过着流亡和四处逃窜的生活，经常被该地区的其他部族当做叛徒追杀。直到一百五十年后，针对麦克格里格这个姓的取缔令仍然有效。这个倒霉家族中最著名的领导者是罗布·罗伊（Rob Roy），他的儿子参加了1745年的叛乱，原因之一就是希望小查理王子能够取消禁令，可惜他的努力以徒劳告终了。实际上直到1774年，那个法令才终于被撤销。

麦克格里格家族惨遭灭族，坎贝尔家族却能渔翁得利，占有了对方的领地。坎贝尔家族及其最重要的族长阿盖尔公爵成为效忠王室的工具，通过替王室控制其他西部氏族而得势。最典型的例子就是1692年2月13日发生的格伦科惨案，王室命令坎贝尔家族屠杀当地的麦克唐纳家族，妇女小孩也格杀勿论。因为计划泄密，大多数麦克唐纳家族的人趁着夜晚逃跑，但是坎贝尔家族的士兵在雪地上追击并抓住了三十六人，把他们全部杀死，其中包括四五岁的儿童。这场惨剧在议会和全国引起了轩然大波。低地苏格兰人经常为高地氏族的残暴野蛮感到震惊，格伦科惨案和麦克格里格的灭族是最糟糕的实例，但是我们应该记住，下达命令的都是国王。

苏格兰高地氏族的生活究竟是什么样子？每个外来的观察者都会提到，一旦越过福斯峡湾进入高地，就好像到了不同的世界。首先，正常社会的法律和秩序在边界的另一边都不起作用，取而代之的是氏族自己的规矩。这意味着，如果一个高地人去阿伯丁或者格林诺克这样的城市做生意或找工作，与当地人发生争执并且杀了人，那么只要他能逃回家，就不会受到惩罚。如果哪个鲁莽的警察去追捕凶手，反而可能有生命危险。唯一的办法就是向族长求助，而族长关心的不是谁有罪谁无辜，而是荣誉或面子的问题。

18世纪20年代时，有一个英国人到一个族长家里做客，偶然谈起族人的举止缺乏礼貌，不符合高地人殷勤待客的标准。这个英国人回忆道，这个族长“拍打着挂在腰间的大刀说，如果我需要，他可以立刻砍掉两三个家伙的脑袋作为赔礼”。客人以为是开玩笑，就笑了起来，“可是族长是当真的，坚持说他言出必行”，客人连忙劝解，好不容易才说服主人收回了这个可怕的提议。

在自己居住的领地上，部落族长的身边跟随着一群党羽和仆从，还有专属的吟游诗人和吹风笛的人，给人一种令人敬畏的印象。然而普通族长的生活其实是破落贫乏的，与氏族成员一样，无法摆脱贫穷的基本困境。这一点会让绝大多数局外人感到惊讶。

苏格兰高地的人们主要依靠放牧牛羊谋生，在少量能够耕种的小块土地上种植燕麦和大麦。在漫长的寒冬，“他们没有任何娱乐消遣”，一位访客记述道，“只能一家子围坐在炉火旁边，直到火焰把他们的腿脚烘烤到发烫的程度”。食物几乎每年都短缺，为了填饱肚子，氏族成员只好从邻近的部落偷窃或抢劫牲畜，那是经过细心策划的大胆行动。他们用一长条亚麻布把两根木棒捆绑在一起做成一个十字架，用血染色，再点上火燃烧，那就是召集部族成员的标志。它引导战士们翻山越岭，沿着山路向前，也是用来预测未来胜败的信号。如果看到路的前方有成年牡鹿、野兔或狐狸跑过，就必须立刻猎杀，否则就是大事不妙的凶兆。如果看到光着脚的女人，就必须抓起来用匕首刺她的额头，否则不能继续前进。

偷盗牲畜的行动（即所谓的 creach）并非像吟游诗人歌颂的那样仅仅是领导能力和荣誉的考验，而且能够带来相当可观的利益，因为如果对方要求归还被盗的牲畜，氏族就有权索要赎金。苏格兰语的“敲诈勒索”（blackmail）这个词就来源于此，“mail”是“租金”或“贡物”的意思，而高地的牲畜多数是黑色的。在苏格兰高地的大部分地区，这种敲诈勒索都在人们的生活方式中占据着主要位置。有的外来观察者估计，在任何一段时间里，普通族长手下的战士有一半正在偷盗邻居的牲口，而另一半正在努力找回被邻居抢走的牲口。

高地人只有在春天才能吃到面包，那也是农活最忙的季节。到了夏天，人们基本上依靠牛奶和乳清生活。食物短缺的情况在冬天最严重，由于没有其他蛋白质来源，人们只能给牛放血，把牲畜的血与燕麦混合在一起用火煎炸。有时候奶牛因为被放掉了太多血，连站都站不起来。苏格兰高地有一道给人印象深刻的传统菜肴叫做“haggis”，那是将羊的心、肺、肝等内脏与燕麦粉混合煮成的食物，塞满材料的羊胃让访客觉得恶心，本地人却引以为傲，因为它对于普通的高地家庭来说可以算是豪华大餐了。“牲畜和谷子就是他们仅有的财物，”约翰逊博士曾经这样评论，“一旦是穷人，就永远是穷人，儿子只是继承父亲的房子而已。他们根本没有进步或者提高生活水平之类的观念。”

苏格兰高地人的住房条件也很差，全家挤在一间用泥土和石头堆起来的简陋茅屋里。典型的村落就是由许多这样的茅屋构成的，从远处望去，简直像是矗立着一个个土包的坟堆；接近再看，才发现里面有人居住，而且人与狗、羊混居，衣不蔽体的孩子到处乱跑，浑身被泥炭弄得黑糊糊的。在更穷的村落里，族长的儿子也和其他淘气鬼一样是半裸的，唯一的区别在于他会说英语。实际上，苏格兰高地人民的贫穷程度远远超过了平原地区的印度人或者文明社会史学家所知道的其他畜牧—游牧生活的民族。总之，这片土地的基调就是贫穷。在1745年叛乱的时候，是否忠于王室也是由经济因素决定的。当时有二十二个部族联合起来支持斯图亚特王室，还有包括坎贝尔在内的十个部族继续忠于英国王室，而那十个部族都是最富有的。与之相反，参加叛军的许多部族要么没有土地，要么处于破产边缘的赤贫状况，例如凯波奇的麦克唐奈和格伦科的麦克唐纳家族。根据一个同时代人的估计，参加叛乱军队的所有氏族的年收入全部加起来总共还不到1500英镑。

高地人民虽然贫穷，但是他们身为战士的自尊可以弥补这个缺陷。氏族成员有分工，妇女和农民负责劳作，其他男性专门战斗，两者存在决定性的区别。外地人会觉得很难理解。在19世纪初，一个英国女人看到有个妇女在她家那块小得可怜的土地上劳作，样子疲惫不堪，而她的丈夫竟然坐在旁边袖手旁观，好像理所当然似的。她觉得很奇怪，就责问那个男人的母亲：为什么任凭儿子无所事事，让媳妇那么辛苦地劳动？结果老妇人大声回答：如果我的儿子碰了田里的土块，就不算上等人了。

正如约翰逊博士所说，苏格兰高地“每个男人都是士兵”，氏族成员从小就要接受战斗训练。战士的标准装备是3英尺长2英寸宽的双刃砍刀①，加上短剑或匕首以及盾牌或步兵圆盾，他们喊叫着氏族口号猛地冲向敌人的时候，模样确实很可怕。但是他们不是返祖到黑铁时代的野蛮人，也不是英

---

①　有时候会被错误地称作“大剑”（英语是claymore，爱尔兰语是claidheamh-mór），实际上“大剑”这个词是指双刃的大型剑，曾经在中世纪的战斗中流行过，但是高地人基本上已经弃之不用，改用更轻、杀伤力更强的宽刃砍刀，它的特征是篮状的刀柄。——原书注

国传说中的“光屁股土匪”。他们与英国精锐部队的士兵一样，能熟练使用滑膛枪，也会组成阵形战斗。几百年来，苏格兰高地的主要输出物就是数量过剩的战士，他们纷纷加入欧洲各国的正式部队或雇佣军。中世纪时，爱尔兰的族长曾经雇用他们守卫爱尔兰的盖尔人领地，使其在四百年间免遭英国人的占领，因为他们习惯穿露出膝盖的苏格兰褶裥短裙，所以得到了“**保镖**”或“**红脚鹬**”的绰号。他们作为苏格兰旅，帮助荷兰人与西班牙人作战；还在欧洲中部参与了日耳曼王室自相残杀的内战；三十年战争期间，瑞典国王古斯塔夫斯·阿道尔弗斯（Gustavus Adolphus）得到了麦凯（Mackay）的苏格兰军团的支持。他们是被欧洲各国雇用的勇者，在卡罗登为小查理王子战斗的都是久经沙场的职业战士。

由此可见，如果说贫穷是苏格兰高地生活的一个主题，那么另一个主题就是战争和暴力。由于无休止的战祸，高地勇士既受到推崇，又令人畏惧。丹尼尔·笛福这样描述在爱丁堡街头看到的高地武士：“他们令人不敢接近……这些男人高傲到了无礼的程度，决不容许任何人冒犯。”他还看到一个傲慢的高地人手执武器、身穿方格花纹的衣服（这是另一个谜：真正的高地人纯粹是根据自己的喜好选择方格呢的颜色，与所属氏族无关），“好像领主一样趾高气扬、目中无人地大步行走”，其实只是在赶一头奶牛，态度与他正在做的事完全不搭调。决斗、谋杀、复仇、侵略或者抢劫食物在苏格兰高地是家常便饭，当结仇的部族长期争斗的时候，还要被迫逃难。如果佃户惹恼了地主，地主就会烧掉他们的屋子，夺走所有的家畜。1745 年时，为了强迫卡梅伦家族参与叛变，洛切尔（Lochiel）勋爵的兄弟阿奇巴尔德亲自警告村民：“如果你们不爽快配合，就烧光你们的村子，把你们剁成肉酱。”因为有的村民不愿意，他就用鞭子抽打他们，看到他们仍然犹豫，就宰掉了他们的四头奶牛，直到那些人答应加入。

自古以来，绝大多数低地人都不理解这种生活形式，而且对他们唯恐避之不及。与高地人打交道是危险甚至致命的。曾经有一个格伦科的麦克唐纳家族的人在阿齐纳肯（Achnacone）附近的路上遇到一个低地人，就按照习惯用盖尔语打招呼："Beannachd Dia duit, a duine!"（上帝保佑，老兄！）低地人听不懂，战战兢兢地回答说天气真好啊。结果高地人生气了："蠢货，你看不起上帝么！"他拔剑刺死了低地人，然后搜尸体的身，抢走了鞋子、滑膛枪和大衣口袋里的一个几尼。后来他向地主报告这件事，说"这天早上赚了一笔"。这个人通称大阿奇·麦克菲尔（Big Archie MacPhail），是个有名的偷牛贼。他没有被控告谋杀，不过他对别人说，夜里他经常担心枉死的鬼魂会来纠缠。

英国人看不起高地人，认为他们是未开化的"野蛮人"。开明的苏格兰人比较理解他们，但态度比较苛刻。例如卡姆斯勋爵的朋友、卡罗登的邓肯·福布斯（Duncan Forbes），他在18世纪40年代担任高等民事法院的首席大法官，他的庄园位于因弗内斯郡（Invernessshire），俯瞰德鲁莫西荒原（Drummossie Moor）。他以混合着同情的批判眼光观察周围的高地部族，认为他们"对工业及其成果浑然不知，在某种程度上通过奇装异服和独特的语言团结在一起，固守古老的生活方式"……他们"全面依赖族长，将其视为君王和主人；善于使用武器，习惯艰苦的生活，对公共安全有威胁"。他还评论说，由于长年与世隔绝，他们"养成了懒散和凶暴的习性"，几乎不可能用法律约束他们。

与其他开明的苏格兰人一样，福布斯也希望高地能够融入文明社会，文明化的主要受益者将是高地人自己，而其关键是放下武器。福布斯说，"他们的后代……应该像（低地的）平民一样温和无害"。当高地人"不能再依靠劫掠为生的时候"，就不得不"考虑依靠工业为生"。发展文明的另一个关键是道路，"迄今为止，已经证实……道路的需求是高地与低地之间自由交流的最大障碍"，交通不便阻碍了文明的影响向北方传播。

18世纪20年代，詹姆斯二世党人（1715年和1719年）的两场叛乱平息之后，政府开始修建道路。乔治·魏德（George Wade）将军派遣守备部队建设大规模的堡垒和公路网。1725年至1740年间，在魏德将军的领导下修建的公路总长250英里，计划连接西部的威廉堡和奥古斯塔斯堡（Fort William and Fort Augustus)，通向因弗内斯郡。凭借防御工事和交通便利的条件，预计可以与占人数优势的高地部落抗衡。

1715 年时，在几个星期内，没有任何实战经验的马尔伯爵集结 6000 名高地战士组成了一支军队。单是凯波奇的麦克唐奈家族就派出了 500 人，坎贝尔家族召集了两三千人。根据邓肯·福布斯的估算，如果高地氏族全部参加，那么就可以组成一支 30000 人以上的军队。不列颠没有能够与这么多勇士组成的大军抗衡的军事力量。苏格兰高地全面叛乱的可能性一直让政府官员感到戒惧，那也是邓肯·福布斯担心的事情。1745 年时，魏德的公路网还没有建造完工。更糟糕的是，在远隔重洋的美国发生的事件吸引了英国人的注意力，也调走了大量军队。不过就像福布斯预测的那样，未完成的公路足以让士兵快速行军，穿越苏格兰高地的核心地带——但那不是英国的军队，而是冒牌王子小查理的叛军。在德鲁莫西荒原的卡罗登，就在福布斯家附近，即将爆发一场决定苏格兰未来的血腥战斗。

第六章

最 后 一 战

我心喜悦 欢欣不已

知道为什么吗?

詹姆斯国王带着五千人马驾临爱丁堡

篡权者夹着尾巴跑掉了

人人都欢欣不已

——詹姆斯二世党人之歌

I

西印度群岛的西班牙官员们已经一筹莫展了。多年来,英格兰和苏格兰的商人一直在沿岸地区进行非法贸易。他们在托尔图加斯(Tortugas)采盐,在洪都拉斯(Honduras)砍伐木材,从黑市走私奴隶,贩卖给特立尼达和圣多明各(Trinidad and Santo Domingo)的大农场主。因此,西班牙政府开始给当地的船长们颁发许可证,让他们承担海岸警卫队(costa gardas)的工作,授权他们拦截和搜查任何涉嫌违反西班牙法律的可疑船只。如果英国的走私贩子被粗暴地对待,他只能自认倒霉。

1731 年 4 月 9 日,胡安·德·莱昂·范迪诺(Juan de Leon Fandino)船长驾驶着“圣安东尼号”在古巴的海岸巡逻时,盯上了一艘英国的单桅纵帆船

"丽贝卡号"，它是属于罗伯特·詹金斯(Robert Jenkins)船长的，正在从伦敦前往牙买加的途中。范迪诺命令丽贝卡号停船接受检查，詹金斯同意让他们登船检查货物和航海日志。据詹金斯的说法，西班牙人上船后就打砸破坏，还偷盗航海工具。詹金斯提出抗议，范迪诺就把他吊在桅杆上，割掉他一只耳朵作为警告，然后才放走他们。

七年后，詹金斯有机会在下议院陈述他的遭遇，并当场展示了包裹在棉花球里的那只耳朵。他告诉震惊的议员们，范迪诺说这是给乔治国王的见面礼，傲慢无礼的西班牙人声称，即使大不列颠的国王御驾亲临，也照样会割掉他的耳朵。有一名议员问詹金斯，在那种可怕的时刻他有什么感想，詹金斯坚决地回答："把我的灵魂献给上帝，把我的生命献给国家。"

这句话通过报刊传遍了全国，引发了巨大的抗议浪潮，英国公众群情激愤，强烈要求不列颠派遣舰队惩罚西班牙。首相罗伯特·沃波尔知道是他的政敌在煽动战争狂热，但是无力挽回形势。英国终于在 1739 年 10 月 19 日向西班牙宣战，在坦普尔巴(Temple Bar)近旁的玫瑰酒馆外面，威尔士王子伴随着钟声向伦敦的平民们祝酒。"这是你们的战争，"沃波尔对他的政敌纽卡斯尔(Newcastle)公爵说，"祝你们玩得尽兴。"

经历了四分之一个世纪的和平之后，不列颠再次武装，准备与另一个欧洲强国交战。在往后的二十五年中，战乱将一直持续。詹金斯的耳朵引发的这场战争波及的范围远远超出了西班牙和西印度群岛，将不列颠卷入了中欧即将爆发的政治危机。1742 年，英国不得不同时与法国等西班牙的盟国作战。

为了欧洲大陆的这场战争，英国极其需要兵力。白厅不得不把驻扎在英格兰北端和苏格兰的军队减少到最低限度。法国人看到这个漏洞，决定采取 1719 年以来没有考虑过的一个策略：派遣一支远征部队在不列颠本土登陆，开辟"第二条战线"，支援正在罗马流亡的詹姆斯·斯图亚特。斯图亚特王室的复辟本来似乎是永远不可能实现的目标，现在终于找到了新的机会——应该感谢詹金斯船长和他的耳朵。

詹姆斯二世党(Jacobitism)①以及试图让"老斯图亚特国王回归"的努力永远与苏格兰的历史联系在一起。不过詹姆斯党的问题不仅涉及苏格兰，也与英格兰脱不了干系。实际上，它在苏格兰主要是表达反英格兰情绪的手段，反映了对外国人的普遍憎恶或恐惧。然而在1745年之前，詹姆斯党最狂热的支持者、那些为了被压制的政治理念而不惜牺牲性命和财产的人却往往来自英格兰。

当然，斯图亚特王室起初是来自苏格兰的王族。詹姆斯二世的女儿玛丽公主和安妮公主先后继承了王位，他的儿子威尔士亲王詹姆斯却没有。不过在1688年英国议会废黜詹姆斯二世以前，斯图亚特王室成员在英国政坛中占据了重要地位，远远超过他们的德国远亲汉诺威选帝侯。但是几乎不会讲英语的汉诺威选帝侯拥有一个关键优势：他是新教徒，而詹姆斯·斯图亚特王子(他的父亲于1701年去世)是天主教徒。因此1714年安妮女王驾崩之后，议会决定让乔治·汉诺威继承英国王位。

这个决定并不像英国历史学家后来断言的那样受欢迎。汉诺威在很多人眼里都是非法的继承人，为了让他顺利登基，安妮女王时代的主要大臣被驱逐到了法国。在法国的帮助下，他们策划发动武装政变。他们原来的计划是在普利茅斯而不是苏格兰登陆，让詹姆斯在英格兰西南部召集军队。

那个计划本来有可能成功，但是不列颠驻法国大使约翰·达尔林普尔(John Dalrymple)坏了他们的好事。他就是第二代斯泰尔伯爵，他的父亲是格伦科大屠杀的刽子手、在逼迫议会通过《联合法案》之后猝死的斯泰尔勋爵。小斯泰尔伯爵在法国宫廷里建立了一个高效的间谍情报网络，其中甚至有人与詹姆斯二世党的首要共谋者拥有同一个情妇。由于他的情报，英国政府在英格兰抓获了叛乱分子的头目，于是复辟分子把登陆地点改在了苏格兰，可是由于马尔伯爵的霉运和无能，1715年的叛乱又失败了。

在1715年的溃败之后，同情斯图亚特王室的势力在英格兰仍然有很强

---

① 这个词来源于拉丁文"Jacobus"，指王位觊觎者詹姆斯。——原书注

影响,只是受到了严厉的压制。由于少数派天主教徒的活跃,英格兰西北部差不多成了詹姆斯二世党人的根据地。不过话说回来,向斯图亚特王室效忠的不仅仅是天主教徒。1722 年,英国政府的间谍设法挫败了另一个严重的阴谋,这次罗切斯特(Rochester)的圣公会派主教弗朗西斯·阿特伯里(Francis Atterbury)也参与了密谋。实际上,国教圣公会中多数教士的意见都是倾向于斯图亚特王室,还有许多地主和自称托利党人的议员也反对乔治·汉诺威继承王位,因为他支持辉格党。如今历史学家们开始意识到,詹姆斯二世党人的政治运动在 18 世纪的英格兰确实很重要,在将近六十年的时间里,他们一直严重威胁着辉格党的政权。

为什么人们要给斯图亚特王室卖命?肯定不是为了英格兰的詹姆斯三世和苏格兰的詹姆斯八世那两个怯懦无能的熊包。典型的詹姆斯二世党人并不像他们的对手辉格党人断言的那样是粗野的极端反动分子。即使塞缪尔·约翰逊那样讨厌暴政的人也在私下表示过对斯图亚特王室的同情;亚历山大·蒲柏同样如此(尽管学者们把原因归结为他是罗马天主教信徒)。卡姆斯勋爵也受到过詹姆斯党的影响,虽然 1745 年的战争可能让他残存的同情心全部消失。艾伦·拉姆齐年轻时写过诗歌支持被放逐的斯图亚特王族。1745 年小查理王子的军队进攻爱丁堡的时候拉姆齐出逃避难,不过他留下的房子却被高地军队占领,因为它的战略位置很好,可以从爱丁堡城堡居高临下。后来它果然被狙击手用来射击皇家的军队。

那些理性、守法、开明的知识分子究竟为什么会赞赏甚至支持企图颠覆现政府的阴谋呢?一个词概括,就是怀旧情结。詹姆斯党反映了对传统社会秩序的怀旧式向往,在被美化的过去,每个人都知道自己注定的地位,安分守己、平和地生活。它符合人们对于完美社会的乌托邦式渴望,尽管这种模式只会向后看,排斥新事物,是一种倒退。

詹姆斯二世党人普遍希望回归以前那种稳定、和睦的社会,那正好是 18 世纪的不列颠明显缺乏的两个优点。他们赞颂农业社会的长处和传统地主阶级制度的权威。他们憎恶新兴资本主义社会的一切现象:充满竞争、掠夺和挥霍，贪婪的商人、粗俗的暴发户，对旧秩序的轻视，一边创造产品一边破坏自然……其程度不亚于任何马克思主义者。与马克思主义者一样，他们也深切地关心"公正"问题，不过在他们的词典里，"公正"的意思是下等人心甘情愿地服从上等人：佃农服从地主，中间阶层服从贵族，人民服从国王和教会的命令。

1745 年时，在英格兰和苏格兰低地的大部分地区，这种对安全稳定、等级明确的社会秩序的渴望基本上是怀旧情结的具体表现，甚至也有人自觉到了这一点。直到今天仍然有些感情冲动的马克思主义者会在汽车的保险杠上黏上贴纸，宣称"没有正义就没有和平"，18 世纪的英国人也差不多，感情冲动的詹姆斯党人混迹于托利党人中间，在喝酒的时候悄悄地为"海峡彼岸的国王"干杯。

但是在苏格兰高地，斯图亚特王室的复辟与怀旧无关，完全是现实问题。斯图亚特王室不是"失落的美好世界"的象征，而是此时此地存在的权力的标志。在过去一个世纪中，氏族首领一直依靠王室建立并强化他们的权威，不需要罗马天主教会帮他们恢复信心（不管怎么说，当时的部族或首领几乎没有信仰天主教的），他们把斯图亚特家族视为唯一和真正的王位继承者。在苏格兰高地发起暴动是两厢情愿的事情，而不单是好的策略。有一个人掌握了这种情况，最终他将成为关键人物。

Ⅱ

1744 年 1 月 9 日，黎明之前，詹姆斯·斯图亚特的儿子和继承人查尔斯·爱德华·斯图亚特（Charles Edward Stuart）离开了罗马城里的住宅，假装要去城北的西斯特纳（Cisterna）狩猎野猪，其实那是迷惑英国间谍的借口。去西斯特纳打猎的是他的弟弟亨利，查尔斯本人化装前往托斯卡纳（Tuscan）海岸，在那里搭船去热那亚（Genoa），然后在萨沃纳（Savona）由一艘西班牙渔船接应，偷偷地瞒过不列颠舰队的耳目到达法国东南部的安提比斯（Antibes）港。在途径里昂之后，他于 1 月 29 日抵达巴黎。

这一年查尔斯王子二十三岁。与父亲相反,他长相英俊、风度翩翩、很有魅力。如果在正常情况下,他无疑是继承王位的合适人选;法国人也是这么看的,因此1744年2月,法国人支持他复辟的计划开始实施了。

在詹金斯船长的耳朵引发的战争中,英国起初连连获胜,后来渐渐陷入劣势。英国海军在加勒比海击败了人数和武器占优势的西班牙舰队,满足了英国人复仇的渴望。但是其后战事陷入了胶着状态。西班牙找到了法国这个得力盟友,对乔治国王在汉诺威的领土造成威胁。英国人突然被拖进了欧洲大陆的战争,可是他们没有准备也不希望进行陆战。随着不列颠被战事缠住分身乏术,法国人看到了一劳永逸地击溃这个老对手的机会。扶植斯图亚特王室复辟就是他们计划的一部分。

1744年2月底,法国组织了一支7000人的远征军,由德·萨克斯元帅(Marshal de Saxe)率领,在敦刻尔克(Dunkirk)集结,准备带着查尔斯王子穿越英吉利海峡。英国人知道他们会来,就在多佛海峡部署了一支舰队准备截击。没想到法国船队在海上遇到暴风雨,被吹得七零八落,还沉没了数艘。查尔斯本人总算逃过一劫,但是入侵英国的计划泡汤了。

一个兴高采烈的英国评论员把敦刻尔克的风暴称作"新教神风"。这场暴风雨不仅使船队沉没,也让法国对查尔斯失去了信心。时值新政府上台,他们认为海战太冒险了,与其通过两栖作战登陆英国,不如让元帅在佛兰德斯(Flanders)通过陆战打击英国。查尔斯王子不肯放弃希望,在法国继续到处游说寻求帮助,但是一无所获。11月的时候,他写信告诉父亲,他欠下的债务已经达到30000金币。他承认说:"我越是努力,结果就越令人忧郁。"查尔斯王子孤立无援、屡遭挫折又无能为力,还受到东道主的冷遇,只能构想新的计划:先带一小部分忠诚可靠的追随者在苏格兰登陆,再自己招募军队。

我们不知道是谁给查尔斯王子出了这个主意,不带军队也不带任何给养就在苏格兰登陆,如果这个计划失败,就没有任何退路了。可是他显然从来没有考虑过失败这个念头。从最初开始,这个刚愎自用的王子就凭着盲目乐观的劲头做事，如果是更加成熟老练的人，就会意识到他的计划只会带来灾难。1745 年春天，当他打算回国的风声传到苏格兰的时候，即使最忠诚的支持者也说那是“疯狂的计划”，希望他不是当真的。

可是查尔斯王子是当真的。1745 年 5 月，他胡乱收集到了足够的钱和武器，从法国政府那里搞到了两艘战舰“泰耶利公爵号”（Du Teillay）和“伊丽莎白号”（Elisabeth），后者是装备了 64 门大炮的快速舰艇。7 月 12 日，一行人从布列塔尼的美丽岛（Belle Île）起航前往苏格兰，但是厄运从最初就缠上了他们。英国海军在利泽德（Lizard）附近发现了他们，“伊丽莎白号”差点儿被击沉，不得不立刻返航，他们因而失去了船上装载的 700 人以及 1500 支滑膛枪和 20 门野战炮。于是只剩下“泰耶利公爵号”载着查尔斯王子以及七名随员（两个英格兰人、两个爱尔兰人和三个苏格兰人）继续朝苏格兰西海岸的目的地勇敢前进。

7 月 23 日，他们终于在南尤伊斯特（South Uist）外海的小岛埃里斯凯（Eriskay）上登陆，那个地方现在仍然叫“Coilleag a Phrionnsa”，意思是“王子海岸”。这是查尔斯·爱德华·斯图亚特第一次踏上苏格兰的土地。

当地人听说王子驾临，非但没有高兴或者庆祝，反而显得震惊和焦虑。查尔斯王子造访的第一个族长是博伊斯代尔的亚历山大·麦克唐纳（Alexander MacDonald of Boisdale），此人直言相告，“这种地方没什么可指望的”，“不会有人愿意加入”。王子的一个同伴形容道，“这个断言仿佛晴天霹雳，每个人都被惊呆了”。其他人开始力劝王子趁早逃走，但是王子拒绝了，坚信苏格兰高地人会站在他一边。终于在本土的波罗代尔（Borrodale）登陆之后，查尔斯王子召集麦克唐纳家族的其他支系一起开会。高地人奇怪的裙装和盖尔语都令他感到新奇。他告诉那些族长，他打算夺回祖先的王座，为皇家的旗帜增光添彩。

洛切尔的卡梅伦（Camerons of Lochiel）和阿索尔的莫里（Murrays of Atholl）等族长们听了这番话，心情十分复杂。过去一百年里，他们一直守望着这片土地，看着贫穷而充满问题的苏格兰高地慢慢变得和平安全，格伦科大屠杀那样的暴力事件不再发生,部族之间严重不和、长期争斗的状况大致上已经成为过去的历史。天高皇帝远,英国的王室几乎不管苏格兰的贵族和乡绅。可是现在,查尔斯王子带来了危险的麻烦。

族长们无法拒绝查尔斯王子的呼吁,如果让他空手而归,就会成为那群外国人的笑柄,最糟糕的是在法国人面前蒙受耻辱。为了面子问题,他们勉强答应集合族人准备开战。可是他们从最初开始就知道注定要失败,只有查尔斯王子一个人相信有可能胜利。然而出乎所有人的意料,由于伦敦政府极度无能又缺乏计划,他们居然得到了机会。

8 月 19 日,在格伦芬南(Glenfinnan)的希尔湖(Loch Shiel)北端,查尔斯王子与部族首领们会合。洛切尔的卡梅伦集结了将近 700 人,曾经夸下海口的凯波奇的麦克唐奈遵守承诺带来了 500 人。王子下令打开酒桶,让高地勇士们畅饮白兰地,为詹姆斯国王的健康干杯。然后全体勇士向蓝白红三色的皇家旗帜敬礼,并向他们的指挥官欢呼致敬。盖尔语的"Thearlaich mac Sheumais"是"詹姆斯的儿子查尔斯"的意思,因为发音听起来像"查理",在这次造反过程中查尔斯通用的昵称就变成了查理,而在历史上留下的是"冒牌王子小查理"这个绰号。实际上,盖尔人集合起来为之战斗的这位王子与他们素昧平生,而他们为之效忠的那位国王从来没有戴上过皇冠。

查尔斯王子等了两天,克兰拉纳德的麦克唐纳才姗姗来迟。他又送信让格伦科和格伦加里(Glengarry)之间的其他氏族与他们会合,然后于 8 月 21 日出发向东进军。

高地军队发动叛乱的消息传到爱丁堡的时候,大卫·休谟描述说,城里的居民"全都陷入了恐慌",而且"这种恐惧不是毫无理由的"。当时的军事形势糟糕至极,政府将防御军队削减到了最低限度,只剩下不到 3000 人,其中大多数是新兵或者"没用的"伤残病号,他们驻扎在爱丁堡和斯特灵这样的城镇,其余的是高地人组成的苏格兰高地警卫团(Black Watch),在这种情况下,他们的忠诚显然靠不住。英国军队的指挥官是乔纳森·科浦(Jonathan Cope)将军,7 月初他无视邓肯·福布斯发出的警告,此时即便想做什么也为时已晚了。当科浦决定派兵拦截时，查尔斯王子的军队已经与阿平的斯图尔特、格伦科的麦克唐纳德以及格兰迪斯顿的格兰特(Grant of Grandiston)会师，沿着魏德将军修建的公路穿过科里亚拉克(Corriearrack Pass)，很快攻下了珀斯，首都爱丁堡受到直接威胁。

科浦将军误以为敌军的人数是实际数量的两倍，断定他唯一的选择是避开查尔斯的军队，撤退回因弗内斯。他以为这样一来，忠于政府的高地部族就有机会集合兵力，他也可以通过海路向爱丁堡输送增援部队。可是他忘记了一个问题：在上次詹姆斯二世党人的叛乱之后，政府在1725年颁布了裁军法令，禁止苏格兰高地拥有军队和武器，忠于英国王室的部族遵守了这条法令，但像麦克唐纳这样不忠诚的部族却无视了它。结果造反的人没有受到影响，科浦现在指望依靠的部族反而被解除了武装。

这样一来，爱丁堡只能自救。爱丁堡原来号称辉格党和汉诺威王室支持派的堡垒，可是市长与市议会开会商议对策的时候，才发现根本名不符实。众人都不愿意抵抗强大的高地军队，讨论应对紧急情况的措施也只是敷衍了事。于是组织保卫爱丁堡的任务落到了两个普通市民身上，其中一位是商人兼前任市长乔治·德拉蒙德(George Drummond)，另一位是数学教授柯林·麦克劳林(Colin Maclaurin)。他们立刻招募志愿者，帮助爱丁堡城堡兵力不足的皇家军队。他们招到了许多年轻志愿者，其中多数是学生，包括将来创作了《苏格兰史》的威廉·罗伯逊，当时他在格拉迪斯缪尔(Gladsmuir)担任牧师；还有威廉·威尔基(William Wilkie)和约翰·侯姆，他们都是等待分配工作的见习牧师；还有亚历山大·卡莱尔和威廉·克莱格霍恩(William Cleghorn)，后者后来胜过大卫·休谟取得了爱丁堡大学的道德哲学教授职位。这些神职人员和知识分子都是爱丁堡启蒙运动的未来明星，现在却为了保卫汉诺威王室和联合王国，准备拿起枪战斗。

志愿军每天操练两次。城墙上配置了不同大小和不同时代的火炮。麦克劳林教授设计现代化的防御工事，并亲自监管爱丁堡城防的修建工程。他的助手之一是十七岁的罗伯特·亚当(Robert Adam)。与此同时，市民们焦虑不安地观察着天气变化,期待风向有利于航行,让科浦的军队来援救他们。但事与愿违,9 月 15 日他们听到了坏消息,詹姆斯二世党人的军队正在快速接近爱丁堡,距离只有 8 英里了。

考验爱丁堡志愿军的时刻到了。这场考验的结果反映了两种文化的差异,无论是否希望打仗但都随时备战的人民,与虽然愿意打仗却毫无准备的人民面临战争的反应是完全不同的。德拉蒙德急忙在草坪市场集合了 400 名志愿者,率领他们沿着弓街(Bow)行进,那是一条蜿蜒曲折的长路,穿过现在的老城区核心通向西港的城门。学生和市民们排成密集的队列,敲锣打鼓摇旗呐喊,去迎击入侵的敌人。

然而他们气馁地发现,旁观的人群不但没有向他们欢呼致敬,反而报以嘲笑和谩骂,其他市民则飞快地关上了门窗。志愿者们在德拉蒙德的率领下继续前进,又走了一阵子,“情形不一样了,所有旁观者都在流泪,高声悲叹”,亚历山大 · 卡莱尔后来回忆道。

他们继续向前走,快抵达终点的时候,德拉蒙德回头察看,震惊地发现队伍几乎全部消失了。勇敢的年轻志愿者们一个接一个地改变了主意,在附近居民的帮助下,他们悄悄地在狭窄的小巷中消失了,或者躲进了近旁的小酒馆。只剩下卡莱尔、罗伯逊、侯姆等几个年轻人带着困窘的神色跟在后面,手里拿着滑膛枪。

他们和德拉蒙德的耻辱经历仍没有结束。爱丁堡大学的校长威廉 · 威沙特(William Wishart)阻拦他们,联合当地的教士向德拉蒙德呼吁,不要让“爱丁堡的年轻花朵”去冒险,死在可怕的高地战士手里,请求他们赶紧解散各自回家。围观的人群也支持威沙特,在旁边大声鼓掌欢呼。德拉蒙德勃然大怒,但是既然部队已经没有了,他也没有别的选择,只得下令撤退。最后西港的城门关闭了,志愿者们结束了这天的行动。

卡莱尔、罗伯逊、侯姆、克莱格霍恩和另一个学生休 · 巴那丁(Hugh Bannatine)返回特恩布尔(Turnbull)酒馆,试图重整旗鼓。根据卡莱尔的记述,喝下数杯红葡萄酒之后,他们的心情好转起来,一起立下誓言,要为“捍卫祖国的法律和自由”进行不屈的斗争，尽管现在看来爱丁堡政府很可能会投降。

实际上，事情结束得比他们料想的更快。第二天，查尔斯王子在距离爱丁堡两英里的格雷磨坊（Gray's Mill）扎营，并送信劝城里的人投降。市议会派遣谈判代表与他们讨论条件，可是双方没有达成一致。当谈判代表返回弓街那边的城门叫守卫开门的时候，卡梅伦先前安插在城墙附近的一支侦察部队立刻像闪电一样猛冲进去，制伏了守卫。高地军队发出胜利的欢呼冲进城去，占领兵营夺过控制权，打开了其他城门。驻扎着600名士兵的爱丁堡城堡还没有被攻占，但是在绝大多数人还没有意识到危机的时候，整个城市已经陷落了。第二天早晨一个市民出去散步，发现守卫城墙的士兵们模样很古怪，其中一人正靠在大炮上抽烟斗，他就问那个高地人，昨天那些士兵都到哪里去啦？高地士兵回答：“哦，他们下岗了。”

9月17日上午，在约翰·侯姆和其他市民的注视下，查尔斯王子带领他的军队在国王公园大摇大摆地行进，由于亚瑟王座山丘（Arthur's Seat）的遮蔽，那里正好在爱丁堡城堡的火枪射程范围之外。亚历山大·卡莱尔描述说，他们“矮小肮脏，模样卑鄙”。约翰·侯姆倒是对他们有几分欣赏，查尔斯王子本人“正当盛年，个子很高，相貌英俊”，高地战士们“看上去强壮坚韧，精力充沛”，手执滑膛枪、鸟铳和刀剑，甚至有拿着长柄大镰刀和干草叉的。他们“面容严肃冷峻，头发浓密蓬乱，给人一种凶狠粗野的深刻印象”。然后卡莱尔和威廉·罗伯逊悄悄溜出城去找科浦将军。

在爱丁堡以东40英里的当巴（Dunbar），他们找到了科浦将军，他的军队刚刚从阿伯丁乘船抵达。他们向将军尽量详细地描述了高地军队的情况，科浦要求他们充当前哨侦察员，当叛军向东进军的时候，他们就从西边接近哈丁顿（Haddington）。9月21日，在爱丁堡以东8英里的福斯峡湾上的普雷斯顿潘斯（Prestonpans），两支军队遭遇了。

遭遇战的结果后来肯定让侯姆和爱丁堡的其他前志愿者们偷着乐个不停，但是在当时却是令人沮丧的。高地人刚开始进攻，科浦的皇家骑兵队撤腿就跑，逃得比兔子还快，查尔斯手下的将军还以为是圈套。一阵滑膛枪齐射之后，高地战士猛冲向皇家步兵队，挥舞着大砍刀和短剑砍下他们的脑袋。那些职业士兵也像外行的志愿者那样吓得开始四处逃窜。科浦和其他军官在后面追赶他们，大喊“你们不知道羞耻吗?！拿出不列颠人的样子来”，可是毫无作用。高地军队打了一场干脆利落的胜仗，在所有人的惊愕之中，查尔斯王子忽然成了苏格兰的主人。

查尔斯王子更加自信了，坚定不移地确信他的下一个目标就是向南挺进英格兰，向伦敦进军。他面前似乎没有什么障碍，事实上英格兰本土已经没有可战之兵，政府正在发疯似地从佛兰德斯召回军队；英格兰北部乡村有大约500名武装志愿者承诺帮助查尔斯王子（后来被证明是空头支票），而且既然造反已经取得初步成果，就有希望得到法国的援助。但是王子手下的将军们没有那么乐观，因为他们知道战争的现实是严酷的。他们的军队正在由于士兵开小差而不断减员，很多高地人满足于目前的胜利和战利品，干脆收拾行李回家去了。尽管克卢尼（Cluny）的戈登、麦克弗森和麦金农家族陆续派来了补充兵员，但总数仍然只有5000人和500匹战马。他们最终必须与之决战的英国军队的数量是他们的6倍。

查尔斯王子的副官还怀疑法国增派援军的可能性（出乎他们的预料，法国真的派来了援军，但是数量太少，没有起到任何作用）。最后他们商讨出了一个折中的办法：将军们带兵向南穿越坎伯兰郡，那里崎岖的山脉地形有利于隐藏他们的动向。11月3日，叛军在浓雾中从达尔基斯（Dalkeith）出发，分成两个纵队，一队的司令官是珀斯公爵詹姆斯，另一队由查尔斯王子和乔治·莫里勋爵率领。11月8日，查尔斯王子的军队渡过艾斯克河（River Esk）进入英格兰。过河的时候，“没有任何命令，伴随着开始渡河的信号”，一个目击者记述，“所有高地战士都拔出剑来，登上对面的河岸之后，又面朝苏格兰”向他们的故乡敬礼致意。

这次汉诺威王室军队的指挥官是已经升任方面军元帅的魏德将军，可是他们又被勇敢无畏的高地战士击败了。魏德被查尔斯的那个分队引向东面，同时查尔斯和珀斯公爵的两支军队重新会合，在大雾和骤雨中袭击并占领了卡莱尔（Carlisle）。皇家军队只得撤退到卡莱尔城堡。高地军队攻城略地势如破竹，接着又打下了肯德尔（Kendal）、兰开斯特（Lancaster）、曼彻斯特（Manchester）、麦克莱斯菲尔德（Macclesfield）和德比（Derby）这些将在未来半个世纪中成为英国工业中心的城镇。不过那些被占领城镇的居民们即使没有公开表现出敌意，态度也远远不如查尔斯王子期待的那么热情。到了 12 月 4 日，他们距离伦敦仅有不到 130 英里。

英国本地人看到这些外表奇怪的苏格兰入侵者，就好像看到爱斯基摩人或瓦图西人（Watusis）那么惊讶。他们不知道这些异族人是谁，更不知道他们想干什么。多数人根本分不清高地人与低地苏格兰人的区别。因为很多来自低地的志愿军也选择穿苏格兰短裙、戴无边呢帽，所以英国人不去细究，把他们一概称作“高地野蛮人”。有传闻说高地人打算大肆劫掠，“根据古老的习俗，不论男女老幼一律杀光，放火烧光所有的房屋，用刀剑把牲畜砍成碎片”，这令伦敦人更加惊恐万状。根据布劳顿（Broughton）的莫里的记述，查尔斯王子一行在一户平民家停留的时候，主人吓得苦苦哀求士兵们不要吃掉他们的孩子。不过莫里说：“在任何国家、任何时代的历史上都没有这样不合常规但又恪守纪律的军人，他们的行动十分谨慎，从来不会在街道上引发骚乱，而且很少有人喝醉酒。”

事后再做假设或许是没有意义的，但是我们仍然忍不住猜想：如果查尔斯王子决定进军伦敦，如果他的军队真的攻下了首都，在威斯敏斯特宣布迎接父王回归，签订和约让斯图亚特家族重新坐上王位，历史是否会因此而改写？

其实即使查尔斯王子真的向南进军了，也未必能够马到成功。那时有三支英国军队正在赶赴伦敦，其中之一的司令官是乔治国王的儿子坎伯兰公爵，他刚刚从佛兰德斯凯旋归来。英军的总数是 30000 人，而斯图亚特的军队只有 5000 人。从军事角度来看，劝告查尔斯王子放弃进攻伦敦的计划是正确的，他们本来就没有机会。

不过,1745 年 11 月的时候,查尔斯王子面临的最大困难不在于军事方面,而在于政治方面。换言之,**假设**他想出办法避免与英军硬拼(尽管可能性不大),**假设**他真的入主伦敦,他的计划也很难顺利推行。与英国詹姆斯二世党人的期望相反,绝大多数英格兰人都不愿意起义支持斯图亚特王室;与此同时,他们也不愿意替汉诺威王室冒险卖命。议会与斯图亚特王室还是有可能找到折中的解决办法。早在 1739 年,詹金斯船长的耳朵引起的战争刚刚爆发时,首相罗伯特·沃波尔曾经送密函向詹姆斯询问,如果斯图亚特家族重新坐上王位,是否能够确保圣公会的国教地位和汉诺威王室成员的个人安全。

假如复辟成功,英国宪法就不可能是今天这个样子。自从 1688 年之后成为神圣固定概念的君主立宪制将会夭折。在 1745 年,为了避免发生内战,不单是充满激情的詹姆斯二世党人,大多数英国人都愿意出卖议会,换取暂时的和平与安宁。

那么如果查尔斯王子取得胜利,损失最大的人是谁?不是英国人,而是苏格兰人。

这个结论好像令人惊讶,如果考虑到叛乱之后的血腥镇压,更有些不可思议。但是它可以解释问题的症结,当时的苏格兰存在泾渭分明的两派,他们是真正影响历史的关键性政治势力。

首先是查尔斯王子的同盟者——高地氏族的首领们。出于荣誉感和自尊心,他们轻率地赌上了自己的命运,然后出乎意料地连连获胜。这时他们在位于德比的总部集合,讨论下一步计划。他们已经意识到胜利的实际后果,让斯图亚特王室入主伦敦的白厅,与让斯图亚特王室入主(爱丁堡的)荷里路德宫,永远不可能是同一回事。如果詹姆斯当上英国国王,在大不列颠的政治竞争和利益冲突的巨大迷宫中,苏格兰高地人的势力将无可避免地被削弱。他们当然有理由帮助查尔斯确保在苏格兰的地位,但是他们没有兴趣帮助查尔斯继承英格兰和威尔士的王位。因此无论军事方面的需要如何,返回苏格兰才符合他们在政治方面的利益。于是讨论的结果当然是坚决反对继续前进。

乔治·莫里勋爵向查尔斯王子报告，“唯一的选择是撤退，这是所有人的一致意见”，王子“听到这个消息后莫名惊诧”，问“那些高地人为什么突然改变主意，他们明明向我保证过所有人都决心誓死战斗的”。上面的人在埃克塞特（Exeter）争论不休，士兵们却在外面磨刀霍霍准备打仗。任凭查尔斯王子软磨硬泡，部族首领们都无动于衷。据一位目击者说，冒牌王子小查理被他们的态度激怒而“大动肝火，用很难听的话辱骂在场的先生们”，“指责他们打算背叛”。晚上又开了一次会，高地人还是不肯让步。最后王子不得不放弃，下令全军撤退。

从各个方面来看，德比的撤退对于詹姆斯二世党人都是沉重的打击。查尔斯王子又生气又恐惧，拒绝与部下谈话。士兵们同样怒气冲冲，他们不再像以前那样守纪律，开始到处抢劫战利品，一路招惹当地人的怨恨和怒火。在彭里斯（Penrith）城外，他们与坎伯兰公爵的一支先遣骑兵队交锋，这次的对手与普雷斯顿潘斯的菜鸟新兵不同，没有逃跑而是进行了抵抗。传说高地人喊出了“不留俘虏”的口号，连公爵军队里的伤兵也杀，招致了糟糕的后果。

圣诞节那天，查尔斯的军队进入格拉斯哥。他的首席顾问记录道，“因为这里的市民对政府表现得太热情了一些，所以王子决定惩罚他们”。王子命令他们缴纳5500英镑的赎金以及食物等补给品，包括“6000双鞋子、6000顶无边呢绒帽和同样数量的方格花纹连裤袜”。城里的商人们不情愿地交出了东西，那些高地士兵已经在放火，如果不加约束，城市恐怕会被烧光。查尔斯王子郁闷地说，从来没有哪个地方像格拉斯哥这么不友好。

这是他第一次与苏格兰的另一股政治势力打交道：商人、专业人士和进化的地主，也就是新兴的苏格兰中产阶级，他们同样不希望看到查尔斯王子成功。他们与罗伯逊、卡莱尔以及其他爱丁堡学生志愿者一样都是辉格党人，但他们的动机不是坚定的信仰，而是现实的私利。正如道德哲学家估计的那样，利己主义是他们忠于新政府的最强保证。与英格兰合并、汉诺威家族继承王位，意味着苏格兰拥有了更广阔的疆域和更广泛的可能性，商业贸易繁荣，法律制度完善，生活水平提高。如果斯图亚特王室复辟，就意味着苏格兰回到过去，那是苏格兰辉格党人决不愿意看到的情况。

在最鲜明的意义上，1745 年的叛乱是一场内战，而不是苏格兰与英格兰之间的战争。它反映的分歧超越了苏格兰的阶级差别或者宗教分歧，甚至高地人与低地人之间的差别（根据现代学者莫里·皮托克[Murray Pittock]估算，查尔斯王子的军队里面可能有 40% 是低地苏格兰人）。这种矛盾实质上是文化的隔阂：关于苏格兰的未来存在两种互不相容的梦想，查尔斯王子的支持者无力促进苏格兰发展，于是他们准备拼死战斗，推翻既存的辉格党政权；苏格兰辉格党不容许社会倒退，所以他们愿意不惜一切代价尽全力阻止斯图亚特王朝复辟。

查尔斯王子向英格兰进军，让这两股势力有时间喘息，当他返回苏格兰召集援军的时候，他们就开始动员抵抗了。可能他们缺乏军事才能和勇气，不过他们有雄厚的财力和巧妙的政治手腕。格拉斯哥已经训练出一个民兵团与皇家军队会合，约翰·侯姆率领的一群死硬派志愿者也加入其中，准备夺回爱丁堡。1746 年 1 月 6 日，他们收复了爱丁堡。与此同时，由于围攻斯特灵城堡徒劳无功，查尔斯王子的军队正在陷入困境，他不得不紧急调兵增援，导致在其他地方的兵力大量减少，而且缺少火炮等物资。

两名苏格兰辉格党政治家的介入是更具决定性的因素。其中之一是阿奇巴尔德·坎贝尔，即以前的伊斯雷勋爵、现在的阿盖尔公爵，他曾经是弗朗西斯·哈奇森的资助人。在他的领导下强大的坎贝尔部族坚定不移地站在英国政府一边，从而使苏格兰高地西部的大多数人没有参与叛乱。不过具有讽刺意味的是，与忠诚心相比，农业起到了更大的作用，由于阿盖尔成功地发展了农业，该地区的生活比较富足，人们当然不愿意离开田地去战场上冒险。

当时更重要的另一位人物是卡罗登的邓肯·福布斯。他后来回忆说，普雷斯顿潘斯之战以后，他发现自己“几乎完全孤立，既没有部队，又没有武器”,“有常识或有勇气的人全都不支持我”。尽管如此,他知道必须行动,“防止做出极端愚蠢的事情”。他独力四处活动,劝说苏格兰高地北部的氏族忠于汉诺威王室。他用甜言蜜语游说,甚至自己掏腰包贿赂,让斯里特(Sleat)的麦克劳德、萨瑟兰(Sutherland)、芒罗(Munro)和麦克唐纳家族选择了消极观望,还设法分化了格兰特、戈登、麦肯齐和弗雷泽等家族。如果高地部族同时起来造反,斯图亚特王朝就真的有可能复辟,由于福布斯的努力才避免了那种情况。如果要列举挫败1745年叛乱的最大功臣,那不是坎伯兰公爵,而是福布斯。

苏格兰辉格党人利用他们的金钱和政治智慧从战略上击败了查尔斯王子,但是要彻底击溃叛军,仍然需要军事力量。夺回爱丁堡之后刚过了十天,皇家军队又在福尔柯克(Falkirk)惨败。高地战士刚开始攻击,大不列颠的骑兵和步兵陷入恐慌拔腿就跑,结果一败涂地。约翰·侯姆和跟随他的志愿者在附近的小山上观战,看到英国军人重蹈普雷斯顿潘斯的覆辙,感到难以置信。不过塞缪尔·约翰逊觉得能够理解那些职业军人的困境,“士兵们只习惯隔着一段距离用枪互相射击”,他评论道,“但当遇到用刀剑砍杀的肉搏战,看见刀刃就在面前时,难免会惊慌失措”。整场战斗只用了不到二十分钟。詹姆斯二世党人抓住了300名俘虏,其中包括侯姆和志愿者们(不过几天后,侯姆带着他们勇敢地逃跑了,重新加入了皇家军队)。“迪克,我敢用灵魂打赌,”一名俘虏对他的同伴说,“如果查尔斯王子照这个势头干下去,弗雷德里克(Frederick)王子(乔治的儿子威尔士亲王)就永远当不上国王!”

但是他错了。查尔斯王子的目标能否实现,取决于不列颠的新任总司令、弗雷德里克王子的弟弟坎伯兰公爵。坎伯兰公爵外表粗野、身材矮胖,后来拥有“屠夫”的绰号,比冒牌王子小查理年长四岁,不过他是能干而经验丰富的军人。他首先着手重振士气,补充在普雷斯顿潘斯和福尔柯克缺乏的火炮弹药,并训练士兵学会使用刺刀这种新武器。让士兵使用刺刀不是为了对付从前方冲过来的高地人,而是为了对付右边的敌人,在他举起手攻击的时候可以给他致命一击。坎伯兰现在有办法对抗高地人的彪悍造成的强烈冲击了,他的军队第一次感觉到可以在正面激战中击败詹姆斯党人。

1746 年 4 月 16 日,他们获得了检验新战术的机会。查尔斯王子的处境不断恶化,已经濒临崩溃。他完全没有军事才能;他的士兵拿不到粮饷,粮食弹药得不到补给;最糟糕的是,他与方面军指挥官乔治·莫里的关系越来越坏。由于坎伯兰的军队人数远远超过他们,几个星期以来他的军队不得不一直向因弗内斯撤退,拉开了很长的战线,大多数士兵已经有两天吃不到东西。4 月 16 日,这支由不幸的底层贫民组成的军队抵达卡罗登,进入俯瞰德鲁莫西荒原的邓肯·福布斯的住宅,正是这所房子的主人夺去了查尔斯王子最后的机会。军官们“消沉沮丧”,一个目击者描述说,他们在废弃的房子里躺下来睡觉,“有的在床上,有的在桌子上,有的在椅子上,还有人睡在地板上”。詹姆斯二世党人上次造访这里的时候已经喝光了福布斯私人收藏的六十大桶红葡萄酒。王子因为最近得了肺炎身体虚弱,只能喝一杯威士忌,吃一点儿面包填肚子。

坎伯兰公爵的追兵将至,查尔斯王子决定放手一搏,以求扭转命运。莫里和其他军官们十分惊骇,认为那是自寻死路,查尔斯发脾气了:“妈的!你们还是不服从命令?!”这时,爱尔兰志愿军的指挥官沃尔特·斯特普尔顿(Walter Stapleton)轻蔑地说出了自己的意见:“除非面临危急关头,苏格兰士兵总是很勇敢的。”一句话堵住了其他人的异议。为了证明自己的男子气概,高地战士只有选择战斗。叛乱结束时与开始时一样,荣誉感迫使他们走上了明知道是错误的道路。高地部族即将为这个错误付出充分的代价。

第二天,疲惫不堪的高地人和其他詹姆斯二世党人排好了战斗阵形。坎伯兰公爵的军队一边进军,一边挥舞旗帜,敲锣打鼓,用坎贝尔的风笛吹出尖锐的声音。他的十五营正规军中有三个营是苏格兰人,另外还有劳顿(Loudun)勋爵从苏格兰高地招募的军团和坎贝尔家族的军队。身穿红色战袍的士兵以缓慢而不可阻挡的势头列队挺进,各就各位,两支军队相距仅有 500 码,詹姆斯二世党人的军官们目睹这一情景,心沉到了谷底。“这个倒霉任务快要了结了，”乔治·莫里对旁边的艾尔科（Elcho）勋爵轻声说道。到了这个时候，查尔斯王子的乐观也消失了，他第一次“开始绝望地考虑自己的处境”。

现在是对方的人数、纪律和技术占了上风。坎伯兰一开始就用猛烈的炮火连续轰击詹姆斯二世党人的阵地，在半个小时内，查尔斯王子的军队就或死或伤或散，失去了大约三分之一的有生力量。查尔斯王子本人勉强没有受伤，可是他的马夫被打掉了脑袋。与此同时，坎贝尔的一队士兵突破了用来防御右翼的低矮石头工事，开始向詹姆斯二世党人的侧翼射击。查尔斯王子的军队连一枪都没有放，战斗的胜负就已经成为定局。

然而高地士兵还没有意识到失败，虽然他们的指挥官已经丧失战意，但他们仍然充满斗志。既然曾经击溃过敌人两次，他们相信这次也可以做到。负责守卫阵地中央的麦金托什的军队终于忍受不了炮火轰炸，不听命令开始狂怒地反攻。洛切尔的卡梅伦也不再等待命令，挥舞着手枪和大刀，招呼那群“混小子们”一起冲了出去。

麦金托什、麦杰里弗雷（MacGillivray）和麦克比恩（Macbean）等氏族的军队也跟在后面蜂拥而上，“手拿刀剑，以惊人的气势和速度一起冲锋”，一个英国士兵描述说，“好像山猫一样”。大多数人冲得太快，根本没有使用滑膛枪，因为习惯使用刀剑，杀红了眼的高地人干脆扔掉了火器。英国人开枪射击，迫使高地人的指挥官下令转向右翼，以避开枪林弹雨。“惨叫吧，逃跑吧，狗杂种们！”他们冲向英国人的阵地。

但是这次英国人没有逃跑，甚至在福尔柯克丢脸地惨败过的芒罗军团的苏格兰人也站住了阵脚。那是一场残酷的肉搏战，火枪的硝烟四处弥漫，看不清周围的高地人举着刀乱劈乱砍。“敌人的刀剑凌空挥舞不断砍杀，那种景象十分可怖，”一个目击者说，“军官们有的在举剑砍掉人的脑袋，有的在挥舞棍子，有的在把戟刺进敌人的喉咙，刺刀正好把人捅了个对穿，那种情景也足够恐怖。”

与此同时，英国人仍然在不停地射击，硝烟太浓以至于高地人根本看不清路,只能凭感觉向前冲。尸体堆成了小山,高地人前仆后继,踩着同伴兄弟的尸首,“带着疯狂的怒火劈向火枪,金铁交鸣火花四溅,声音传出去很远”。那些没有被滑膛枪或葡萄弹打死的人最后还是死在了英国人的刺刀之下。“攻击我们的人没有一个能活着回去,”芒罗属下的一个军官回忆道,“我们不让他们逃跑,也不留俘虏。”

在欧洲战场上,这是现代军队与古代战士之间的最后一次正面交锋,当高地人再也顶不住的时候,这场屠杀终于结束了。起初是一两个,然后是十几个、几十个士兵调头逃跑。“在集体逃跑之前几分钟,出于愤怒和绝望,他们向敌人投掷石块”。这时坎贝尔的族人站了起来,推倒石墙,大喊“上啊”(Cruachan)①,带头冲向敌人。转眼之间,詹姆斯二世党人的中央和右翼阵线崩溃了,士兵纷纷逃跑。麦克唐纳家族试图守住左翼,但是很快也溃败了。

一些族长还不肯放弃,凯波奇的麦克唐奈大叫:“老天爷,事情变成这个样子,老家的孩子们会抛弃我的!”他拿起剑向敌人猛攻,可是胳膊中弹而倒下了,这时带领另一支队伍的他的兄弟唐纳德也中弹了。在继续挺进的不列颠精锐军队面前,麦克唐奈挣扎着站起来,可是立刻再次中弹倒地。基尔乔恩奈特(Kilchonat)的詹姆斯・麦克唐纳试图扶起他时,另一颗子弹击中了族长的背,麦克唐纳只好自己逃命。不过麦克唐奈没有死,他的儿子安格斯・班(Angus Ban)找到他的时候,他已经不能说话了。安格斯和其他士兵(他独自集合父亲军队中剩下的士兵,带他们离开了战场)设法把老族长运到了一间小茅屋,那里塞满了负伤和垂死的同族士兵。麦克唐奈曾经拥有500名勇敢的战士,如今只剩下失败和死亡,在他们的包围下,老族长咽下了最后一口气。

氏族首领们伤亡惨重。洛切尔勋爵的双脚脚踝被打碎,被抬下了战场。

---

① “Cruachan”在盖尔语里是“圆形或圆锥形的小山”的意思,“Cruachan!”是苏格兰高地的坎贝尔和麦金泰尔(MacIntyre)部族的战斗口号。——原书注

没有受伤的军队指挥官只有乔治·莫里勋爵、阿德希尔(Ardshiel)勋爵和奈恩(Nairne)勋爵三个人——可是奈恩勋爵的兄弟、奥尔迪的罗伯特·默瑟(Robert Mercer of Aldie)和他的儿子托马斯都战死了,而且尸骨无存。麦金托什家族的军官只有三个人幸存。由于错位的忠诚心,詹姆斯二世党的族长及其保镖、党羽们付出了沉重的代价,但是最大的受害者是普通的追随者,他们遭受了坎伯兰公爵和他的军队的报复。

对于英军的残酷行径,我们可以找出各种各样的借口。我们可以说,战争及其后果总是令人厌恶的,尽管大多数人没有注意或不愿意承认,杀死俘虏和非战斗人员的情况其实相当普遍。有传闻说高地人在彭里斯屠杀俘虏,激起了许多英国人的仇恨。很多士兵都热切盼望洗刷在普雷斯顿潘斯和福尔柯克惨败的耻辱。还有政治方面的因素,他们认为造反者是叛贼、最卑鄙下贱的人,不值得宽容或怜悯……诸如此类。但事实终究是事实,虽然难以接受,但英国军队的确在卡罗登干出了令人发指的暴行,违背了那个时代的战争中所有约定俗成的惯例,而且坎伯兰本人做出了最恶劣的榜样。

坎伯兰公爵骑着马巡视战场时,走过一个隶属弗雷泽军团的二十岁的上校面前,他是来自因弗洛基(Inverlochy)的查尔斯·弗雷泽,受了伤正在流血。坎伯兰公爵问他忠于谁,弗雷泽回答:“查尔斯王子。”坎伯兰大怒,命令旁边的一个军官詹姆斯·伍尔夫(James Wolfe)少校立刻枪毙他。出于荣誉感,伍尔夫拒绝执行这个命令,并提出辞去职务。于是坎伯兰随便找了一个路过的士兵代替,士兵举起枪打穿了弗雷泽的脑袋。在后来的十二年中,伍尔夫参加了英国与法国和印度的战争,攻克过蒙特利尔,最后在战场上牺牲。

坎伯兰公爵对自己的部下很关心,给每个伤员发了十二个几尼,还供应朗姆酒、白兰地、饼干和奶酪等食物和饮料。他不吝称赞“我勇敢的坎贝尔”和芒罗的苏格兰军团,但是对叛徒残酷无情,不管是在战场上还是战斗结束后。他把敌人的伤员扔在战场上,还派哨兵守卫,禁止任何人帮助照料他们。他下令挨家挨户地搜查叛军的残兵,一旦发现格杀勿论。凯波奇的麦克唐奈临死前待过的那间小屋被放火烧毁，幸存者也和尸体一起被活活烧成灰，据说里面不断传出可怕的惨叫，直到他们“以最悲惨的方式变成烧焦变形的尸体”。附近一座小屋里面的十八个高地人也遭遇了同样的命运。

坎伯兰公爵的骑兵队沿着因弗内斯的大路追击败退的敌人，不管是不是叛军，遇见一个就杀一个。后来有人描述他目睹的可怕场面：“一个被剥光衣服的女人以淫猥的姿势倒在地上”；在因弗内斯附近的金斯密尔斯（King's Milns），一个十二岁的男孩“脑袋从嘴的部位被劈开了”。因舍斯（Inshes）的地主利斯（Lees）刚刚去世，其遗孀罗伯逊夫人在战争结束后回到家，发现门前横七竖八地躺着十六具尸体，他们都是被路过的骑兵杀死的。她找来惊恐万状的仆人们，让他们妥当安葬那些高地人。

当坎伯兰公爵的军队穿越大峡谷（Great Glen），进军造反氏族的家乡，搜寻逃亡的查尔斯王子时，他们的暴行变本加厉了。侵袭持续了整个夏天和秋天，有几百人被当场杀死，还有几百人要么死在监狱里，要么在严寒的冬天缺衣少食而死去。根据约翰·普雷布尔（John Prebble）的记录，在英格兰和苏格兰的监狱或者因弗内斯和蒂尔伯里（Tilbury）的运送点，詹姆斯二世党人的囚犯随时都有3400人以上，不断有新犯人补充。许多人被捕的原因是“为王位觊觎者的健康祝酒”，或者“希望叛逆者成功”。在托利党的牛津，那本来只是为了赶时髦而倾向激进派的一种姿态，然而在卡罗登战役之后的苏格兰高地，与詹姆斯二世党扯上关系就等于是死刑判决。

犯人在运送途中遭遇最惨。“亚历山大与詹姆斯号”（Alexander and James）上塞满了运往伦敦接受审判和处决的囚犯，一个幸存者回忆道：“他们（押送者）用绳索紧紧捆住生病的犯人，再用滑轮器械吊着投入海中淹死他们，他们说这是杀灭害虫；不过他们会仔细等待犯人被淹死，然后把尸体吊到甲板上，把石头捆在腿上，一起抛到海里去，每天都会这样杀掉六七个人。”

与此同时，苏格兰的其他地区正在逐渐恢复正常。格拉斯哥市民听说皇家军队在卡罗登获胜之后，敲响教堂的钟庆祝，还彻夜燃放焰火。爱丁堡市市长未能守住城市而且向叛军投降，因而锒铛入狱了。乔治·德拉蒙德代替了他的职位，那些曾经受到嘲笑愚弄的年轻志愿者现在成了英雄。柯林·麦克劳林监管修建的防御工事最后几乎没有发挥作用，这时他从约克郡的避难地返回了爱丁堡，但是已经重病缠身，在 1746 年夏天以前就去世了。麦克劳林是广受欢迎和尊敬的教师，他编写的数学教科书奠定了牛顿的微积分在不列颠的地位。爱丁堡的知识界都为他哀悼。

坎伯兰公爵的大部分军队返回了欧洲大陆的佛兰德斯。他的继任者阿尔比马尔（Albemarle）伯爵把苏格兰划分成四个军事区域，他断言“只有剑与火才能矫正”高地苏格兰人“被诅咒的邪恶的思维方式”。不过除了巡逻、搜捕叛军的余党以及行踪不明的查尔斯王子（他仍然躲藏在大峡谷）以外，他的军队将时间主要用于完成魏德将军从二十年前开始建造的防御工事和道路，包括位于因弗内斯附近的阿德西尔（Ardersier）的乔治堡，它在 1769 年最后竣工，是 18 世纪最先进的工事技术的象征，可是这座令人生畏的城堡自从建成以后就没有经历过战火。

由于士兵和官僚的建议，议会通过法令（再次）禁止民间拥有武器，禁止穿彩色花格呢和苏格兰褶裥短裙。在坎伯兰公爵的骑兵队的威胁之下，这次法律发挥了效力。几十年内苏格兰人不得不把彩格呢衣服染成褐色或黑色，把短裙的开叉处缝起来改成短裤。战士们把刀剑和圆盾封印在满是石砾的荒地，希望自己或者孩子们能够记得埋藏的地方。岁月流逝，人们渐渐开始淡忘那些战斗的呼号和劫掠的古老传说。

这些故事以及发生在大峡谷的血腥报复并没有影响苏格兰低地人的生活。对于发生在高地的事情，苏格兰辉格党人或是一无所知，或是漠不关心。不过大卫·休谟是例外，他认识一些詹姆斯二世党人，当时他的堂兄弟、埃克尔斯（Eccles）的亚历山大·侯姆担任副检察长，经手了许多这类案件，休谟曾经请求他“本着人道和宽容的原则手下留情，亲爱的山迪（Sandy）”。

另一个例外是邓肯·福布斯。他返回克罗登的住宅，发现窗户都被敲碎了，家具不是被砸坏就是被偷走，地窖里的红酒被喝了个精光，而他的佃农被两方的军队殴打并抢劫了。他还听说战斗结束以后,有十二个受伤的詹姆斯党人躲在他的房子里避难,英军士兵发现了他们,借口说要带他们去治疗,把他们拖到前院全部枪毙了。后来他觐见乔治二世的时候,国王问他那些事情是不是真的,他回答道:"陛下,但愿我可以说不是。"

这年春天,他作为议长主持审理了很多关于叛党的案件,每次他都尽可能确保审判公正,而不是复仇。因为收留过逃亡的查尔斯王子,金斯堡(Kingsburgh)的麦克唐纳被逮捕时,福布斯亲自出钱帮他保释。他告诫阿尔比马尔伯爵说:"不必要的严苛会引起同情。"之前福布斯就主张取缔武器,但是他认为禁止穿短裙的命令既苛刻又荒谬可笑。他称之为"麦片粥里的渣滓",连"半个便士"都不值。他向政府极力主张把禁令范围限定在造反的部族之内,不能推广到每一个人,而不问他们是否忠诚。可是伦敦政府没心情去辨别高地人的好坏,无视了他的提议。福布斯独力阻止了高地的全面暴动,可以说是从最糟糕的状况中挽救了英国政府,然而政府没有给他任何荣誉或报酬,连爵士头衔都没有。

不过福布斯满足地看到了一项法律的通过,那是削弱部落首领权力的关键。该法律废除了自古以来世袭的族长裁判权,包括所谓的"王权",这样一来,他们就不再是自己地盘上的土皇帝了。同一时期,卡姆斯勋爵写作了《不列颠古老习俗探讨》,指出苏格兰的古老法律是束缚佃农的枷锁,让他们无法摆脱封建领主的掌控。福布斯希望为苏格兰高地创造一个全新的法律框架,破除长久以来氏族成员和农民对族长的依赖。它将建立起新的准则,让高地人成为自由的个体,在自己的土地上耕作,为自己谋求进步。

福布斯甚至引入了一系列新型的书面契约,免除了佃农对地主的强制性义务,其中包括战斗的义务。这样高地部落的族长就再也不能召集私人军队与其他部落争斗,也不能反抗英国王室了。不过这些构想应该也有利于佃农,让他们耕种土地获得报酬,而不是为地主打仗。后来由于"高地清洗"运动持续了很长时间,福布斯的计划未能完全实现,但是在 1748 年时没有人能预料未来,所以不是他的错。

不过与其他苏格兰辉格党人一样，看到高地解除武装、氏族制度土崩瓦解，福布斯感到欣慰。它们引发了冲突和灾难，没有人希望看到悲剧重演。回首往事，亚历山大·卡莱尔说，“上帝保佑，不会再允许不列颠落入如此险境，受到那么可鄙的敌人的蹂躏”。根据佩尼库克（Penicuik）的约翰·克拉克（John Clerk）的叙述，卡罗登战役胜利的消息传来，所有人都“欢欣鼓舞”，不仅辉格党人，“甚至詹姆斯二世党人都对这个结果感到满意，松了一口气”。由于叛乱的影响，“全国的商业贸易都处于停滞状态”，克拉克高兴地说，现在各地终于“开始恢复和平和安宁”。

苏格兰的未来也即将揭开新的篇章。

Ⅲ

1745 年的叛乱和卡罗登之役造成了种种后果。

战败之后的五个月中，查尔斯王子一直在坎伯兰公爵军队的追捕下逃亡。英国政府悬赏 3 万英镑要他的脑袋，他只能拖着饥饿和生病的身体在各个避难处东躲西藏，连累了每个收留过他的人。他后来找到机会，假扮成米尔顿的麦克唐纳（MacDonald of Milton）的女儿弗洛拉（Flora）的爱尔兰女仆，悄悄跑到斯凯岛（Isle of Skye）上的金斯堡，藏在弗洛拉的未来岳父家里。然后他在护送下步行到达埃尔戈尔（Elgol），在那里找了一艘去往欧洲大陆的船，于 1746 年 9 月 19 日与法国的武装民船“幸运号”（L'Heureux）会合。直到 1748 年他才返回法国，可是法国与英国签订了和平协议，于是他被驱逐到意大利，在罗马度过了余生。昔日的英俊王子变成了肥胖的酒鬼，整天责怪别人破坏了复辟大业，唯独没有反省自己的过失。1766 年他父亲去世之后，他成了斯图亚特王朝的末裔，然而如今那已经是毫无意义的头衔。1788 年 1 月 31 日，查尔斯王子咽下了最后一口气，他是带给苏格兰高地死亡和毁灭的最大责任者，可是被他断送掉众多生命的民族仍然在赞颂和怀念他。

卡罗登之役摧毁了苏格兰高地氏族的说法纯属杜撰，其实古老的传统早就开始消亡。尽管人们没有意识到，为了巩固自身的权力，氏族首领和王室很早以前就在密谋清除忠诚和互相依赖的旧体制。1745 年叛乱只是氏族的最后一次反击。古老的光荣已经消逝，而丑陋污秽的现实还要延续数十年：贫穷落后、弱肉强食、阴郁而没有希望的生活。

卡罗登战役过去了将近三十年后，塞缪尔・约翰逊和詹姆斯・包斯威尔造访苏格兰。在那次著名的旅行中，他们穿过高地西部前往斯凯岛，又登上拉塞(Raasay)岛。拉塞岛是个狭长的贫瘠岛屿，纵长 15 英里，宽仅 3 英里，原来属于麦克劳德家族，在 1745 年叛乱后受到过恶意报复(附带提一下，实行报复的不是英格兰而是苏格兰人，包括忠于英国王室的麦克劳德氏族成员)。到了 1773 年，当年的苦难已经逐渐淡去。送包斯威尔和约翰逊去拉塞岛的船长是马尔科姆・麦克劳德(Malcolm MacLeod)，他曾经护送查尔斯王子去埃尔戈尔，这时已经六十二岁了。虽然没有穿花格衣服或短裙，只是穿了件夹克，但麦克劳德依然是“典型高地绅士”的完美代表，给包斯威尔留下了深刻印象。包斯威尔形容他“坦率而有礼貌，是真正的好人”。

包斯威尔和约翰逊甚至在收留过查尔斯王子的麦克唐纳家留宿，当年的弗洛拉现在是位已婚的中年妇女，主人夫妇与客人一起喝了杜松子酒。约翰逊睡觉的那张床就是查尔斯王子假扮成女仆贝蒂・伯克(Betty Burke)时用过的。弗洛拉还保存着王子睡过的床单(最后她是裹着其中一条床单下葬的)。包斯威尔和约翰逊在这家逗留了数日，遗憾地听说他们“欠了一大笔债，正打算移居美国”。1774 年，他们全家启程前往新大陆的殖民地，结果恰好被卷入了另一场反叛英国王室的战争。

约翰逊注意到，“高地氏族原来的特性现在几乎都荡然无存了”。人们失去了对战争的兴趣，“对政府的轻视和对族长的尊敬程度都大大减低了”。他满意地评论道，就整体而言，苏格兰的进步是“快速而均衡一致的”，它终将成为一个文明国家。“很快他们就会完成剩下的工作，然后像我一样感到疑惑：如此必要而且简单的事情，为什么拖延了这么久？”

苏格兰高地和高地人的命运仍然令他感到困惑。在 1745 年以前，“每个男人都是战士，都怀有民族自信心和民族荣誉感。失去这种精神所造成的空缺是微小的利益无法弥补的”。由此约翰逊提出疑问，一个国家是否真的应该“彻底地商业化”，还是“有必要让帝国的尚武精神保留一部分”。

这是一个敏锐而深刻的问题。不过实际上苏格兰辉格党人在十几年前就意识到了这一点。约翰·侯姆和威廉·罗伯逊等人冒着生命危险才让这个国家摆脱了过去的阴影，辉格党人眼看着新生的苏格兰渐渐成长起来，本来应该高兴庆祝。可是始终有一个疑问萦绕在他们心头：这代人缔造了这个现代文明社会，他们比谁都有资格引以为荣，然而随着文明的进步，却有什么东西永远地消失了，这让他们感到莫名地失落。对于他们以及全体苏格兰人而言，那些在卡罗登英勇战斗直至阵亡的高地战士正是失落之物的具体象征。

第七章

经 济 起 飞

八月,我眼前的景象多么繁华!

哦!街市雄伟庄严,轻风吹过宽阔的广场!

运河纵横交错,河流首尾相连,向中心齐聚,

整个岛国生机勃勃,欣欣向荣!

——詹姆斯·汤姆森,《自由》,1736 年

I

为了缔造文明的新苏格兰,辉格党人帮助英军击败了詹姆斯二世党人。通过复仇,他们实现了愿望。1745 年后,苏格兰全国的文化和经济都爆炸式地飞速发展,詹姆斯二世党人溃败、高地的威胁解除之后,仿佛被压抑的巨大能量一口气释放了出来。用现代术语来说,就是经济"起飞"。

苏格兰不是第一个有这种经历的国家,当然也不会是最后一个。不过他们首先认识到了其中的原理,理解了经济的增长怎样突然地转变了整个社会,促进了社会的全面进步。在 18 世纪后半叶,商人、学者、教士和专业人士(即苏格兰中产阶级)走上历史舞台并扮演了主要角色。发展的含义不再局限于创造文明社会或商业社会。通过自我更新和不断增长的生产能力,加上亚当·斯密所预言的"规模经济",苏格兰人开始为世界开拓资本主

义的新未来。

这种转变的发源地是格拉斯哥。它成了苏格兰的商业中心、大西洋东岸繁荣的国际港口城市，掌控着通往东方和南方的海上航路。1707 年，由于担心会影响它的独立的政治地位，格拉斯哥曾强烈反对与英格兰结盟。然而在一代人的时间之内，格拉斯哥已经在不列颠与北美殖民地的贸易中赢得了重要地位，特别是烟草贸易。面对查尔斯王子，格拉斯哥的市民曾进行消极抵抗，现在他们开拓了眼界，贸易范围扩展至美国、斯堪的纳维亚半岛和俄罗斯。1745 年之后，他们为了烟草市场与英国对手展开了激烈的竞争。

英格兰与苏格兰合并十年后，格拉斯哥的第一艘商船经过七个星期的航行抵达弗吉尼亚州切萨皮克湾（Chesapeake Bay）的烟草产地。到了 1727 年，每年有五十艘商船来往于两地之间。1741 年时，格拉斯哥商船运到各个码头的烟草多达 700 万磅；仅仅十一年之后的 1752 年，这个数字就增加到 2100 万磅，是之前的 3 倍。随着不列颠帝国的扩张，烟草以及其他商品的进出口总量不断地快速增长。1758 年，也就是罗伯特·克莱夫（Robert Clive）征服印度的后一年、詹姆斯·伍尔夫占领魁北克和加拿大的前一年，苏格兰从美国进口的烟草数量已经超过了伦敦及其他英国港口的总和。

不过市场的最大繁盛期尚未到来。在美国独立革命之前的十五年，是格拉斯哥以及烟草贸易的“黄金时代”，造就了一批靠烟草致富的暴发户。1771 年，烟草贸易总量达到了令人难以置信的 4100 万磅，占了苏格兰进口总量的三分之一以上，并且几乎是出口总量的三分之二。在纽约、费城、巴尔的摩和弗吉尼亚州亚历山德里亚等港口城市，苏格兰商人是常见的存在。美国的烟草贸易几乎有一半是通过苏格兰人进行的。1771 年，威廉·李（William Lee）写信给另一个种植园主兰登·卡特（Landon Carter）说：“不言而喻，格拉斯哥基本上垄断了弗吉尼亚以及这里的居民。”研究格拉斯哥贸易的大多数现代历史学家都认为，“18 世纪 80 年代，这座城市是世界舞台上的显眼角色”。

那些将格拉斯哥推上世界舞台的人们出身背景和境遇各不相同。其中少数是当地技工或教士的儿子,例如休·怀利(Hugh Wylie)是一个船长,攒了足够的钱以后买下了一家做进口贸易的大公司的股份。不过大多数是富裕的苏格兰低地人,包括地主家庭的子孙。还有一些人来自从17世纪开始就从事美洲贸易的格拉斯哥商人家庭,例如博格尔(Bogle)、邓禄普和默多克(Murdoch)。在返回格拉斯哥以前,绝大多数人都在弗吉尼亚或马里兰管理过烟草仓库(或者做代理商)。

烟草大亨的称号体现了他们的财富和权力,但也反映了一种矛盾:商业而不是出身赋予了他们贵族一样的地位。他们穿着鲜红的斗篷和缎子的外套,拄着镶金的手杖走过加罗门(Gallowgate)的街道,畏惧的市民们纷纷避让。格拉斯哥的城市地图上标注着他们的宅邸和花园,就像郡县地图上标注着伟大贵族的庄园一样。他们是完全由金钱划分的阶级,大把地赚钱,毫无顾忌地花钱。

烟草行业的三大巨头是威廉·坎宁安(William Cunninghame)、亚历山大·斯皮尔斯(Alexander Spiers)和约翰·格拉斯福德(John Glassford)。在美国独立革命前的五年中,格拉斯哥的烟草贸易有一半以上掌握在这三家公司手里。其余的市场由较小的竞争对手瓜分:博格尔、邓禄普、默多克、奥斯瓦尔德(Oswald)、布坎南和里奇(Ritchie)。

威廉·坎宁安出生于1715年,起初在弗吉尼亚的一个烟草仓库工作。1775年时他已经成为亿万富翁,可以借给他的小舅子罗伯特·邓恩洛(Robert Dunlaw)15万英镑,大致相当于现在的6000万美元(尽管是在十年里)。他的公司在弗吉尼亚拥有十四个仓库,还拥有“帕图森特号”(Patuxent)和“坎宁安号”等著名商船,它们沿着长达7000英里、来回三个月的航线,定期往返于格拉斯哥和切萨皮克湾之间,单是“坎宁安号”就在七年里奔波了十五次。坎宁安耗资10000多英镑在格拉斯哥建造了一座豪华宅邸,附近亚历山大·斯皮尔斯的公馆则花费了5300英镑。1744年时,斯皮尔斯和鲍曼(Bowman)公司的资本总额大约是16000英镑,1773年时增加至152280英镑,他的个人财产足以使他名列不列颠巨富之一。

他们是怎么赚到那么多钱的？有人认为是由于格拉斯哥的地理位置。它位于苏格兰西部，向西连接大西洋，在与美国的贸易中占据了得天独厚的位置优势。从格拉斯哥地区的航运中心格拉斯哥港出发，无论是到南卡罗来纳的查尔斯顿（Charleston）还是马里兰的安纳波利斯，都比从伦敦或布里斯托尔出发节省两到三个星期。当然，缩短航程意味着减少成本，较快返航就可以更快地收回投资。大多数投资者之间还有亲戚关系，这是格拉斯哥大型企业的另一个特色：他们依靠叔叔阿姨、外甥女婿之类的亲属圈子筹集资金，并规避风险。

过去和现在都有人以为，苏格兰公司企业的这种“小集团”性质是他们获得成功的决定性因素。其实那是误解。类似地，尽管格拉斯哥在大西洋的烟草运输中享有地理优势，但是烟草要经过加工再出口到地中海和波罗的海沿岸国家才能真正赚到钱，而出口运输需要经过较长的路线，从而抵消了前面的优势。实际上，烟草大亨们成功的秘密在于资产决算表：他们有能力从各种各样的渠道募集资金，同时无情地削减成本。他们用各种办法筹集资金，包括向金融银行贷款，用来建造船舶、仓库和购买存货（苏格兰的公司与英格兰的竞争对手不同，直接从当地种植园主那里买进烟草，而不是在国外委托购买）。从1740年至1770年，格拉斯哥至少有六家银行专门用于这个用途，包括格拉斯哥船舶银行和蓟（Thistle，苏格兰国花）银行。

此外，合伙人投资这类公司，每年只收回5%的股份红利。经营状况好的时候，其余绝大部分利润都继续用于投资。所以格拉斯哥的烟草贸易成了不列颠资本化程度最高的产业之一，其经营方式灵活，商人们在景气的时候可以扩张，在萧条的时候可以保本。

18世纪格拉斯哥的烟草贸易是由古典意义上的企业家经营的：为了赚钱愿意冒风险，投资失败的时候愿意付出代价。1772年时，最老的烟草商之一博格尔公司无法偿还贷款，不得不转入破产管理由银行接管。老资格的商人，例如休·怀利、乔治·麦考尔（George Mccall）、詹姆斯·邓禄普和威廉·弗兰奇（William French）都经历过破产的严峻考验。这是一个始终在自我更新的行业,不断从外部吸收新鲜血液和投资者,激烈的竞争迫使每个人都必须设法降低成本,尽力提供最好的产品。格拉斯哥的烟草贸易以最纯粹、最有活力的形式为未来的资本主义塑造了模型。

1751 年至 1764 年间,亚当·斯密在格拉斯哥大学担任教授,通过观察这座城市的烟草贸易,他第一次真正理解了大规模的企业以及经营它们的商人。斯密与约翰·格拉斯福德交情很好,后者经常告诉他美国发生的事情,还对斯密正在写作的《国富论》十分感兴趣。格拉斯哥市市长安德鲁·科克伦(Andrew Cochrane)组织了一个政治经济学俱乐部,成员包括斯密、格拉斯福德和另一个富有的烟草商人理查德·奥斯瓦尔德。1762 年 5 月 3 日,科克伦甚至在市议会主持了一个特别仪式,授予斯密教授荣誉议员的称号。

从这些事例可以看出,格拉斯哥的大多数商人不仅会做生意,而且与其他苏格兰中产阶级一样受过良好的教育。他们能阅读希腊文和拉丁文,与看分类账和资产负债表一样轻松。格拉斯福德、英格拉姆(Ingram)等公司的继承人经常去大学进修一两年。有些人几乎每次都去听亚当·斯密的哲学和法学讲座,就像他们的父辈去听弗朗西斯·哈奇森讲课那样。18 世纪晚期,格拉斯哥大学里商人子弟的人数越来越多。事实上到了 1790 年,招收的学生有一半来自从事"工业和商业"的家庭;而在同一时期,剑桥大学里来自商人家庭的学生仅有不到 8%。这表明苏格兰人——特别是格拉斯哥人——不是只在口头上谈论商业与"文明"的结合或者优秀的文化,而是贯彻了这种生活方式。

"人们都知道商业与自由文艺之间的联系,"格拉斯哥人约翰·曼农斯(John Mennons)写道,"作家和艺术家自然会寻求文艺爱好者的资金赞助。"烟草商人确实慷慨大方地资助了教育和艺术事业。商船队往返大西洋两岸需要很长时间,因此格拉斯哥的精英们既有钱又有足够的时间。亚历山大·博格尔宣称,"每年有一半或三分之二的时间……格拉斯哥的所有商人都相当空闲",因为船队还在海上,他们必须找其他事情消磨时间。于是他们加入了格拉斯哥文学协会以及宗教音乐团体，成立了“五花八门”（Hodge Podge）俱乐部，邀请亚当·斯密和托马斯·里德等杰出学者做演讲。他们在唐汀（Tontine）旅馆的咖啡厅聚会，进行有礼貌的交谈，或者喝上一杯用朗姆酒加糖、柠檬酸、香料等调制的鸡尾酒，那是格拉斯哥的烟草大亨和西印度公司的商人们最喜欢的饮料。

格拉斯哥大学推选教授的时候，烟草商人乔治·博格尔不顾长老会顽固派的坚决反对，投下了决定性的一票，帮助弗朗西斯·哈奇森的朋友威廉·里奇曼取得了神学教授的职位。约翰·格拉斯福德和他的合伙人阿奇巴尔德·英格拉姆首先为这座城市历史上最具远见的文化项目投资，那是格拉斯哥启蒙运动中最非同寻常的人物的创见。

18 世纪 30 年代，弗朗西斯·哈奇森第一次在课堂上注意到罗伯特·福里斯，尽管当时他是个正常的学生，但他“卓越非凡的灵魂”仍然给哈奇森留下了深刻印象，因而聘用他当自己的助教。福里斯出身劳动阶层，父亲靠加工大麦为生，他自己是理发店的学徒。但是他求知欲旺盛，去大学旁听哈奇森的课程，也跟随罗伯特·西蒙森教授学习数学。福里斯深受哈奇森的理念影响，认为教育是教人们获得自由、与人为善的手段。可是他没有大学学位（虽然他和弟弟安德鲁都能够流畅地阅读希腊文和拉丁文），所以无法担任教师。他退而求其次，决定开一家书店，从事启蒙思想和文化的进出口交易。

与以前的艾伦·拉姆齐一样，福里斯以他的书店为媒介，将业务范围延伸到其他文化项目。很快他就从单纯的售书转为兼营印刷。1741 年，他和弟弟成为大学的“指定印刷商”，因为他们都懂拉丁文和希腊文，他们出版的古代经典著作正确无误，质量超过了任何苏格兰甚至英格兰的出版商。福里斯兄弟讲究细节一丝不苟，在大学的字体发明者亚历山大·威尔逊（Alexander Wilson）的帮助下，他们甚至为罗马和希腊文字设计了更清晰的新字样。他们在 1756 年出版的荷马史诗《伊利亚特》（*Iliad*）代表了印刷业的最高成就，赢得了爱丁堡艺术、科学、工业和农业促进协会颁发的奖章——那是难得来自竞争对手的荣誉。

这个奖励与作品本身都体现了被福里斯视为个人使命的精神:让印刷、雕版和刻字等“实用”技术与绘画、雕刻和音乐等“纯粹”艺术一样,为建设文明社会发挥重要而有意义的作用。为了追求这个理想,在格拉斯福德和英格拉姆的协助下,福里斯于1753年建立了一所技术与设计学院。格拉斯哥大学给它颁发许可证,使其成为大学的附属机构,就像福里斯的印刷公司和书店那样。亚当·斯密帮这所学校寻找教室和宿舍,不列颠的首家专业设计学院开张了。

福里斯希望雕刻、绘画和版画复制技术能像哲学、数学或神学一样成为必修课程。他说:“我希望所有的大学同时也是专业学院,培养出的美术家们既有学识又不会拘泥于书本,懂得欣赏那些在任何开明的时代都是不拘一格而雅致的艺术。”应本地亚麻和棉纺织工人的呼吁,他慎重地开设了自己的版画复制课程,教工人们给布料设计新的图案和式样。

在福里斯心目中,理论与实践是不可分割的。艺术家或知识分子所追求的目标未必比商人或工匠“更高级”或者精神性更强。不管是艺术家、工匠、哲学家、技工、学者还是商人,每个人都在从事同一项事业:创造更文明、更人道、更开明的社会。思维与实践、理论与实用的混合,其实是格拉斯哥启蒙运动的主题。正因为如此,工程师詹姆斯·瓦特于1762年帮助格拉斯哥建造了苏格兰第一个干式码头,他受到了格拉斯哥商人的高度尊敬,正如亚当·斯密和约瑟夫·布莱克等大学教授受到尊敬一样;1760年,活字专家亚历山大·威尔逊被授予实用天文学教授的头衔。

福里斯的学院似乎前途光明,但正式开办后却困难重重。“精细的技艺不能速成,”他写信给解剖学教授威廉·亨特(William Hunter)说,“尤其是在气候寒冷的时节。”1775年这所学院被迫关闭,为了偿还债务,福里斯不得不卖掉在学院画廊里展示的画作。祸不单行,他的弟弟在同一年去世。由于经济破产和精神沮丧,罗伯特·福里斯患上了肺炎,在1776年11月逝世。

他的伟大梦想破灭了。但是他实践了老师弗朗西斯·哈奇森的一个基本原则，即艺术与生活紧密联系的观点。正因为如此，上帝赋予了人类既美丽又有实用性的长处，物理上的美或者“多样化中的一致性”与艺术一样，都是人类获得幸福必不可少的条件。这就是苏格兰的新古典主义精神，它在同时代的另外两位苏格兰作家的作品中得到了贯彻——罗伯特和詹姆斯·亚当(Robert and James Adam)，尽管他们是爱丁堡人而不是格拉斯哥人。

在一切方面，格拉斯哥都取得了突破性的发展。福里斯的印刷公司衍生出了大量的模仿者和分支机构。格拉斯哥出版的书籍数量增加了5倍。18世纪70年代，这座城市已经拥有14家书商、3家制版工厂、4家建筑公司、2家大理石加工厂、1座存放进口地毯的仓库、2家马车厂、14家马具商、3家宝石加工商、23个家具木工店，还有26家发型设计店和13家理发店。格拉斯哥的服务业快速发展，过去被称为奢侈品的那些消费品，现在成了市场上的普通商品，新获得的财富按照人们的欲望涌向新的渠道，如同汇入河流的小溪和支流。“只要资本占支配地位，工业就会繁荣，”亚当·斯密评论道，“工业会创造真正的财富，让所有居民的收益增加。”经济的“涓涓细流”累积起来，使来自海外烟草贸易的金钱转化成当地的工作机会，与此同时，精明的烟草富豪们开始将投资分散到新的商业领域，比如酿酒、制糖、海运保险、棉麻纺织业、铸铁……繁荣的商业为19世纪的工业打下了基础。虽然烟草贸易后来衰落了，但格拉斯哥的资本家们已经拥有了永不动摇的根据地。一旦起飞，经济的增长就很难停止。

经济增长也是促使其他方面变化的动力。1749年，格拉斯哥市议会决定拆毁陈旧的西港，空出西边的田地用于开发。很多烟草大亨在那里购买地产，建造附带花园的宅邸，新的街道从城区北边延伸至南边：弗吉尼亚大道、哈瓦那大道、牙买加大道、皇后大道、邓禄普大道(用商人的姓氏命名)、布坎南大道(同前)。布坎南家最初建造的公馆名叫“弗吉尼亚屋”，位置比后来的住宅区稍稍偏东，有通向前门的笔直专用车道。可是随着城市化潮流的发展，这座房子很快淹没在了附近的房屋和商店中间，于是整条街道被命名为“弗吉尼亚大道”。

1740 年时,格拉斯哥的居民共有 17000 人。到了 1780 年,人口总数已经增至 42000 人以上。开发者们在西边的新城区设计了十三条新街道和广场,希望以富足的城市生活方式吸引商人和建筑工人离开狭窄拥挤的旧城区。那里街道宽阔(牙买加大道宽达 23 米),两边的人行道上都铺着石板,城市规划者们禁止妨碍生活或有毒有害的产业进入这片地区,例如硝制皮革工厂、油脂和肥皂工厂。在詹姆斯·巴里(James Barrie)的设计下,米勒大道、皇后大道和布坎南大道向北延伸,城郊的拉姆索恩和梅多夫拉特(Ramshorn and Meadowflat)建造起了完整的住宅区。1745 年 12 月,查尔斯王子曾经沿着一条泥泞的乡间小路后牛路(Back Cow Loan)进入格拉斯哥,现在那条小路改名为英格拉姆街,用来纪念烟草商人和金融家亚历山大·英格拉姆。

与福里斯的学院一样,世间的事情不能尽如人意。建筑工程耗费时间,许多房子空着没人住,拥挤肮脏的旧城区的居住条件仍然没有改善。不过随着经济的发展,新兴的城市中产阶级也开始逐渐形成。格拉斯哥商会就是象征中产阶级的机构,它是不列颠的第一家商业公会,在众人的举杯庆祝中于 1783 年元旦成立。它的更加明显的有形象征是巴里建造的乔治广场,位于新开发的皇后大道与弗雷德里克大道的交叉路口。遗憾的是,1787 年梅多夫拉特的工程正式动工的时候,格拉斯哥已经被另一种更成功的新城市生活模式超越:爱丁堡的新城。

II

"看看那片土地!"乔治·德拉蒙德站在爱丁堡城堡的窗边向北瞭望,一边对身旁的一位年轻朋友说。那是 1763 年。距离他带领市民反抗詹姆斯二世党人失败已经过去了将近二十年,这位过气的英雄连任了四届市长,此时最后的任期即将结束。这年他七十五岁,是爱丁堡最受崇敬的人物。当然,如今没有人嘲笑这位草坪市场的志愿军领导者了。

德拉蒙德的视线越过北面的湖,眺望着被居民们戏称为"赤脚公园"

(Barefoot's Park)的一片荒地。他转向客人说道："萨默维尔(Somerville)先生，我是等不到那一天了，但你还年轻，有足够的时间，或许能看到爱丁堡变成辉煌壮丽的城市，从这里放眼望去到处都是楼房。"然后他解释了他的设想，可以抽干北面的湖水，建造一条垫高的堤道通向旧城区。"自从1725年首次被选为市长以来，"他承认，"我从未放弃过这个目标。"现在德拉蒙德的梦想终于开始变为现实了。

每个人都明白，要把爱丁堡建设成现代城市，还有许多地方需要改进。用诗人托马斯·格雷(Thomas Gray)的说法，它是"所有首都之中，远观风景如画，近看最令人厌恶的城市"。街区围绕着爱丁堡城堡分布，到处烟囱林立，每天要烧掉500吨煤炭，不断喷出难闻的煤烟，令居民和来访者窒息，所以人们给它起了个"老烟城"的绰号。市中心的街道号称"皇家大道"，实际上是条昏暗狭窄的小路，两旁的建筑破旧不堪，有些十层甚至十二层的大楼摇摇欲坠，路上挤满了人、动物和交通工具，垃圾堆积如山。

如果要了解1763年的爱丁堡，就想象一下这样的景象吧：城市里布满了幽暗曲折的街道，分叉出无数更狭窄的小巷(或胡同)，构成一个迷宫般的巨大网络，往往走到尽头才发现是死路一条，道路两旁都排列着被煤烟熏黑、间距很窄的房屋。典型的住宅里每层都挤满了几户人家，他们共用楼梯，仆人和底层贫民住在底楼和顶楼，上流和中产阶级——包括贵族和卡姆斯、奥金莱克那样的最高法院法官——住在比较舒适的中间几层。丹尼尔·笛福说："我相信世界上没有哪个城市像爱丁堡这样，那么多人挤在那么小的空间里。"整个城市没有卫生系统。猪、羊，偶尔还有奶牛在人行道上大摇大摆地漫步。路上有人带着便携厕所(附带小型的遮光帷幕)向行人招呼："要不要方便?"路人如果听到头顶的窗户传出"Gardy loo!"(来自法语，"小心头上!"的意思)的警告就要赶快跑开，因为那表示楼上的人要向下面的街道或庭院倒脏水了。

笛福造访爱丁堡的时候，这座城市的人口还不满30000。到了1755年，人口已经增加至60000左右，所有人都聚居在拥挤而古老的城区。为了缓解住房压力，必须兴建新房子、整修旧房子。议会大楼被火灾烧毁之后，进行了大规模的重建。皇家医院和爱丁堡交易所先后于1727年和1753年建成（都是由亚当家族的建筑师参与设计的）。在詹姆斯二世（18世纪20年代晚期）时期和汉诺威王朝时期，政府甚至尝试开发一些模范住宅区，沃尔特·司各特爵士的父亲就是那里的最早居民之一。但是老城区实在没有多余的空间可供进行大规模的建设，而且由于过度拥挤的状况，那里变成了疾病和瘟疫的天然温床。

平定了詹姆斯党人的叛乱之后，现在爱丁堡人充满了自信，市议会在德拉蒙德的敦促下决定设法解决老城区的问题。议会的提案是在城市北边购买足够的土地用于建设新城区，最终建成一个全新的都市。目标是“通过公共建设扩大和改善城市”，使爱丁堡吸引越来越多的“从事农业、手工业、商业的专业人士”。最后用这段演说极力鼓动忠于国家的苏格兰人：

> 扩建、美化和改善祖国的首都，还有什么比这更伟大的事业吗？还有什么更能满足国民的荣誉心？除此以外，哪里还能找到对苏格兰更有益、对大不列颠更重要的事业？

为了实现这个目标，1766年3月，爱丁堡的领袖们主办了一次竞标会，开发北湖上100英亩左右的土地用于建造居住区。设计师和建筑商人可以提出任何种类的方案，只需附带如下要求：必须建造两座教堂，为了让新城区的轮廓线保持平整，每幢房子最多只能有三层，从地基到端墙的总高度不能超过48英尺。

三个月之后结果揭晓，优胜者是年仅二十一岁的石匠詹姆斯·克雷格（James Craig）。这个选择看上去很奇怪，克雷格不是专业建筑师，经验又不足，唯一值得一提的是，他是诗人詹姆斯·汤姆森的外甥。然而那个决定并没有受到私人关系（判断标准“不是你能做什么，而是你认识谁”）的影响。

克雷格的方案简单到近乎呆板。新城区的骨架是三条东西向的主干道，由一系列南北向的街道连接，两端各有一个开阔的广场。这个方案的真正优势在于，克雷格立刻抓住了新城镇计划背后的政治意义。他选择的街道和广场名称体现了这一点：乔治大街、汉诺威大街、王子大街（代表威尔士王子及其兄弟约克公爵）和皇后大街，圣乔治广场和圣安德鲁斯广场的名称则是用于纪念英格兰和苏格兰本国的两位守护圣人。两条东西向的主干道分别用英格兰的国花玫瑰和苏格兰的国花蓟来命名。克雷格甚至想把街道设计成代表联盟的米字形状（后来市议会认为太过火了，把设计图改成了现在的样子）。

不管怎么说，他的意图是传达到了。新城区将与辉格党的新苏格兰一起成长，爱丁堡将作为现代商业社会的首都，与南方的邻居并驾齐驱。

克雷格听说中标的消息后印刷了设计图的复本给市民传阅，并在开头附上了他舅舅的长诗“自由”中的一个段落：

> 八月，我眼前的景象多么繁华！
> 哦！街市雄伟庄严，轻风吹过宽阔的广场！
> 运河纵横交错，河流首尾相连，向中心齐聚，
> 整个岛国生机勃勃，欣欣向荣！

事实上，1736年汤姆森写作这首诗的时候，在整个英伦三岛上，只有英格兰的城市拥有“雄伟庄严的街市”和优美宽阔的广场。克雷格和爱丁堡市议会宣称，现在轮到苏格兰了。

开发计划几乎立刻就开始实施了。1768年，第一座建筑皇家剧院竣工，它是高尚品位和文雅文化的纪念标志，也反击了谴责和取缔“荒唐的戏院”的长老会派古老传统。1772年，连接新城区与旧城区的北桥完工，再次激起了开发浪潮，直到美国独立革命爆发才中断。1783年战争结束之后，建设工程迅速推进，最后只剩下西端的一块扇形区域。

迁入新城区的是些什么人？购买地产（或者所谓的“永久租借”）的人

大部分是爱丁堡新兴的商人阶层。只有一个大贵族劳伦斯·邓达斯(Laurence Dundas)爵士在圣安德鲁斯广场(现在那里是苏格兰皇家银行)对面建造了一所公馆。除此之外,新城镇与伦敦或法国的这类居民区不同,没有大型的贵族豪宅或私人花园。这里的居民基本上都是苏格兰新兴阶层的代表:商人、银行家、富裕的熟练手工业者、教士和大学教授等专业人士。

购置地皮,然后用新城标准的灰黄色砂岩建造适当高度的房屋总共需要大约2000英镑,这个价钱相当昂贵,不过18世纪70年代至80年代的爱丁堡很富裕,可以负担得起。造马车的商人约翰·侯姆(John Home,与同名的作家没有关系)在王子大街南边买了一块地皮,议员兼剧作家约翰·扬(John Young)起初在乔治大街买了一块地,但是为了建造圣安德鲁斯教堂,市政府只得从他手里赎回了那块地。教堂的建筑师威廉·皮尔尼(William Pirnie)非常喜欢那个地方,因而也在新城买房子定居了。附近的居民还有家具商约翰·布拉夫(John Brough)和哲学家大卫·休谟。

休谟以前在詹姆斯大院的住宅太小,所以他决定搬家,在圣安德鲁斯广场的西北角买了一块地。新居位于王子大街以北,相隔一个街区,休谟很喜欢这个地方的风景:王子大街与北面的皇后大街一样,房屋只坐落在街道的一侧,居民们可以从窗户眺望花园和爱丁堡的如画美景(至少在远处看是如此),那里现在被称为老城区了。休谟迫不及待地开始找工人造房子,还计划造一个马车库和马棚。"我正在给自己盖房子,"他写信对朋友说,"这是人生的第二大工程。"他接着说,第一大工程是结婚(因为他是个单身汉)。最后建成的是一所整洁舒适的住宅,他习惯称之为"我的小家",不过"对于一个作家来说已经很大"。休谟把他的旧居让给了詹姆斯·包斯威尔,自己快乐地搬进了时髦的新居,开始享受新城的生活。"我们的新城,"他在信件里满怀热情地写道,"超过了世界上的任何地方。"

直到今天,爱丁堡的新城仍然是城市规划的成功范例(不过有趣的是,几乎二十年后它才开始收回成本)。我们或许可以说,它是城郊的中产阶级住宅区的理想典范，从英格兰的卫星城米尔顿·凯恩斯（Milton Keynes）和汉普斯特德（Hampstead）到纽约的斯卡代尔（Scarsdale）和弗吉尼亚的雷斯顿（Reston），它也为"社区规划"树立了榜样。它融合了雅致的城市生活与优美的自然风景，既有花木点缀的迷人公园，又考虑周到地设置了便利商店、小酒馆以及集中在莎士比亚广场附近的牡蛎餐厅。这片社区不但有清楚的结构，而且有协调的外观。

新城区向所有人开放，可是有两类人无法定居。首先是贵族，由于房屋标准的限制，没有地方建造他们的豪宅和花园。虽然少数贵族还是购置了房产（尤其是在开发的晚期阶段），但是由于新城区的规定，他们不能建造大房子，只能与中产阶级的"商人"邻居一样。

其次是大量的体力劳动者和底层贫民。越来越多的富人离开拥挤脏乱的旧城区，搬到北边开阔的新城，留下了大批穷人。爱丁堡的阶级划分从原来的垂直方向（仆人和劳动者住在顶楼，富人住在中间，工匠和商铺在底楼）变成了水平方向。有钱搬到郊区的富人与无力摆脱讨厌的"内城"的穷人之间产生了物理的隔阂和文化的鸿沟。尽管令人沮丧——这是我们熟悉的情况——但在不知不觉中，爱丁堡的新城揭开了现代城市历史的新篇章，不过那些社会和文化方面的代价至今仍然困扰着我们。

然而在 18 世纪 80 年代，这种阶级差别也是吸引人们涌向新城区的因素之一。土地供不应求，市政府决定按照克雷格的计划开发西端剩下的最后一片区域夏洛特（Charlotte）广场。负责规划的是不列颠最伟大的建筑师罗伯特·亚当，从而使爱丁堡的新城更加闻名遐迩。

III

罗伯特·亚当改变了现代世界的建筑艺术，值得专门用一个段落来讲他的故事。

他的父亲威廉·亚当在法夫郡（Fife）的柯卡迪（Kirkcaldy）出生成长，"是在他的故乡尽人皆知的建筑师"。他是北不列颠军需处的石匠大师，接手过许多有名工程的委托,包括爱丁堡皇家医院和格拉斯哥大学图书馆。不过威廉·亚当的兴趣并非仅限于建筑业,他还在各行各业进行投资,诸如平克(Pinkie)煤矿、荷兰波形瓦的制造、啤酒工厂以及法夫附近的一个大型庄园(被他命名为布莱尔·亚当)。他属于苏格兰的第一代"进取型"地主,改变了低地农村的保守面貌。罗伯特·亚当和他的兄弟们从小就学到了重要的一课:建筑师只会设计美丽或不切实际的建筑是不够的,还必须学会赚大钱。

那时伦敦流行一种名为帕拉第奥(Palladian)的建筑风格,它是根据文艺复兴时期的意大利建筑师安德里亚·帕拉第奥(Andrea Palladio)命名的,威廉·亚当就是依靠这种高雅风格而成名。它的主要倡导者是业余爱好建筑的英国贵族(例如伯灵顿勋爵),不过这种风格最优秀的实例有很多都是在英格兰工作的苏格兰人设计的,例如詹姆斯·吉布斯(James Gibbs)和科伦·坎贝尔(Colen Campbell)。① 坎贝尔甚至编纂了一部带插图的《不列颠建筑杰作》(*Vitruvius Britannicus*)来彰显这种趋势,该书相当流行、影响广泛。如同书名显示的,它记录了不列颠的大型建筑和公共建筑是怎样逐渐摆脱法国和意大利的模式,产生出完全属于"不列颠"的古典建筑新风格的过程。该书的成功还从另一个方面证明了苏格兰知识界的能量,即他们可以吸收英格兰的想法或见解,使其转化为强大的工具,用于改造知识、社会和政治——在这个事例中是建筑风景。

不列颠的帕拉第奥风格有两大特征:简洁利落的线条(石头外墙和檐壁光滑平整,很少有繁复的褶边或装饰)和仿古。巨大的柱廊使用古典的支柱或壁柱,顶部是模仿古罗马万神庙的闪闪发亮的白色圆形屋顶,侧面是鳞次栉比的大理石台阶。一切设计都是为了突出建筑的宏伟壮观以及主人的富

① 格拉斯哥的烟草大亨谢菲尔德的公馆是坎贝尔最早设计的作品之一,于1712年完工。它启发了伯灵顿勋爵的灵感,从而形成了英国的帕拉第奥风格;可以恰如其分地说,谢菲尔德公馆实际上是不列颠的第一座新帕拉第奥式建筑。——原书注

有和地位，给观者留下深刻印象。苏格兰人坎贝尔和吉布斯运用这种风格影响了英格兰，不过让它在苏格兰流行起来的是威廉·亚当，最初是在18世纪20年代末，拥有优越社会关系的霍普（Hope）家族请他整修霍普顿（Hopetoun）的乡间宅邸时，亚当使用了这种风格。

威廉·亚当终生坚持正统的帕拉第奥风格。无论公共建筑还是私人住宅，他都使用柱廊和圆顶，深刻的线条和装饰性的基底图案、厚实的窗户，两侧都有双重的巨型壁柱。一切都要给人深刻印象，都必须符合帕拉第奥在建筑书籍中规定的古典美学原则。然而，正是他的两个儿子（首先是罗伯特）打破了这种流行而成功的风格。

罗伯特·亚当出生于1728年7月3日。根据以前一个传记作家的说法，他“幼年时体质虚弱，这样的人往往天赋异秉，具有优秀的鉴赏力”。他六岁时就到爱丁堡中学学习拉丁文，然后进入爱丁堡大学。他跟随柯林·麦克劳林学习数学，很快就与一群头脑灵活的辉格党年轻学生打成了一片：约翰·侯姆、亚历山大·卡莱尔、威廉·威尔基和威廉·罗伯逊——很凑巧，他是亚当的表兄弟。1745年的叛乱发生时，他本来有可能参加那支注定要倒霉的志愿军，但是当时他还未满十七岁。不过他肯定曾经帮助麦克劳林教授修筑爱丁堡的城墙和防御工事。

大学毕业以后，他开始跟随父亲实习，接受真正的职业教育。威廉·亚当是军需处的石匠大师，为英国军队建造乔治堡也是他的工作之一，所以青年亚当相当擅长军事工程，可能也有因为接触过麦克劳林教授的空想计划的因素。不管怎么说，通过设计和监督修建战壕的胸墙、缓冲堤和挖掘战壕的工程，他赚到了足够经济独立的钱——据说他实际上拿到了10000多英镑。1748年他父亲去世，留给他一座小型古堡唐希尔（Dowhill），其最显著的外表特征是半毁坏的中世纪塔楼，那或许就是他日后尝试新哥特式风格的灵感来源。

不过罗伯特·亚当还有更远大的计划，不能只造城堡。父亲的事业传给了他的哥哥约翰。如果他打算作为建筑师赢得金钱和声望，就必须开创出自己的风格。1749年罗伯特首次来到伦敦,亲眼目睹了英国的帕拉第奥式建筑。后来据一个朋友记述,这一体验"第一次克制了他过度随意的幻想,使他的品位得到琢磨"。于是他决定去意大利研修,不是短暂旅行而是长时间停留,以便积累各种古典设计和艺术模式的视觉资料:檐口、檐壁、图案、浅浮雕、装饰花瓶、祭坛、梁柱、窗户、玄关……把它们融合到自己的设计中去。他和弟弟詹姆斯商量,一起凑出了5000英镑旅费,决定让罗伯特放下工作去意大利学习四年,只是观察和绘图。在兄弟俩看来,这是对他们共同的未来的投资,如果获得成功,将赚回数倍的收益。

罗伯特·亚当于1754年春天出发,造访了罗马、那不勒斯、威尼斯、维琴察等著名城市,然而在他眼里,那些模仿古代风格的近代建筑远远没有达到古典艺术原有的完美和均衡,甚至安德里亚·帕拉第奥本人都是拙劣的模仿者。弟弟詹姆斯也同意这个看法,1760年至1763年去意大利旅行的时候,他发现帕拉第奥给有钱的威尼斯商人设计的房屋"平面图和立体图都不协调"。罗伯特认为,意大利人的教条"误导了整个欧洲,在过去三个世纪中束缚着欧洲人,让他们饱受折磨"。

最具误导性的首先是古罗马帝国建筑的巨大呆板的规模,例如古罗马的万神庙和圆形大剧场。罗伯特认为,从外部看,古代的寺庙和宫殿确实体现了"建筑的力量、高度和气势",但是"从大型建筑物的内部可以看出,古人非常仔细地让每个部分的尺寸和深度都保持了均衡的比例"。不仅古代的公共建筑,私人建筑更加注意保持物品和人的均衡比例。"在私人房间和浴室的装潢方面,他们都讲究精致、舒适、优雅和美观。"

罗伯特造访斯帕拉托(Spalato,现在的斯普利特),参观古罗马帝国皇帝戴克里先(Diocletian)隐居的住宅遗迹时,这个观点得到了生动实际的证明。罗伯特在那里逗留了五个星期,专心绘图、测量和考察。宫殿的浅色石柱廊明亮而优美,周围环绕着花园,远眺山峦与大海,这幅美景证实了罗伯特心目中的真正古典风格:建筑师的目标不是吓唬或者用重量压倒观者,而是让人感到快乐喜悦,结果其作品"不但美丽如画,而且壮丽"。

“美丽如画”(picturesque)这个词概括了正在罗伯特头脑中形成的新建筑风格,最终它将在现代建筑和设计界引发一场变革。罗伯特·亚当断定,建筑师必须学会像画家创作图画那样安排建筑的要素:构图、前景和背景物体、透视角度以至光线,在开始动工之前必须考虑好所有这些因素。建筑物应该像图画一样,给观者提供观看世界的全新视角。

罗伯特·亚当的另一个关键词是“动感”。教条主义的帕拉第奥式和新古典主义建筑的外立面死板单调、千篇一律,让他感到厌倦。建筑的流动性意味着在观者看来,“建筑物的不同部分有升降起伏、凸出凹进,形状变化多端”。为了产生动感效果,亚当准备打破新古典主义的另一个禁忌,大胆使用装饰摆设。雕像、装饰花瓶、战利品雕饰、公羊头、弯曲的叶形装饰板、造型奇特的假面和面具……只要谨慎地使用装饰元素,就可以“大大增加整体构图的美感”。他甚至愿意偶尔使用中世纪哥特风格的三叶草和四叶草形状的设计,如果推崇帕拉第奥的普通英国人看见,恐怕会被气绝昏倒。

弟弟詹姆斯更加强调这一点。在很多方面,詹姆斯都是真正的理论家,在意大利之行的日记里,他草草记录了他和罗伯特的重要想法,后来几乎全部整理成书,那就是十年后出版的《建筑精品》(*Works in Architecture*)。詹姆斯·亚当提倡使用装饰,因为它们“造成富丽堂皇的惊人效果,让大建筑物在每个人眼中都有趣而美轮美奂……因此,这是建筑之美的伟大秘密,每个建筑师都应该专心研究”。

詹姆斯还提出了另一个观念,它至今仍然影响着我们的建筑师:形式为功能服务。“我深信不疑,建筑能够接受人们愿意赋予的任何特性,因此建筑应该表现出它的功能,不会让人对它的用途不知所措。”

这段话包含了很多意思,不过有两点很明显。首先,教堂或寺庙应该看上去像教堂或寺庙,住宅就应该有住宅的样子。其次,亚当兄弟也坚持认为,建筑的风格必须足够灵活,以便运用于任何类型的建筑或装饰。因此不管是城镇住宅、商业大楼还是仓库甚至工厂,任何建筑都可以是美丽的。

如果说“在过去三个世纪中”,新帕拉第奥式的教条误导了欧洲建筑师,让他们缺乏独立性而“饱受折磨”,那么现在是时候从重压下解放出来了。变革的起点就是伦敦。罗伯特·亚当于 1757 年回到爱丁堡,停留了一段时间整理和组织他的图稿和材料。然后他出发去伦敦工作,开始寻找必要的客户,开创自己的建筑事业。

运气和友谊都是他的有利条件。经过安排,他与在伦敦生活的两个最有权势的苏格兰人会面了。其中一位是首席大法官曼斯菲尔德勋爵,他承诺“尽全力”帮助罗伯特。后来罗伯特在他位于肯伍德(Kenwood)的乡间庄园工作。另一位是布特勋爵约翰·斯图亚特①,他的地位更重要。

布特勋爵是阿盖尔公爵的外甥、自己得到头衔而非世袭的苏格兰贵族,也是布特岛的实质上的领主。不过他真正在政界发迹的原因是他当过新国王乔治三世的私人教师。新国王聘他担任首席政治顾问,又在 1761 年任命他为财政部长。布特很可能是 18 世纪最差劲的英国首相,没有任何值得一提的政绩,英格兰人都对他抱有敌意。但是他善于用人,将一批能干而有抱负的苏格兰人招揽到手下,他的私人秘书碰巧是亚当的老朋友约翰·侯姆,于是侯姆把两兄弟介绍给了勋爵。

第一次会面并不成功。据一个旁观者说,布特勋爵的脾气天生“古板无趣、阴沉,说话容易引发矛盾”。会见结束后罗伯特走出门外,“忍不住诅咒骂人,搞什么!他在意大利和法国结识的王公贵族全都用最礼貌和亲切的态度接待他,回到英国却被苏格兰最年轻的伯爵如此冷淡而傲慢地对待!”不过随后的第二次会面情况就好多了,在布特勋爵的帮助下,罗伯特·亚当承接了第一个重要任务。无论布特勋爵在历史上的评价如何,他确实赏识亚当的才能,又帮亚当取得了“皇家御用建筑师”的头衔——另一个拥有这个头衔的建筑师威廉·钱伯斯(William Chambers)恰巧也是苏格兰人。

---

① 前文已经提到,他是乔治三世任命的首相,由于来自苏格兰,所以不得人心。——译者注

尽管有布特勋爵的帮助，但直到三年后，亚当的建筑设计事业才开始取得实质性的经济收益。在往后十年间，亚当设计或装修的许多作品都是学习建筑或艺术史的学生们十分熟悉的：哈伍德宫（Harewood House）、康普顿·弗尼博物馆（Compton Verney）、克鲁姆庄园（Croome）、卢顿山庄（Luton Hoo）、凯德尔斯顿庄园（Kedleston）、兰斯德尼别墅（Lansdowne House）、赛恩别墅（Syon House）……罗伯特·亚当亲自监管与他承接的项目相关的一切细节，不仅建筑内部和外部的结构式样，还包括桌椅家具、地毯、门窗、烟囱、壁炉和瓷器摆设等今天被称为内部装潢的东西。作品的每个细节都反映了亚当兄弟（意大利旅行结束之后，弟弟詹姆斯也在1763年来到伦敦）决心开创的新古典风格，这种设计语言将创造出全新的视觉生活方式，连最小的地方都精雕细刻，甚至包括窗闩和蜡烛台。

亚当兄弟的风格来源于何处？一部分灵感是来自意大利南部的庞贝（Pompeii）和赫库兰尼姆（Herculaneum）古城的考古发现，它们让欧洲人第一次见识到了古代私人住宅内部的真正模样。另一部分来源于古希腊雅典的建筑理念——令人惊讶的是，以前的建筑师们对其几乎一无所知。亚当兄弟没有去过希腊，不过另一个苏格兰艺术家詹姆斯·斯图亚特去过，1751年至1755年间，他与尼古拉斯·里维特（Nicholas Revett）在雅典生活了五年，带回了大批画稿和蚀刻版画，编辑出版了多卷本的《雅典古迹》（*Antiquities of Athens*）。该书改变了一代人的视觉品位，影响力几乎可以与坎贝尔的《不列颠建筑杰作》匹敌。不过它最直接的作用是巩固了罗伯特·亚当的观点，即所有古代建筑设计的重点都不是突出力量和权力，而是讲究优美和雅致——或许可以说是改良。正是这些要素构成了沙夫茨伯里和哈奇森的社会道德的背景，也是苏格兰新城市的关键词。

这些特点也与卡姆斯勋爵的思想不谋而合，虽然出人意料，但卡姆斯勋爵的著作是亚当建筑风格的另一个重要灵感来源。在《评论原理》（*Elements of Criticism*）一书中，卡姆斯概述了他的艺术理论：美真正存在于观察者眼中（可能大家都知道）。人类天生具有审美能力，绘画、房屋、风景、一段音乐或诗歌,美的事物激发我们的美感意识。卡姆斯认为,艺术家的工作就是创造和安排那些引起美感意识①的元素。

美就是人类对某些事物产生的普遍反应,这种美的概念深刻影响了亚当兄弟,尤其是詹姆斯。但是与卡姆斯不同,他们不相信存在一个实现美的客观准则。他们主张艺术家必须有适应能力、灵活变通,为了引发观众或听众的主观反应,甚至要打破所有的规则。罗伯特·亚当在写信给卡姆斯的时候承认,“轻率的改革者或单纯的模仿者既没有眼光又没有判断力”,如果他们使用这种方法,就“可能损害艺术的价值”。当然,如果像罗伯特·亚当那样彻底了解所用的材料,监管一切细节和微妙之处,再加上运用自身的美感,技能熟练的艺术家或建筑师就可以创作出“美丽如画”的作品。

卡姆斯及苏格兰启蒙运动的思想以一种潜移默化的形式融入了亚当兄弟的工程。所谓回归古罗马、古希腊、伊特鲁里亚(Etruscan)甚至古埃及风格,并不是单纯地照抄他们的设计,而是用现代特色的新语言去诠释古人的优雅和美感。新的设计风格不仅提供美好的视觉环境,让现代人回想起祖先的长处,而且适合现代的生活。艺术与社会都是可以进步的。通过汲取古代艺术的精华,与既有的元素融合并重组,亚当兄弟相信他们能够让家庭建筑转化成促进文明的工具。它在提供物质享受的同时还能提升道德水平:它将古罗马和古希腊人的精神力量传递给了现代的不列颠人,同时给人们带来了“多样化的风格和乐趣”。

现代派们那种伪包豪斯式(pseudo-Bauhaus)②的极度简化和流线型的风

---

① 这个概念与弗朗西斯·哈奇森在《探究美与德性概念之起源》中的观点比较近似。实际上,通过他们的表亲威廉·罗伯逊和其他热烈敬仰哈奇森的朋友,亚当兄弟肯定听说过那位刚去世不久的格拉斯哥大学教授的大量事迹。——原书注

② 包豪斯,德语 Bauhaus 的译音,由德语 bau(建造)和 Haus(房屋)两词合成。以 1919 年成立的德国包豪斯设计学院为基地,在 20 世纪 20 年代形成了现代建筑中的一个重要派别——现代主义建筑。主张适应现代大工业生产和生活需要,讲求建筑功能、技术和经济效益。简而言之,其本义是建造平民化的房子。——译者注

格流行了将近一百年——如今已经让人腻烦——因而在我们眼里，亚当的作品可能显得烦琐和小题大做。例如罗伯特·亚当设计的兰斯德尼别墅的客厅（现在由费城艺术博物馆收藏）和奥斯特利（Osterley）庄园的“伊特鲁里亚屋”，那些镀金的粉饰灰泥、蓝色和金色的战利品装饰板、不拘一格地使用的红色和绿色的彩色粉笔画，不禁让我们联想起在18世纪流行的另一种家居装饰——法国洛可可风格，而那正是亚当兄弟厌恶并主动排斥的。那个时代的人们已经厌倦了冰冷、空洞、客观机械的室内陈设，亚当兄弟的作品满足了他们革新的愿望，而我们没有意识到这一点：他们承诺让居住者成为“现代的古代人”，也就是说，禁欲主义的朴素庄重与自由舒适的个人感觉结合在一起。亚当兄弟坚信，他们为现代人再现了符合古代标准的艺术性完美。“我们自豪地宣称，我们追求古代的美学精神，加上新颖而多变的创造，将其融入了我们的大量作品中，已经取得了某种程度的成功”，至于达到了怎样的境界，“我们交给公正的大众去判断”。

由英格兰和苏格兰的显贵主顾构成的“公正的大众”给出了积极热烈的回应。1764年，他们在德拉蒙德的银行账户有6620英镑存款，七年后的1771年，存款金额已经超过40000英镑。罗伯特·亚当成了富翁，他拥有一座位于圣詹姆斯公园外边的华丽住宅，经常在那里款待朋友，比如著名的演员大卫·加里克（David Garrick）以及大卫·休谟和詹姆斯·包斯威尔，还在公园里打高尔夫球。他还担任金罗斯郡的议员。他为自己的工程雇用的工匠和画家都是第一流的大师：托马斯·齐本代尔（Thomas Chippendale）制作家具，约瑟夫·罗斯（Joseph Rose）制作灰泥石膏，约书亚·韦奇伍德（Josiah Wedgewood）制作瓷器，马修·博尔顿（Matthew Boulton）制造铁制品，安吉丽卡·考夫曼（Angelica Kaufmann）和她的丈夫安东尼奥·祖奇（Antonio Zucchi）这样的著名画家绘制壁画和檐壁的图案。休谟在写给亚当·斯密的信件中透露，亚当兄弟仅在英国的工作室就雇用了3000名以上的工匠，同时他们在爱丁堡还维持着同样规模的业务。

然而由于阿德尔菲排屋（Adelphi Terrace）的巨大失败，他们的事业差点儿被全部摧毁。阿德尔菲（“Adelphi”这个词来自希腊语的“兄弟”）的新城是他们精心规划的，本来应该给他们的成就增添无上的光荣：在威斯敏斯特以北的达勒姆（Durham）广场，沿着泰晤士河，在河岸泥滩上建造起华美的复式住宅群（即“排屋”）。这个计划利用优美的河岸景观，上层是成排的住宅，下层是仓库和商业码头，简直是优雅文明与商业的完满融合。

然而这个方案却引发了与伦敦市议会的全面战争，最后要议会下令才能解决争端。亚当兄弟把他们的大部分财产都投入了这个项目，终于在1771年让阿德尔菲排屋隆重落成。罗伯特·亚当本人选择了4号，大卫·加里克夫妇住进了6号。约书亚·威奇伍德同意在下面的美术馆开设一个瓷器陈列室。英国政府也签订了合同，租下底层和码头，这样本来可以收回部分成本，但是最后英国政府却违约了。罗伯特和詹姆斯·亚当失去了一切财产，只剩下规模庞大的建筑公司，幸好每个星期都能收到委托或佣金，才让他们免于破产。大卫·休谟曾经劝阻过他们，这时坦承道：“我奇怪的是，他们怎么能支撑那么久。”如同我们熟悉的现代房地产大亨那样，这实质上是一场出于自我意识膨胀的赌博。亚当兄弟和罗伯特·福里斯的梦想都以破灭告终了，不过阿德尔菲排屋一直存留到20世纪30年代才被拆毁，地下的复杂回廊变成了另一项大型城市工程——伦敦河堤的地基。

在阿德尔菲计划中，罗伯特·亚当试图将亚当风格运用于中产阶级的城市生活而失败，不过他又有了第二次机会，那就是爱丁堡新城的夏洛特广场。在征服了英格兰的富裕和权势阶层之后，它标志着凯旋荣归祖国苏格兰。在詹姆斯·克雷格的原计划中，那是最后一片未开发的区域，当克雷格画好最终草案的时候，市政府还没有买下那块地皮，就已经决定把它交给罗伯特·亚当来规划完成。夏洛特广场于1792年动工，那时罗伯特的健康状况正在恶化，不过他的作品仍然具有如画般的和谐，符合他心目中的家用建筑风格。

罗伯特·亚当去世之后将近三十年，夏洛特广场终于在1820年竣工，直到今天仍然保留着当年的面貌。中央是优美的科林斯式（Corinthian）壁柱，其顶端盘踞着巨大的狮身人面像，三层楼的复式排屋围绕在开放的广场四周，街道连接着每个角落。北边的建筑外观与南边的完全对称，赋予广场一种整体上的和谐感，符合创始者们对新城的期望。夏洛特广场与新城的其他地区一样，以浅色的灰黄色砂岩为建筑材料，给人以宁静而又热情的印象。

与罗伯特·亚当晚期的许多作品一样，夏洛特广场的外观简洁，内部却装饰华丽。比如位于1号至7号的乔治王大宅，其内部的装修是最高级的，如今我们仍然可以感受到，他是怎样让爱丁堡的上流和中产阶级接纳那种独一无二的设计风格的（夏洛特广场吸引了许多律师和医生来此居住）。他的真正革新在于楼层地板的设置，引入了曾经在伦敦波特曼（Portman）广场的房屋中尝试过的一个新特征，即在房子背面增加独立的楼梯，与大厅隔开，供仆人和家人进出。将“商人或客人的出入口”分离，不仅保护了家庭成员的隐私，而且标志着重要的社会变化。这是为中产阶级生活提供的新设计，让仆人和孩子与客人分开，互不干扰。与今天一样，家庭生活的内情要尽可能地不引人注目。中产阶级的住宅变得像贵族的乡间别墅那样，其中心是“本身的外在表现”：有礼貌、举止文雅、具备高度的个人特色。

罗伯特·亚当于1792年去世，当时他手头还有8件公共建筑和25件个人建筑的设计工作，其中大多数都是在苏格兰。当时担任爱丁堡大学校长的威廉·罗伯逊这样谈论他的朋友：“我活了一把年纪，认识这个时代的众多最卓越的人物，可是若论天赋、价值、待人接物的愉快态度，我不知道还有谁能超越这位我们刚刚失去的朋友。”大卫·休谟和亚当·斯密的好友能够这样评价罗伯特·亚当，实在是最高级的赞美了。

许多名人都参加了他的葬礼，抬棺材的人包括巴克卢（Buccleuch）公爵、考文垂（Coventry）伯爵、劳德戴尔（Lauderdale）伯爵、弗雷德里克·坎贝尔（Frederick Campbell）勋爵、威廉·普尔特尼（William Pulteney）——他位于巴斯威克（Bathwick）的别墅是罗伯特最后完成的工程之一。这些贵族和掌权者们把棺木送进了威斯敏斯特大教堂，具有讽刺意味的是，这位建筑师被埋葬在了老对手威廉·钱伯斯爵士身旁。

这两个苏格兰同乡一起彻底变革了不列颠的建筑艺术。钱伯斯说服乔治三世建立了皇家艺术学院,并担任第一任财务主管。由于钱伯斯的努力,罗伯特·福里斯梦想建立的公共机构终于在不列颠的首都中心得以实现,专门用于培养艺术家、画家和雕刻家。钱伯斯培养出来的人才中,英格兰人约翰·索恩(John Soane)是19世纪最重要的新古典主义建筑师,非常推崇亚当兄弟的风格。

同时,罗伯特·亚当还实现了每个苏格兰辉格党人都梦寐以求的某种文化征服:他运用意志和想象力将自己的风格在南方推行,让英国人接受了苏格兰人的艺术品味。实际上,他的影响力并不仅仅限于不列颠,甚至远及大西洋彼岸。亚当兄弟编写的《建筑精品》是他们新设计风格的宣言,被美国的图书馆收藏,成了艺术或建筑爱好者的必读作品。早在1775年,乔治·华盛顿建造弗农山庄(Mount Vernon,乔治·华盛顿的故居和坟墓所在地)的时候就借鉴过书中的原理。查尔斯·布尔芬奇(Charles Bulfinch)曾经在伦敦跟随亚当兄弟学习,他把全套的"亚当风格"带回了美国,使其成了联邦风格和希腊复古式风格的基础。布尔芬奇设计的美国国会大厦和马萨诸塞州议会大楼证明,罗伯特·亚当是美国公共建筑的精神导师。托马斯·杰斐逊甚至从伦敦购买了亚当风格的烟囱和墙面等预制装饰品,用于他在蒙蒂塞洛(Monticello)的私人住宅。

苏格兰人查尔斯·卡梅伦(Charles Cameron)是亚当风格的另一个信徒,他的文化履历更加惊人。他的建筑作品展览博得了俄罗斯女皇凯瑟琳大帝的赞赏,女皇邀请他去俄罗斯设计她的私人宫殿。1774年卡梅伦动身前往圣彼得堡,在已经厌倦了古老传统的俄罗斯建筑界引发了变革。他大规模地改建了沙皇别墅(Tsarskoe Selo)的大宫殿,又为王子在巴甫洛夫斯克(Pavlovsk)的宫殿设计了外观和内部的房间。沙皇别墅的绿色餐厅(现在的普希金剧院[Pushkino])和巴甫洛夫斯克宫殿的希腊大厅(Grecian Hall)都是亚当风格的辉煌变奏,将新古典主义巧妙地融入了俄罗斯帝国的建筑风格。

由于卡梅伦的工作，罗伯特·亚当的艺术梦想在乌拉尔(Ural)河以东得到实现;通过布尔芬奇和杰斐逊，它甚至越过了北美的阿巴拉契亚山脉(Appalachian)。亚当的新古典主义是第一种真正在现代西方通用的国际性语言，正如苏格兰式的商业社会将成为现代资本主义的原型一样。

第八章

精英协会：亚当·斯密和他的朋友

I

每天早晨(星期日除外)，从格拉斯哥开往爱丁堡的邮车都在8时准时出发。车上满载着邮件和乘客，沿着弯弯曲曲的道路，穿越拉纳克郡和西洛锡安区的农场和小镇，中途会停车休息一夜。这是苏格兰仅有的两条长途客运线路之一，在1760年时，旅程要用上一天半。不过它可以让亚当·斯密这样的旅客在中午之前抵达爱丁堡，在下午和晚上与朋友和同事见面，然后在第二天返回格拉斯哥，还来得及吃晚餐。除了斯密之外，定期跑通勤的乘客还有化学家约瑟夫·布莱克、政治学家约翰·米勒等格拉斯哥知识分子。实际上，在长达四十多年的时间里，就是这条邮车线路连接着苏格兰启蒙运动的双子重镇——格拉斯哥和爱丁堡，将其形容成生命线也不为过。

苏格兰的阿伯丁是文明化和现代化的第三个中心城市。我们将看到，它在塑造现代世界的过程中发挥了关键作用。可是在1745年叛乱之后，格拉斯哥和爱丁堡才是真正的启蒙运动和社会变革的“双子城”。它们的气质在决定性的方面互相补充。格拉斯哥比较注重实际，更有革新精神，了解事物的由来，也知道怎样解决问题。包括根深蒂固的加尔文主义在内，古老的思想习俗仍然占据主流，不过由于商业繁荣，这座城市的风气还是比较开放的。工程师、自学成才的哲学家詹姆斯·瓦特就是格拉斯哥人。假如他生在爱丁堡，就不能如鱼得水一样发挥才干。

爱丁堡的艺术和文学风气比较浓厚，偏向抽象或理论层面的知识——至今依旧如此。在18世纪，它是作家、诗人和画家的家园，却很少出现工程师和实验科学家。不过这种差异也不是绝对的。爱丁堡的真正长处或特色在于组织严密的学者和思想家社团，因而吸引了亚当·斯密、本杰明·富兰克林（Benjamin Franklin）和年轻的罗伯特·彭斯等各种各样的外地人，让众人一起讨论旧的观点、交换批评意见、接受新的思想。正如一个当代人所说的，爱丁堡是"培育天才的温床"。它具有敏锐的思想、灵活的创造性、充满活力又目标明确，适合每个思想家、作家或艺术家进行真正的创作活动。

作为知识文化之都，只有伦敦和巴黎能够与爱丁堡匹敌。但是爱丁堡的文化生活与那两座国际性都市不同，占主要地位的既不是国家机构，也不是贵族的沙龙和赞助。其基础是一群坚强、自主的知识分子和文人共和国成员（他们这样自称）组成的团体。以1760年的标准来看，这个圈子的风气非常民主，在这里每个人的意见都是平等的，判断的基准是头脑而不是社会地位，众人可以辩论各种严肃的问题，用沙夫茨伯里伯爵的话来说，"绅士们在这里交流就像彼此熟识的朋友一样畅所欲言"。

形成这种环境的部分原因是大家都是街坊邻居。沿着摄政大街向前走，在每个街尾巷角都可以看见作家或知识分子居住的宅院或出租公寓。艾伦·拉姆齐、卡姆斯勋爵、大卫·休谟、威廉·罗伯逊、威廉·弗格森、约翰·侯姆……所有人都在"鸡犬之声相闻"的近距离下生活。爱丁堡仿佛是一个庞大的智慧水库或艺术家的聚居地，只是与绝大多数的现代知识分子聚居地不同，这里没有脱离日常生活，世俗色彩很浓。

爱丁堡的知识分子完全融入了老城区那种熙熙攘攘的平民生活环境，因而在关系密切的社团中，并不存在社会地位的隔阂。一个来自英国的游客惊讶地发现，爱丁堡上流家族的"庆典场地"居然是当地的小酒馆，大型的桌子上堆满了大量的牡蛎，人们无论男女都抱着酒瓶尽情痛饮，然后冲向舞场跳起热情放纵的民族舞蹈。他记录道，爱丁堡人“天性快活，非常喜好交际”，知识分子也不例外。

像休谟这样的人会在卡姆斯勋爵家的餐桌上一边品尝佳肴美酒，一边讨论学术问题；而其他人就只是喜欢吃喝，尤其是喝酒。爱丁堡的狭窄巷弄里到处都飘着酒精的气味。根据一个当地人的说法，“所有职业人士在空闲时间都嗜好饮酒，即使是地位最崇高、严肃正经的人也极少有例外”。他估计在上午开会的时候，最高法院的法官有一半都是醉醺醺的：部分原因可能是卡姆斯和布拉克斯菲尔德（Braxfield）勋爵这样的法官会说出精明时而滑稽的发言。

“当圣吉尔斯大教堂敲响中午 11 时 30 分的钟声时，”一个历史学家写道，“所有市民都跑去喝啤酒，那就是他们的‘午餐’，虽然在早餐时他们已经喝过了。”不管是做生意订合同，签署法律文件或遗嘱，写大学的演讲稿，还是准备父亲的葬礼，人们都需要喝杯酒助兴。这座城市的许多最重要的文化活动都是从小酒馆里的聚会开始的。虽然看起来不可思议，但他们确实习惯在酒桌上讨论紧迫的政治问题或者神学问题，还不时大声地爆笑。古罗马人说，“酒醉吐真言”（In vino veritas），崇拜古罗马的爱丁堡人当然要尽力实践这句格言。

爱丁堡人喜欢喝红葡萄酒，而不是威士忌（当时被认为是粗俗和土气的酒）或啤酒。波尔多葡萄酒一直有充足的供应，这要归功于苏格兰与法国在中世纪的关系，即所谓的“老同盟”，每个苏格兰绅士都是品酒专家，拥有私人酒窖，对酿造年份有特定的偏好。不过 1707 年以后，英国人对波特酒（port）或雪利酒的喜好开始传播到北方，以至于喝红葡萄酒几乎变成了一种爱国行为，约翰·侯姆甚至为此写过一首短诗：

> 高贵的苏格兰人傲然站立，
> 他们有美味的烤羊肉和红葡萄酒陈酿，
> “让他喝波特酒，”萨克逊人喊道，
> 于是他喝下毒药，精神沦丧。

根据一位绅士或作家在一顿饭或一次会议期间喝掉多少红葡萄酒，人们称他为“二瓶人”或“三瓶人”，这是爱丁堡的惯例。

但是爱丁堡文人与现代作家不同，不会独自在家中一边冥思苦想一边喝酒。他们通常去爱丁堡的众多社团俱乐部的活动场所，与有魅力而活泼的同伴一起喝酒。例如星期二俱乐部、火钳俱乐部（the Poker Club）①、牡蛎俱乐部（亚当·斯密是其正式会员）、镜子俱乐部等等。大多数俱乐部都既进行严肃的学术交流，又兼营饮酒社交活动。镜子俱乐部坐落于议会广场上的一个小酒馆，讨论苏格兰地主阶级的文化改良问题并发表文章。兰金（Rankenian）俱乐部的成员在小酒馆里讨论哲学课题，还与哲学家乔治·贝克莱保持定期的通信联系（贝克莱承认，其成员属于真正理解他的理论的少数人）。

在这些俱乐部中，最重要的是1754年成立的“精英协会”（the Select Club），其创立者之一是书商和诗人之子、画家艾伦·拉姆齐。如同名称所暗示的，这个社团的自我定位是爱丁堡精英们的聚会场所——只不过是知识分子，而不是社会或政治精英。它最初有三十二名成员，包括威廉·罗伯逊、约翰·侯姆、大卫·休谟、亚当·斯密、亚历山大·卡莱尔、休·布莱尔以及卡姆斯的博学同事蒙博多（Monboddo）勋爵。后来亚当·弗格森（于1756年春天加入）和卡姆斯勋爵本人也参加了这个社团。像蒙博多和卡姆斯那样，大多数有爵位的成员都是由于在法院工作而得到头衔的。其他人是通过写作或各自的中产阶级职业而获得声望地位的。

在此后十年间，这个社团就是爱丁堡文人共和国成员的中心论坛。在那里发表论文或演讲会比在任何学术机构更加得到重视和公正的评价。一个参与者评论说，那里非正式的环境让“爱丁堡的文人不像其他地方的人那样卖弄学问或强词夺理”。其成员的观点和经验惊人地多样化，这一点特别

① 英语的火钳与扑克牌是同一个词，不过这个俱乐部的名称是火钳，取激发火花之意。——原书注

有价值。历史学家理查德·谢尔(Richard Sher)写道,1760 年时,“精英协会”的成员“实际上包括了……爱丁堡附近的全部杰出的文人共和国成员,以及许多医生、建筑师、军官、商人和地方法官,最多的是律师”。

除了律师,还有长老会派的牧师。在爱丁堡的其他所有重要的知识分子社团里,都可以看到精英协会成员的身影,例如 1762 年成立的火钳俱乐部,以及爱丁堡的苏格兰艺术、科学、制造业和农业促进协会——1763 年精英协会宣告解散以后,它取代了精英协会的位置。《爱丁堡评论》(*Edinburgh Review*)的第一代编辑就来自精英协会,其中包括来自格拉斯哥的著名道德哲学教授亚当·斯密。在每个社团的核心成员中,我们都可以发现一批相同的名字,他们全都是著名的教士:威廉·罗伯逊、约翰·侯姆、休·布莱尔、亚历山大·卡莱尔、约翰·加丁(John Jardine)以及略晚一些的亚当·弗格森。我们在前面已经提到过这些名字,1745 年叛乱时他们绝大多数都参加过爱丁堡的志愿军,也是辉格党事业的倡导者。二十年后,他们发行的刊物主导着爱丁堡的思想和议论。事实上,他们是改善和变革这座城市文化生活的伟大人物。

苏格兰启蒙运动的核心是一群博学而虔诚的教士(法国启蒙运动不同,有各种各样的神职人员[abbés,法语的神甫或牧师]参与,主要是怀疑论者,还有以便利和金钱为目标的教士),这也是其独一无二的特征。他们坚决地相信,自由、开放而成熟的文化与稳定坚实的道德和宗教是可以并存的,甚至要建立在道德和宗教的基础上。

罗伯逊等人认为,基督教的教义正是现代精神的核心。罗伯逊说:“基督教不仅净化我们灵魂的罪孽,而且完善我们的行为修养。”休·布莱尔论述说,宗教“促使人类文明化”。文明改良和礼仪的意味现在不是局限于礼貌的举止或对服装和音乐的良好品位,还涉及一个历史进程,在这个进程中,社会的整体文化构架——包括政治、道德以及文学和艺术——反映了通过相互作用和激发而释放出来的相同力量。通过商业社会的复杂联系,人类的“精神获得了新的元气,力量和才能得到拓展”,“**工业、知识与人性**紧密联系在一起，难分难解”。它使人类自由，增强了人类行善的能力，道德与启蒙运动相辅相成，共同进步。

对于爱丁堡的开明教士们来说，基督教既是这一文化进程的缩影，又描述了它的最终目标。基督教的道德说教可以是实现他们的文化理想的捷径，但是前提是教会要体现那种文化理想。从 1751 年开始，尽管长老会的顽固派充满仇恨地反对，但罗伯逊、布莱尔、侯姆和他们的朋友们仍然致力于教会的现代化。

他们与顽固派在教徒代表大会上展开了激烈的拉锯战，进行了一系列公开辩论。保守派即所谓的福音主义者在人数方面占据优势，还拥有农村会众的支持，绝大多数农村人都满足于用恐怖的地狱威慑人的古老作风。罗伯逊等人的优势在于组织性、意见一致、齐心协力，而且受过良好教育的教会外人士也支持他们，例如“精英协会”、拥有土地的贵族，还有出版、新闻媒体——传达“有见识的公众舆论”的喉舌。他们自称温和派，以区别于苏格兰教会的宗教极端主义者和宗教怀疑论者——前者坚决赞同处决托马斯·艾肯赫德，后者的典型是英国的自然神论者或他们的朋友大卫·休谟。他们将弗朗西斯·哈奇森视为英雄，他们提出了开明而富有同情心的长老会教义，相信它将与现代商业社会共同进步。

温和派有许多引以为荣的捍卫者，其中包括后来成为不列颠最著名的历史学家的罗伯逊，还有赢得巨大成功的历史戏剧《道格拉斯》(*Douglas*)的作者约翰·侯姆。而保守派福音主义者只有一个有名的代表，他是来自东洛锡安区的牧师约翰·威瑟斯庞(John Witherspoon)，他写过一部讽刺温和派的引人注目的作品，题为“神职人员的特质”(*Ecclesiastical Characteristics*)①，因为文笔出色又很有趣，连温和派都欣赏这部作品。例如在一个段落中，为了嘲弄那些主张开明的教士，威瑟斯庞建议他们这样撰写星期日的布道词：

---

① 这个书名是在影射抨击沙夫茨伯里伯爵的著名文章，那篇文章影响了包括哈奇森在内的所有温和派领导人。参见第三章。——原书注

一、主题必须限定为社会职责，避开宗教信仰的教条。

二、一定不能谈及来世。

三、必须从异教徒作家的作品中引用典故，尽可能不要引用圣经的原文。

四、确保让平民百姓完全听不懂。

非常生动形象，尤其是最后一条，让人联想起罗伯逊等人组成的团体（例如精英协会），他们代表了一种新的文化精英主义。但是既然连温和派最强劲的敌手都不得不借助讽刺这种现世文学体裁进行攻击，那么这场较量结果谁胜谁负就是显而易见的了。

1756年，教徒代表大会试图通过官方决议谴责大卫·休谟，但被温和派设法阻止。这年12月，正教信仰与传统观念的最大捍卫者乔治·安德森（George Anderson）牧师去世。那时休·布莱尔已经是爱丁堡最大的教堂圣吉尔斯的牧师。五年后，威廉·罗伯逊被任命为爱丁堡大学校长，布莱尔成为修辞学教授。1768年，威瑟斯庞看到形势不妙的预兆，就接受了以前辞谢过的聘请，远赴美国殖民地，担任新泽西州普林斯顿大学的校长。他的离去标志着温和派的最终胜利，以及在苏格兰建立开明教会的梦想终于实现。不过他在后文重新出现时将扮演完全不同的角色，不再是抨击温和派、捍卫旧秩序的卫道士。

前面提到，弗朗西斯·哈奇森是温和派心目中的英雄。而至少在1759年，哈奇森的学生亚当·斯密是另一位英雄人物。应卡姆斯勋爵的邀请，亚当·斯密在爱丁堡做了一系列演讲，深刻地影响了他们的观念，让他们认识到诗歌和文学或修辞学作为文化前导的作用，以及流畅优美的英语是现代文学交流的最佳工具（亚当·斯密提出的榜样是乔纳森·斯威夫特）。《道德情操论》也令他们印象深刻，该书以新的方式改进了哈奇森的固有道德感的理论。威廉·罗伯逊在写作欧洲历史时大量利用了亚当·斯密有关自然法和文明社会四个阶段的理论，甚至多到了亚当·斯密在私下里指责他抄袭的程度！

这一切表明，早在出版《国富论》之前很久，亚当·斯密就在爱丁堡学术界拥有高度的声望和影响力。他经常出席精英协会和火钳俱乐部的聚会，也会参加非知识分子举办的晚宴派对。他多半是个难以接待的客人，因为他很少说话，可是一旦打开话匣子就会长篇大论滔滔不绝。亚历山大·卡莱尔回忆说，亚当·斯密"在我所认识的朋友里面是最心不在焉的一个，他会一个人自言自语，在一大群同伴中间忽然笑起来"。有一次，他正在高谈阔论地批评一个苏格兰政治家，旁边的人小心翼翼地指出，坐在同一桌的客人里面就有那个政客的近亲。"注意，要注意，"亚当·斯密小声嘀咕，"我讲的都是真话。"

Ⅱ

1723年，亚当·斯密出生于福斯峡湾旁的柯卡迪，峡湾对面就是爱丁堡。他的父亲老亚当·斯密学习过法律，在柯卡迪担任海关检查员。那不是一份轻松的工作。英格兰与苏格兰合并造成的意料之外的后果之一就是苏格兰沿岸的走私活动急速猖獗起来。当地的大多数走私者原本是遵纪守法的市民和商人，他的父亲试图拦截走私活动却屡屡失败，少年亚当·斯密由此学到了一课：为了发财致富，人类能够动员全部智慧，不惜公然反抗政府的管理和法律，比如偷逃关税。将近五十年后，亚当·斯密把这个经验写进了《国富论》："每个人试图改善自己境遇的自然努力……是非常强大的力量，以至于即使不凭借任何帮助，单靠这个原理也能够使社会富裕繁荣，而且可以战胜愚蠢的人类法律造成的无数障碍而前进，尽管它们经常妨碍这种努力。"

所有社会主义者和所有信奉哈奇森的利他思想的自由主义者看到这段话都会恼恨得咬牙切齿。然而事实上，怀疑论者大卫·休谟将哈奇森的理论打入了冷宫，反而是亚当·斯密让它死灰复燃，设法保留了人类天生具有道德感、懂得关心他人的思想，并将其视为人性的基本原则。我们通常认为亚当·斯密是经济学家，也是政治经济学（或“令人郁闷的科学”）研究的奠基人——《国富论》里面确实有一些沉闷的章节。可是亚当·斯密却认为自己首先是道德哲学家，他的所有研究几乎都是围绕着哈奇森提出的基本问题展开的：为什么人类一般都是好人而不是坏人？为什么（总体而言）他们都会选择建设性的生活，每天早晨起床工作、养家糊口，与其他人正常交往，而不会去杀人抢劫（总体而言）？

亚当·斯密得出的答案与哈奇森不同，因为当时他必须正视两个对手的挑战：愤世嫉俗、现实主义的卡姆斯勋爵及其信徒大卫·休谟。在许多方面，亚当·斯密都融合了启蒙运动的两大流派，即哈奇森代表的“温和派”与卡姆斯、休谟代表的“强硬派”，前者相信人性本善，相信教育具有启发和解放的力量，能够影响人性；后者对于人类的意图和动机持冷眼旁观、怀疑或者不信任的态度。在亚当·斯密的作品中，这两种思想既互相融合又自始自终保持着一种从未完全解除的张力。事实上，这种张力贯穿了现代生活和文化的一切方面——它是人类应当具有的天性、偶尔表现出的特性、真实的本质以及整体的性质之间互相作用而形成的张力。亚当·斯密有勇气直接面对这种张力，分析和描述它，然后帮助未来的人用自己的方式理解它，这才是亚当·斯密最伟大的功绩。他成为伟大的现代思想家之一、至今仍然拥有重要地位就是因为这个功绩，而不是由于被后人奉为资本主义大祭司的角色。

亚当·斯密是擅长分析思考的人，而不是行动家。他本来会成为牧师，可一直没有被授予圣职。他差点儿继承父业成为律师，可是 1737 年进入格拉斯哥大学后他迷上了弗朗西斯·哈奇森的思想。亚当·斯密在格拉斯哥认真学习苏格兰学术的两大传统，即自然法则和人为法律，后来在两方面都发表了精彩而有影响力的成果。他的教育在一切方面都是苏格兰式的，影响他的主要思想完全来自苏格兰本土。他曾经去英格兰在牛津大学学习过七年，但是没有获得任何有价值的东西。在描述一般大学生活时，他这样概括那段经历：“已被推翻的体制和过时的偏见在世界的其他角落都无处容身，但在那种禁域里居然可以找到庇护所。”

不过苏格兰的情况不同，亚当·斯密毫不犹豫地选择了苏格兰的大学作为工作和活动的基地。1750年至1751年，他在爱丁堡举办了一系列公开演讲，赢得了足够的声望，因而被格拉斯哥大学聘为逻辑学教授，后来又继承哈奇森担任道德哲学教授。起初亚当·斯密试图效仿哈奇森那种非正式的、生气勃勃的讲课风格，可是很快就放弃了，只在讲台上对着讲义照本宣科。好在吸引学生们的不是亚当·斯密的讲课风格，而是实质的内容，他不仅尝试达成了哈奇森在数十年前设想的伟大课题，而且创造了一门人类行为的学科，与艾萨克·牛顿的物理学一样条理清晰、无可辩驳。这门学科从“人类作为政治原动力的自然历史”开始，到“人为法律、政治经济以及自然法则的普遍原理”结束。无论何时这都是一项令人畏缩的艰巨任务，而在1755年时困难更大，因为亚当·斯密和其他人一样不得不在大卫·休谟的影响下工作。

如果说亚当·斯密是第一位伟大的现代经济学家，那么大卫·休谟就是第一位现代意义上的哲学大师。他那些真正非正统的思想使他在活着的时候就成了一位传奇人物。在爱丁堡新城区购置新房子以后，某一天休谟为了抄近道回家，路过北湖被抽干而留下的沼泽地。沿着危险狭窄的小径赶路的时候，他不慎滑了一跤，陷进泥潭无法脱身。眼看着夜幕降临，他开始大声呼救，一个卖鱼的老妇人听到喊声走了过来，可是她很快认出这个人是“无神论者大卫·休谟”，所以拒绝搭救他。休谟苦苦央求，问她：“你信仰的宗教不是教人行善、甚至帮助敌人吗？”“可能是那样，”她回答说，“但我不救异教徒，除非你能证明自己是基督徒：给我背一段主祷文和‘信仰’（即《使徒信经》）。”出乎意料的是，休谟立刻背诵了一段经文，于是老妇人只好遵守诺言，伸手把他拉了上来。

这个故事揭示了休谟性格的许多方面：他有幽默感，善于自我解嘲（他在自己的信件里透露了这个故事）；他敏锐地意识到哲学家与卖鱼妇人之间的文化冲突；最主要的是，即使在祖国和自己的城市里，他也清醒地意识到甚至享受着“局外人”的身份。然而让他成为局外人和叛逆者的原因不仅仅是宗教观点。在过去的两千多年间，西方哲学家都崇尚理性，视其为德性和人类所有行动的指导。柏拉图、亚里士多德、奥古斯丁（Augustine）、阿奎那（Aquinas）、笛卡尔（Descartes）、洛克、霍布斯甚至哈奇森都会一致赞同这种长久以来确立的观念，即理性的职责是控制我们的感情和欲望。然而在第一部作品里，休谟就推翻了这种观念，惊世骇俗地宣称“理性是并且应当是激情的奴隶”。

这句“应当是”颠覆了两千年来的哲学传统。休谟不动声色地指出，人类此刻没有、过去也从来未曾受过理智的支配。理性的作用只是纯粹的工具：它教我们怎样获得自己想要的东西。而我们想要的东西取决于我们的感情和激情——愤怒、欲望、恐惧、悲痛、嫉妒，还有愉悦、自我满足、虚荣心，以及根据理智原则生活的自相矛盾的愿望——在最后这种情况下，我们认识到理性的要求并依照它行动。然而教给我们这些的不是理性，而是习惯，它给思维或理智界定了一个框架，将特定的原因或行动与特定的结果联系起来。归根结底，我们是习惯的动物，也是感情和激情在其中运作的物理和社会环境的产物。为了满足自己的需要、谋求自身的利益，我们学会了控制破坏冲动的激情，追求成功。

《人性论》于1734年问世，当时休谟只有二十六岁。然而该书已经包含了他在往后四十年的作品里表述的思想的原形，也为西方哲学开拓了新的前景。当然在他以前，其他思想家已经认识到利己主义在人类问题中的重要性。卡姆斯是文明社会学派的奠基者，他特别强调在形成和塑造一切社会关系的过程中利己主义的首要作用。可是休谟将其提升到了一个前所未有的新高度。

休谟主张，利己主义意味着**一切**。指引我们所有行动的压倒性力量既不是理性，也不是对他人的责任感，更不是任何天生的道德感——这些只不过是通过习惯和经验形成的——而是人类最根本的激情，即自我满足的欲望。这种欲望是全部人类共同具有的东西。它也是任何道德体系以及任何政府体制必须具备的起点。

休谟不仅全盘否定了哈奇森的道德理论（看过《人性论》之后，哈奇森大惊失色，想方设法阻止休谟在大学获得教职），而且给卡姆斯勋爵曾经提出的问题加上了一重转折，使它变得更加难解：社会为什么会存在？他同意卡姆斯的观点，即社会保护了私有财产。但是休谟进一步指出，每个人都有激情，我们等于是生活在欲望横流的污水坑里。如果没有外部的约束，社会肯定会一片混乱，人类自相残杀，结果招致毁灭——无疑，休谟认为，与哈奇森的崇高梦想相比，主张人性天生是自私邪恶的霍布斯的观点更加符合现实。然而无论多么有组织有纪律，任何社会都不可能控制每个人的行为、阻止每次损人利己的冲动。每天的时间都不够用。对于理性的任何诉求都是徒劳无望的，因为“理性是并且应当是激情的奴隶”：这种激情正是问题的根源。

休谟总结说，为了生存下去，人类社会必须设计出一套策略以疏导我们的激情，使其在建设性的方向发挥作用。通过社会的规则、习俗和惯例影响社会成员的内在，让它们成为潜移默化的习惯，从而使可能破坏社会的冲动转化成有益于社会的刺激。例如在婚姻的限制下，性欲的激情变成了合法的——不但防止了社会的纷争，而且确实有利于种族繁衍。作为分裂、扰乱社会的行为，愤怒和杀戮的欲望无疑是有罪的，但是如果在战场上针对国家的敌人发泄出来，情况就不同了。

如果不加限制，贪婪的激情就会摧毁一切社会关系，如果每个社会成员都去抢劫他的邻人，结果就是没完没了的互相报复。然而如果正确地疏导那种欲望，促使它转向建设性的方向，就可以为社会做贡献。想要银行的话可以自己开一家，何必去抢劫呢？不用承担压力就可以赚到更多的钱，而且还可以帮助自己的邻居。简言之，贪婪的激情良性化了——威廉·罗伯逊或许会称之为“文雅”——并产生了私有财产的概念。社会告诉我们，当我们需要的时候，就能够获得自己想要的东西，前提是不能损害其他人的权益。

“因此，没有哪种激情能够抑制住追求私欲的感情，”休谟断言，“只有依靠这种感情本身，通过改变其方向加以控制。”他进一步指出：“人类的灵魂天生狭隘、目光短浅，只在乎当下，对未来漠不关心，他们不可能彻底矫正自己或他人的这种缺陷。”换一种简短的方式来说，就是人类不可能改变自己的本性。他们能做到的只是创造社会和政治的条件，“对某些人的当前利益进行公正的判断，以免损害长远的利益”。由此可见，不管政府制度还是人类有可能管理的最好的社会框架，其基础都是这条现世的金科玉律：“人不犯我，我不犯人。”

这就是我们能够期待的最佳结果：在这个世界上，人类被利己主义支配，“即使他们有时将对自我的关心扩展到他人身上，其范围也相当有限”；道德主要是习俗和根深蒂固的习惯问题；自然的法则不会提供任何帮助，对理性的诉求无人聆听；人类的头顶上只有一片虚空，没有超自然的存在，更没有神明的指引。这个世界给了我们某种形式的自由——追求个人利益的自由，也有某种形式的权威：法律有权力“惩罚道德败坏的人，逮捕骗子和暴力分子，迫使人们循规蹈矩，为真实和永久（长远）的利益行动”。于是，休谟得出结论：文明社会的性质就是如此，没有什么特别值得歌颂或鼓舞人心的东西。

当时的人看到休谟的这些言论会有什么感想呢？可想而知，绝大多数都是负面反响。于是教徒代表大会公开谴责，试图禁止他的书出版，哈奇森非常震惊，休谟两次申请大学教职都失败了。但是反对意见多数是有礼貌的，偶尔还有人表示赞许，其中甚至包括一些为休谟哲学的含义而烦恼的爱丁堡文人。部分原因是由于休谟性格平易近人，在晚宴派对和俱乐部会场都是受欢迎的客人，而且写作的文笔优美（尽管他讲英语的时候总是带有浓重的苏格兰口音）。不过更重要的是，他对文明社会的未来充满信心（考虑到它的起源并不崇高，这似乎有些奇怪），特别是对现代商业社会持乐观态度。

1752年，安德鲁·米勒（Andrew Millar）在伦敦出版了休谟的《政治论文集》(*Political Discourses*)，使他成为英国的一流文人，在随后五年里又陆续出版了其他文集，并再版了早年的一些文章。休谟在书中指出了一个在他看来显而易见的事实：社会疏导人类的激情、使其转向建设性方向的努力**确实**有效；我们从过去的失败中学到教训，设法改进政府的工作方式，以及执行正义、保护公民权利的机制。不列颠的机构从封建专制统治成长到现代的自由自主，整个过程就是最好的证据。历史表明，人类的工业和合作会随着时代一起进步，哈奇森等人所颂扬的个人自由同样也会进步。在此过程中，商业的作用就是推动变革的重要引擎：

> 它（**海外贸易**）使那些饱食终日无所事事的人受到刺激，向这个国家的纨绔子弟们展示了新的物质世界，让他们看到了做梦都未曾想过的穷奢极欲的生活，因而在他们心中激起了新的欲望，去追求他们的祖先从未享受过的更美妙的生活方式。与此同时，掌握了进出口生意秘诀的少数商人大发横财，他们的财富已经能与古代贵族匹敌，令其他冒险家们眼红，纷纷参与商业竞争。于是各行各业竞相效仿，促使国内制造业赶超外国，不断提高产品质量，力求让所有国产商品达到尽可能完美的水准。通过辛勤的劳动，他们生产的钢铁变得像印度的黄金和红宝石一样有价值。

商业与自由、自由与文明改良、文明改良与人类精神的进化都是互相联系、互相影响的。每个苏格兰辉格党人都会赞许休谟的这段陈述："首先，任何社会如果没有一个支持自由的政府，艺术和科学就不可能得到发展。"

不过，休谟也提出了一个警告。自由自主是好的，但是需要制衡它的一套原则——它提醒我们，人类是感情的生物，如果完全放任自流，他们就会沦为感情的奴隶。詹姆斯二世党人和托利党在这一点上是正确的：如果没有某种稳定的权力中枢，社会就不可能长期存在。政府的力量是必要的，因为要“惩罚道德败坏的人”，疏导潜在的破坏性激情，而最终是为了维护人们可以享受自由的环境。“无论公开的还是秘密的，在每个政府里，”休谟写道，“在掌权者与自由派之间，都永远存在着内部斗争，在这场竞争中，**没有哪一方能够占据绝对的优势。**”

那么现代社会的政治必然包含一种张力，这种张力是由两个既互相冲突又互为补充的要素造成的：维护个人的自由与维护社会的权力。不受约束的绝对权力会腐败，最终摧毁社会本身；休谟已经预见到了极权主义的历史告诉我们的教训。但他同时还意识到，即使在最自由的社会，“自由”也不得不为权力付出“相当大的牺牲”，权力“必须被认为是为了维护自由所必不可少的存在”。

当然，关键问题是需要付出多少自由作为代价，18 世纪的英国人与我们面临的问题是相同的。可是休谟没有明确地回答，只是在一些文章和《英格兰史》里探讨过可能的条件。话说回来，休谟或许认为没有真正的答案。他可能只是简单地断定自由与权力的斗争会永远持续下去，只有等到为时已晚，我们才会意识到自己越过了界线。

作为哲学家和朋友，休谟都对亚当·斯密有深刻的影响。或许与同时代的任何人相比，亚当·斯密都更加透彻地理解休谟的思想。如果没有休谟关于文明社会的“进步”，以及它实际上是充满了失败和错误的不完善过程的独特理论，就不会有斯密的著作。

休谟完全扫清了苏格兰知识界中自命不凡、假装圣洁的风气。连他最强有力的对手、阿伯丁的托马斯·里德都承认，他是当代最伟大的哲学家之一。德国哲学家伊曼纽尔·康德（Immanuel Kant）第一次读到休谟的作品时，评论说它让自己从“教条的迷梦中”猛然觉醒，亚当·斯密本人很可能会赞同这个看法。毫无疑问，休谟清除了学术界的幻想，使其从套话术语中解放了出来，但是仍然遗留下了有待解决的问题，确立新理论就是亚当·斯密此后承担的任务。

Ⅲ

亚当·斯密的起点，就是哈奇森与休谟最初产生分歧的地方。是什么让我们行善？是哈奇森主张的那样，道德是天生的，是上帝和自然赐予的礼物，还是像休谟所说的那样，道德是外界强加给人的，惩罚和报偿的制度把我们塑造成了适应社会的生物？

18 世纪 50 年代，亚当·斯密乘坐邮车往来于爱丁堡与格拉斯哥之间，在格拉斯哥给学生讲课，在爱丁堡的“精英协会”聆听报告；他一直在思索，怎样才能复活哈奇森的固有道德感的原初概念？但是哈奇森认为道德是与生俱来的东西，假设他在这一点上是正确的，那么他就忘记了被亚当·斯密称为“崇高道德”的东西：纪律、自我克制、公正诚实，以及对坏事的正当愤怒。古代禁欲主义者和加尔文派教会的德性与礼仪和共感一样，是社会生活中必不可少的，因为我们与他人相处的警戒线容易变化，需要德性的控制。说起来好像很讽刺，教士哈奇森偏偏忽视了它们的重要性，而主张怀疑论的不可知主义者休谟却明白，它们包容并疏导了我们最危险的冲动。

事实上，亚当·斯密试图定义的固有道德感要比他的老师的概念更加基本、具体而出自本能。最后他找到了所谓的“同胞感情”，即人类在其他人中间自然产生的身份认同感。当我们看到别人痛苦，自己也会感同身受。当我们看到别人为他们的好运欣喜，他人的幸福也会让我们高兴起来。人是社会生物，是人类世界的组成部分，所以有能力分享别人的欢乐与悲哀、愉悦和伤痛。

从这种“同胞感情”和身份认同导出我们的第一层道德判断。我们首先用它判断其他人对我们的行动（让我们快乐的就是好事，让我们忧愁的就是坏事），再根据别人的反应，判断我们对他人的行动。然后我们用它判断隐藏在行动背后的感情动机（这里亚当·斯密采纳了休谟的基本观点，即支配人类的主要是激情，而不是理性）。通过反馈其他人的反应，社交行为犹如一面映出我们内心的镜子，指导我们分辨世界上的善恶是非。“假设一个人有可能在与世隔绝的环境中独自长大成人，”亚当·斯密写道，“与同类没有任何交流，那么他就不会在意自己的性格品德……正如他不会在意自己的脸是美丽还是丑恶。”

然而如果把他带进社会，亚当·斯密继续说，“他就会立刻得到反映内在的镜子”。他将看到自己的一些激情——例如愤怒或欲望——会引发别人的厌恶或反感，而其他一些感情——例如面对逆境的勇气、爱或荣誉——会引发相反的效果。我们学会根据其他人的反应调整自己的情绪，不管赞同还是反对，我们使激情“内在化”，把注意力集中于让其他人喜欢自己——也让自己愉快的感情。

H. L. 门肯（H. L. Mencken）曾经定义说，“良心”就是心里好像有一个声音在小声告诫“没准儿有人在看着你”。在亚当·斯密的《道德情操论》里，这个旁观者就是自己，即社会属性的自我。斯密写道：“当我努力审视自己的行为，当我努力对自己的行为做出判断并表示赞许或谴责的时候，在这种场合，我设想自己被分成了两个人……一个我是观察者和评判者，扮演不同于另一个我的角色；另一个我是被观察和被评判的行为者。第一个我是个旁观者，从那个特殊的视角观察自己的行为，尽力设身处地替我设想，并考虑它在我面前会如何表现，从而理解自己投身其中的行为的相关情感。第二个我是行为的作用者，确切地说就是我自己，我将以旁观者的身份对其行为做出某种评价……前者是评判者，后者是被评判者。不过，正如原因与结果不可能相同一样，评判者与被评判者也不可能完全相同。”具有道德感的人类本质上是分裂的自我，通过良心合并在一起，而良心就是其他人旁观、旁听和评判的声音。后现代主义的道德不断地告诉我们“不要评判”，然而亚当·斯密却说，道德评判正是让我们成为道德生物的本质条件。

对自己和他人负责，也是作为道德生物不可欠缺的条件。亚当·斯密解释说：“大自然为社会塑造人类的时候，就赋予了他们某种原始本能，让他们愿意使同胞高兴并讨厌触犯同胞。它教导人类在受到同胞欢迎时感到愉快，在遭到同胞反对时感到痛苦。”但是仅有他人的认同是不够的。人类在本质上并不是彻底“受他人支配”的生物。我们还需要得到自己内在的“评判者”的认可，从而了解自己是否真正符合我们判断其他人的标准：诚实、值得信赖、宽宏大量、有同情心。亚当·斯密主张，正是这种自我评判的能力使人类“真正适应”了社会。

因此，道德还需要想象力的辅助作用。道德要求我们设身处地为他人着想，又要将其他人（做出评判的人）放到自己的位置上。这意味着促进其他人的福祉，让其他人与自己一样幸福——在这里哈奇森的利他主义天性重新登场了。与此同时，我们希望其他人不要干扰我的幸福——亚当·斯密在此用更能引发共感的方式复述了休谟的金科玉律：我不打扰你，你也别打扰我，这样大家都能得到幸福。

后来，实现这个目标就成了好政府的使命：“每个政府或共和国都竭尽所能，发挥全部智慧，利用社会力量去约束不愿守秩序的人，让那些人服从官方机构的权威而不敢互相侵害或破坏别人的幸福。为了这种目的而制定的规则构成了每个政府或国家的民法及刑法。……即使在没有适当的法律提供保护的情况下，无论在什么方面都不侵害、不破坏我们邻人的幸福，这种神圣和虔诚的尊重构成了完全清白而正直的人格。……如果在某种程度上还表现出了对他人的关怀，就会获得高度的尊重甚至崇敬，并且几乎必定伴随着其他各种美德，例如对他人的深切同情、人道的慈善和高尚的仁爱。”于是，哈奇森和休谟终于有了共同交集。

在亚当·斯密看来，我们的道德生活与文化生活一样，其实都是想象力的问题。想象力越强、内容越丰富、对同胞的感情越深，我们就越能幸福，而且更容易感受到他人的幸福。

> 面对痛苦和悲伤时，我们的想象力似乎被限制和束缚在了自己的内部，而在运用于安逸和幸运的时候，丰富的想象力就会发挥到周围的一切事物上。于是，我们被王公贵族的奢侈生活和华美的宫殿居处所吸引；只要想象所有设施是怎样向其主人提供舒适和便利、随时满足他

们的需要和愿望、供他们任意消遣的，我们就会感到非常羡慕。如果我们考虑一下，这些东西能提供的满足实际上是有限的，如果仅有这种满足本身，脱离用于获得满足的环境设置所具有的美感，它们就一定会显得可鄙和无聊。但是，我们很少用这种抽象和哲学的眼光去看待它们。在我们的想象中，会自然而然地把社会的秩序、体制有规律而和谐的运动，以及产生这种满足的机械或经济状况与（**安逸和满足本身**）混淆到一起。

于是在《道德情操论》的第四卷中，我们看到了"**经济状况**"这个关键词，它第一次是以狭义的含义出现的，指富人和权力者的住宅，我们还看到"财富和地位所带来的愉快，刺激我们把它们想象成某种显赫、美丽而高贵的东西，值得我们处心积虑地追求、为获得它们而付出辛苦的劳动"。不过亚当·斯密使用这个词还有更多的现代含义，产生财富的"机械或经济状况"就是指商业社会。

在这里，想象力也转变成了推动商业体系的动力。我们在内心想象自己的生活与阿盖尔公爵或比尔·盖茨（Bill Gates）一样富裕舒适，这种幻想的未来刺激并指引着我们集中精力朝着一个目标努力前进。"正是这种**欺骗**"（粗体是我加的），亚当·斯密继续说，

永不停歇地引起和推动人类勤劳地活动。正是这种欺骗，最初促使人类耕种土地、建造房屋、建设城市和国家，在一切科学和艺术领域中取得发现和进步；这些科学和艺术改善并美化了人类的生活，使之更加丰富多彩；彻底改变了地球的面貌，将自然界的原始森林改造成适宜耕种的富饶平原，让渺无人迹的广漠海洋变成了人类生存的新宝库，开辟出世界上各个国家互相交流的宽广通道。

换言之，富人是想象力最丰富的人种；他的欲望远远超过他的胃口。他

给自己的土地、仓库或工厂雇用佃农或工人，通过自己和所有雇员的努力，最后生产出的产品量远远超过了自己的消费能力：

> （就总量而言）富人的消费比穷人少（毕竟无论你有多少辆劳斯莱斯，每次都只能驾驶一辆），尽管他们的天性是自私而贪婪的，虽然他们只顾自己方便，雇用别人只是为了满足自己爱慕虚荣又贪得无厌的欲望，但是他们仍然与穷人分享了所有改良的成果。在一只**看不见的手**（粗体是我加的）的指引下，他们对生活必需品的分配与在土地被平均分配给全体居民的情况下所能做出的分配几乎相同……因而在并非本意和无知无觉的情况下，（富人）增进了社会的整体利益，并为人类的繁衍和致富提供了途径。

《道德情操论》让亚当·斯密一举成名。他终其一生都认为，它是超越《国富论》的杰作——实际上我们也看到了，该书包含了他后来作品中的所有思想的原型。《道德情操论》甚至赢得了休谟的热情赞许（虽然他从来没有改变过自己的理论）。埃德蒙·柏克也盛赞该书“可靠”，讲出了“真理”，此人后来写作了《崇高与美之概念起源的哲学探究》（*A Philosophical Enquiry into the Origin of Our Ideas of the Sublime and Beautiful*），是议会的后起之秀，他在写给亚当·斯密的信件中说：“您的理论建立在人性本质的基础之上，必将永垂不朽。”德国知识分子读到此书都着了迷，尤其是伊曼纽尔·康德，他感叹着问道：“德国哪里有人能写出如此精彩的道德伦理文章？”伏尔泰惊呼：“我国无人能与之相较，我为亲爱的同胞们感到羞惭。”这句话也概括了许多法国**哲学家**的感想。

尽管《道德情操论》博得了众多赞誉，但是没有必要同意其中的全部观点。一些评论者提出疑问：如果亚当·斯密主张社会强加给我们的规范就是道德的最高标准，那么如果社会要求我们做坏事，我们该怎么办？我们只能因循守旧、永远服从社会吗？亚当·斯密的回答是否定的，“我们很快就会学会……在自己与周围的人们之间设立一套自己的评判准则”，按照不偏不倚的标准来衡量我们的行动，从而“即使面对所有人类的非难，真正的宽宏和自觉的德性也可以维持作用”。可是服从性的问题依然有待解决，启蒙运动的人物只要将道德视为社会效用的必不可少的基本内容，就无法摆脱这个问题的困扰。法国思想家让-雅克·卢梭本来有志于当音乐家，亚当·弗格森以前是苏格兰高地军队的随军牧师，他们将在这个问题上取得突破性进展，并探索其开辟的伦理学新领域。随着这个问题的解答，浪漫主义运动开始兴起，它提出了内在自我与社会之间的不同关系——注定充满了矛盾冲突而不是合作，惟有以别人的牺牲为代价，我们才有可能得到幸福，反之亦然。

不过这些都是很久以后的事情，尤其是对于亚当·斯密而言，他最重要的作品还没有问世。直接促成这部作品的人是亚当·斯密的朋友、当时十八岁的巴克卢公爵，他是苏格兰最富有的贵族之一。巴克卢将要开始遍游欧洲大陆的教育旅行之际，英国政治家、未来的财政大臣查尔斯·汤森德(Charles Townshend)建议他聘请亚当·斯密当导师(亚当·斯密和休谟曾经把《道德情操论》送给汤森德)。在18世纪的英国，富有的贵族青少年都要去欧洲大陆旅行，类似于一种成人仪式。他们造访巴黎、阿姆斯特丹、威尼斯和罗马等西欧城市，体验欧洲大陆文化的艺术和社会成果，经常也包括性行为的成果。这种旅行一般要花一年或更长时间。亚当·斯密正好厌倦了在格拉斯哥大学的教学工作和行政杂务(他在1760年担任教务长)，于是高兴地接受了邀请，于1766年2月带着年轻的学生踏上了旅程。

读者如果以为巴克卢公爵是菲尔丁(Henry Fielding)小说里的汤姆·琼斯(Tom Jones)那样讨厌的纨绔子弟，猜测这次旅行会一塌糊涂，那么就会失望了。事实上，巴克卢是个温和可爱甚至腼腆的少年，虽然没有过人的才智，却也认真好学，所以亚当·斯密把休谟的《英格兰史》给他在路上看。两人之间培养出了深厚的信任和感情，以至于旅行归来之后，巴克卢给了亚当·斯密足够的钱(那算是18世纪的“天才奖金”)，让他辞去学校的工作，专心撰写下一部作品。斯密的《国富论》于1775年完成，在第二年春天正式出版。

该书自然承接了亚当·斯密早年关于人为法律和自然法则的课题，而且延续了他的道德理论的主题：人类为什么、又是怎样学会互相协作的？为什么没有采取破坏行动，而是选择了建设性的、有利于整体的生活方式？该书专门讲“经济”的章节中，特别是第一卷和第二卷，涉及了某些法国思想家（即所谓的重农主义者）曾经讨论过的主题。亚当·斯密知道他们的作品，在与巴克卢一起去巴黎的时候还与其中几位见过面。然而看起来他并没有接受他们的观点，结束巴黎之行后显得无动于衷（根据那些法国人的信件判断，他们对亚当·斯密也没什么兴趣）。他的灵感真正来源于其他苏格兰思想家和他们在过去三十年间完成的作品，讲述了文明社会的历史，以及“商业和制造业”怎样“逐渐引进了秩序和好的政府，通过它们，个人的自由和安全得到了保障”。《国富论》的背后隐藏着卡姆斯、休谟、罗伯逊以至于哈奇森的影响。它不仅是亚当·斯密一个人的杰作，而且是苏格兰启蒙运动的综合结晶，总结了对人类本质和发展过程的探索，也是对现代性巨大成就的礼赞。

从第一章开始，亚当·斯密单独提出了推动所有社会进步的基本原理——劳动分工——用来阐释文明的演化过程。劳动分工是亚当·斯密的术语，这个概念本身很可能来源于大卫·休谟所说的“职业区分”，而我们使用的词语或许更贴切：**专业化**。

这个概念本身是简单的。当我们把精力集中于一件任务而不是若干件的时候，效率就会提高，产量就会增加。原始人或者苏格兰高地部落的人们既要放牧，又要捕鱼，还要耕田，而我们只要种地就行。结果收获的谷物很多，自己消耗不完就可以拿去卖给别人。后来在种田收割与物物交换或者出售产品之间又产生了分工，为了节省时间，我们决定把田地交给别人耕种，集中精力从事买卖交易。于是我们变成了商人，很快发现做生意的收入远远超过通过辛苦种地获得劳动成果的农民。

文明社会的每个阶段都是以这种方式发展的。亚当·斯密认为，劳动分工是在任何地方都必然发生的规律；它存在于社会的每个阶段和每个人的活动中。不过到了商业社会，它的作用会变得特别重要。随着劳动者进一步专业化，产品越来越丰富，我们不再消费自己的劳动成果。它们变成了“商品”(commodity)①，与字面意思一样，它们让我们的生活变得舒适便利，我们通过商品贸易交换其他需要的产品。我们开始用新的方式看待自己的劳动。我们设法改进制造方式，节约生产时间，将产品在商场上出售，再购买真正需要的东西。资本主义诞生了，它是商业社会背后的经济生产体系，重视创新、生产力至上，遮蔽了其他一切事物。

资本主义在经济和智力方面都引起了变革。它改变了我们认识自身和其他人的方式：我们既是买主，又是卖主，既是消费者，又是生产者，为了满足自身的需求，努力提升产品的质量并增加产量。亚当·斯密宣称，劳动分工最终会产生一些除了思考改进以外什么都不做的人，例如他的朋友詹姆斯·瓦特和亚历山大·威尔逊那样的工程师、约瑟夫·布莱克那样的科学家，还有“什么都不干，只以研究一切事理为业”的人——哲学家、教师，以及各种专业管理人员。

简言之，劳动分工不仅适用于种植胡萝卜、贩卖烟草或制造铁钉之类的体力劳动，也适用于智力劳动。亚当·斯密解释说：“每个人都在自己的特定领域内越专业、越熟练，总体上完成的工作量就越多，学科的数目也会随之增加。”劳动分工为技术创新和文化改良打下了必要的基础。白领职业在社会上有了足够的空间，人们就有时间从事文化活动，如写作、绘画、教课、作曲、计算或者在法庭上处理案件……都是为了其他同胞公民的快乐。

其他苏格兰启蒙运动思想家曾经谈论和赞美过商业与文化进步的联系，却没有证明过它，现在亚当·斯密终于给这种联系下了定义。不过，他还从更广阔的视角指出了一个经常被别人忽略的事实，即生活在现代商业

---

① 这个词也有“有用的东西”的意思。——译者注

社会的益处。商业社会是文明发展的第四个阶段，其产品的数量和种类都大大超过了以前的任何阶段。事实上，丰富的物质供应不仅可以满足从事劳动的人的需求，还可以养活不工作的人。在《国富论》的草稿里，亚当·斯密就特别强调过这一点（遗憾的是，大部分内容在最终出版的版本里没有保留下来）。他承认，资本主义虽然生产出了大量财富，但是绝大部分商品都被极少数人支配，剩下的少量财富才被大多数穷人拥有。尽管如此，他仍然希望找到“合理的分配方法，让文明社会最底层饱受轻贱的成员，也能分享上流阶级的富足，让他们普遍拥有即使是原始部落的野蛮人也能得到的尊敬和公平”。

答案仍然在于劳动分工，如果“生产力发展，所有东西都被大量生产出来，那么丰富的产品就既可以满足上层阶级懒惰而贪婪的胃口，又可以供应众多工匠和农民的需求”。与其在穷国当富人，不如在富国当穷人。亚当·斯密和同时代的人们亲眼目睹了在苏格兰高地发生的一系列事件，学到了什么是比较优势。后来，来自孟加拉国或危地马拉等发展中国家的大量移民情愿抛弃家园，涌入发达国家，在伦敦或纽约等大城市从事最辛苦最卑贱的工作，令现代西方社会再度认识到了这个道理。

从这一点和《国富论》的许多内容可以看出，亚当·斯密和他的朋友休谟一样喜欢反讽。评论家们有时暗示，反讽是现代精神最典型的态度。启蒙时代的苏格兰人无疑具备这种特征。他们以理智的超脱观察人类心理和行为，注意到我们的意图和期望常常与实际的表现和行动南辕北辙，对此进行反讽。至于亚当·斯密，这种超脱的态度让他可以认识到，商业社会的“普遍富裕”只是惠及了社会顶层的富人和名人，其慈善事业很难改善社会最底层无家可归的大量贫民的处境。这也促使他去思索，利己作为人类的行为动机，其真正的意义是什么？

劳动分工是塑造文明社会的普遍条件之一。另一个更本质、更普遍的条件就是利己主义。亚当·斯密用休谟的术语描述它：更像是一种激情或感情冲动，而不是经过冷静理性思考的算计，也不是其他哲学家喜欢说的

“有自觉的利己”。利己行为就像是一种情绪的刺激。它是人类改善自我和周围环境的内在欲望，即使我们不是特别希望那样做，它也会迫使我们采取行动。实际上它是造成劳动分工的幕后动力。

与人们的普遍误解相反，在重要意义上，亚当·斯密从来没有认为每个人都是只受私利驱使的生物。他知道有很多人——可能是大多数——并非如此。有少数人追逐私利的欲望确实特别强烈，所以为了满足个人的需求，他们付出了巨大的代价和努力，其结果就是改变了世界。正如《道德情操论》所预见的，由于对富裕和财产的想象，他们促使社会不断向前发展。在物质普遍贫乏的世界，他们生产出的多余产品可以惠及其他人。“我们在正餐时享用食物，并不是因为肉贩、酿酒师或面包店店主心地善良，”斯密在《国富论》最有名的一个章节中写道，“而是因为他们关心私利。”

可见，从整体角度看，利己主义甚至贪婪反而有益于社会以及人类。当然，亚当·斯密不是首先提出这个悖论的人。早在将近一个世纪以前，荷兰的伦理学者伯纳德·曼德维尔(Bernard Mandeville)就说过同样的话，主张那些被绝大多数道德家谴责为罪恶的东西实际上是美德，因为它们有利于经济的繁荣：

> 奢侈的欲望驱使着百万穷人劳动，可憎的傲慢又养活着另一百万；
> 嫉妒和虚荣促进工业生产；
> 那些可爱的愚蠢行为，
> 对食物、家具和衣服喜新厌旧、堕落享乐的习惯，
> 正是那种奇怪而荒唐的恶德，
> 成为推动商业运转的车轮。

然而，亚当·斯密比曼德维尔更进一步，揭示了一个更深刻的悖论和更具讽刺意味的事实：我们追逐私利的欲望，在结果上导致了我们与其他人的交流。正如休谟和卡姆斯意识到的，这个道理适用于所有社会形态。南非

丛林部族的猎手很快发觉，如果有别人的帮助，就比独自一个人更容易完成工作。凭着敏锐的洞察力，亚当·斯密认识到资本主义的天生优势就在于最大程度地融合了追逐私利与合作需求的特质。一方面，它使个人机会大大增加，减轻了在追逐利益的过程中所需的直接体力劳动。另一方面，商人毫不留情地寻找顾客、购买生产原料，结果形成了一个互相依存的巨大关系网络，将人们以复杂的方式联系在了一起，其复杂程度远远超过比较原始的条件下的人际关系。亚当·斯密写道："在文明社会，（一个人的生活）总是需要众多他人的合作和协助，即使他的生活不够充实，一辈子都没有几个朋友。"

于是这里还有另一个更加讽刺的悖论：市场互相依存，人的思想独立意味着每个人都有为自己私利考虑的自由，也有机会去追逐利益。回想一下，哈奇森认为人类的幸福取决于个人的自由，即在过自己认为合适的生活的同时不伤害别人的能力。卡姆斯则认为，幸福与拥有财产相关，它赋予我们"私有财产"的概念和作为人类的身份认同。现在亚当·斯密把这两方面的观点结合起来。现代社会的关系网络高度合作而瞬息万变，既不带有个人感情，但对于幸福而言又必不可少，通过投身其中互相竞争，我们成为完全自由的人类。在这种意义上，独立是现代社会的特征标志，正如依赖他人或"奴性"是原始社会和制度的特征标志。亚当·斯密告诫说："除非是乞丐，没有人愿意主要依靠同胞的善心施舍生活。"然而综观人类历史，无数劳苦大众的命运实质上就是依附他人，比如奴隶为主人干苦役、农民将收获的粮食交给封建地主、部落或氏族首领掌握成员的生杀大权——那些不幸的人们的生活质量完全取决于首领，如果是"温和的洛切尔" ①还好，如果遇到畜牲一样残忍的科尔·麦克唐奈，他们就完蛋了。资本主义打破了这种循环，

① 见前文：洛切尔勋爵的兄弟阿奇巴尔德亲自警告村民："如果你们不爽快配合，就烧光你们的村子，把你们剁成肉酱。"作者说这种情况还算温和，可见后文所说的麦克唐奈更加残暴。——译者注

给我们创造了让自己幸福的条件：独立自主、物资充裕、与他人协作。

直到两百多年后的今天，围绕着亚当·斯密和《国富论》依然存在三个巨大的误解。

第一个误解是，亚当·斯密相信资本主义的财富是由某种“看不见的手”指导人们生产出来的。事实上，《国富论》和《道德情操论》中出现的这个术语还是一种反讽。亚当·斯密确实相信，在市场以及复杂多变、交互连锁的利己主义市场交易机制的基础上，资本主义会自然产生出某种合理的运作秩序。而在浅薄的观察者看来，就仿佛存在一个意志或“看不见的手”指导着每个人的活动。但是他没有真的认为以市场为基础的秩序就是完善的或者可以接近完善。只是在一定程度上，它要比政治家或统治者制定的规则更加有益，最终效果更加合理，因为人类是感情的生物，会受到激情和一时兴致的影响。

亚当·斯密的主要目标是他所谓的“商业机制”——如后世人们所知的那样。另一个苏格兰人詹姆斯·斯图尔特的作品《政治经济学原理》（*Inquiry into the Principles of Political Economy*）①，以及大英帝国政府处理海外殖民地事务的实践，都证实了商业机制理论。《政治经济学原理》于1767年问世，虽然亚当·斯密宣称该书有“独到的成就”，但是其中的观点令他感到愤怒。斯图尔特坚决相信，为了发展贸易、促进经济增长，需要政府的干预。他甚至主张，如果没有政府的持续关注，海外贸易就可能停滞，让国家的经济陷入脆弱和贫困状态。

在不列颠帝国的海外殖民地存在惩罚性关税、出口补贴、政府特许专卖权等各种各样的制度，它们就是亚当·斯密决定抨击的政府干预。他这样评论斯图尔特的作品：“我自满地认为，对于该书中的所有谬论，在我的作品里面都有清楚明确的批驳。”事实上，《国富论》的第三卷和第四卷已经用犀

① 有趣的是，1745年叛乱时，斯图尔特是查尔斯王子的私人秘书，后来他得到特赦，在爱丁堡隐居，直到1780年去世。——原书注

利的分析讽刺了英国历届政府，他们试图控制多产而利润丰厚的海外贸易，愚蠢地相信通过政府命令能够获得更多的财富，结果往往弄巧成拙。

文章的中心特征是尖锐地批评了伦敦政府对北美殖民地的政策——在《国富论》完成的1775年，那种政策已经在美国引发了危机。亚当·斯密一直关注着美国的危机，不仅从新闻报道和议会的辩论中了解形势，而且与在弗吉尼亚和马里兰州做生意的烟草商人（例如格拉斯福德和英格拉姆）联系，获取第一手情报。亚当·斯密和烟草商人们都知道，即便政策允许与美国进行自由贸易，对苏格兰的利益也毫无影响，可是伦敦政府目光短浅，试图逼迫美国人服从他们的意志，不但会使商业利益严重受损（事实上确实如此），而且会让不列颠付出更高的代价。“英国在北美的殖民地发展速度非常快，超过其他任何地区”，亚当·斯密写道，然而由于不明智的垄断政策，“大不列颠将失去殖民地的统治权，最终一无所获”。

亚当·斯密批评的对象不只是殖民地的垄断政策，还包括政府对经济事务的一切多余干涉。这就是对《国富论》的第二个误解：亚当·斯密发明了自由放任资本主义这个概念，在此环境下政府很少甚至不发挥作用。事实上，**放任主义**（laissez-faire）这个法语词汇是法国经济学家发明的，亚当·斯密根本没有使用过这个说法。与人们的误解相反，亚当·斯密理解强大政府所发挥的重要作用，他知道为了保障社会安定和国际间的贸易，有必要提供一个强大的国防系统。而且为了维护公正和个人权利——尤其是私有财产权，就必须建立国家法律制度：“那些经过多年劳动、甚至几代人的努力积累起来的宝贵财产，惟有在司法机构的庇护之下才能安全，让主人高枕无忧。”那些必不可少的公共工程，比如道路、桥梁、运河、港口，也需要政府的帮助才能支付其建设费用。

除此之外，亚当·斯密认为任何其他形式的政府干预都会导致各种各样违背本意的后果。历史上已经有无数前车可鉴的例子，政府和统治者往往是出于最好的动机，试图改变或改善国家的经济状况，结果却是灾难性的。古罗马帝国末期的皇帝试图挽救疲软的经济，却反而加速了帝国的毁灭。黄金白银源源不断地流向新大陆的时候，西班牙企图维持贸易垄断，最后害得自己破产了。亚当·斯密担心，不列颠会由于对美国的政策而重蹈覆辙。

对于亚当·斯密而言，自由市场的信念不是出于理智的信条，而是历史上的教训。统治者们应该及时意识到自己的错误，让商业社会沿着自然的轨迹前进：

> 由此可见，一旦彻底废除了所有优惠或限制的特殊制度，最明显最简单的自由贸易制度就会自然而然地确立起来。每一个人，只要他不违反公正的法律，就应该放任他完全自由，让他用自己的方式去追求自己的利益，靠他的劳动和资本与任何其他人或阶级竞争……如果要承担监督管理并指导私人产业、使其运营最符合社会利益的义务，君主们必定陷入无数错觉，犯下各种错误，因为人类的智慧或知识不可能总是正确地执行那些任务。而按照自然自由的制度，君主们就被完全免除了那些义务。

这是我们所熟悉的亚当·斯密："自然自由"的资本主义市场制度的伟大预言家抗议对这种制度进行任何徒劳干预的企图，无论是为了政治权力还是社会公正。

但是在《国富论》的字里行间，还有另一个不那么显眼的亚当·斯密。当时在爱丁堡爆发了一场激烈的论战，主题是横扫苏格兰的新"商业精神"以及它对于未来的意义，他也参与其中。如果我们注意到这个亚当·斯密，就会明白这部巨著本质上并没有替大规模商业和商人阶级辩解——这是关于斯密和《国富论》的第三个误会。

事实上，《国富论》虽然提倡自由市场，但是看待商人本身的方式却全然不同。首先，在亚当·斯密眼里，自由市场的主要受益者不是商人而是消费者。"消费是一切生产的唯一结果和目的；只有当有可能增进消费者利益的时候，生产者的利益才应该被顾及。”这恰恰是既有的英国资本主义制度未能做到的。与消费者的利益相比，它优先考虑生产者和商人的利益，消费者总是希望商品廉价和货源充足，然而商人们的选择却往往相反。其实亚当·斯密知道，英国政府之所以会制定出许多灾难性的商业政策，多半是由于伦敦商人为了维护自己的利益而在幕后煽动。他在《国富论》第五卷中写道，“每个人都好逸恶劳，喜欢生活得尽量舒适安逸”，这条规律既适用于商人，也同样适用于地主贵族或大学教授。

总体而言，亚当·斯密对典型商人的印象确实不佳，他的那些烟草大亨朋友如果看过《国富论》，想必都感到有点儿不舒服。在他的笔下，商人们经常抱怨物价太高，却“从来不提过高的利润造成的恶劣后果”。他形容商人“吝啬贪婪”、“追求垄断利润”，暗示“搞专卖公司和御用商人的政府或许比任何国家的政府都更糟糕”。这些批评主要针对伦敦的商业团体，它们寄生于古老帝国的腐朽制度并从中获利，而不是格拉斯哥。亚当·斯密表述的要点是：自由市场遏制了商人的贪婪和权势，对于干预市场的国王或官僚也是一种抑制力量。

但是，亚当·斯密预见到了商业社会中孕育的另一种恶性腐败现象，它更有规律也更有害，令亚当·斯密非常担忧。随着资本主义社会越来越专业化，商品和服务的总体产出越来越成熟精细，参与这个过程的人们就会渐渐变得越来越狭隘，只关注自己的利益，对自己的商店、事务所或货仓外面发生的事情漠不关心。他们用生意、利润或损失去衡量一切，失去了宏观看待事物的能力。亚当·斯密在一份讲义中表达了这种担忧，我们有必要在这里完整引用：

> 商业的另一种恶劣影响在于它消磨了人类的勇气和意志，还使尚武精神荡然无存。在所有商业国家，劳动分工是没有穷尽的，令每个人的思维局限于某个特定领域……人的思想萎缩了，以至于失去了进一步提升的能力。教育受到鄙视或至少是忽略，英雄的精神彻底绝迹。

斯密在《国富论》中说，为了防止这种“精神残害”，需要“政府予以最认真的关注”。实际上，这就是他主张政府机构应该发挥真正积极作用的地方：建立一个教育系统，从而矫正劳动分工造成的这种人性“扭曲”。

资本主义既能带来利益，又会造成弊端。亚当·斯密觉得，社会最底层的贫民对弊端的体验最深刻——他举的例子是钉针工厂的雇工——他们被束缚在生产线上，没有扩充知识提升精神的余裕，而商业社会本来应该提供那种自由的机会。其实在工业革命全面发展的二十年之前，亚当·斯密就已经精确解释了“装配线”上的工人的心态问题，亦即卡尔·马克思及其追随者们所说的“异化”。这个问题令亚当·斯密感到特别不安，因为“在自由的国家，政府的安全在很大程度上取决于塑造人们行为的有利判断力”，大量愚昧无知、文化水平低下的国民很容易成为社会体系的巨大累赘：他们容易受到煽动者蛊惑，支持暗中破坏“自由自主”基础的一切尝试，尽管他们曾经是受益者。

于是，关于商业社会、文明改良与自由之间的联系问题，亚当·斯密给出了不可动摇的最终解答，然而与此同时，他又开启了一个新的领域——资本主义的文化代价，并引发了新的思考和争议。事实上，在塞缪尔·约翰逊博士去苏格兰旅行，开始怀疑如果在精神心态和处世态度方面完全“商业化”是否对任何社会都有益之前，亚当·斯密已经与爱丁堡的朋友们为此争论了将近十年之久。包括亚当·斯密在内，苏格兰人都坚决认为商业化并非总是有益的。

火钳俱乐部的创办者、精英协会的成员亚当·弗格森用最强烈的措辞论述了这个问题。他出生于苏格兰高地与低地边界附近的珀斯郡，为了担任牧师去爱丁堡学习，在那里结交了其他属于温和派的文人。不过 1745 年至 1746 年叛乱时，他正好被派往法国的佛兰德斯担任苏格兰高地警卫团的随军牧师，所以没有经历那些痛苦难忘的事件。

那段经历深刻地改变了他的观点。如我们所知，那个时代的英国人普遍认为，追随查尔斯王子的高地人是未开化的野蛮人，所以对高地社会和文化的毁灭表现出了毫不掩饰的愉悦。弗格森在担任随军牧师期间直接与高地人接触，了解到他们尽管习惯粗野、不讲礼貌、喜好争斗，但是他们有强烈的荣誉感、无懈可击的勇气和忠诚，对待朋友和敌人同样地慷慨大度。事实上，弗格森觉得他们比任何人都更像荷马史诗中的勇士，他们的纪律就像斯巴达战士和古罗马军团。弗格森发现，被他的温和派朋友们推崇赞美的希腊人和罗马人的优点在苏格兰高地战士那里得到了传承和体现。弗格森断言，摧毁苏格兰高地的生活方式就意味着某种珍贵的东西也会随之毁灭，而受害者是苏格兰和苏格兰人。

弗格森的论证远远超出了苏格兰的范围，扩展到了文明社会本身的性质和历史。事实上，这就是1768年出版的《文明社会史论》的主题。他在该书中大量借鉴了卡姆斯、休谟、亚当·斯密以及让-雅克·卢梭——还有已经被大多数人遗忘的安德鲁·弗莱彻——的思想，结果形成了一种不安定的奇特组合：一方面以冷眼旁观的典型苏格兰态度分析了政治和社会，另一方面又带着几乎浪漫主义的幻想和诗情赞美了所有地方的原始落后民族，特别是古代人和美洲的原住民——印第安人。弗格森发现他们身上具有与苏格兰高地战士类似的品质：有荣誉感、诚实正直、勇敢无畏，然而由于商业社会的过度专业化和精神残害，那些美德几乎已经绝迹。

这是弗格森最引人注目的观点之一。以现代的基准来衡量，古希腊人和古罗马人其实是正宗的原始人，思想行为远远算不上"文明"和先进。随着资本主义的兴起，制造和界定出了一个不同的世界，将他们与我们分离。如同弗格森所揭示的，现代文明划下了一道巨大的鸿沟，不仅将"文明的"民族与"未开化的"邻居分隔开来，而且切断了他们自己与历史的联系。他赞同地引用了一位北美印地安部落首领的一段话，那人告诉加拿大的一个英国政府官员："我是战士，而不是商人。"这是阿喀琉斯（Achilles）或赫克托尔（Hector）甚至老加图（Cato）将军或伯里克利（Pericles）共通的感情，更不必说像洛切尔那样的苏格兰高地首领了。"他们对国家的忠诚热情可嘉，"弗格森赞赏地描述古代人，"为此将痛苦和生死置之度外；他们对个人独立的理解富于男子气概，因而即使在摇摇欲坠的政权和不完善的法律制度下也能够保护每个同胞的自由和安全……他们值得第一流民族的荣誉。”

然而随着自我中心的现代新社会逐渐成形，这些特质被一步步侵蚀殆尽。如今“只有当群体可以为个人的发展和私利服务的时候，人们才会考虑群体的利益”。人类变得软弱怯懦，丧失了勇气和荣誉感。只要生活舒适，别的他们肯定都不在乎。自由本身变成了商品，出价最高的人可以买下，拥有强权的人可以夺取。

在弗格森与爱丁堡的文人朋友们眼里，历史沿着相同的轨迹运行，但是其最终的目的地却与预言家们所预测的大相径庭：

> 所以，社会进入文雅时代后，人们引以为傲的改良仍然无法脱离危机。它在关闭了过去之门的同时打开了新的大门，同样有可能轻而易举地通向灾难。现代文明构筑了高墙和壁垒，在保护人类的同时也使他们身体衰弱、精神萎靡，在组织起纪律严格的军队的同时也削弱了民族整体的尚武精神；武力不是用来捍卫自由，而是用来惩罚对政府当局不满的人，成了暴力统治的爪牙。

如果人类不采取预防措施，现代社会历史的最后一个阶段将不是自由而是暴政。商业社会自然发展下去的话，将会变成人性的坟墓。

弗格森的作品问世后引发了巨大的反响。它是最早使用“**文明**”这个词的英语作品之一，也创造了“**文明社会**”这个术语作为现代性的同义语。该书使弗格森几乎与斯密齐名，在欧洲大陆的影响也同样广泛。德国的启蒙运动思想家们尤其赞赏他，其中包括现代国家主义之父约翰·戈特弗里德·赫尔德（Johann Gottfried Herder）和德国浪漫主义的奠基者、诗人弗里德里希·席勒（Friedrich Schiller）。不过最接近弗格森的读者应该是格奥尔格·威廉·弗里德里希·黑格尔（Georg Wilhelm Friedrich Hegel），他吸收了弗格森的很多思想，甚至在自己的历史哲学著作中也引用过，后来卡尔·马克思又从黑格尔的作品中借鉴和改进了那些观念。事实上，在对资本主义的尖锐评判方面，马克思主义者从弗格森那里获益最多，而不是卢梭——在对现代性的预言方面，应该归功于亚当·斯密。

相较之下，苏格兰人的赞赏就有所保留。休谟不喜欢《文明社会史论》，认为它在用浪漫的语言美化复古主义，而当时苏格兰学术界正在围绕着复古主义的莪相（Ossian）诗歌进行激烈的论战（详见第十一章）。亚当·斯密感到生气，因为弗格森盗用了他的文章里的许多见解，包括关于资本主义社会中尚武精神的衰退等内容。但是真正的分歧不在于内容，而在于叙述的基调。亚当·斯密和休谟都清楚地看到，完全围绕着个人欲望的满足和私人利益得失的算计组织起来的社会必定存在缺陷。他们知道，"粗陋的"前现代社会所具有的美德会随着恶习一同消失，现代社会中复杂经济的劳动分工和专业化必然会使我们付出高昂的代价。

但是，即便如此他们仍然坚信，现代化带来的利益值得那些代价。在现代社会，最后每个人都可以过上温饱的生活；即使最弱小、最没有劳动力的人，他们的贫穷、苦难和不幸也可以尽量得到免除；每个人都是自己的主人，他的权利得到承认，可以独立地追求自己的目标；以友善和尊重的态度与其他人交往，清除鄙视和剥削的关系；最重要的是，意识到与其他国家做生意才是获得繁荣的最好方式，而不是侵略和征服，从而远离暴政的威胁。这样的状态才是现代的自由。假如古代人曾经构建的某种自由缺少这些绝对必要的条件，那么他们就比我们更加不幸。

况且，商业社会在引起新的问题的同时也提供了新的解决办法。我们可以采取一些正确的措施——包括文化手段在内——抵消亚当·斯密和弗格森定义的"商业的恶劣影响"。教育就是办法之一。亚当·斯密在《国富论》后面的章节中极力主张政府应该支持公共教育事业，建立一个学校系统，确保文明的成果惠及尽可能多的大众。意料之中的是，他提出的范本是苏格兰的教会学校制度，它"让几乎全部的民众都学会了阅读，大部分人都会写字和记账"。亚当·斯密知道，如果没有像样的教育制度，现代资本主义社会就将自取灭亡，无论在政治还是文化的意义上。

另一种解决办法是亚当·斯密的爱丁堡友人们（包括亚当·弗格森在内）信奉的：建立民兵组织。这是令苏格兰人伤心的话题。自从 1745 年的叛乱以来，苏格兰人就被禁止使用或拥有武器，虽然 1757 年议会通过了民兵法令，但甚至在美国独立战争期间也故意将苏格兰人排除在外。其实弗格森曾经热心地煽动建立民兵组织。他创立"火钳俱乐部"就是为了"激发"公众的支持，组建苏格兰的民兵。与约翰·侯姆和其他温和派一样，他也为此写过宣传小册子，主张在商业社会建立民兵部队是保留勇敢的传统和尚武精神的手段。

为什么苏格兰启蒙运动的思想家会如此热烈地信奉民兵事业？这份热情背后潜藏的或许是对 1745 年的不安记忆，当时志愿者军队试图保卫爱丁堡，结果却不战而败饱尝耻辱。在追求享乐和安逸的商业社会环境中，当自由受到威胁时，我们是否可以期待年轻人站起来上战场，冒着生命危险与老练坚毅的敌人搏斗？这显然是不行的，除非他们得到帮助。在这种情形下，必需的不是物质而是文化方面的帮助，以便教他们学会自我牺牲、纪律和忠诚，让他们对自己的体力和武器有信心。弗格森和其他人认为，民兵的训练可以达到这个目的。亚当·斯密也同意这一点，虽然他在《国富论》中告诫说，和平时期训练出来的民兵永远比不上职业的正规军队，不过他相信战场上的实践可以让他们变得坚强，成为有用的战斗力量。从萨拉托加（Saratoga）和葛底斯堡（Gettysburg）到阿拉曼战役（El-Alamein）和诺曼底登陆中的奥马哈海滩之战（Omaha Beach），民兵队伍在现代战争中发挥的作用都证明了亚当·斯密是正确的。

苏格兰文人煽动建立民兵组织，民众议论纷纷，可惜未能打动伦敦的立法者。不过它给未来自由社会的讨论设定了新的基准，让人们重新认识到尚武的德性和军事力量的价值。为了捍卫独立自主，自由的人们需要拿起武器，这种观念古已有之，可以追溯到古希腊人和安德鲁·弗莱彻。而弗格森和他的朋友们从社会心理学的方面添加了新的内容。通过拥有和学习使用武器，商业社会的人类得以维持集体的荣誉感和战斗的勇气，无论怎样成熟和进步的社会都不能缺少这些传统。

在这里我们再次看到了讨论的效力是如何转变的。问题的核心不再是苏格兰的“文明化”和现代化，那些已经解决了。现在的问题是，越过了不可逆转的界限之后，面对不可知的未来，我们能保留什么？每个人都知道，社会的发展已经越过了转折点。

《国富论》于1776年3月6日出版，那一年的2月还诞生了另一部杰作，就是爱德华·吉本的《罗马帝国衰亡史》第一卷。吉本是英格兰人，但是他的作品效仿了苏格兰和爱丁堡的历史学派：从所有意图和效果来说，他的理智其实是苏格兰式的。亚当·弗格森是他的好友之一，休谟和亚当·斯密都是他景仰的人物，他称赞亚当·斯密的新作是“本世纪研究贸易和财政的最深刻、最有系统的专题著作”。休谟写信给吉本赞扬他的新作，吉本说这封信使他“十年的辛劳得到了报偿”。

1776年8月25日，卧病已久的大卫·休谟与世长辞了。他的葬礼上挤满了人群，在倾盆大雨中，他的棺木从新城区的住宅被抬到了老卡尔顿(Calton)墓地。直到人生的终点，休谟仍然缄口不谈来世的问题，不过他在临终时刻平静而安详。约瑟夫·布莱克在写给亚当·斯密的信件中描述道：“他与身旁的人交谈时语气总是和善亲切。”

在那之前的7月4日，另一个撼动世界的事件在大西洋彼岸发生了。《国富论》的每一章背后都潜藏着对美国独立革命的暗示，独立革命同样吸引了亚当·斯密的许多同事和朋友的关注。① 而他们的思想也确实以某种方式影响了独立革命。苏格兰的观念和苏格兰移民都对正在北美殖民地发生的事件具有重大的影响。

---

① 前文已说过，亚当·斯密曾以美国的大陆军为主要例证，指出受过训练的民兵也能够与英国军队那样的职业军人较量。——原书注

第二部分
大 迁 徙

那天傍晚，全船的人像往常一样跳舞。我们起劲地跳着一种舞。我猜想，这种舞蹈是斯凯岛的移民发明的。他们称这种舞为“美洲”。每一对跳舞的人都旋啊转啊，然后又围成一圈旋转，直到所有人都动了起来。不仅如此，这种舞还似乎有意展示移民是如何发生的，直到整整一个街区的人都在海上漂着。

——詹姆斯·包斯威尔，

《赫布里底群岛旅行日记》，1773 年

第九章

“伟大的设计”：苏格兰人在美洲

无论你怎么称呼这场战争都行，只是不要称它为美洲叛乱，它差不多就是一场苏格兰、爱尔兰长老会叛乱。

——姓名不详的英军雇佣军军官，1778 年

亚当·斯密关注了 1775 年秋天发生在美洲的事件。他在《国富论》中写道：

一些人自以为局势已经明朗化了，仅仅凭借武力就可以轻易征服我们的殖民地。这些人是虚弱的。那些目前控制着所谓的“大陆会议”(Continental Congress)的决议的人感觉自身具有一定程度的重要性，而这种重要性正是让欧洲感到惊恐的最大原因。他们正在从店主、商人和律师转变成政治家和立法者，正在为一个广袤的帝国创建一种新的政府形式。他们自以为这个广袤的帝国将成为世界上前所未有的最伟大、最强大的帝国之一，而事实的确很有可能会如此。

事实证明，就像他的很多其他言论那样，亚当·斯密这段话具有先见之明。然而，甚至他也没有猜到创造一种“新的政府形式”或培育那个“广袤的

帝国”的进程会走多远。他也没有认识到，包括他的好友大卫·休谟在内的他的苏格兰同胞会因此而受到何种程度的赞誉。

正如我们已经了解的那样，斯密对英国的美洲殖民地的当时局势的见解是他在格拉斯哥烟草业中的朋友告诉他的，他们中一些人曾生活在那里。他对美洲的兴趣最初集中于经济方面。他将美洲及美洲的繁荣视为一种已经失去控制的商业体系的“无心插柳”的结果。这种体系本打算让殖民地居民遭受剥削，让英国人从帝国统治中受益，结果却使殖民地居民变得富裕，而英国人却被掏空了口袋。正如他所表达的那样：“一个多世纪以来，大不列颠的统治者用一种幻想来取悦人民，即他们在大西洋西岸拥有一个大帝国。”但是，人民却渐渐发现“殖民地贸易垄断的效果……弊大于利”。此时他们被强加了一场叛乱，被强加了一场战争。而亚当·斯密则意识到，他明智提出的妥协建议将被伦敦政府忽视。他还预见到，殖民地的丢失将迫使包括苏格兰在内的大英帝国的方向发生变化，而这种变化几乎像十三个殖民地自身发生的变化那样引人注目。

I

苏格兰与北美洲的关系最早可追溯至詹姆斯一世统治时期，当时他为位于加拿大的殖民地新斯科舍制定了一个注定要失败的计划。从岩石嶙峋的新斯科舍海岸到阳光普照的达里恩海滩路途遥远，但激励二者的是同一梦想，即一种快速致富的渴望，定居者不费吹灰之力就可获取新世界神话般的资源，而政府则从顶端刮去厚厚的油脂。但新斯科舍失败了，只是没有败得像达里恩那样惨，后来苏格兰人继续定居并生活在那里，于是两者的经验让苏格兰商人和企业家明白了一个基本的道理，即只有耐心和苦干才能从美洲殖民地获得财富。甚至早在《联合法案》签署之前，格拉斯哥和格林诺克的商人就忙着勘定他们的跨大西洋航线。到了 1707 年，诸如博格尔之类的格拉斯哥家族已经在中央殖民地做了近三十年的生意，其中很多是通过非法走私。

苏格兰商人渗透进切萨皮克湾和詹姆斯河、波托马克(Potomac)河、特拉华(Delaware)河，其经营地点最北可至波士顿(Boston)。苏格兰定居者最早在17世纪80年代抵达北美洲，随着英国人在北美洲的扩张，苏格兰的存在也水涨船高。一位专家这样总结苏格兰低地人在美洲殖民地的存在，他说：“他们遍布官方机构，特别是在南部殖民地，有几个苏格兰人还担任了殖民地总督。他们为圣公会和长老会教堂提供神职人员。他们充当家庭教师……并且很多人继而建立学校。”在18世纪，大多数美洲医师要么是苏格兰人，要么是苏格兰培养出来的。总之，对于殖民地政府的管理和开展文化生活而言，苏格兰人变得不可或缺，尤其是在南部和中大西洋(Middle Atlantic)各州。到了18世纪中叶，弗吉尼亚的诺福克(Norfolk)基本上是一个苏格兰城镇。

这仅仅是第一波浪潮。对于苏格兰种族和文化家族的所有三个分支低地人、高地人、阿尔斯特的苏格兰人(Ulster Scots)①来说，美洲成了最终目的地。第一批阿尔斯特苏格兰人出现在美洲是在1713年。在马萨诸塞的伍斯特(Worcester)作为抗击印第安人的战士，以及作为英格兰定居者与其外“野蛮洪荒”之间的坚固屏障，殖民地对他们的需求量很大。尽管如此，但当他们试图建造一座长老会教堂时，他们的邻居还是把它拆除了。1717年至1776年间，大约有25万阿尔斯特苏格兰人来到美洲，其中10万人充当了契约仆人。但他们并没有长期做仆人，因为殖民地居民很快发现，阿尔斯特苏格兰人并非是为服从而生的。

高地人是最后移居到美洲去的，他们中的很多人是逃亡者。他们沿着北卡罗来纳(North Carolina)菲尔角河(Cape Fear River)定居了下来。麦克劳德、麦克唐纳、麦克雷(MacRae)、麦克杜格尔(MacDougall)和坎贝尔这些家族发现他们身处一片异样的土地。在这片土地上，他们的母语盖尔语甚至让他们与苏格兰邻居隔绝，这里的气候和山水与他们抛在身后的气候和

---

① 指爱尔兰岛上阿尔斯特地区的苏格兰移民。——译者注

山水完全不同。这片土地上有着平坦、低洼、潮湿的沼泽，红色的黏土上生长着矮松林，但土地便宜、易于获取，于是高地人为他们自己和他们的家人开垦出农田。当弗洛拉·麦克唐纳(Flora MacDonald)来到美洲时，他们将会定居在这里。在接下来的五十年里，其他数千人也踏上了相同的旅程。随着下个世纪高地人迁居一空，目的地的面积扩大了，定居点增多了。时至今日，生活在美洲的高地家族的后裔可能比生活在苏格兰的还要多。

人员的迁徙也意味着文化的迁徙。当新的、优雅的苏格兰在其重要城市扎根然后将其影响扩散至欧洲其他地方时，更古老、更传统的那个苏格兰却在美洲找到了一个新家并繁荣兴旺起来。一种奇怪的时间错位正在发生。为了创造一个现代社会，爱丁堡和格拉斯哥启蒙运动正在克服一些“落后的”文化力量。而与此同时，正是这种“落后的”文化力量——其中包括从前的长老制——将要创造出它们自己的进步版本。到了进步的苏格兰抵达美洲的海岸时，两者将会在一种文化交流中相遇，其后果则是作为一个共和国和一个民族的美国。

最能代表传统苏格兰长老会文化的是阿尔斯特苏格兰人，或者——就像美洲人所称呼的那样——“苏格兰—爱尔兰人”。他们只是地理上的爱尔兰人。在爱尔兰北部数郡他们的定居点中，他们曾经为保存他们的苏格兰祖先的孪生特征而奋斗。一种特征是一种热烈的加尔文教派信仰，另一种特征则是一种几乎同样热烈的个人主义，这种个人主义将每个人视为与其他人基本一样，蔑视所有权威。如果有人声称他比别人更强，那么他必须能够用他的言辞、行为或拳头随时证明这一点。

在北爱尔兰的宗教冲突中，在反对天主教邻居和英格兰主人的战斗中，这些不稳定的因素经过了战火的洗礼。一种个人独立、倔强的自豪和家庭荣誉感在苏格兰—爱尔兰人性格中扎下了根。在一个世纪的胜利与惨败中，它使阿尔斯特社会原封不动地保存了下来。当这个社会的成员为了一个比较好的未来而离开安特里姆、阿马、唐恩、德里时，他们将它带到了美洲。

第一波大规模苏格兰—爱尔兰人移民始于1717年农业歉收，它迫使人们在迁移和挨饿之间做出选择。费城（Philadelphia）商人乔纳森·迪金森（Jonathan Dickinson）记录道，那年夏天，“我们接待了十二或十三艘来自北爱尔兰的船只，船上载了一群人”。他还记下了他们的外貌，他们高而瘦，饱经风霜的脸，穿“就像钉了马掌的马蹄一样”的木质鞋子。女人们穿着束腰的短裙或连衣裙，赤裸的腿从裙底露了出来，让教友派（Quaker）主导的费城感到震惊。18世纪20年代，另一波阿尔斯特苏格兰人继之而来。他们太多了，以至于英国议会要求进行调查，想知道在他们离开之前，他们会不会使爱尔兰的英国国教成分彻底灭绝。

一些人根本没有完成迁徙。在人满为患的船上旅行不仅是危险的，甚至还是致命的。一艘从贝尔法斯特（Belfast）驶往费城的船只中途食物吃光了，46个乘客饿死，剩下的人被迫同类相残，一些人甚至吃他们的家人。然而，移民人数在不断增加，到了1770年，至少有20万人定居美洲。仅在1773年8月的头两个星期，就有3500名移民出现在费城，希望开始一种新生活。

他们去了哪里？一些人留在了他们抵达的港口，如费城和切斯特（Chester），并在那里找到了工作。但是，大多数人向西散去，深入三个大河谷和山脊，北经特拉华谷（Delaware Valley）进入宾夕法尼亚（Pennsylvania）东南，南跨波托马克河进入谢南多厄谷（Shenandoah Valley），甚至进一步向南，越过皮德蒙特（Piedmont）山脊进入卡罗来纳。

在殖民政府和当地人看来，他们来得正是时候。迁到美洲的英格兰移民在减少，而非英国定居者，如德国人、法国胡格诺教徒（Huguenot）尚未大规模出现。苏格兰—爱尔兰人的殖民开始将边疆向前推进，深入到了阿巴拉契亚山脉（Appalachians）。与他们的许多英格兰先驱不同的是，他们没指望日子会好过。他们做了最坏的打算，伺机从他们的邻居和土著那里夺取土地。殖民爱尔兰、从天主教敌人手中夺取宜耕土地的习惯在新世界得以保存。他们对土地得陇望蜀的欲望，以及为保护土地战斗至死的意愿，为美国西部的边疆精神奠定了基础。

他们定居在小型的农场社区中，这些农场社区通常位于山脊的背风处或小河谷中。他们按照家族或宗教聚集在一起，就像他们的高地远祖那样。一个典型的农场通常包括一个“牛栏”（或畜栏，与低地农民或边境农民的畜栏相似）和一座由原木建成的小屋。事实上，美国边疆的住宅——也就是那种原木小屋——即使算不上一种发明的话，也堪称苏格兰住宅的一种发展。“Cabine”一词本身指的是任何一种简陋围栏或小屋，在苏格兰是用石头和泥土建造的，而在爱尔兰则是用草和泥巴建造的。

穿越弗吉尼亚西南、北卡罗来纳，最终是田纳西，他们的大家庭（亚历山大家族、阿什家族[Ashes]、考德威尔家族[Caldwells]、坎贝尔家族、卡尔霍恩家族[Calhouns]、蒙哥马利家族[Montgomerys]、多纳尔森家族[Donelsons]、吉尔克里斯特家族[Gilchrist]、诺克斯家族、谢尔比家族[Shelbys]）扩散开来，创建了一个个氏族同盟和新殖民网络。他们用他们的故乡、采邑的名字来为他们的社区命名，例如橘子县（Orange County，北卡罗来纳）、橘子堡（Orangeburg，南卡罗来纳）、加洛韦（Galloway）、德里、达勒姆、坎伯兰（Cumberland，原是英格兰边境上的一个郡）。在北卡罗来纳，他们建立了名为“商行”（Enterprise）、“改进”（Improvement）、“进步”（Progress）的城镇。在佐治亚（Georgia）和弗吉尼亚西部有名为“自由”（Liberty）的城镇。

地名和语言反映了他们的北爱尔兰和低地南部起源。当需要说“哪里”（Where）时，他们说“Whar”；“那里”（there），“thar”；“生物”（creature），“critter”；“赤裸的”（naked），“nekkid”；“窗户”（window），“widder”；“年轻人”（young ones），“young-uns”。他们总是“fixin”（准备）做某件事，或去“sparkin”而非“courting”（求爱），年轻人“growed up”而非“grew up”（长大）。正如大卫·哈克特·费舍尔（David Hackett Fisher）曾暗示的那样，这是美国阿巴拉契亚山民、牛仔、卡车司机及偏远地区政客的方言的首次运用。这种语言还过于亲密以至于粗俗得厚颜无耻，过路人被称为“honey”（亲爱的），而儿童则被称为“little shits”（小屎橛儿）。

包括印第安人在内的邻居虽然谈不上害怕，但很快也学会了敬而远之。一个英格兰人这样描述他的一个阿尔斯特苏格兰邻居：“一看他的样子就知道，即使他与魔鬼脸对脸，也不会害怕魔鬼。”他们与他们的同胞弗朗西斯·哈奇森大为不同。实际上，阿尔斯特苏格兰人是急性子，不辞辛劳并继之以一次又一次的喧嚣娱乐和豪饮（他们是新世界第一批酿制威士忌的人，用土产小麦和黑麦代替了苏格兰大麦），动不动就打架。“**红脖子**”（rednecks）是过去用来描述他们的一个词，这是苏格兰边境的词汇，指的是长老会教徒。另一个用来描述他们的词是“**爆竹**”（Crackers），这个词源于苏格兰语中表示“说话”（Talk）的词“Craik”，指的是一个说话大嗓门儿的人或吹牛的人。这两个词都成了美国语言的永久组成部分，成了阿尔斯特苏格兰人创造的“南方腹地”（Deeper South）身份的永久组成部分。

他们的文化影响之所以如此广泛，原因之一是他们在不断地迁徙。甚至在萨斯奎哈纳（Susquehanna）和坎伯兰谷被完全殖民之前，他们就推进到了弗吉尼亚和卡罗来纳。这些殖民地的总督也是苏格兰人，他们对新定居者表示欢迎。18 世纪 20 年代和 30 年代，阿尔斯特苏格兰人开始大批到来。在来自邓弗里斯郡的苏格兰总督加布里埃尔·约翰逊（Gabriel Johnson）的统治下，在 1745 年率先移民之后，扩张开始包括了高地移民。到了 1760 年，北卡罗来纳实际上是一个小苏格兰，用阿尔斯特苏格兰人的敌人的话说，是一个“苏格兰统治之地”（Mac-ocracy）。到那个世纪末，一些人在向佐治亚州迁移，最南抵达了萨凡纳河（Savannah River）。

苏格兰—爱尔兰的南方是一种坚强、独立的男人和女人的培育之地，是一所培养天生领导人的学校。安德鲁·杰克逊（Andrew Jackson）是阿尔斯特苏格兰移民休·杰克逊（Hugh Jackson）的儿子，休是卡里克弗格斯（Carrickfergus）的一个富裕织工兼商人。1765 年，他带领一群移民来到美洲，进入南卡罗来纳。他的儿子是一种组织严密、坚强、爱争论的阿尔斯特苏格兰卡罗来纳文化的典型产物，并且从一个相似的苏格兰—爱尔兰宗族里挑选了他的妻子。稍早一点儿，另一个移民罗伯特·波尔克上尉（Captain Robert

Polk)加入来自多尼各郡(County Donegal)移民的行列,行进到了新世界。他的儿子定居在了弗吉尼亚,他的五个孙辈最终在北卡罗来纳的梅克伦堡县(Mecklenburg County)安定了下来。詹姆斯·诺克斯·波尔克(James Knox Polk)1795 年就出生在那里,最终代表他所在的州成为参议员,后来又成为美国第十二任总统。

1733 年,帕特里克·卡尔霍恩(Patrick Calhoun)和他的妻子凯瑟琳·蒙哥马利(Catherine Montgomery)带着他们的四个儿子离开爱尔兰,来到美洲。小帕特里克娶了一个姓考德威尔的女子。考德威尔家族是个边疆家庭的后代,也在南卡罗来纳定居。他的儿子约翰·C. 卡尔霍恩(John C. Calhoun)后来成为南卡罗来纳最有权势的政治家。

大约在 1730 年前后,约翰·亨利(John Henry)随苏格兰移民而来。其母方亲戚包括温和主义文学圈的坚定成员威廉·罗伯逊。他定居于弗吉尼亚的汉诺威县(Hanover County),那里正在迅速成为苏格兰人以及阿尔斯特苏格兰移民的家园。他娶了另外一个名叫萨拉·塞姆(Sarah Syme)的亲戚。他最著名的格言是“不自由,毋宁死”,这一格言虽然突兀但完美地总结了那些边远地区的苏格兰社区的精神。在那些社区里,自由生活(哈奇森道德自由观念的一种粗糙、土生土长的版本)事关与生俱来的权利。1768 年,梅克伦堡县甚至对北卡罗来纳殖民机构说,“我们将更乐意永远支持一个在其治下能发现最多自由的政府”。

捍卫自由、反对所有挑战者,这需要意志力和一种敏锐的英勇感。在这里,在美洲,一种武士精神生根了,这种精神之凶猛、狂暴与任何高地宗族的武士精神都不相上下。安德鲁·杰克逊总统将会记得,他的母亲这样告诉他,“永远不要撒谎,也不要拿不是你自己的东西,不要控告任何人诽谤、攻击、殴打。要永远自己处理事情。”有一天,她斥责他道:“不要那么做,安德鲁。不要再让我看到你哭。女孩才是为哭而创造的,男孩不是。”他问:“那么男孩是为什么而创造的,妈妈?”她回答道:“为了战斗。”

作为战士,同时作为在决斗中夺去了两个对手性命的可敬绅士,杰克逊战斗了一生。决斗以及与之相伴的荣誉规范被深深嵌入了南方的文化之中。男人用拳头、刀子和毛瑟枪保护自己。射击训练是一个男孩应该接受的标准练习，有时候女孩子也接受此种训练，而应对真实的世界是这种训练的目的。偏远地区家庭之间发生战斗或世代结仇既常见又危险，与苏格兰边疆地区之间或高地宗族之间的那种战斗和世仇毫无二致。坎贝尔家族与麦克唐纳家族之间发生的史诗般的冲突，后来堪与发生在美洲偏远地区的哈特菲尔德家族（Hatfields）与麦科考伊家族（MacCoys）之间发生的冲突媲美。

为了看到正义得以伸张，男人准备将法律拽到他们自己手中。18世纪60年代后期，在卡罗来纳，保安团和管制队遍布各处，纵横交错，它们镇压地痞，向闯入者开战。一个苏格兰边疆人的后裔总结了这种保安团的见解，他来自弗吉尼亚皮茨瓦尼亚县（Pittsylvania County），名叫威廉·林奇上尉（Captain William Lynch）。他实际上是作为一名独裁者统治着他所在的县。他惩罚为非作歹者，还警告那些无法无天之辈：“我们将会对他或他们施以这样的肉体惩罚，在我们看来，这样的惩罚似乎应该与其所犯罪行相当，或与所造成的损失相当。”“林奇的法律”（Lynch's Law）以及它施加的惩罚和绞刑也成为美洲文化的一部分。它是美洲文化中表现为丑陋的那个部分，也是一个残酷世界和一个残忍、缺乏仁恕精神的民族的遗产。

阿尔斯特苏格兰长老会教徒还带来了他们对圣公会教徒的天生仇恨（尤其是因为，作为英格兰的臣民，他们不得不为美洲已经建立的圣公会交税）。当一个圣公会传教士试图在卡罗来纳山区传教时，当地人打断了他的礼拜仪式，引发了一群无赖在教堂外混战，放跑了他的马，偷走了他的教堂钥匙，拒绝给他提供食宿，还用威士忌灌醉了他的会众。那个传教士是个英格兰人，他学会了带着愤怒憎恶他的那些苏格兰—爱尔兰冒牌改宗者。“他们喜欢自己眼下那种低级、懒惰、放荡、野蛮、可憎的生活，”他写道，“并且似乎没有兴趣改变它。”

宗教感情并不全然是消极的。在爱尔兰的那些年里，约翰·诺克斯教会最初的福音派热情原封不动地保存了下来。尽管阿尔斯特苏格兰人的方式野性、“非基督教”，但他们依然深受苏格兰加尔文教派情感之源的熏陶。他们在“祈祷团体”及大型“田野集会”上敬拜上帝，而“田野集会”是美洲复活集会的祖先。他们转而向他们的牧师寻求鼓励和支持，从一种地狱之火和诅咒风格的基督教中获取安慰。在《神圣的集会》（*The Holy Fair*）中，怀疑论者罗伯特·彭斯嘲笑了苏格兰福音派牧师的表演天赋：

> 听了他阐明信仰的精髓，
> 我们激动，心脏跳个不停，
> 此时温顺地平静了，此时愤怒得发狂，
> 他在跺脚，他在跳跃！

但是，苏格兰人和苏格兰—爱尔兰信徒却喜爱它，并把它变成了南部（和美国）宗教的模本，从当时直到现在。在长老会“新灵光之子”（移民们如是称呼自己）与发生在 18 世纪 30 年代和 40 年代的新教复兴（历史学家称之为“伟大的觉醒”[the Great Awakening]）之间，它也打造了一条纽带。

“伟大的觉醒”改造了殖民地美洲的文化，用许诺的救赎打动了居民，鼓励他们去挑战正统的假说和惯例。它为美国革命搭建了舞台。被最频繁地与它联系在一起的人是新英格兰牧师乔纳森·爱德华兹（Jonathan Edwards），他的教堂位于马萨诸塞州的北安普敦（Northampton）。但是，事实上从一开始，苏格兰长老会教徒就冲锋在前并且居于中心位置。

“伟大的觉醒”的基本观念是，过去已经死了，而未来是活的，存在颂扬上帝荣耀的可能性。乔纳森·爱德华兹宣扬，基督王国的到来和千禧年将始于美洲。上帝的恩典能够遍及所有人，不仅是长老会教徒，也包括所有新教教派，甚至包括可恨的圣公会教徒；无论教派或起源地，所有义人终将走到一起，形成一个单一的伟大的“基督教联邦”。公义而非出身和地位决定了一个人在即将到来的上帝之国中的位置。这是一种复兴论信息，回荡着自诺克斯时代以来的苏格兰加尔文教派的主题。所以，毫不奇怪，长老会教徒成了它最热情的信徒，阿尔斯特苏格兰人抵达宾夕法尼亚、新泽西（New Jersey）、弗吉尼亚、马里兰（Maryland）等中部殖民地为它提供了最初的火花。

威廉·田农特（William Tennant）和他的儿子们处于爆炸的中心。最近，一个学者断定，“在‘伟大的觉醒’进程中，田农特父子可能是最重要的来自牧师方面的力量”。老威廉·田农特生于北爱尔兰，在爱丁堡接受教育，1704 年被任命为圣公会牧师。然而，1718 年，在他踏足美洲的那一刻，他感到被他的祖先和他妻子家的信仰吸引了。到了 1720 年，他成了宾夕法尼亚雄鹿县（Bucks County）的一个长老会牧师。雄鹿县位于边疆边缘，处在尼沙米内（Neshaminy）一个拥挤的苏格兰—爱尔兰移民社团中心。

威廉·田农特很快意识到，他的阿尔斯特苏格兰教民太多了，多得他应付不了，而他能指望的受过训练的牧师又太少，于是他决定在他的教堂旁的一座木屋中开办自己的神学学校。这所学校以“原木学院”（Log College）的名字为人所知，是中部殖民地的第一所长老会学院，它招收的第一批学生包括他的儿子吉尔伯特·田农特（Gilbert Tennant）。吉尔伯特坚强、无所畏惧，说不定会成为安德鲁·杰克逊的一个可敬的伙伴，或者也有可能成为威廉·华莱士的一个可敬的伙伴。他“比一般人个头要高”，是“一个非常坚毅的人、上帝的热爱者，非常羡慕上帝的荣耀，热心于罪人的救赎”。他接着去了耶鲁学院（Yale College）。1740 年，他返回宾夕法尼亚，为乔治·怀特菲尔德（George Whitefield）的复兴运动加油打气，这一运动在整个东海岸的新教团体中引发了“伟大的觉醒”。

这是一个重要时刻。宾夕法尼亚宗教会议已经决定关闭威廉·田农特的“原木学院”，原因是他关于神职人员应该启示而非仅仅管辖他的会众的主张有些激进。他抗拒这一决定，在宾夕法尼亚殖民地引发了分裂。这种分裂介于正统的“守旧派”（Old Side）与“新派”（New Side）之间，后者吸纳他们的信徒加入了他们的事业。到了 1744 年，吉尔伯特·田农特成了费城教会的“新派”牧师，而田农特版本的“新灵光”（New Light）正在向新泽西和新英格兰延伸。

为了启示学生和未来的“新派”牧师，田农特父子和他们的盟友决定在新泽西创建一所新的长老会学院。1747 年，新学院落成开张，并最终迁到了王子镇（Prince Town）或称普林斯顿（Princeton），它被认为是复兴主义者对诸如哈佛（Harvard）和耶鲁之类的机构的“腐败”的对抗手段。新学院甚至还选择乔纳森·爱德华兹担任名誉院长，但他到普林斯顿任职不到三个月就去世了。未来的美国副总统之父老艾伦·伯尔（Aaron Burr Sr.）被任命为新院长，而到了那个时候，长老会“守旧派”与“新派”之间的裂痕开始弥合了。普林斯顿成了各地复兴主义宗教的一个安息所，无论哪个教派，即使浸信会（Baptist）领袖艾萨克·巴克斯（Isaac Backus）也鼓励他的信徒的儿子们到那里去上学。

学院有一个年轻的校友名叫本杰明·拉什（Benjamin Rush），他是费城人。尽管就出身而言拉什并非苏格兰人，而是一个英格兰人，但在去苏格兰接受教育并改变了其生活的一系列人中，他是第一个。他的童年是在长老会“伟大的觉醒”①中的关键人物的包围下度过的。当他去普林斯顿时，学院院长是塞缪尔·戴维斯（Samuel Davies）。戴维斯曾在弗吉尼亚苏格兰—爱尔兰人居住的偏远地区宣讲福音数年。他向拉什所在的 1760 年班强调了“以一颗新心和一个新灵投身公共生活的非常重要性和绝对必要性”。毕业后，拉什在费城的杰出医师约翰·雷德曼（John Redman）手下当学徒，后者也是“原木学院”的一个毕业生。拉什碰到的其他医生鼓励他到苏格兰学医，于是他于 1767 年去了爱丁堡。这一行程不仅改变了他的生活，也在不经意间改变了美国的教育进程。

10 月 21 日，拉什抵达利物浦（Livepool）。本杰明·富兰克林当时生活

---

① 1764 年，当吉尔伯特·田农特去世时，拉什写了一篇热情洋溢的颂词。这篇颂词收录在他的回忆录中，而他的回忆录是他出版的第一部著作。——原书注

在伦敦，多亏了他，拉什获得了写给爱丁堡杰出人物的介绍信（1759年，富兰克林曾访问爱丁堡。在此期间，他被赋予了打开这座城市的钥匙）。在一次晚宴上，拉什甚至见到了大卫·休谟。他在日记中写道：“这个人相当不雅、笨拙。他话不多，但总是中肯、明智。”然而，休谟显然对宗教持怀疑主义，而他的温和主义朋友对宗教通常持一种懈怠的态度，这不仅让年轻的本杰明·拉什感到不安，还让他在“伟大的觉醒”的落日余晖中遭受痛苦。

正因为如此，在与苏格兰教会保守的人民派（Popular Party）在一起时，特别是与该派斗士约翰·威瑟斯庞在一起时，拉什才觉得舒坦。当拉什在格拉斯哥附近保守派快速增长的教区见到威瑟斯庞时，后者四十三岁。威瑟斯庞身体强壮，精力充沛，胖脸，眉毛浓密，是一个熟练的神学家和一位杰出的布道者。然而，他不是一个顽固、好战的反动分子。他曾经与威廉·罗伯逊、休·布莱尔以及其他温和主义者是同学，接受了相同的古典作品、哲学及科学中的人道主义教育。威瑟斯庞比大多数人都更了解他的温和主义对手们的力量和弱点，并且还在他的著作《神职人员的特质》中破坏性地运用了他的知识。《神职人员的特质》是一部反温和主义的讽刺作品，这部作品使得他即使在温和主义圈子里也大名鼎鼎、受人尊敬。

正是威瑟斯庞指出的，罗伯逊的新“开明”长老会教会以及其他教会实际上是一种精英主义。由于其对诸如伊斯雷勋爵之类有权有势的政治保护人的依赖，这种精英主义得到了强化。他自豪地采用了“人民派”这个名称，因为他和他的福音派信徒真的是人民的传道者，是农民、店主、学徒、佃农的传道者，而这些人构成了苏格兰教会的骨干。他相信，人民有权了解他们的传道者是何等人物，以及福音该如何被宣讲。

这是作为新教义派之子的本杰明·拉什能够认同的那种直接的民主态度，并且他并不孤单。正如他对威瑟斯庞解释的那样，正因为如此，他对佩斯利的访问并非一次轻松之旅（下文将解释不轻松的原因）。拉什去那里是有目的的，正是在那里，他说服威瑟斯庞接受了他前一年11月提供的一个职务，就是成为美洲普林斯顿学院的新院长。

Ⅱ

普林斯顿学院（也被称为拿骚大厅［Nassau Hall］，拿骚大厅是普林斯顿学院的主要建筑）曾经厄运连连，它的院长二十年里五度易人，其中一个院长乔纳森·爱德华兹在上任后不到三个月就去世了。学院需要一个能够给其带来稳定性和连续性的院长，而它的理事们认为威瑟斯庞既有适当的资格，还有相应的正统长老会精神，能够做到这一点。他们还认为，威瑟斯庞能够帮助长老会弥合“新派”与“守旧派”之间的裂痕，因为他受到两派人的尊敬（“守旧派”的领袖威廉·埃里森［William Alison］也是个苏格兰人）。1766年11月19日，他们给威瑟斯庞写信，给他提供146磅的薪金，他可以使用一套带花园的住房，使用获取“冬天的燃料和牧草”的土地。他们在信末这样说：“我们热情地祈祷，在你接受我们的选择之前，上帝能够铺平你的道路。”

乍看起来，即使威瑟斯庞仅仅考虑这样一个职位都显得有点儿奇怪。他在苏格兰的声望已经建立起来，而佩斯利是座快速成长的城市，他感到有义务一直留在那里并监督他曾在那里创立的教会。他此前拒绝了都柏林、邓迪（Dundee）以及鹿特丹苏格兰教会的邀请。此外，就像他去访问时对那些理事和本杰明·拉什所解释的那样，对于去美洲这样漫长、危险的航行，他的妻子非常谨慎。那是一种可以使任何人都感到气馁的前景，而对于一个生活稳定、舒适的人来说尤其如此。

然而事实是，就像很多其他福音派人士那样，威瑟斯庞感到被拽向了美洲。自18世纪50年代以来，他们曾一直在为控制他们的苏格兰教会而战，但是失败了。与此同时，他们发现殖民地上的长老会教会刚刚认识到了上帝的灵光。他们头脑中生出一种怀疑，上帝选定的与其选民订立新约之地也许根本不是苏格兰，而是美洲。在收到普林斯顿学院的邀请后，威瑟斯庞的一个苏格兰同事给他写信，敦促他接受邀请。信中这样说：“我早就认为，这是上帝的旨意……去把真理与正义的伟大王座固定到美洲；我还认为，在那个广阔的大陆上，成为实施那一伟大设计所需的最被认可的工具的温床，新泽西有可能正好。”

威瑟斯庞肯定也有过相似的想法。发展“伟大的设计”并使新泽西学院成为其教育中心，这种机会太棒了，不能错过。至于拉什的请求是否影响了他最后的决定，我们永远不得而知。到了1768年2月4日，威瑟斯庞通知拉什，他的顾虑已经消除，他将担任普林斯顿学院院长一职。“但愿这是为了上帝的荣耀和公众的利益，”他在给拉什的信中写道，“因为这是一项非常艰难的工作，并且比你所知的还要违背我的世俗利益，但我不会退缩。”

5月10日，他通知他的悲伤的教民，他将永远离开他们和苏格兰。18日，他和他的妻子在格林诺克登上了一艘驶往美洲的轮船。经过近十一周令人难受的旅程后，8月6日，星期六，他们终于抵达特拉华河河口。星期天，他在费城上岸，并在那里受到了一群教会官员和祝福者的欢迎。五天后，他们乘坐马车前往普林斯顿。那天晚上，当威瑟斯庞和他的妻子抵达普林斯顿时，他们发现学院及其学生位于其间的拿骚大厅灯火辉煌。学生们已经获得许可，可以照亮学院来欢迎他们著名的新院长。他们给拿骚大厅挂上了数十支蜡烛、灯和灯笼，使拿骚大厅成为黑暗中的一座闪亮的灯塔。

刚一任职，威瑟斯庞就被证明与老派、思想狭隘、不妥协的福音派教徒们截然相反。他不仅打算让普林斯顿学院成为殖民地上最好的学院，还打算让其成为整个英语世界最好的学府。他为普林斯顿学院选择的榜样是他的苏格兰母校爱丁堡大学，并且它的课程将是哈奇森以及其他人在格拉斯哥已经引入的、严格的人道主义课程。威瑟斯庞并没有将教育视为一种教化形式，或强化一种宗教正统信仰的形式，而是将其视为头脑和心灵的一种拓宽与加深，而在此过程中，自由思想是基础。“管理，总是管理，”他对全体教员说，“但要当心管得太多。说服你们的学生……你希望看到他们快乐；你无需施加任何控制，除了他们的利益以及学院的秩序和安宁；你只需提供必不可少的东西。”在他的领导下，普林斯顿学院成了美洲福音派热情与苏格兰现代化的人道主义的一个重要交汇点，成了苏格兰思想流入殖民地文化的一个主要渠道。

即使在威瑟斯庞抵达之前，这里的一些东西就已经各得其所。普林斯顿的阿尔斯特苏格兰创建者之一塞缪尔·布莱尔(Samuel Blair)曾说，普林斯顿学院的课程应该“培养一种自由和自由询问的精神”，以便每个教派的成员都能享有良心自由，而不仅仅是长老会教徒。学生不仅被引进范围广泛的世俗学科，也被引入神学学科。在一年半的拉丁语和希腊语课程后，他们不仅被要求学习诸如逻辑和修辞之类的传统科目，还被要求学习历史、地理和科学。正如威瑟斯庞所做的那样，普林斯顿学院的创建者相信，科学不是宗教的对手，而是盟友。那是一种在苏格兰的大学受过训练的任何一个人都能理解的教育观，即所有人类知识的一种基本统一，而每个学生都能接触这种统一，并最终掌握这种统一。

威瑟斯庞将其专注的精力用于践行这种教育思想。他像一个人力发电机那样走进普利斯顿学院。除了担任院长，作为学院的一个主要演说家，威瑟斯庞也担任哲学系、历史系以及我们今天会称为英语系的一个学科的系主任，每逢星期天还在学院的小礼拜堂中布道。此外，他还给学生上法语课和希伯来语课。

接下来，威瑟斯庞整顿了普林斯顿学院主办的附属语法学校并接任校长。正如人们预料一个苏格兰人会做的那样，他把语法学校课程中正规的英语课增加了一倍，还为学员入学要求增加了英语文学和写作。他将课程集中于对于弗朗西斯·哈奇森及其盟友于较早时期在苏格兰实施的改革而言相当重要的科目，特别是古典文学、道德哲学、修辞和批判主义哲学，或他的温和主义老对手所谓的纯文学。他使所有这些科目中都包括了大量的阅读，不仅涉及伟大的古代哲学家，还包括现代哲学家。这些现代哲学家包括他的苏格兰同胞以及他的温和主义对手，如哈奇森、卡姆斯、弗格森、亚当·斯密，甚至还有大卫·休谟。威瑟斯庞的看法是，即使你与一个哲学家或思想家观点不一致，也依然需要阅读他的著作，以便了解他的论点并将其驳倒。就这样，威瑟斯庞的学生发现，他们被一群威瑟斯庞不喜欢的思想家淹没了，但按照“自由探究的精神”，他们又被期望理解并消化这些哲学家。其结果便是，威瑟斯庞的影响远远超出了他的观点和立场，指向了他自己都未能预见的方向。

在其他方面，威瑟斯庞的确给其学生的智力发展指引了方向。他鼓励他们按照苏格兰的标准重新组建了普林斯顿学院的两个学生俱乐部，作为智力讨论和娱乐之所。他的两个最好的学生詹姆斯·麦迪逊（James Madison，当时十八岁）和艾伦·伯尔（Aaron Burr）①参与进来，提供了帮助。威瑟斯庞几乎每晚都在拿骚大厅中组织讨论与演讲，以便普林斯顿学院的学生如他所说的那样：“通过早期的培养，也许能够学会在公开演讲中展示思想以及适宜的发音和手势。”在这些夜晚，威瑟斯庞开门接纳公众，鼓励麦迪逊、伯尔以及其他学生砥砺才智，就范围广泛的一系列主题面向广大听众畅所欲言，其中包括政治主题。由于这些主题过于变化无常，太具争议性（此时正值波士顿大屠杀［Boston Massacre］），以至于当地人开始感到恐慌。

所有这些均为威瑟斯庞对普林斯顿学院的构想的一部分。按照他的构想，普林斯顿学院不仅要成为教育学生及未来牧师之地，还要成为培训未来公众领袖之地。他的动机之一就是希望普林斯顿学院尽可能地“兼容并包”。普林斯顿学院吸引了来自所有殖民地的学生，不仅是新泽西。他鼓励非长老会的学生入学，例如圣公会教徒、弗吉尼亚人詹姆斯·麦迪逊。更令人惊奇的是，他甚至还招收了美国原住民和黑人学生，例如后来成为教师和牧师的约翰·查韦斯（John Chavis）。威瑟斯庞希望他的学生将他们自己视为美洲人，有义务引领美洲走向一个新的未来。

当18世纪70年代有迹象显示将成为殖民地与英国发生冲突的十年时，威瑟斯庞和他的学生们对未来思考了很多。在这十年里，发生了波士顿大屠杀、反对“过分法案”（*Intolerable Acts*）的抗议，通讯委员会（Committees of

① 前文提到了他的父亲。他后来成为副总统，并在与汉密尔顿的决斗中将对方杀死。——译者注

Correspondence）召开了第一次会议。在这一紧张、令人困惑的危机中，威瑟斯庞很清楚他应站到哪边。无论他作为一个英国人和一个苏格兰人的情感如何，此时他的忠诚选择了与他的家园在一起。他说，他在苏格兰时选择了人民派，因为他反对“贵族统治”。此时，同样的问题一触即发。美洲必须自由填补其在上帝的“伟大设计”中的位置，如果母国不允许拥有这样的自由，美洲人就必须做好自主解决问题的准备。

1771年，威瑟斯庞出版了他支持美洲事业的第一部著作。三年后，随着事态发展，当所有殖民地的代表聚在一起召开第一届大陆会议时，他撰写了他的《关于美洲自由的思考》（*Thoughts on American Liberty*）。他敦促大陆会议把美利坚视为一个民族，并有其明确的民族利益。尽管他们依然应该声明对英国及其法律的忠诚，但必须采取坚定的立场反对英国议会征税、干涉他们的事务。美洲最杰出的教育家敦促道，到了开始为联合绘制蓝图的时候了。在致殖民地所有长老会教堂的一封牧函中，他多次阐述了这一点。他说，宁可“战争带着其全部的恐怖、甚至灭绝降临于我们自身及我们的子孙身上，也不要奴役”。

在1775年4月19日拂晓前的数小时里，英国军队开进马萨诸塞列克星敦（Lexington），结果发现100名左右的当地志愿军在村庄的草地上摆好了阵势，正等着迎击他们。交火开始了，8个民兵被打死，10个民兵受伤，剩下的民兵四散而逃。马萨诸塞民兵与英国正规军交火了整整一天，洒下了美国革命的第一滴血。当战斗的消息传到其他殖民地时，武装斗争的支持者迅速采取了行动。谢南多厄河谷的阿尔斯特苏格兰人欣然承担起了这一事业。在弗吉尼亚洛克布雷奇县（Rockbridge County），为了纪念陷落的列克星敦，他们甚至将县政府所在地命名为列克星敦。5月20日午夜，在北卡罗来纳，苏格兰—爱尔兰人志愿军聚集在夏洛特市，宣布梅克伦堡县摆脱英国君主的统治，获得自由和独立。

把各个殖民地爆发的起义转变成一场单一的民族运动成了当务之急。部分来看，这是一个军事问题，由于缺乏统一指挥，起义者们没有机会坚持抵抗比他们多得多的英国敌人。这导致了1775年6月14日大陆军的建立，而其司令就是乔治·华盛顿(George Washington)将军。但是，这也是个政治问题，亦即如何说服殖民者将他们自己视为一个巨大整体的一个小部分，致力于同一个目标，要求每个人都做出相同的牺牲。幸运的是，“伟大的觉醒”已经指明了这条道路，并且再也没有哪个人能比约翰·威瑟斯庞更敏锐地意识到那等着挖掘的深层资源。美洲的联合需要的不仅仅是一个理性计划，它还需要一个牢固的道德基础，而威瑟斯庞指出了在哪里可以发现这种基础。

1776年3月，英军撤离波士顿，冲突正在从新英格兰转向纽约(New York)。5月15日，大陆会议首次采纳了将其与英国正式分离的尝试性措施。两天后，威瑟斯庞走上普林斯顿学院的布道台，做了一次布道。后来，他将这次布道以“神意对人之激情的统治”(*The Dominion of Providence over the Passions of Men*)为题出版。在开篇，它全面考察了上帝的旨意在人类历史中的作用，以及何以如《圣经·旧约·诗篇》所云“即使一只麻雀落地上帝也知道”。就像威瑟斯庞解释的那样，这是因为上帝知道“他的”世界中所发生的一切，最终驱使这一切发生，尤其是他的选民的命运。他的仁慈先是保护了以色列人，接着又保护了早期基督徒。他的仁慈先是指引了宗教改革，然后又将其扩展到了美洲海岸。此时上帝正在指引殖民地的骚乱事件，即使当被安排来反对这些事件的力量似乎注定要胜利时也是如此。

威瑟斯庞的这个句子从布道台上响了起来，就像一支回响在美洲山水间的铃声：

> 我感到满意的是，殖民地联盟并非骄傲、憎恨和骚动的结果，而是源于一种深深的普遍信念。这种信念就是，我们的非宗教和宗教自由有赖于这个问题的解决；而其结果便是，在很大程度上，我们及我们的子孙的尘世、外在的幸福也有赖于这个问题的解决。

危如累卵的不只是税收或生而自由的英国人的权利，还有一个献给上帝的基督教联邦的原则。事实上，政治与宗教问题是密不可分的。“在历史上，还不存在这样一个瞬间，在这个瞬间，非宗教自由丧失了，而宗教自由却（保持）完整。”在威瑟斯庞看来，之所以说这一叛乱是上帝神圣计划的一部分，最后的证据就是长老会、公理会、浸信会——甚至圣公会——这么多教派都走到了一起，支持这次反抗。“教会是美洲自由的最好盟友”，威瑟斯庞断言，它把对政治自由的信奉与对上帝的信奉结合到了一起。如果美洲人能够做到这一点，那么“在上帝的赐福下，就完全有理由希冀繁荣与成功”。

虽说是要建设一个信奉自由与上帝的基督教联邦，但其政治前景不大可能进一步偏离大卫·休谟和亚当·斯密的原则。而在1776年的美洲，这一观点却恰到好处。历史学家强调世俗政治思想对激励美国革命产生的作用，指出了托马斯·杰斐逊（Thomas Jefferson）、约翰·亚当斯（John Adams）和詹姆斯·麦迪逊（很快我们将会看到，他事实上的确转向了大卫·休谟并寻求指导）在革命中的作用。但当他们这样做时，有时候却忽视了导致那一反抗的强大的宗教维度。对用政治手段反抗他们至高无上的君主的思想，有数千名殖民者可能曾仇视，或至少曾对其漠然置之，对于这些人来说，威瑟斯庞的布道有助于转变他们的思想。对于新教的美洲来说，他的布道是可信的。威瑟斯庞激发了一种复兴热情，即革命需要成功、新国家将会继承。

与威瑟斯庞同时代的人无疑认可了他的观点。《神意对人之激情的统治》共印行了九版，出版商有费城、伦敦的，还有格拉斯哥的。爱丁堡《苏格兰人杂志》的编辑对这本书大加挞伐并断定，“我们美洲殖民地发生的不幸骚乱”应该完全归咎于“神职人员”的影响，并且“无人比威瑟斯庞博士更甚”。前首相霍勒斯·沃波尔曾在议会发言道：“为之哭泣是没有用的，美洲堂弟已经跟一个长老会牧师跑了，而这就是其结局。”每个人都清楚他说的是谁。

1776年6月28日，作为新泽西代表团的一个成员，威瑟斯庞来到费城参加大陆会议。他们将在那里起草独立宣言。

Ⅲ

对于所有苏格兰移民和最近的苏格兰或阿尔斯特苏格兰世家的美洲人来说，美国革命强加给了他们一系列艰难的抉择。为了确保他们的权利，殖民者应该反抗还是不反抗？如果他们真的反抗了，那么别人是否应该加入他们呢，还是继续保持对英国君主的忠诚？

刚移民过来不久的人，特别是那些来自高地的人，他们倾向于选择国王。引人注目的是，尽管政府为了将他们驱离家园而大动干戈，但一些在1745年叛乱后逃来的人依然忠于政府。当弗洛拉·麦克唐纳和艾伦·麦克唐纳得知列克星敦的消息时，艾伦马上决定加入忠君的一方。他成了一支忠君派民兵的副指挥官，而这支军队是在恐怖角地区（Cape Fear region）的高地人中征募的。这支民兵的指挥官是唐纳德·麦克唐纳准将（Brigadier Donald MacDonald），他是被派遣到北卡罗来纳的英军军官，也碰巧是艾伦的一位堂兄。1776年2月底，在摩尔溪（Moore's Creek），装备着风笛和大砍刀的高地民兵与反叛者发生了冲突。带头冲锋陷阵的是另外一个恐怖角的高地人，这人名叫唐纳德·麦克劳德。他身中九发步枪子弹阵亡，另外约三十人也倒了下去，最后忠君派民兵落荒而逃。沙场属于反抗者，他们中的大多数几乎可以肯定是阿尔斯特苏格兰人。

在纽约的莫霍克峡谷（Mohawk Valley），高地移民在两个卡罗登老兵的率领下聚集到英国的旗帜下，这两个老兵一个曾为詹姆斯二世党人服务，另一个则站在汉诺威王室一边。老汉诺威党人亚历山大·麦克唐纳宣布，“除了最严厉的措施，没有什么能治愈在全美洲盛行的疯狂”。他领导了一场可怕、野蛮、游击队形式的战争，挑动印第安人反对叛乱的定居者，挑动高地人对抗正规的大陆军。此类事件以及在摩尔溪发生的战斗使苏格兰移民与忠君派或“保王党”成了同义词。他们成了容易得手的伤害目标。约翰·威瑟斯庞甚至撰写了《致苏格兰同胞的呼吁书》（*Appeal to Natives of Scotland*），敦促他们从自身利益出发重新思考。他坚称，独立可以使他们的美洲家园“强大、繁荣到超乎想象的程度”。英国与美洲将最终通过其他纽带、自由贸易连接在一起（在这一点上，他甚至引用了大卫·休谟的话）。他们将不会抛弃自己的旧根，还会获得一些新根。

但是，大体来说，苏格兰人反对革命的立场很坚定。当革命结束时，大多数人最终以被迫离开为他们的决定付出了代价。正如独立的美国人清晰地表明的那样，他们再也不受欢迎了：

> 保王党人，要想救他们自己的卑贱小命，
> 就应该带上他们的妻小飞一样地逃走。

艾伦·麦克唐纳和弗洛拉·麦克唐纳回到了他们位于斯凯岛上的老家，在经过一生不断的冒险和动荡后，完成了一个循环。被放逐的忠君派有15万人之多，苏格兰人至少占五分之一，他们去了依然是英国领土的美洲其他地方。至少有一半人去了加拿大，其中3.5万人去了新斯科舍这个苏格兰人在北美洲建立的第一个立脚点。在感受过十三个殖民地的富裕生活之后，移民们发现新斯科舍的条件是严苛的。一些人给自己的新家取了“新匮乏”（Nova Scarcity）的绰号。但是，美国革命的确产生了这样一个令人意想不到的结果，即它给英国在加拿大的殖民地送去了数量可观的苏格兰人，这些人将在下个世纪加拿大的建设中扮演重要角色。

另一方面，阿尔斯特苏格兰人就没有这样的不安。对英国的长期仇恨使他们投入了“自由之子”的怀抱和叛乱事业。一个心惊胆战的新英格兰人说，他们是“地狱这一方最让上帝气恼的民主主义者”。有些人，如邦克山（Bunker Hill）的司令官威廉·斯塔克（William Stark）在战斗中扮演了主导角色，但大多数人仍然扮演着比较卑微的角色，就像安德鲁·杰克逊一家那样。杰克逊的两个兄弟加入了南卡罗来纳民兵，其中一个战死时只有十六岁。安德鲁自己在十二岁的小小年龄就加入了民兵组织，在战斗中受伤被

俘，当他拒绝为一个英国军官擦靴子时，头盖骨上挨了一军刀，留下了永久的伤疤。他在狱中感染了天花和疟疾。他的母亲负责护理伤员，在战争结束前力竭而死。

来自诸如北卡罗来纳梅克伦堡县、橘子县、弗吉尼亚奥古斯塔县（Augusta）、洛克布雷奇县和宾夕法尼亚雄鹿县、切斯特县的苏格兰—爱尔兰人给独立提供的不仅仅是爱国热情。普通的美洲殖民者使用火器的熟练程度究竟如何，是否大多数人甚至拥有毛瑟枪或用其射击过，在这些问题上，历史学家们进行了激烈的争论。然而，有一件事似乎是确凿无疑的，典型的在边界定居的苏格兰—爱尔兰人是伴着火器长大的，其中包括使用线膛毛瑟枪。英国将军豪（Howe）不得不承认，他们“几乎没有发射学知识”就“熟练地掌握了”这种枪。他们为乔治·华盛顿的大陆军提供了主力。据估计（可能有些夸大），大陆军在福吉谷（Valley Forge）时，半数人员为阿尔斯特苏格兰人。他们为这场革命带来了军事经验、领导阶层和战斗精神，这三点正是这场革命迫切需要的。

北卡罗来纳的丹尼尔·摩根（Daniel Morgan）招募一个志愿步枪团在考彭斯之战（Battle of Cowpens）中击败了英格兰人，接着在挫败英国将军康沃利（Cornwallis）于南北卡罗来纳发动的进攻中发挥了作用。乔治·罗杰斯·克拉克（George Rogers Clark）出生于弗吉尼亚，像边疆人一样坚强。他在俄亥俄谷（Ohio Valley）反败为胜，击垮了英国人。当时，为了占领文森斯堡（Fort Vincennes），他的突击队进行了史诗般的跋涉。

1729年，亨利·诺克斯（Henry Knox）的父亲从阿尔斯特来到波士顿。当叛乱爆发时，亨利二十五岁。尽管他没有当兵经历，但在不到一年的时间里，他就成了乔治·华盛顿炮兵部队的首领。1776年圣诞节前夕，他个人领导了华盛顿对特伦顿（Trenton）黑森兵（Hessians）的突袭。在后来参加的战斗中，他赢得了赞誉。1781年他荣升少将，时年三十一岁。作为华盛顿核心小圈子的关键成员，他后来在华盛顿手下担任新国家的首任战争部长。1790年，他大力推动创建一个全国民兵组织的计划，但遭到了国会的拒绝。

然而，为了在纽约西点(West Point)创建一所全国军事院校，诺克斯的确采取了初步步骤。

詹姆斯·麦克亨利(James McHenry)在阿尔斯特的安特里姆郡长大，在都柏林接受教育，很可能是在一所长老会学校。他于1771年移民费城。当他们家的其他人在巴尔的摩(Baltimore)开创了一种兴隆的港口生意时，麦克亨利却选择了与本杰明·拉什到费城学院(College of Philadelphia)学医。战争将他们驱策到大陆军中当医生。麦克亨利后来从军医(在福吉谷，他是流动野战医院的高级外科医生)转向了参谋工作，先是成了乔治·华盛顿的秘书，接着成了拉法耶特(Lafayette)的秘书。后来麦克亨利还坐上了战争部长的位置，先是在华盛顿手下，后来在约翰·亚当斯手下。当与法国发生战争的威胁显现时，他下令在东海岸建造了一系列堡垒。巴尔的摩的那座堡垒后来以他的名字命名。1812年，英国人对麦克亨利堡(Fort McHenry)进行了围攻。这一围攻激发了另一个苏格兰裔美国人弗朗西斯·司各特·基(Francis Scot Key)的灵感，促使他写出了美国国歌《星条旗永不落》(*Star-Spangled Banner*)。

然而，对美国战争努力做出重要贡献的不仅仅是阿尔斯特苏格兰人。

约翰·保罗(John Paul)的父亲是个富裕庄园的园丁，这座庄园位于苏格兰最南端的柯尔库布里(Kirkcudbright)。然而，约翰没兴趣继续留在土地上。海洋的吸引力让他无法抗拒，十三岁的时候他登上一艘苏格兰商船进行了第一次航行，来到了弗吉尼亚的弗雷德里克斯堡(Fredericksburg)。作为一名优秀的水手，他迅速拥有了自己的船只。不幸的是，这使他的自负、一触即跳和凶暴的脾气暴露出来，而他性格中的这一因素将会折磨他一生。1773年，他被指控谋杀了他的一名船员。这时他决定从英国逃到弗吉尼亚。在弗吉尼亚，他通过增加“琼斯”(Jones)这个姓氏改变了他的名字。殖民地处于叛乱的边缘，而对于一个大胆的冒险者和熟练的海员来说，这是个绝好的机会。约翰·保罗·琼斯被任命为“阿尔弗雷德号”(Alfred)上的海军上尉，这艘船是大陆军海军的第一艘战舰。1777年11月1日，他成了“突击队员号”(Ranger)舰长。他先是指挥着这条船，后来又指挥着法国提供的“好人理查德号”(Bon Humme Richard)，成了美国第一个海战英雄。战后，他的自负和勃勃野心使其无法在海军中扮演一个更重要的角色。但是，他参加的史诗般海战、他的著名格言“我尚未开始战斗”都展现了那种破釜沉舟的精神，正是这种精神最终使奋力挣扎的革命占了上风。

1776年那个狂热的夏天，一种相似的精神也降临到了参加大陆会议的代表们身上。作为新泽西代表团的一员，威瑟斯庞对这种事业涉及的风险心知肚明。用不了一年，英国军队就会侵入普林斯顿。他们会洗劫拿骚大厅，焚毁威瑟斯庞辛苦筹建的那座辉煌的图书馆。但在此时，他的注意力完全集中在了这个国家的未来上。“过去人们常常说，”他写道，“现在对于美洲而言可能是个重要的时刻。我想我们可以有把握地说，它甚至有可能成为人类历史上最重要的时代。”他认为，大陆会议的责任不仅仅是宣布独立，它的工作是为一个新国家的创建奠定基础。威瑟斯庞补充道：“我们拥有按照最理性、公正、平等的原则制定政府计划的机会。我承认，我总是带着一种热忱的满足来看待这一点。”他认为，这是历史上从来不曾发生过的事情。如果他们失败了，这种事情可能就再也不会发生。

参加大陆会议的有许多苏格兰裔或阿尔斯特苏格兰裔的代表。实际上，在最终的《独立宣言》上签字的56位代表中，至少有19人有苏格兰或阿尔斯特苏格兰血统，占了整整三分之一。① 除了威瑟斯庞，还有北卡罗来纳的威廉·胡帕(William Hooper)，其父是个波士顿的苏格兰公理会教徒；以及特拉华的托马斯·麦基恩(Thomas McKean)，他的父亲是宾夕法尼亚切斯特县苏格兰—爱尔兰定居地的一个农民和酒馆老板。宾夕法尼亚的代表团充满了苏格兰后裔，这里面有詹姆斯·史密斯、乔治·泰勒(George Tay-

① 最初的名单是系谱学家威廉·司各特(William Scot)编制的，但学者邓肯·布鲁斯(Duncan Bruce)坚持认为应为21人。他增加的两个人分别是新泽西的亚伯拉罕·克拉克(Abraham Clark)和纽约的刘易斯·莫里斯(Lewis Morris)。——原书注

lor)——他作为一个契约仆人从北爱尔兰迁居而来——土生土长的司各特·詹姆斯·威尔逊(Scot James Wilson),他来自卡斯柯迪(Carskerdy),在圣安德鲁斯和格拉斯哥接受过教育(我们下文就将再次讲到他)。

苏格兰教育的影响也很明显,有威瑟斯庞、威尔逊、本杰明·拉什(他是宾夕法尼亚的代表)、托马斯·杰斐逊。虽然杰斐逊从未上过任何一所苏格兰大学,但他的母校威廉和玛丽学院(William and Mary College)当时刚刚按照苏格兰模式进行了整改。他最亲近的老师威廉·斯莫(William Small)是个土生土长的苏格兰人,在阿伯丁大学(University of Aberdeen)接受过教育。他起草的宣言中最著名的短语是"我们认为这些真理是不言自明的"和"对幸福的追求",而这两个短语要追根溯源至那所苏格兰学校。不仅如此,《独立宣言》的定本是一个阿尔斯特苏格兰人(查尔斯·汤姆森[Charles Thomson],大陆会议的秘书)写的,公开向费城公民朗读的是一个阿尔斯特苏格兰人,第一次将其出版的也是一个阿尔斯特苏格兰人。

与此同时,在苏格兰,政治家、牧师、哲学家、商人和普通人也在冲突的双方选队列。在议会中,苏格兰人当时在执政一方也很突出,当诺斯勋爵(Lord North)下令英国进入战争状态时,他的内阁中有两个苏格兰人。亚历山大·韦德伯恩(Alexander Wedderburn)任司法部副部长,罗伯特·邓达斯勋爵(Lord Robert Dundas)任苏格兰总检察长,而(内阁外的)曼斯菲尔德勋爵则担任王国政府在上议院的首席发言人。另一方面,豪放的乔治·戈登勋爵(Lord George Gordon)作为富于煽动性的演说家和反天主教的顽固分子却骄傲地称颂美国的独立事业。

格拉斯哥和爱丁堡的商业精英们都坚定地支持政府,提议招募志愿军团帮助镇压"那些可憎的叛乱分子"。处于危急关头的不仅是北不列颠人的忠诚,还有他们的物质私利。商人担心美国独立会削弱他们有利可图的跨大西洋烟草生意。事实上,战争已经导致了对美洲商品的禁运,而这种禁运动摇了大多数格拉斯哥大商行的根基,到1776年,一些大商行已经做好了倒闭的准备。威廉·坎宁安是个例外。当美洲危机开始加剧时,他悄悄地从其竞争对手手中买下了全部的弗吉尼亚和马里兰烟草存货。当战争到来时，烟草价格火箭式上升，他慷慨地同意把烟草再回卖给他们，赚取了天文数字般的利润。正是靠着这笔生意的收入，他才得以在弗吉尼亚街（Virginia Street）上建起了他金碧辉煌的房子，才得以以所有烟草大亨中最成功、最狡黠的面目出现。

美国革命也使苏格兰高地军团成为英国军队的骨干。在战斗过程中，现役的高地军团人数翻了一倍。自1745年以来，高地的那些家族就不被允许拥有自己的武器，此时他们重新发现了他们的军事生计，发现了他们传统的苏格兰式短裙和软帽，在他们地主招募的军事单位中服役。弗雷泽高地军团、麦克唐纳高地军团、阿盖尔高地军团在弗吉尼亚、纽约和南北卡罗来纳作战。与此同时，阿索尔（Atholl）高地军团、西弗斯勋爵（Lord Seaforth）高地军团则守卫着位于爱尔兰、直布罗陀（Gibraltar）和印度的其他英国要塞。麦克唐纳的第76高地军团与其他英国军队一起，在约克镇（Yorktown）投降。按照它的一个军官的描述，俘虏了他们的人（其中有几个苏格兰移民）敦促他们逃亡。然而，那位军官却骄傲地指出：“不会有一个高地人会允许自己受到这些好意的诱惑，以至于停止履行他承担的职责，背弃他的国王和国家。”

美国革命让苏格兰启蒙运动的政治忠诚裂成碎片。尽管威廉·罗伯逊坚信，有一天“美国肯定会在未来某个时期成为帝国的王座”，但是他却选择支持伦敦政府。大卫·休谟虽是一个典型的苏格兰人，却担心抓住这些遥远的帝国资产会从财政和道义上毁灭伦敦政府。他完全同情殖民者。“就我的原则而言，我是一个美洲人，”他在1775年对本杰明·富兰克林说，“希望我们会允许他们按照他们认为合适的方式自己管理自己，即使管理不当也行。”

就像休谟那样，亚当·斯密在那场斗争中看到了更多处于危急关头的东西，而不仅仅是美洲自由对抗议会的统治权。他认识到一种力量正在释放，如果这种释放不能沿着自由贸易的方向更大地改变大不列颠的帝国政策，那么它最终将把大不列颠撕裂。他自己的解决方法是在议会中给予殖民地以代表权，但考虑到威斯敏斯特当时的力量态势，这种办法是不可能实施的。那么，剩下的唯一理智路线必然是让它们离开。他在《国富论》最后一个句子中写道："毫无疑问，是时候了，大不列颠应该将其自身从战时保卫这些省份的开支中解放出来，从和平时期维持它们的民用、军用设施的任何一部分中解放出来。"亚当·斯密辩称，通过放弃国外的一种已经失败的事业，英国将不得不面对国内的现实，面对如他所说的"她的境况的真正凡庸"，面对她的事务失败于其中的那种停滞状态。

在支持美洲事业方面，威瑟斯庞在福音派中的盟友更加热情。约翰·厄斯金是威瑟斯庞的同事。1769 年，他写了一本题为"我应该与我的美洲同胞作战吗"(*Shall I Go to War with My America Brethren*)的小册子，而关于这个问题的答案是响亮的"不"。当战争爆发时，其他人也效仿厄斯金，对战争表示抗议，谴责伦敦的强硬态度。他们的立场不仅仅是出于同殖民地上他们的长老会教徒保持团结。他们还担心，政府会转向英格兰的罗马天主教会寻求对其政策的支持，给它们提供一部天主教抚慰法案，向天主教会伸出橄榄枝，进而向罗马教皇伸出橄榄枝，以换取他们对镇压美洲叛乱的帮助。这种相当牵强的担忧不仅触动了苏格兰人，也触动了英格兰人。1780 年，这种担忧激发了伦敦所曾见证的最猛烈的暴动。在精神错乱但魅力非凡的戈登勋爵的怂恿下，暴民们先是焚烧了天主教堂，然后洗劫了首席法官曼斯菲尔德的家，袭击了英格兰银行，打开了舰队和国王法院的监狱。10000 名士兵被用于镇压暴动。285 人被打死，另有 25 人被处以绞刑。

对于英国来说，特别是对于苏格兰人来说，这一时期是特别低迷的顶点。如果休谟能活着目睹这一切的话，他将证实他的一种认识，即联合王国已经进入一个非常危险的颓废期，如果王国想拯救自己、避免瓦解于破产、混乱甚至革命之中，那么就需要采取激烈步骤。与此同时，英国不仅卷入了一场不受欢迎的战争，不仅与十三个殖民地作战，还与法国、西班牙和荷兰作战。假如休谟活得再长一点儿，他就能看到英国的旧敌法国由于在帮助美国人的过程中积欠的债务，卷入了恰恰是他最害怕的革命，就可能会理解其中的嘲讽意味。

Ⅳ

毋庸置疑，苏格兰裔美洲人并没有赢得美国革命。是与法国的联盟才赢得了美国革命，这一点最终保证了英国在1783年的《巴黎条约》(*Treaty of Paris*)中同意美国独立。但正如苏格兰人以及他们的苏格兰—爱尔兰堂兄弟为美国的事业提供了某些关键的力量和灵感一样，他们此后在创建这个新国家方面扮演了同等重要的角色。事实上，有另外两个苏格兰人——尽管他们从未涉足美国的土地——在塑造这个国家的性格方面起到了决定性作用。

当大陆会议起草《联邦宪法》(*Articles of Federation*)、首次尝试创造一个全国联盟时，约翰·威瑟斯庞就已经开始推动这方面的事务。他言及美国在世界未来中的位置，这一问题对于他而言正在变得越来越重要。他对聚在一起的代表们说：“我期待，就像其他每一种人类艺术那样，新国家能在人类社会的秩序和完善中取得进步。”他不同意大陆会议可能在推动它向前方面失败，他说：“在未来的时代中，占全球四分之一土地的所有州或许会看到，通过某种联盟计划来确保安全与和平持续是适当的，这并非没有可能。”威瑟斯庞敦促代表们让美国成为这样一个欧洲联盟的典范，“将和平的赐福和公共秩序传递千秋万代”。

但《联邦宪法》却带来了一种极度的失望。美利坚共和国的中央太虚弱，在保证各个州的权力方面又过于琐碎，似乎注定要失败。诸如约翰·亚当斯之类的悲观主义者甚至猜想，由于《联邦宪法》，美国的自治政府实验会遭到失败。

为了防止这一点，1787年暮春，代表们再次聚集在费城，以便起草一份新的联盟计划。尽管威瑟斯庞没有参加，但制宪大会的确通过间接的方式，对他作为美国最重要的教育家做出的努力给予了颂扬。制宪会议中有25

个学院毕业生，其中9人是普林斯顿的毕业生，哈佛毕业生只有4个，耶鲁毕业生甚至更少。有两个为制定一部新宪法而起草的计划被提交给了代表们，而这两个计划的起草者都是普林斯顿的毕业生。威廉·帕特森[①]是个阿尔斯特苏格兰锡匠的儿子，虽然他在威瑟斯庞抵达前不久才到普林斯顿就学，但却在邀请威瑟斯庞到那里就职发挥了作用。他起草了所谓的"新泽西计划"（New Jersey Plan），该计划坚决支持小州反对诸如纽约、弗吉尼亚、马萨诸塞这些大州的权利。

另一份计划的起草者是威瑟斯庞最亲密的弟子之一詹姆斯·麦迪逊，该计划经过修改，被采纳为未来《联邦宪法》的蓝本。麦迪逊来自弗吉尼亚中部一个极富裕的家庭，是该州圣公会地主阶级的一份子，该阶级蔑视"伟大的觉醒"中的那些宗教狂热分子，对其自身与英国的联系感到骄傲。然而麦迪逊去了普林斯顿，在那里他深深依恋上了威瑟斯庞院长，甚至为了与他继续开展专门工作而推迟毕业。这里面包括辅导希伯来文，研读从哈奇森、卡姆斯到亚当·斯密、大卫·休谟等苏格兰最先进的思想家的著作。

威瑟斯庞公开宣称，休谟是个强敌，但吸引麦迪逊的正是这个休谟。休谟超然、爱讥讽、富有魅力，在智力辩论中很厉害，总是很风趣，经常蛮横无理，无论作为思想家还是公众人物，他都代表着麦迪逊愿意结交的一种新的知识人物。麦迪逊也接受了苏格兰社会科学的基本前提：当人们发现他们处于相似的情境之中时，他们的行为会是一样的，一致的原因产生一致的结果。他瞄准了一个问题，这个问题不仅难住了一个思考未来美利坚共和国的构成的思考者，还难住了从亚里士多德到广受敬仰的法国哲学家孟德斯鸠（Montesquieu，就连卡姆斯和斯密也引用他的话）的那种辉煌的经典政治分析传统。

在不变成一个帝国并进而贪婪、腐败的前提下，一个自治共和国如何才能统治广大的领土（未来的美利坚合众国不可避免会如此）呢？这个问题似

---

① 他跟那位达里恩的失败冒险家同名。——译者注

乎没有明确的答案。在 1748 年出版的《论法的精神》(*Spirit of the Laws*)中，孟德斯鸠总结出了一整套思想。这本书假定，只有由彼此熟悉或差不多如此的人组成的小社团才能保持真正的自由。一个庞大的大陆共和国是注定要失败的。地理距离和彼此冲突的利益(因社会发展的差异而起)孕育了内部冲突，唯一的解决方式就是专制，是为了维持秩序而采取的强人统治。专家们说，罗马就曾屈从于这种严格的统治。那些前美洲殖民地，从缅因(Maine)延伸至佛罗里达(Florida)，冲出阿巴拉契亚山脉至密西西比河(Mississippi)的广大领土，如果他们想创造一个强有力的民族政府，就必须屈服。

但麦迪逊思考问题的方式却不同。他对公认智慧的拒绝有赖于他对大卫・休谟所著的一个鲜为人知的文本的阅读，这个文本被收录在休谟的《道德、哲学及文学随笔》中，题目为“关于一个完美联邦的思考”(“The Idea of a Perfect Commonwealth”)。在这个文本中，休谟摒弃了孟德斯鸠。休谟提出，一个庞大或“广袤的”共和国因其地理和社会经济的多样性反倒可能成为所有国家中最稳固的国家。休谟宣布，在“一个用精湛的技巧塑造的大政府中，有足够的空间来完善民主”。在第一流的选举或挑选长官的过程中，大众为自己找到了位置。他写道，“尽管人民作为一个整体并不能胜任政府的工作，然而当他们分散成小的实体时”(如单个的殖民地或州)，“就更容易受到理性和秩序的感染。从大的方面来考察，流行潮流的力量是破碎的”。与此同时，精英们将他们的时间用在协调整体的各部分的运动上，而不是策划将其颠覆。“与此同时，”休谟注意到，“各个部分如此疏离、遥远，以至于无论通过密谋、偏见还是激情，他们也无法顺利地采取与公共利益相悖的措施。”

就像道格拉斯・艾代尔(Douglass Adair)指出的那样，休谟的话必定像一记重锤那样深深打动了麦迪逊。在《关于联邦的备忘录》(*Notes of Confederacy*)中，麦迪逊将休谟的话整合进了他为美国新宪法制定的计划中。《关于联邦的备忘录》出版于 1787 年 4 月。仅仅八个月后，他就写出了捍卫美国宪法的论文，这篇论文被收入《联邦党人文集》(*Federalist Papers*)。在这篇论文中(《联邦党人文集》第10篇),麦迪逊公开了美国新体系的核心。这篇论文的主题不是一致,而是互相抵消的利益,用当代术语来说就是僵局。联邦权力对抗州权力,行政权力对抗立法权力,司法权力对抗行政、立法权力,加上银行家的各种经济利益对抗农民的各种经济利益,蓄奴的南方人对抗具有商业头脑的北方人;十三个半自治的政治单位加上参议院和总统层面的非直接选举,能挫败人民处于自然状态的意志,但造就的可能并不像批评者预期的那样是一种混乱,而是稳固,尤其是自由。

公共层面的僵局保证了私人层面的自由,这是麦迪逊敢于在《联邦党人文集》中公开的肮脏小秘密。如果学者们有时候开玩笑说,大卫·休谟是《联邦党人文集》第10篇的真正作者,那么这并不仅仅是因为它呈现了休谟关于一个扩展、管理自身到永远的共和国的先见之明,还因为它把休谟对人的动机的怀疑主义、愤世嫉俗的理解增补进了一种美国语境。麦迪逊陈述道,"如果人是天使,那么就不需要政府了"。这句话完全是一句休谟式的警句。在一个现代社会自由与权威的永久斗争之中,保存其中一个的唯一方式就是不断地阻碍另一个。

在制定美国新宪法的过程中,发挥关键作用的另外两个人物都具有苏格兰血统,他们也像麦迪逊那样深受苏格兰启蒙运动的熏陶。亚历山大·汉密尔顿(Alexander Hamilton)是西印度群岛(West Indies)一个苏格兰商人的儿子,在纽约的政治圈中出类拔萃。他热情支持麦迪逊的联邦计划,并且给《联邦党人文集》的作者提供帮助。汉密尔顿甚至蔑视他所属的纽约州的意愿,签署了美国宪法。但是,他关于一个强大的民族主义政府的观点更多地应归功于亚当·斯密的重商主义强敌詹姆斯·斯图尔特(尽管汉密尔顿几乎对《国富论》的每个章节都耳熟能详),而非休谟。

另外一个人物是詹姆斯·威尔逊,他是律师,一个土生土长的苏格兰人。他出生于卡斯柯迪,在移民费城之前,曾在圣安德鲁学院和格拉斯哥大学求学。他在费城学院(后来的宾夕法尼亚大学)找到了一个助教的工作,该学院就像普林斯顿学院那样,也是受苏格兰人控制的。后来他接受律师训练，在宾夕法尼亚的卡莱尔（Carlisle）成为一个富裕的律师，为他的阿尔斯特苏格兰委托人处理土地交易。他整洁、嘴唇紧闭、戴眼镜的形象成了制宪会议大厅里一个为人熟知的景观，而事实上，制宪会议每次开会他都发言，超过包括麦迪逊在内的其他所有人。调解麦迪逊建立一个强大的全国政府的计划与其对手保存民众统治权的欲望的是威尔逊，把托马斯·里德的思想引入讨论的也是威尔逊。托马斯·里德是与苏格兰启蒙运动第三大中心阿伯丁联系最密切的人。

阿伯丁位于高地的东海岸，舒适地坐落于一个朝向北海展开的海湾边上，是一个活跃的贸易港口。它周围环绕着肥沃农田，是座繁华的城市，有两个著名的教育机构，一个是成立于1495年的国王学院，另一个是马里斯切尔学院。1710年，托马斯·里德出生在距离阿伯丁仅两英里的地方。作为一个牧师的儿子，他十二岁（按照苏格兰标准，这还不算太早熟）进入马里斯切尔学院，并在那里获得了神学学位。里德被同时代的人界定为一个温和主义者，他在新玛哈尔（New Machar）的教会中获得了第一个职位，这应归功于贵族的支持，而非会众的选举。事实上，他就职时发生了暴动，不得已召来了军队。然而，他的会众最终喜欢上了他的虔诚和坦率的态度，喜欢上了他冷静、坚定的智力。正是在新玛哈尔担任牧师期间，他阅读了将改变他一生的书，这就是大卫·休谟的《人性论》。

他最初感到困惑，继而感到震惊，最终被他发现的东西激怒了。让里德愤怒的还不仅仅是休谟的宗教怀疑论，以及他关于道德在很大程度上是一个风俗问题而非信念问题的挑衅性断言，最让里德愤怒的是休谟似乎弥漫于整本书的一种意见，即我们的世界并非它似乎是的那个样子，我们对世界的认知、我们从中得出的结论——其中包括我们的是非观念——也是不确定的。休谟总结道，这就是人们逐渐依赖习惯、公认的习俗以及哲学家偶尔闪现的洞察力的原因。他们需要这些东西来引导人性通过一种其自身最终不可知的现实。休谟的观点是一个世纪后本杰明·狄斯累利总结的那种谨慎的怀疑主义观点。狄斯累利说：“思想几乎没有正确的，并且没有人可以谈论思想，我们只是靠着言辞来统治人。”

里德认为这是一种自命不凡的胡扯。他力主世界不是一个神秘的迷宫，而是一道开放、光线充足的街景，有充足的材料，可以对上与下、黑与白、正确与错误做出清晰的判断。“不变的真理，”他写道，“可以通过观察获得。”现实不是被我们的局限从我们那里移走的一种距离，而是通过我们的经验能够被认知和理解的。我们所需要的不过是用耳朵去听，用眼去看。“感官的证据、记忆的证据、事物必然联系的证据，所有这一切都是清晰的……违背这些证据中的任何一种去推论都是荒谬的……它们是第一等的原则，就此而论不会在理性领域瓦解，而只会在常识的领域瓦解。”

最后一个术语是突出的。1751 年，里德离开新玛哈尔，来到阿伯丁国王学院成了一个“评议员”或教师。在此之时，里德已经成为一种哲学派别的中心人物，这种哲学派别就是常识哲学，而阿伯丁将永远与这个派别联系在一起。里德、詹姆斯·比提（James Beattie，里德在国王学院的同事）和爱丁堡的威廉·汉密尔顿（他在里德死后编辑了里德的著作）全都主张，所有人都生而具有一种被称为常识的理性能力，这使得他们能够弄清并确定关于世界的判断，以及这些判断与世界的关系。常识告诉我们，世界由存在于时间和空间中的实体组成。常识告诉我们，我们能够理解世界，能够穿行于世界之中。常识还告诉我们，无论作为个人还是社会成员，我们对外部世界了解愈多，就愈能对其产生作用。

知识就是力量（所有苏格兰哲学家都承认这一点），获取知识要通过经验。但是，里德坚持认为，无论其他属性如何，那种力量都属于每一个人。人类的进步有赖于将那种能力扩展到极限，扩展到尽可能多的人，惟其如此我们才能获得真正的道德自由。将里德的哲学称为一种关于人类自由的科学也许并不过分，他对革命时期那代美国人以及此后的美国人产生如此感染力的原因也不难理解。他将智力民主化，坚持认为普通人的判断可以像哲学家那样确定无疑。当然，就像哲学家那样，普通人也会犯错误。他们有时候无法证明他们信以为真的东西，但接下来哲学家也会面临同样的问题。

但在某些基本的事物上，如真实世界的存在、基本道德真理的存在，他们明白，他们不需要提供任何证据。按照里德的说法，这些事物是“自证的”，意思是说，它们在被“信以为真的同时也被理解了”，因为它们“自身携带着真理之光”。

里德对怀疑论者和道德相对主义者的广泛攻击，为他在苏格兰乃至欧洲赢得了赞誉。1764 年，他在格拉斯哥大学获得了道德哲学的教职。格拉斯哥大学的职位一度属于弗朗西斯·哈奇森，接着给了亚当·斯密。然而，他在美国也获得了巨大的影响力。托马斯·杰斐逊知道里德的著作，并将里德最富盛名的作品放在了他的推荐书目中。他很可能是从里德那里为《独立宣言》借用了“自证的真理”的思想，还将里德置于他为弗吉尼亚大学设置的课程的中心位置（休谟被非常谨慎地忽视了）。

约翰·威瑟斯庞当然熟悉里德的常识哲学。本杰明·拉什也是如此，他告诉他的朋友托马斯·潘恩（Thomas Paine），让他把里德的格言用作他关于美国独立的必要性的论文的标题。这篇论文成了关于美国革命的最流行的小册子，而小册子的顶端装饰着里德的箴言“常识”。里德的思想塑造了美国未来一百年的教育理论。里德的思想帮助创造了一种文化类型，这种类型被一些人认为是典型的美国类型，但它同样是苏格兰类型。这种文化类型就是一种与一种坚定的自尊相结合的独立智力，而其基础则是一种强烈的道德目的。

但是，它也使难相处、脾气多变的詹姆斯·威尔逊把里德当做了美国统治文法的一部分。无论在制宪会议期间还是之后，威尔逊都揭示了一种常识哲学何以能解决麦迪逊的联邦主义蓝图引发的问题，以及它何以也提供了一种最好的方式来审视美国宪法最令人吃惊也最令人困惑的创新，即一个美国最高法院的创立。

一方面，最高法院也体现了一种每个人都会同意的基本原则，即自治只能按照法制运行，而法律伴随着一个解释其关键条款的独立司法体系。另一方面，存在一种可能性，即这样一个法院可以在“裁定违宪之司法权”的旗帜下推翻被明确认可的立法行为。这种可能性增加了一些人的怒气，这些人将议会视为“人民意志”的立法者，而“人民意志”是一种同等重要的原则。然而，威尔逊却向他的同事们显示，他们担心这种冲突是错误的。设立最高法院的目的不是“解除立法权威”或“授予司法部门一种更高的权力，就其一般性质而言”，恰恰相反，它给联邦政府增加了一种其极为需要的权力，亦即反省的权力，以便判定一种特殊的法律是否符合宪法的框架。司法复审不会违背人民的意志而行，而是对它的增补，因为法院不是作为一个法律专家机构而开庭，而是作为一个公民机构而开设。在威尔逊看来，最高法院能够成为美国最民主的机构之一，用他的话说，它将成为“国家的陪审团”。

这个比喻是生动的。在威尔逊看来，“法官”还不仅是一种职业或法律称号。他是按照里德的理解来使用这个词的，一个法官就是一个对世界、事实、对与错、真与假做出裁决的人。威尔逊的思想引入反映了法官在苏格兰法律中扮演的角色，苏格兰法官在法庭中的工作不仅是担任法律仲裁人，还要发现真相。按照威尔逊的观点，法官与陪审员之间没有本质区别（在苏格兰，法官的确在陪审员的领域行事）。法官与陪审员在审判或听证会做着同样的事情，即询问、衡量被展示出来的事实，然后做出裁决、判决。为了做出判决，法官更多地是依靠他的法律知识。相应地，陪审员不得不依赖他最终的资源，即常识。一个国家的最高法院将把这两者结合起来，它首先要承担的义务不是对法律的义务，而是对作为整体的一个社会的义务。正如威尔逊所说的那样：“一个法官要么是社会的福祉，要么是社会的祸根。”这取决于在断案的过程中，他是选择运用常识，还是选择他的职业虚荣和野心。

威尔逊曾经希望成为最高法院的第一任大法官，但那个职位实际上让约翰·杰伊（John Jay）获得了。后来，威尔逊的确成了一个助理法官，尽管他在任职期间陷入了争论，但他试图运用他对法律的研究创造出一种独特的美国法律体系。里德说：“我蔑视哲学，拒绝它的指导，让我的灵魂居于常识之中。”威尔逊就以里德的这句格言作为人生座右铭。他一贯坚持，裁决书应该以清晰、直接的语言来写，避免使用任何法律或技术性的术语，以便每个公民都能读懂它们（威尔逊在这一点上的主张给另一位最高法院法官约翰·马歇尔[John Marshall]留下了深刻印象，当马歇尔成为大法官时，他采用了相同的原则）。在威尔逊看来，这是对自治原则所负责任的一部分，也是公众法制教育的一部分，这是因为——就像威尔逊评论的那样——一个民主社会的法制的整个基础，在于“法律要得到命其服从的那些人的认可”。普通人对法律越理解，对法律就越好，对民主也越好。

普通人可以理解法律，因为就其天性而言他们能够这么做，这也是威尔逊从里德那里学到的东西。里德认为，普通人是“一个完全的人”，他“不需要推理就可以明白他的职责，就像他明白一般的途径那样”。威尔逊赞成这一点。里德的这一观点引导着威尔逊去信任人民能够做正确的事情，特别是美国人民（当然，他并非一个平民主义者，并且在诸如扩展公民权等事务上非常保守）。陪审员体系是他选取的典范，这并不仅仅是为了法律在一个自由社会运作的方式，也是为了民主的运作方式。它的基本建筑材料是作为认识者和裁判者的人，是一个相信自己的感觉、能对事实正确把握、能分辨正确与错误的人，是当他自己和别人拥有解决问题的方案时能够认定、赞成大多数人最终会做出的决定的人。

对于由休谟赋予灵感、由麦迪逊创造的联邦体系而言，这样一个人（我们可以称其为“拥有常识的人”）是一种必要的附件。然而里德却来到这里、来到美国实施他的拯救。一个由势均力敌的权力和“互相抵消的利益”组成的复杂格局，要想避免永久的堵塞，避免被卡在同一车辙之中，唯一的办法就是，构建它的人能否赞同某些基本的真理，或如里德会说的那样：“自证的真理”。按照那种办法，他们就能够信任自己的判断以及别人的判断，达成一种妥协的解决办法，来应对不可避免会出现的舆论。

里德曾一度这样定义常识：“所谓常识，即我们可以与之交谈、做交易的人们共同的判断的程度”。在无人明确负责之地，常识将不得不实施统治。正如苏格兰学派大师们所构想的那样，正如美洲苏格兰人将其传入并使其产生那样，它是现代民主的原则。

第十章

北部的光芒：苏格兰人、自由主义者与改革

I

1782年，苏格兰学派干劲十足的开山鼻祖卡姆斯勋爵去世，享年八十六岁。他的门徒大卫·休谟已经早他六年去世。1790年，亚当·斯密跟着撒手人寰。两年后，罗伯特·亚当去世。又过了一年，威廉·罗伯逊去世。包斯威尔死于1795年，托马斯·里德死于1796年。

苏格兰启蒙运动最重要的人物离去了。但在接下来的三十年里，随着他们的著作、学生和信徒远播于苏格兰之外，他们的影响具有了决定性意义。此时的爱丁堡沐浴在闪耀的新古典主义光辉里，逐渐代表了一种现代智力文化，欧洲其余部分均认为这种文化是一种典型的苏格兰文化。

追根问底；敏锐；实事求是；不能容忍原教旨式的教条和陈词滥调；十分坚韧，有时候甚至到了迂腐的程度；理性，由一种不矫揉造作的幽默感和对现实的把握支撑。在我们看来，这些特质在亨利·雷伯恩爵士（Sir Henry Raeburn）绘制的那个时代的主要苏格兰思想家的肖像中得到了反映。那些肖像的共同点是：穿黑大衣，系白围巾，他们的坚韧、刮得干干净净的脸和光鲜的容貌突出了一种泰然自若的自信神情，而这种神情是他们尽管也取得了成就的前辈所无从知晓的。这也难怪。苏格兰人帮助创建了美国这个新

国家，此时他们开始拯救另一个国家了，而这个国家就是他们自己的苏格兰。

自1780年以来，英国进入了一个危机四伏的时期。它曾在阻止美国独立的战争中败北，然后又败于法国和西班牙之手。它的政治陷入了持久的纠纷和僵局。它的统治阶级已经产生了一种不适感，与此同时，受法国革命的鼓励，流行的动荡扩散至首都以外的地区。英国海军1797年发生兵变，爱尔兰处于叛乱的边缘，国家稳定的象征英格兰银行暂停了现金支付。

近一百年里，英国的文化主流一直从南方流向北方。而此时，这种流向颠倒了过来。从苏格兰走出来的思想家、政治家、发明家和作家不仅将恢复英国的自信，还按照其自身的条件为其装备了应对现代性的工具。他们改造了它的政治。他们激励了它的政治和教育机构，赋予了它一个新的自我形象，一种新的其在历史中的位置感。他们也改造了它的基础，改造了它的帝国。19世纪前三十年"苏格兰的入侵"为维多利亚时代的伟大胜利铺平了道路。

新英国的基调是自信：对自身力量的信心、对未来的信心、对过去关系的信心。爱丁堡成了这种活力和乐观主义的典范。晚至1760年，它还是一座只有5万人的省城。到了世纪之交，它已经成长为10万人的首府，获得了国际的认可。它已经突破了原来的边界，从新南桥到南部聚集着新建筑，在罗伯特·亚当设计的夏洛特广场的西边和北边出现了住宅阳台和优美的弧形街或"新月形"。

亚当风格创造了一种永久的希腊复古式，此外还有很多分支流派和模仿者。其中一个模仿者罗伯特·里德（Robert Reid）完成了夏洛特广场以及他的西登记楼（West Register House），还赋予议会大厦一种崭新、和谐的新古典主义外观。另一个模仿者威廉·普莱法尔（William Playfair）把俯瞰新城的卡尔顿山变成了一座由优雅、带门廊的建筑和纪念碑组成的雅典卫城。普莱法尔赋予了爱丁堡一种堪与其"北方雅典"美誉相匹配的外观，在这一点上，他比其他任何建筑师做的都要多。

爱丁堡大学也大到了超过其界限，亟需一个新家。1789 年 11 月 2 日，威廉·罗伯逊校长发起了一场公共募捐活动，以便建造适合于“学校欣欣向荣状况”的新建筑，因为学校当时教育的“不仅有大多数苏格兰年轻人，还有来自英国别的领地和外国的学生”。罗伯特·亚当提供了整体规划，该规划包括一座双穹形建筑、一座带着一个穹顶和一排宏伟柱廊的中心建筑。亚当去世时，大部分建筑尚未建成。就在此时，随着法国大革命和对法战争的爆发，整个建筑工作都因国外发生的事件停止了。过了几乎三十年后，威廉·普莱法尔才完成了亚当未竟的工作。但就像其最初的设计那样，表达了对爱丁堡崛起为英国和欧洲的教育中心的一种公民自豪感。

爱丁堡大学充满了杰出的教师。1790 年，威廉·卡伦去世，他是医学教授，亚当·斯密的朋友、美国人本杰明·拉什的导师。但即便如此，爱丁堡大学还拥有二氧化碳的发现者、化学教授约瑟夫·布莱克，有建筑师威廉·普莱法尔的父亲、杰出的数学家约翰·普莱法尔(John Playfair)。最重要的是，爱丁堡大学拥有杜格尔·斯图尔特，他在 1785 年接替亚当·弗格森担任道德哲学教授。在接下来的二十五年里，他对欧洲和英语世界产生了巨大影响，其程度空前绝后，苏格兰无人能与之比肩。

斯图尔特出生在学术氛围里，并在学术氛围中成长。他的父亲接替柯林·麦克劳林担任了爱丁堡大学的数学教授。年轻的杜格尔在爱丁堡和格拉斯哥大学都上过学，学养足够代替他的父亲担任数学教授，代替亚当·弗格森担任道德哲学教授。弗格森退休后，二十三岁的斯图尔特接替了他的职位。斯图尔特具有渊博的学识，任何一个在英国大学任教的人可能都无法望其项背。正如一个学生回忆的那样：“他中等身材，前额大而秃，眉毛浓密，眼睛是灰色的、透着智慧，能够传递从宁静感到爽朗幽默的任何情绪”。斯图尔特随意涉猎的领域有数学、自然科学、法学、历史学、政治经济学、伦理学、精神哲学，他把这些领域向以后数代专心致志的学生打开了。他就是一本活生生的《大英百科全书》(这样说几乎毫不夸张，因为他为《大英百科全书》著名的第三版做了序言，这一版在其死后的 1822 年出版)。

杜格尔·斯图尔特在苏格兰启蒙运动与维多利亚时代之间起到了智力桥梁的作用。法学家亨利·考科伯恩(Henry Cockburn)回忆说："对于我来说，斯图尔特的授课就像天堂的开始。我感觉我拥有一个灵魂。"他的学生至少还包括两位未来的首相，他们分别是帕默斯顿勋爵(Lord Palmerston)和约翰·罗素勋爵(Lord John Russell，他的父亲告诉他："在英格兰的大学没什么可学的"，然后就把他送到了爱丁堡大学)。他的学生中还包括一位未来的海事法庭首席法官(明托勋爵[Lord Minto])、一位未来的英国上议院首席大法官(亨利·布洛哈姆[Henry Broughham])、一些议会议员、一群重要的哲学家。通过杜格尔·斯图尔特，"苏格兰哲学"几乎触及了英国公共生活的每个方面，因为斯图尔特不仅是位受人尊敬的教师，还是一位伟大的集大成者和组织者，把苏格兰学派的不同著作整合成了一个体系，其基础是我们所称的古典自由主义。

举个例子，把亚当·斯密置于智力地图的是斯图尔特。在斯图尔特于1798年开始关于亚当·斯密的课程之前，大多数爱丁堡人几乎不知道他，除了一点，就是如考科伯恩(他上了第一次课)所说："他最近成了海关总监，写了一本合乎情理的书。"斯图尔特讲授的课程把《国富论》转变成了所有经济理论的源泉，使这本书成为接受过爱丁堡大学教育的的一代又一代思想家、经济学家和政治家的"圣经"，他们相应地将这本书的影响传播到牛津、剑桥、伦敦以及英语世界的其他地方。

斯图尔特把亚当·斯密的道德主义和他在格拉斯哥大学的老师托马斯·里德的常识哲学结合在了一起。斯图尔特成了里德在爱丁堡最大的拥护者，甚至是里德的另一个自我。他赋予了里德一种复杂的形态，消除了里德比较粗糙的边缘，使其对自由主义的英国脾气产生了吸引力，就像他对亚当·斯密所做的那样。事实上，斯图尔特在吸引英语读者方面取得了更大成功，超过了他之前的任何一个苏格兰人。在一篇《像他们被篱笆围起来的肥沃土地一样令人愉悦和有序》("as pleasing and as regular as their own rich fields bounded by hedges")的论文中，他提供了苏格兰学派的一种完美的新理论。

举个例子，斯图尔特不重视常识哲学“平常”的一面，暗示它应该被理解为“良知”，换句话说，我们的常识判断反映了“作为成功行为基础的审慎和辨别力”。虽然所有人依然可以同等获得真理的基础，但同样清晰的是，在这方面，一些人比其他人更受优待。斯图尔特会辩称，一个如亚当·斯密那样训练有素的政治经济学家，能够更深入地认识人的行为的法则，能够比普通人更好地预言某种特定的财政政策何以会迫使人们采取行动。同样地，与我们未受过训练、不科学的理解力相比，像约瑟夫·布莱克那样的实验科学家，就能够提供一种对我们的日常现实更全面、更精确的描述。

事实上，对于斯图尔特来说，**科学**是一个强有力、包罗万象的词汇。科学象征着人的头脑最高速的运转，将我们对世界的普通经验转化成一扇真理之窗。斯图尔特认为，科学的发展标志着人类发展的一个方面，像文明一样重要，实际上，它是对进步的详细阐释。尽管生活的其他方面，如艺术、文学、伦理学、政治、政治经济依然是重要的，但杜格尔·斯图尔特希望每个富有人情味的学生都努力争取达到化学家、物理学家和生物学家那种严谨与精确的水平。

当然，其他苏格兰思想家已经把政治当做一种精确的科学来讨论，大卫·休谟甚至就此写了一篇论文。但是，他们曾寻找一种科学模式，将其作为理解政治和人类行为的一种方式。斯图尔特正在寻找一种**组织**它的科学方式，甚至创造了某种更新、更好的东西。他教导包括未来的首相在内的他的学生，以几乎与看待实验科学家和发明家一样的立场来看待立法者，即把智力和方法用于物质，来促进人类的幸福。斯图尔特并非不切实际，这并非按照草图建设一个新社会的蓝本。毋宁说，他是按照亚当·斯密的条件来看待“立法科学”的，移除了妨碍商业社会自然发展及其秩序的障碍。但是，他的确给苏格兰学派引入了一种新的观念。政治进步可以按照与数学进步或化学进步相同的方式发生，即通过彻底的调查和研究，通过发展一种解释事实的清晰理论，然后付诸实施。

斯图尔特勉强承认，一种真正的“政治科学”在过去也许是不可能的。但在当时，在现代英国，这却能够成为可能。这是斯图尔特的另一个重要观点。商业社会与之前的社会相比不仅更文明化、更具产出性、更理性，还与之前的任何社会都有着本质区别。它打破了四阶段文明化理论模式，具有深刻意义。在历史上，在“现代”与“前现代”之间，一种新的分界线出现了。所谓“前现代”意味着数千年里组织人类社会的所有那些努力。这些努力各有其辉煌的时刻，然后又无一例外地走向失败。某种崭新、伟大、持久的东西已经出现，这就是现代世界，并且具有无穷的可能性。

在一定程度上，把杜格尔·斯图尔特引向法国大革命的正是这种高涨的乐观主义。1789 年那个决定性的夏天，斯图尔特正在巴黎。他带着极大的兴奋关注着国民公会的成立、巴士底狱的风暴、《人权宣言》(*Declaration of the Rights of Man and Citizen*)这些戏剧性事件的上演。他相信，一种基于正义、法律和自然权利的新宪法秩序正在诞生。老辉格党的伟大代言人埃德蒙·柏克撰写了他的《关于法国大革命的思考》(*Reflections on Revolution in France*)，预言了毁灭、死亡和独裁。当此之时，斯图尔特遭到了驱逐。斯图尔特的学生詹姆斯·麦金托什撰写了热情洋溢的回应文章，为法国革命事业辩护。即使暴民暴力的不时发生也没有吓到斯图尔特。1791 年 11 月下旬，他在给一个朋友的信中写道：“如果一个国家总体状况良好，那么偶尔发生的小小混乱无足挂齿。”

在接下来的一年，事实证明柏克是完全正确的。埃德蒙·柏克是爱尔兰人、圣公会教徒，就其与苏格兰学派的关系而言，他是一个奇怪的人物。他认识它的很多成员，他们对他的历史观产生了重要影响。然而，他拒绝了他们最有特点的结论，即文明进步中的伟大驱动力是经济变化。柏克坚持认为，使基于信用的商业交换体系成为可能，并进而使人类进步成为可能的，是另外一种相反的方式，即文明“规范”（亦即伴随着一代又一代人成长的道德、法律和传统）。他写道：“也许，即使商业、贸易和制造业这些我们的经济政治家的神祇也只是”嵌入社会织物中的一种更高的道德秩序的“创造物”。他警告道，舍此，整个大厦就会坍塌。

这是与杜格尔·斯图尔特的自由主义乐观主义大相径庭的一种东西。到头来，柏克的可怕预言几乎分毫不差地应验了。他曾经坚信，法国大革命将不可避免地为诸如拿破仑之类的军事独裁者让路。在他死后的1797年，这个预言也应验了。因其他英国政治思想家难以望其项背的先见之明和睿智，埃德蒙·柏克赢得了一种身后名。斯图尔特无疑显得相当愚蠢，他事实上遭到了爱丁堡社会的排斥。詹姆斯·麦金托什为其曾挑战柏克而公开道歉，并变成了法国政权、一般意义上的革命的坚定批评者。

但在斯图尔特的思想里，政治进步的问题却挥之不去。在接下来的十年里，在讲堂上，他最初的信念在回响。一个现代社会应该有一种以自由、所有权和法治为基础的政治体系。如果法国试验因进行得太快而归于失败，但这并不意味着一种不够彻底、被高估从而不可能在英国尤其是苏格兰发生的东西。

尽管现在每个人都会承认，与英国的合并是一种幸福，但同样清晰的是，一种在苏格兰形成的新社会已经冲破了一种很紧的束缚，这种束缚最初被施加于1707年，接着在1745年后再次得到确认。拜一种严格执行、很高的财产条件限制所赐，二十余岁的人中几乎没有一个有投票权。经济增长在格拉斯哥、爱丁堡和阿伯丁创造了一个富裕的中产阶级，但这个阶级在其事物的管理方面却没有发言权。数年后，亨利·考科伯恩写道：“社会阶级是不存在的，因此几乎不被当做商人来考虑……他们没有直接的政治权力，没有投票权，太恭顺而不用害怕他们。”作为替代，政治权力属于领主和地主，属于长期代表伦敦政府管理苏格兰事务的亨利·邓达斯(Henry Dundas)或亨利·梅尔维尔(Henry Melville)勋爵。考科伯恩带着可以理解的夸张，将其描绘为“苏格兰的绝对独裁者”，“拥有奖励服从和镇压反抗的手段，而这些手段超过了生活在帝国任何一个地区的任何一个人在现代所曾经历过的东西”。

邓达斯——或他为人熟知的绰号“哈里王九世”——的确控制着广泛的

任免权和委派权，以及苏格兰在议会中近一半的席位。在好的年代，他的政治机器保持了苏格兰的平稳运转。在坏的年代，他的政治机器煽动了仇恨和失望。18 世纪 90 年代是一个坏时代，不仅苏格兰，整个英国都是如此。1787 年，为了抗议食品价格上涨，格拉斯哥纺织工人曾经罢工；1792 年、1795 年和 1796 年庄稼歉收，就好像饥饿的幽灵在土地上扩散（实际上这是第一次高地清洗的背景）。1792 年 7 月，在爱丁堡的兴隆酒馆（Fortune's Tavern），一群自称"苏格兰人民之友协会"的公民正在召开全国会议，讨论一个全英范围的改革计划。

在英格兰，随着 1793 年英法战争的爆发，对那些它能够抓获的每一个可疑的"颠覆性"或"雅各宾"个人和团体，政府都进行了大规模镇压。在二十年时间里，激进分子要求扩大公民权，要求威斯敏斯特能有普通人的声音。此时，政府以法国危机和苏格兰全国会议为借口对他们进行了野蛮的镇压。有几个人受审后被处死；那些在英格兰的人被赦免，但首相威廉·皮特（William Pitt）暂停了人身保护法。

坏收成加重了危机。伯克郡（Berkshire）以面包价格为基础，为穷苦的人组织了一个"贫民院外救济"或福利支付体系。1795 年 10 月，伦敦爆发了反对议会开幕、国王、皮特和对法战争的暴力抗议。两年后，更多的人身保护法被暂停，斯皮特赫德（Spithead）一个海军基地发生叛乱，立法禁止超过五十人以上的集会，情况变得如此糟糕，以至于反对党辉格党走出议会以示抗议。

正是在这一充满危机的时期，杜格尔·斯图尔特开设了他的首个政治经济学课程。他决心为英国指引一个新方向，就像他的一群学生（弗朗西斯·霍纳[Francis Horner]、弗朗西斯·杰弗里[Francis Jeffery]、亨利·考科伯恩、亨利·布鲁厄姆，以及一个英格兰人西德尼·史密斯[Sydney Smith]）决心把辉格党从政治贱民和过时的人转变成变革的倡导者一样。

那个团体由年轻人、有力量的知识分子和蓬勃发展的自我意识组成，混杂而不稳定，将他们吸引到一起的是他们对杜格尔·斯图尔特政治远见的忠诚。史密斯是个牧师，一个有天赋的作家，一个真正的智者。霍纳“严肃、好学、可敬、和气”，尽管他具有成为数学家（在二十岁的时候，他把欧拉[Euler]的标准代数学著作翻译成了英语，还撰写了一篇那个德国数学家的短篇传记，两本书都出版了）和科学家的巨大天赋，但由于爱丁堡是座律师城，所以他把一些精力放在了学习法律上，以便成为一名律师。霍纳通常在早饭两小时前起来做他的化学实验，把学法律书的时间用于听解剖学和心理学的演讲。

弗朗西斯·杰弗里也是一名律师，虽然他还不满三十岁，但却是苏格兰最好的律师之一。他在距爱丁堡3英里的克雷格克鲁克（Craigcrook）购买的房子是当地最牢固的知识分子团体的中心。那是一座带垛口的城堡，经过杰弗里的朋友威廉·普莱法尔的改造，每到下午3时，作家、艺术家、画家、律师和大学教员就会在城堡中聚餐，现在城堡依然矗立在原地。在杰弗里的桌子旁，“谈话是好的，但永远不会野心勃勃，那些听众永远不会感觉蒙羞”。实际上，爱丁堡的社交节奏像往常一样是不间断的，这是每个人在老城彼此当邻居时留下的习惯。多年后，亨利·考科伯恩计算了他当年花在社交中的时间，在他婚姻的最初三十年里，他和妻子每月独自待在家里的时间不超过一小时。朋友、男人、女人一晚一晚地聚在一起用晚餐（晚餐上供应着丰富的食物和饮料），进行智力讨论。

考科伯恩承认，“那是一个讨论的年代”。如果没有不间断的你来我往的晚餐后餐桌谈话（伴着闪光的智慧、犀利的回答、哄然大笑、闪烁的烛光、鲜艳夺目的宝石红雪利酒和波尔多葡萄酒酒杯），那些年伟大的智力突破将没有一样能够发生。就像在老爱丁堡那样，饮酒开启了自由的智力交流之门。爱国主义的需要和反法战争取代了雪利酒和波尔多葡萄酒的深红色（使较早时期的约翰·侯姆的大胆预言变成了现实，参见第八章），在订单减少的时候，威士忌正在取得稳定的增长。这是自合并以来最令人意想不到的结果，对所有酒精饮料大幅增税意味着非法酿酒是唯一的替代选择。1708年，在苏格兰全境，威士忌只生产了5万加仑。到了1783年，单是高地就生产了近 70 万加仑，低地则超过 100 万加仑。罗伯特·彭斯曾在所有工作中短暂地备尝孤寂，威士忌税则是根源。他仔细地查看小山和危岩，寻找那些出奇宁静、从地平线上袅袅升起的浓烟，产生了对苏格兰乡村的热烈欣赏。

在那些年里，《苏格兰人杂志》记录道，苏格兰是"地球上最沉醉的民族"，甚至比爱尔兰还要糟糕（它羞愧地承认）。聪明人和值得尊敬的人的晚宴上流动着酒精。根据礼貌的要求，吃过晚餐后，主人应依次给每位客人敬酒，敬酒时要点头以示尊敬，然后挥手，每敬一杯都要说"祝你健康"或某些合适的表达感情的惯用语。接下来，每位客人也要做同样的事情，先是向主人敬酒，然后再向其他每位客人敬酒。正如亨利·考科伯恩所记录的那样，这意味着"只要有十个人，就会有九十次敬酒"。亨利·布鲁厄姆回忆说，他们一群人喝醉了酒，在大街上瞎逛，在爱丁堡守夜人能将他们逮住之前扭掉了门上的铜门环，偷走了街上的标志。在克雷格克鲁克，一位到访的英格兰人（英格兰人节酒名不符实）吃惊地看到，在无数次敬酒后，杰弗里的一个客人（杰弗里的同事，一位杰出的律师）"把酒杯往口袋里一塞，说了句'我们坐得太久了'，然后把窗户一掀，从里面跳到了外面的草坪上，其他人纷纷效仿，他们喝着香槟玩起了跳背游戏"。

然而，在智力问题——尤其是政治问题——上，这些强壮的酗酒之辈却非常严肃。正是在这样一个宴会上，西德尼·史密斯很偶然地建议杰弗里把 1757 年已经停刊的老《爱丁堡评论》恢复起来。这个想法燃烧了起来，这是一个机会，可以把书评这种相当常规的文学琐事，变成一种强有力的传播启蒙自由思想的媒介，不仅政治方面的思想，文学、哲学和科学也可以包罗进来。史密斯、杰弗里和霍纳担当了撰写《爱丁堡评论》第一期的随笔和评论的工作。第一期原本计划在 1802 年 6 月发行，但实际上到了 11 月才发行，原因是另一个人也挤进了这一计划。他们不完全信任这个人，但他们意识到没有他不行，这个人就是亨利·布鲁厄姆。

布鲁厄姆是那个群体中最年轻的，只有二十四岁，但在某些方面却是智力上最完善的人。他是土生土长的爱丁堡人，母亲是威廉·罗伯逊的侄女。[1] 与杜格尔·斯图尔特其他学生相比，他更能代表斯图尔特的智力理想。霍纳称他是个“有着复合秩序的不凡天才”，决心掌握人类知识的每一分支，有给每一分支带去数学精确性的头脑，也有创作优秀散文的天赋。就像其他学生那样，他也被当做律师来培养。但是，他向伦敦的皇家学会宣读了数学论文（如此做的最年轻的人），于1796年创建了爱丁堡物理学学会，接着与霍纳一起创建了爱丁堡化学学会。当他加入《爱丁堡评论》时正在完成一部关于殖民地政策的两卷杰作。詹姆斯·麦金托什宣称，自《国富论》以来，在如何经营大英帝国方面，这是最开明的著作。就像团体中的其他人那样，他也了解英国文学的所有经典作家和主要人物，几乎能够背诵。同时，他也是一个忠诚的辉格党人。

杰弗里和史密斯认识到，布鲁厄姆将会给新评论带来巨大的资产，并且他肯定也渴望加入。问题是布鲁厄姆的个性，他傲慢、虚荣、尖刻、喜怒无常，有时候几乎情绪不稳。他长着洞察一切的黑眼睛、长而尖的鼻子，说话语速快，带着轻微但明白无误的苏格兰口音，在晚餐会、法庭和文学期刊的页码上，他是一个危险的难以跨越的人。简而言之，他是一个令人厌恶的人，但又无法被拒绝。他为《爱丁堡评论》创刊号写了六篇文章，三篇写“旅行”，一篇写蔗糖殖民地，一篇写光学，一篇写地质学，总页码近百页。从那以后，尽管杰弗里任总编辑，但在赋予《爱丁堡评论》特色方面，以及它取得的备受争议的成功方面，没有一个人能比布鲁厄姆贡献大。

就如亨利·考科伯恩描述的那样，第一期的影响力就像“电击。很多人认为它将断气，但恰恰相反，在此后的每一次放电中，电击的力量都得到了加强”。苏格兰和爱尔兰的每个人都意识到，“对于公众已经习惯的那些著作的一切方面而言”，《爱丁堡评论》都代表着“一种迅速、完全的变化”。它

---

① 这把他与较早时期两个有趣的人物罗伯特·亚当和帕特里克·亨利联系到了一起。——原书注

是第一份要诉诸大众的文学期刊，这些大众阶层分布广泛，受过教育，喜欢严肃的读物，不仅包括学者和文人，还包括见多识广的公民、律师、医生、政府官员，当然还有政治家。它的目标并不单单是娱乐，甚至也不是教育，而是寻求使读者跟上人类努力的每一重要领域的最新进步状态，在现代社会的进步这一重要的事业中把读者当做伙伴来对他们讲话。

编辑们还认识到出版业的一个重要秘密，即一旦信息带有倾向性，就会更加令人难忘。《爱丁堡评论》的社训是："当罪恶被赦免时，法官会受到谴责"。这份杂志因民众对其的喜好与憎恶而闻名。不过与憎恶相比，用"仇恨"来形容比较好一点儿，不仅在政治上（当然，它毫不羞愧地成了辉格党改革派的喉舌），在文学上也是如此。它谴责湖畔派诗人（Lake Poets），猛烈攻击在浪漫主义运动中冉冉升起的新星、苏格兰同胞拜伦勋爵（Lord Byron），拜伦则以讽刺诗《英格兰吟游诗人与苏格兰评论家》（*English Bards and Scotch Reviewers*）进行回击。编辑们还猛烈抨击激进领导人威廉·柯贝特（William Cobbett，他把他们当做"无耻的苏格兰唯利是图者"而置之不理）、托利党诗人罗伯特·骚塞（Robert Southey）。数年后，因为他们的书评作风野蛮，约翰·斯图尔特·米勒的妻子哈丽特·马迪诺（Harriet Martineau）谴责了西德尼·史密斯。"我们是野蛮人，"史密斯回答道，"我记得，我和布鲁厄姆怎样坐了一晚上，试图找出能让我们的野蛮达到极限的方式。"

然而，野蛮只是吸引大批读者的因素的一部分。尽管它激怒了一些政治盟友（例如激进的辉格党改革者塞缪尔·罗米利[Samuel Romilly]，他曾抱怨道，"编辑们似乎主要以他们的严厉而自高"），但它甚至让其敌人也读它。1803 年末，身在伦敦的史密斯给杰弗里写信说："这是我在这里认识的最聪明的人的普遍看法，我们的评论做得非常好，它可能在全欧洲都是第一。"

在一个多世纪里，甚至在它 1827 年换了编辑之后，在英语世界里，《爱丁堡评论》都是政治上最有影响力、智力上最激动人心、最富于机智的读物。正如沃尔特·司各特所说："没有它，没有哪个家庭敢自称属于上流社会。"

它赋予了一大批模仿者以灵感，其中包括《黑森林杂志》(*Blackwood Journal*)、《每季评论》(*Quarterly Review*，两者均在爱丁堡出版)、《威斯敏斯特评论》(*The Westminster Review*)、《北美洲评论》(*The North American Review*)、《大西洋月刊》(*The Atlantic Monthly*)。从阿伯丁、牛津的大学教室，到伦敦和孟买(Bombay)的法律工作室，再到渥太华(Ottawa)和墨尔本(Melbourne)，蓝黄封面的《爱丁堡评论》一年抵达四次，每次到来都会成为一件大事。

《爱丁堡评论》的成功和影响的关键何在？这部分要归因于其出版人安德鲁·康斯特布尔(Andrew Constable)，他坚持要编辑给评论作者重酬。这就意味着，先是杰弗里，后来是麦克维·纳比尔(McVeigh Napier)，他们可以雇用英国最好的作家。他们的作者群包括沃尔特·司各特爵士、威廉·梅克皮斯·萨克雷(Willaim Makepeace Thackeray)、威廉·哈兹里特(William Hazlitt)、约翰·斯图尔特·密尔、托马斯·麦考利(Thomas Macaulay)、G. H. 刘易斯、拿骚·西内尔(Nassau Senior)、詹姆斯·斯蒂芬(James Stephen)爵士。尽管这些作者的政治倾向明显，但编辑总是能使一点表现得很清晰，那就是把文学品质和智力完整放在第一位。尽管《爱丁堡评论》有那么一个区域性的名称，但是编辑们让读者感到，它是一个英国出版物，拥有英国国家文化意识。在《爱丁堡评论》上发表一篇文章可以让一个有抱负的作者成为精英团体的一部分。在晚宴和文学聚会上，以“一个爱丁堡评论员”著称的人会让人驻足凝视。当然了，有时候也会让其他人站起来走掉。

最主要的是，尽管《爱丁堡评论》存在政治辩论和文学嘲讽，但它却传达出了一种高度的国家目的感。编辑们有一种使命，即创造杜格尔·斯图尔特所说的那种对现代社会不可或缺的东西，亦即一种“开明的公共舆论”。他们想从工人阶级激进分子(如柯贝特)、意识形态极端分子(如乌托邦哲学家杰里米·边沁)那里夺去改革责任，将其置于英国中产阶级肩上。杰弗里将中产阶级视为国家的核心、进步的刀刃。他在1803年写道：“中产阶级的榜样逐渐降至紧挨着它的那些阶级，正义与自由的情绪普遍盛行……就这样逐渐传播到每一个社会等级……”

《爱丁堡评论》渴望成为进步传播的运送者。当杰弗里写下那个句子时，它的成员却正在分裂。史密斯返回了英格兰。詹姆斯·麦金托什去了印度。弗朗西斯·霍纳通过了律师资格考试，决定到伦敦执业。1803 年，在告别晚宴上，一帮朋友都喝醉了，他们跌跌撞撞地从兴隆酒馆来到曼德森(Manderson)药店，扭掉了药店巨大的蛇形标志，布鲁厄姆将它作为纪念品带回了家。几个月后，布鲁厄姆自己也去了伦敦。战斗的场景正在从爱丁堡移向威斯敏斯特的权力走廊。

Ⅱ

1806 年 1 月 21 日，在下议院的走廊里，布鲁厄姆和霍纳坐在一起，注视着首相威廉·皮特挡开辉格党新近发起的对其长期领导地位的挑战。两天后，皮特去世了。尽管他是他们的敌人托利党的领袖，但《爱丁堡评论》的编辑们仍勉勉强强地向其表示了尊敬。随着 18 世纪 80 年代美国革命造成的低谷，英国几经衰退，而皮特则努力奋斗，要把英国重新带回巅峰，并经常为此与自己的政党斗争。他曾转向亚当·斯密，要在自由贸易的旗帜下复兴英国的商业。在斯图尔特使《国富论》成为自由圣典六年之前，皮特曾称赞它是“与商业历史和政治经济学体系相关的所有问题的最好解答”。

但在其他领域，皮特失败了。他改革选举制度的尝试最终失败，废除奴隶贸易亦是如此。尽管 1801 年通过了《与爱尔兰联合法案》(*Act of Union with Treland*)，但罗马天主教的合法解放似乎仍然遥遥无期。对法战争的爆发迫使皮特扔掉了改革主义者的外衣，他对激进分子实施镇压，暂停人身保护法，出台所谓的“压制法案”(*Gagging Acts*)，关于这一切有一种歇斯底里、甚至孤注一掷的气氛。1805 年，纳尔逊(Nelson)在特拉法加(Trafalgar)战胜了法国舰队，使英国免受了入侵的威胁，尽管如此，但英国的政治阶级却陷入了僵局。

那个时代的倾向，以及执政党托利党的倾向都集中体现为埃德蒙·柏克的遗产。他对英国宪法自由传统的激情辩护，以及他所暗示的1688年革命是英国所需的唯一革命，已经被转化成对拒绝革命的辩护。它辩称，任何进一步的变革都会如法国革命那样，造成灾难以及法律和秩序的崩溃。议会的作用是把盖子保持在普遍不满的沸腾的锅上，如果它偶尔溢了出来，那么就必须把盖子向下压紧。

当时，杰弗里、霍纳和布鲁厄姆正在为改变全国政治对话的术语和方向而工作。他们曾在《爱丁堡评论》中开展这项工作，现在他们面向了议会。当亨利·布鲁厄姆抵达伦敦时，霍纳已经打算在议会中谋个位置。他加入了辉格党排外的社交俱乐部"布鲁克"(Brook)，接着在潮流中心——伦敦——的荷兰大饭店(Holland House)首次参加了晚宴。

荷兰大饭店是伦敦知识和艺术生活闪闪发亮的宫殿，是辉格党的政治中心，是伦敦"苏格兰关系"的中心。拜伦勋爵这样写道，

> 祝福遍及荷兰大饭店的宴会，
> 苏格兰人在那里进食，批评家在那里痛饮。

拜伦是在挖苦，但也道出了真相。荷兰大饭店里主要的智力杰出人物全部是苏格兰人。詹姆斯·麦金托什就是其中之一。另一位是约翰·米勒(John Millar)，他是格拉斯哥大学一位杰出、广受欢迎的教授，他的《英国政府的历史观》(*Historical View of the English Government*)被献给了辉格党前领袖查尔斯·詹姆斯·福克斯(Charles James Fox)。

米勒第一个将阶级冲突的概念引入了现代历史的理解。他也是最早将女性历史和性历史作为更大的文明(或"华丽与精致的兴起")史的一部分来讨论的学者之一。米勒认为，对于在此前的文明阶段以这样或那样的方式被拒绝扮演重要社会角色的人而言，商业社会的出现带来了翻天覆地的变化。女人、儿童、仆人、农民、工人阶级，甚至奴隶(米勒引用了卡姆斯1774年给予牙买加人约瑟夫·奈特自由的决定)，所有这些人都受益于商业社会

机会的拓展和古老、严格的家长制权威的崩溃。

米勒解释道，当一个社会在经济上更活跃、更富裕时，总体而言，"地位较低的人们就会因此而变得更加独立于其环境"，他们"开始发挥那些对于人的头脑而言是自然而然的自由的观点"。但是在这里，米勒警告一种冲突正在逼近，因为人民站起来主张他们的自由，而统治者则不顾一切地企图攥住他们原有的地位和权力不放，其结果必然是革命。米勒认为，英国此前就一度发生过革命，就是曾经的英国内战。1789 年，这种革命再次在法国发生。

人民不会——实际上也不能——放弃他们的斗争。避免革命的责任属于统治者和统治阶级。正是为了避免米勒的可怕预言成为现实，布鲁厄姆想把辉格党转化成自觉的改革斗士。

即使对于有布鲁厄姆那样的自尊和能力的人来说，这也是一项令人畏缩的事业。辉格党从最开始就由英国大地主家庭所主宰，他们积累了像商人和店主那样多的财富，虽然属于"较低阶级"却带着**位高任重者**那样的神情。布鲁厄姆着手扩大他们的基础，增强他们的目的感，首先通过接触主要的激进分子，然后精心安排了一次毫不动摇的公关行动，使得他的进步观点显现为正式的辉格党观点，反之亦然。

战斗开始了，布鲁厄姆发表演说，在《爱丁堡评论》（在它创刊的头五年里，他在上面发表了五十八篇文章）上发表文章，运用他私人的法律实践来为那一事业做宣传。甚至在他成为议会议员之前，他就作为曼彻斯特和利物浦的商人在议会发表过首次演说，抗议新的贸易限制。此时，显现为自由贸易拥护者的是辉格党，而非托利党。在法庭上，他成功地为一篇被指控为诽谤的谴责英国军队中存在鞭打的文章的作者辩护，指出著名的英国军官已经用文字以及更强烈的语言谴责了这种行为。其结果便是辉格党"拥有了"军队改革的问题。

1810 年，布鲁厄姆的老师杜格尔·斯图尔特退休了。就在那一年，布鲁厄姆终于进入议会。他脾气暴躁、态度傲慢，表现得势不可当。他崛起为一流的辉格党演说家，使党成了“人民”的斗士和“特权”的敌人。在卡罗琳王后（Queen Caroline）与国王离婚的审判中，他担任王后的辩护律师，巧妙地将其转变成了残酷专制的一个象征性的牺牲品和全国普通大众心目中的女英雄。他就奴隶制发表演说，写了一系列文章，不仅使国家为结束奴隶贸易（辉格党最终在1807年迫使它被通过）做好了准备，也为其最终被完全废除做好了准备。

但真正的战斗，也就是议会改革的问题，依然在视野中徘徊不去。

在两场革命和一个世纪之后，英国的政治体系已经得到扩充和详细的阐释，但尽管如此，自亨利八世（Henry VIII）以来，其基本原则却未被撼动。这一体系依然由有权有势的贵族掌握的任免权主宰，这些贵族不仅占据上议院的席位，还能通过他们对郡职位和地方政权或“享有自治权的市镇”的职位的控制提名他们的朋友或亲属到下议院任职。在决定谁可以投票、哪里可以投票方面显得毫无道理。尽管投票者的数量在18世纪大大增加，但他们只代表很小一部分英格兰、威尔士的成年男性，只占到总数的八分之一。他们在苏格兰人中的比例甚至更少，几乎不到二十分之一。

更为严重的是，它依然维持在一种封建主义、前商业的精神状态之中。大农业郡及其地主主宰着议会。英国的城市人口发现其自身遭到了驱逐，尤其是在那些新型工业城市。布鲁厄姆的追随者之一托马斯·麦考利指出，北伦敦——“一个在规模与人口上超过很多王国首都的城市”——完全没有被代表。他补充说：“曼彻斯特、伯明翰、利兹、谢菲尔德就不用说了，也没有代表。至于爱丁堡和格拉斯哥，有的只是虚假的代表。”这并非如其拥护者所说是财产统治的政府，而是“财产的某些部分和碎片”统治的政府，并且“根本没有确立在理性的原则之上”。麦考利断定，问题“不是以前的宪法是否比较好，而是我们现在可以将其制定得更好”。

要想知道在那些年里一个有天赋、有抱负，并且为《爱丁堡评论》写文章的年轻人究竟能够能取得什么成就，那么托马斯·巴宾顿·麦考利就是一个例子。他是因弗拉里（Inverary）一个苏格兰废奴主义者的儿子。他的父亲扎卡里・麦考利（Zachary Macaulay）移居到了伦敦，在那里成了新教改革、废奴思想圈的原动力，这个圈子以“克拉彭派”（Clapham sect）为人所知。尽管早熟的麦考利没有上爱丁堡大学或格拉斯哥大学，而是上了剑桥大学——这是为了在英格兰而非苏格兰当律师接受的训练——但他几乎对苏格兰历史学家的著作烂熟于心，主动地接近当时生活在伦敦的《爱丁堡评论》成员。将他作为潜在评论员推荐给弗朗西斯・杰弗里的是布鲁厄姆。1825年，他在8月的《爱丁堡评论》发表了一篇关于约翰・弥尔顿的文章，几乎使他一夜成名。通过为弥尔顿在英国内战中的革命性政治见解辩护，为其在处决查理一世中发挥的作用辩护，麦考利把英国最著名的史诗诗人、《失乐园》（*Paradise Lost*）的作者转化成了激进辉格党人的斗士。他成了荷兰大饭店那些晚宴上最新的引起轰动的人物，使客人们对他的雄辩和博学而激动。四年后，杜格尔・斯图尔特的另一个英格兰学生、重要的辉格党人兰斯多恩勋爵（Lord Lansdowne）在其控制下的议会中为麦考利提供了一个位置。在1830年2月的选举中，托马斯・麦考利入选下议院。

此时，改革的要求已经达到了临界点。此前一年，在威灵顿公爵（Duke of Wellington）的领导下，托利党人同意了辉格党改革计划的另一主题，即解除对天主教的禁令，但此时，在做出任何进一步的变革之前，他们都坚定地坚持自己的立场。国家处于深重的经济萧条之中。在英格兰中部，工人和商人一起加入了伯明翰政治联盟（Birmingham Political Union）；在南方，劳动者发动暴动，焚烧了农业机械。在作为反对党二十三年之后，辉格党感觉机会来了。11月2日，威灵顿在上议院发表演说，否认需要任何改革法案。15日托利党在最后的投票中落败，“铁公爵”威灵顿前往白金汉宫辞职。

500英里之外，在遥远的洛锡安区，当托利党丧失权力的消息传来时，一队打零工的人正在海边的一个采石场砸石头。他们中有一个名叫亚历山大・萨默维尔（Alexander Somerville）的人，他后来写了《一个工人的自传》（*Autobiography of a Working Man*）。他回忆道：“我们摘下帽子，迎着北风，面对咆哮的海洋，大声喊着‘亨利・布鲁厄姆万岁’！”

辉格党掌握了权力。在新内阁中，杜格尔·斯图尔特的学生不下四位，他们是兰斯多恩、帕默斯顿、约翰·罗素爵士，当然还有亨利·布鲁厄姆。布鲁厄姆暴躁、机智多变，成了辉格党改革计划的驱动力。虽然新内阁的选举改革并不像某些人希望的那么激进（英国工人阶级没有被授予投票权，也没有秘密投票），但它先进、广泛，远非任何一个现任政府的任何计划可比。

然而，在其以前的活动场所下议院，布鲁厄姆却没有在推进其他方面发挥作用。他在辉格党内阁中能够获得的唯一职位是大法官。就像他的政党中的很多人那样，新首相格雷勋爵（Lord Grey）不信任布鲁厄姆，即使让他出任大法官这个政治上的小职位也让他们心神不宁。当内阁获悉布鲁厄姆接受了那个职位时，他们中的一个人低声说："那么，我们在这个房间里将永远不会感到片刻舒服了。"

但是，作为上议院议员，布鲁厄姆勋爵付出了巨大努力，目的是让那一法案获得通过。不仅如此，作为英国最重要的司法人物，他也开始改革其法律体系和大法官法院。他废除了阻碍诉讼达数代人之久的弊端和障碍（查尔斯·狄更斯在《荒凉山庄》[*Bleak House*]中对其进行了详尽、富有喜剧性但是可怕的描绘），还推动英国的习惯法体系向前以适应现代。

那位苏格兰废奴主义者的儿子取代布鲁厄姆，成了下议院的主要演说者。不仅如此，事实证明，麦考利的贡献更为深远。他的演说赋予了《改革法案》（*Reform Bill*）一种历史基础，并进而赋予了其合理性，即使其最热诚的支持者也没有想到会是这样。麦考利三十三岁，正直、爱静，是个"声音小的小个子男人，说话方式造作，但吐词清晰，像蛇一样发出嘶嘶声"，日复一日、一篇演说接着一篇演说地苦苦求索。每次他都回到同一论点。在英格兰和英国的历史上，这是一个决定性的时刻，人类的政治进步现在需要再一次转向了。

为一种看待政治变革的新方式寻求正当性的全部是苏格兰学派。这种变革也就是改革，是一种在改变与提高的同时也提供保护的行为。就像其他辉格党人所做的那样，麦考利完全有能力充当煽动者，警告听众，如果法案不获通过，骚乱和流血就可能发生。“危险是可怕的，”他会说，“时间不多了。如果该法案被拒绝，我将向上帝祈祷，让那些一致拒绝它的人不要在法律败坏、等级混淆、财产掠夺、社会秩序崩溃之中想起他们投出的票，徒劳无益地懊悔。”他强调，“国家向前迈进，但宪法却原封不动，这是革命的一大原因”。

他的大多数演讲都激发了一幅更大的历史画卷，就像从卡姆斯、休谟到弗格森、米勒的苏格兰学派的主要人物所描绘的那样。它讲述了人类从野蛮到文明的进步，而人类进步的一个基本部分就是政治自由的增长以及对自治的参与。他的演讲包含着一种历史细节和想象的财富，他后来在其经典著作《英格兰史》(*History of England*)中也对其加以了运用。一个听众说：“听他演讲，你似乎就像一个旅客，乘着火车穿越了一个富丽如画的国家。”他提到了英国历史上的伟大人物，提到了在保障宪法自由方面那些让人熟悉的时刻，如《大宪章》、1628 年的《权利请愿书》(*the Petition of Right*)和 1688 年的“光荣革命”，无论对于托利党还是辉格党而言，这些时刻都是神圣的。他说，议会改革是又一个神圣时刻，是英国人确保其权利、英国确保其自由的“一个伟大进步中的”又一步骤。他提出，在此意义上，《改革法案》是一个具有历史必然性的事件。他曾说：“无论好坏，这件事都必须做，一种就像(物理学)的吸引与运动法则那样强大的法则决定了它。”

麦考利发现了一种融合了埃德蒙·柏克(麦考利很崇拜他)的保守主义和布鲁厄姆的激进主义的方法。他声称，英国宪法独一无二的特点是自治，它过去曾经通过改革拯救了自身，现在它将要再次这么做。他的演讲为布鲁厄姆的政治自由主义创造了一种历史框架，把苏格兰学派的设想直接移入了英国政治意识的中心。不仅如此，在如此做的时候，他或许还拯救了《改革法案》。

1831 年 3 月 22 日夜，《改革法案》终于进入了关键的二读程序(second reading)。麦考利给一位朋友这样描述那出戏，他说，议会“分裂了”(意思是说一些议员通过对面的门去登记他们的选票)，辉格党意识到他们拥有 302

张支持票，但仍不清楚反对党托利党能争取多少张：

> 门被甩开了，他们进来了……我们开始时听说他们有303人，接着数字升至310，然后又下降到了307。亚历山大·巴令(Alexander Baring，后来的阿什伯顿勋爵[Lord Ashburton]，也是杜格尔·斯图尔特的学生)对我说，他数过了，他们有304人。我们都焦虑得屏住呼吸。就在这时候，靠门站着的查尔斯·伍德(Charles Wood)跳上一条长凳大喊道，“他们只有301人”。我们喊了起来，这种喊声你可能在查令十字广场(Charing Cross)上听到过。我们挥着帽子，脚跺着地板，拍着手。计票员几乎无法穿过人群，因为议会拥挤得几乎要到桌子上去了……当议长威珀·邓坎农(Whip Duncannon)宣布结果时，你或许能听到一根针掉落的声音。接下来，喊声再次响起。我们中很多人流下了泪水……

当麦考利离开时，已经是次日凌晨4时多了。他叫了一辆出租马车。车夫问的第一件事就是法案通过了与否。麦考利答道，“是的，一票制胜”。车夫说，“感谢上帝，先生”。

托利党拥有的最后一次机会是在上议院的投票。10月8日，《改革法案》被递交到上议院。布鲁厄姆做了最后一次支持它的演说，这篇演说是他在上议院做的演说中最长的一篇。演讲结束时具有戏剧性，他在肃静的议院前跪了下来，展开胳膊伸过头顶。他恳求道：“我庄严地恳请你们，我警告你们，我哀求你们，赞成吧。我跪下来，恳求你们，不要拒绝这个法案。”

然而他们拒绝了它，赞成票与反对票差距还比较大。问题是接下来该做什么，国家需要改革或革命，然而上议院议员们很固执。布鲁厄姆想出了解决的办法。他对内阁其他成员说，在法案这件事上不能妥协。“通过谈判之类的途径，哪怕牺牲我们的一丁点儿原则，牺牲我们在下议院获得的哪怕是少量的信心”，都将是一个错误。恰恰相反，他极力主张，政府应该以设置足够多的上议院新议员相威胁，以便使议案获得通过。这是纯粹的政治边缘政策。如果上议院议员们不肯让步，他们将看到他们的影响力会被削弱，他们的神圣机构将被摧毁，而《改革法案》依旧会获得通过。

布鲁厄姆的策略起了作用。新国王威廉四世（William IV）事先同意，如果上议院拒绝原封不动地通过法案，就会在上议院增设六十名新议员。上议院放弃了，1832 年 6 月 7 日，《改革法案》成为法律。

就在一百二十五年前，在英格兰思想和君主采取的强硬政治的猛攻下，苏格兰旧政权废除了其自身。突然之间，苏格兰发现自己已经置于现代世界的强光之中。而此时，角色颠倒了过来。苏格兰思想和政治边缘政策推翻了英格兰旧政权，将一种适用于包括南北方在内的宪法与一个现代国家绑在了一起。

但英格兰政治中的实际变化并未立即呈现于人们眼前。男性投票人的数量从大约八分之一上升到了五分之一，几乎不是大众民主，当然更谈不上暴民统治。土地利益集团丧失了很多拥有提名权的自治市镇，但仍以不同的方式牢牢控制着权力。工业城市为它们的中产阶级赢得了代表权，但没有为其工人阶级赢得代表权。在苏格兰和爱尔兰，变化更加彻底，因为这两地需要前进得更远。苏格兰总检查长亨利·考科伯恩于同一年检查了辉格党的《苏格兰改革法案》，这一法案使拥有投票权的人数从 4500 人上升至 65000 人。八个新自治选区被创造出来，邓迪、珀斯和阿伯丁各赢得了一个席位。但是，旧的土地贵族仍像过去那样重要，而城市中产阶级受到了严格控制。不仅如此，就像在英格兰那样，秘密投票也是不存在的。

但是，多亏了布鲁厄姆和麦考利，未来的方向才变得清晰，抵达未来的方式也是清晰的。英国宪法拥有了一种新的、自觉的原则，即通过改革促成变化，而不是革命。甚至托利党也汲取了麦考利业已阐明的教训，即“国家向前迈进，但宪法却原封不动，这是革命的一大原因”。事实上，第二次大规模的选民扩充——1867 年的《第二改革法案》（*the Second Reformation Bill*）——就是由托利党政府通过的一种托利党措施。《第二改革法案》首次赋予了工人阶级成员以投票权。到了那时，辉格党人称他们自己为自由主义者。他们的领袖是杜格尔·斯图尔特以前的学生罗素勋爵，他们在下议院的领袖是威廉·格莱斯顿（William Gladstone）。格莱斯顿是个格拉斯哥商人的儿子，次年成为首相。另一位自由主义议员、一个苏格兰人的儿子约翰·斯图尔特·密尔甚至想修改法案，把女性的投票权也包括在内，但是没有取得成功。

在英国政治中，对过去的尊敬在当时正在为变革的要求提供基础。苏格兰自由主义向前看、由结果驱动的方式已经取得了最后的胜利。然而，向后看的柏克式冲动在文化领域发现了一条新出路，揭示了令人意想不到的力量的翻转，而这要感谢苏格兰最伟大的作家，另一个爱丁堡人。

第十一章

最后的吟游诗人：沃尔特·司各特爵士与高地复兴

> 但是我做了一个令人沮丧的梦，
> 在斯凯岛之外；
> 我看到一个死人赢得了一场搏斗，
> 我认为那个死人就是我。

1805年，沃尔特·司各特在一封信中这样描述自己：

> 你也许会盼着看到一个致力于文学追求的人，但你会发现我是一个头脑紊乱的半吊子律师、半吊子运动员（自五岁起，他的头脑中就有一群马在奔驰），一半受教育一半疯狂（他的朋友有时候这样告诉他），什么都是一半。

他没有提到的是，当他还是孩子的时候，就因脊髓灰质炎而变成残疾人，这不仅使他永远变成了跛子，还使他对行动和冒险产生了一种替代性欣赏（进而产生一种骑兵团幻想）。他还没有提到，尽管在18世纪掀起了改革浪潮，但有一个国家却依然忠于其长老会遗产，而他在这个国家却被培养成了圣公会教徒。他更没有提到收信人可能无论如何也不知道的情况，即他是英国当时健在的最著名的诗人。在接下来的十年里，他将成为全世界最著名的小说家。

沃尔特·司各特爵士（他在 1820 年成为一个准男爵）只手改变了文学的进程。不管怎么说，他赋予了文学一个它现在作为现代生活的一部分依然占据的位置。通过同一标志，他赋予了苏格兰一种新身份，这种新身份使得苏格兰安然度过了工业时代。但无论作为一个作家还是一名知识分子，他因这些贡献而获得的奖励曾一直被低估、不被重视。弗吉尼亚·伍尔芙（Virginia Woolf）一度并非全然不敬地说："他是最后一位吟游诗人，爱丁堡市政煤气公司的第一位推销员。"埃德温·缪尔（Edwin Muir）称他的小说"仅仅是对那个时代道德陈规的重复"。

上述两个判断均对他构成了伤害。但他究竟做了什么，沃尔特·司各特爵士本人比他的批评者们更清楚。他也比同时代的大多数人更清晰地看到，甚至最近的苏格兰记忆也正在被遗忘，其损失不能仅仅用简单的悔恨来衡量。司各特从进步的新浪潮中打捞了他能够捞取的东西，但并没有徒劳无益地试图阻挡潮流。他赋予现代性其自觉的解毒剂，即用一个有着英雄想象的世界，来平衡一个严肃有时甚至凄凉的世界。

I

姓司各特这个姓的人来自一个边疆家族，这个家族在 18 世纪初期移居到了爱丁堡。老沃尔特·司各特即使不是一个特别杰出的律师，也是一个勤奋的法律工作者。人们认为，他的儿子尽管小时候得过脊髓灰质炎，但也会成为一名律师。小司各特也没有显示出别有他图的迹象。在爱丁堡高中卢克·弗雷泽（Luke Fraser）的班上，他实际上是个相当没有前途的学生。当然了，这是与在他之前和之后的优秀学生弗朗西斯·杰弗里和亨利·布鲁厄姆相比而言的。他尝试着写了一些诗歌，但当他 1784 年去上大学时，其结果并没有使他本人或别的什么人建议他放弃学习法律。

在大学里，司各特上了杜格尔·斯图尔特开的道德哲学课，上了斯图尔特的外甥大卫·休谟开的苏格兰法律课。他成了亚当·弗格森儿子的朋友，并且相应地对校长威廉·罗伯逊的威严风度充满敬畏，甚至成了未来《爱丁堡评论》的编辑们的朋友。但是，司各特也发现自己被校园外发生的事情所吸引。

他放学后爱逛爱丁堡著名的租书店，该书店是艾伦·拉姆齐六年前创建的。他在那里遇到、后来还结识了爱丁堡文学圈当时的宠儿罗伯特·彭斯。他阅读了英格兰小说家菲尔丁和塞缪尔·理查森（Samuel Richardson）的作品，阅读了苏格兰小说家托比阿斯·斯摩莱特（Tobias Smollett）和亨利·麦肯齐（Henry MacKenzie）的作品。但是，给他印象最深刻的作者却是拉姆齐、约翰·休姆和罗伯特·弗格森，当时他们正在试图拯救他们能够拯救的苏格兰历史和习俗，其中包括盖尔语和苏格兰遗产，以免它被文化变革的洪流冲走。

两位杰出人物阐释了这一事业可能导致的奖励和诱惑。罗伯特·彭斯原本是要被培养为农场工人的，但他自学成才，少年时期便拥有天才的名声。1787 年，彭斯来到爱丁堡。他的文学导师曾鼓励他按照标准高级知识分子的古典风格来写诗，他完美地做到了这一点。但是，他意识到他的真正才能在于把日常的话语、歌曲和与他成长相关的人的故事转变成诗歌，向读者传达普通男人和女人潜在的力量、口才和高尚。这使彭斯成了苏格兰最受喜爱的诗人，即使在今天亦是如此。但是，这让他的导师感到失望，淹没了他的事业，并最终把他赶出了爱丁堡。他的失败导致他酗酒，并将他的寿命缩短到了三十五岁。

罗伯特·彭斯的悲剧起到了一种警示作用，詹姆斯·麦克弗森（James Macpherson）和莪相①起到了另外一种警示作用。

---

① 莪相是凯尔特神话和古爱尔兰传说中的英雄人物。下文将会提到，1762 年，麦克弗森声称“发现”了莪相的诗，他称从公元 3 世纪的盖尔语原文翻译了《芬戈尔》和《特莫拉》这两部史诗，并先后出版，于是这些所谓的“莪相”诗篇便传遍整个欧洲，对早期浪漫主义运动产生了重要影响。但实际上，这些作品是麦克弗森自己创作的。——译者注

约翰·休姆是杰出的剧作家和温和的牧师。1759年,他在苏格兰南部的莫法特(Moffat)度假,在那里接见了一位拜访者,这位拜访者就是詹姆斯·麦克弗森,他将成为路斯文(Ruthven)的牧师,他知道休姆对苏格兰古代历史和文化怀有深深的敬意。同时,两人都是詹姆斯·汤姆森的崇拜者。汤姆森是英格兰自然诗歌流派的开创者,还把古老的苏格兰歌曲和民谣翻译成了英语诗歌。当时麦克弗森激动地告诉休姆,他在漫游高地期间发现了一份包含几个古代盖尔语诗歌样本的手稿。休姆想看看这些样本,麦克弗森问他会不会盖尔语。休姆说自己不会,但他建议麦克弗森翻译其中一首,将它带过来做下检验。

一两天后,麦克弗森带着一首诗的摘录回来了。这首诗的标题是"奥斯卡之死"("The Death of Oscar"),其作者是古代传奇吟游诗人莪相。休姆大吃一惊。就像他的许多爱丁堡文学界朋友那样,休姆发现,就他们的历史兴趣而言,多数盖尔语文学作品相当粗糙、乏味。但是,这首诗却富于表现力、全面且令人惊叹。它是一位史诗英雄和浪漫少女的故事,是一个关于在战场上的英勇和失去爱情的故事,是一个关于风和令人难忘的山区美景之上的灵魂的故事。它包含着具有真正文学力量的段落,例如:"达米德(Dermid)和奥斯卡死了。他们一起赢下了战斗。他们的友谊像钢铁那般坚定,而死亡走在他们与战场之间。"

很显然,麦克弗森发现的不仅是另一位盖尔语诗人,还是苏格兰的荷马(Homer)。返回爱丁堡后,休姆把这首诗展示给了高雅的前辈休·布莱尔。布莱尔同样印象深刻,坚持要麦克弗森给他看剩下的诗篇。在那一年里,在布莱尔的帮助下,麦克弗森出版了莪相诗歌译文集,名为"古代诗歌的碎片"(*Fragments of Ancient Poetry*)。布莱尔不吝赞美,将那些作品称为"心灵的诗歌"。布莱尔惊呼,尽管它们写于野蛮时代,是为野蛮人写的,但它们展示了"一颗渗透着高尚情感、庄严和温柔激情的心,一颗闪着红光、点燃想象力的心,一颗满溢并涌流出来的心"。在那首诗的一节里,莪相的主人公芬戈尔(Fingal)受伤了。诗中写道:"他使自己合为一体,站到了风之上。"布莱尔惊呼："据我所知，还没有任何一个富有想象力的作家的作品中有比这更庄严的段落。"他是指除圣经作者之外的作者。

那本书一夜之间就引起了轰动。莪相一举粉碎了启蒙文学的正统看法，该看法认为，原始民族无力创造伟大的艺术。但正如休·布莱尔所说，很显然，"由于他们的强烈情感，因此其语言也自发地承担了一种诗歌转变"。在这里，通过诗歌艺术，"人的想象力和激情的历史"被显示出来。麦克弗森开启了一个全新的研究领域（即盖尔语诗体学），成为一位全国性的名人。他还暗示他的导师，还有更多的东西将被展示出来。

如果麦克弗森出版第一卷就收手，事情可能会变得好一点儿。但是，他坚持发现、"翻译"更多、更长的选集，终于完成了 1763 年版八卷本的《特莫拉：一部古代史诗》（*Temora*：*An Ancient Epic Poem*）。到了那时候，批评家开始怀疑，在他继续这么做的时候，他是否虚构了整个事件。关于莪相的可信性的争论变成了一种持续不断的喧嚣。三十年后，年轻的沃尔特·司各特还就此为杜格尔·斯图尔特写过一篇论文。站在另一方的是麦克弗森、布莱尔，以及那些认定那些诗歌是真正的盖尔语史诗、可比肩《伊利亚特》或《奥德赛》、真正的原始天才的杰作的人。但事实上，这些诗是精心创作的，这也引起了霍勒斯·沃波尔、大卫·休谟和约翰逊博士的怀疑。其他人，如托马斯·格雷和爱德华·吉本则摇摆不定。

沃波尔发现那些诗枯燥，"读一个勇士究竟在多少方面像月亮、太阳、岩石或狮子真能把我烦死"。他认定那些诗是"伪造的"。休谟的反对具有社会学性质。"这的确很奇怪，"他在给吉本的信中写道，"任何有意识的人也许都能想象到，两千多个诗节以及数不清的历史事实可以经由五十代人被口头传统保存下来，被可能是欧洲所有民族中最不开化、最贫困、最狂暴、最居无定所的民族保存下来，这可能吗？"这个民族就是高地苏格兰人。

约翰逊博士很敏感，他想知道原作在哪儿，想知道麦克弗森总是答应出示原作但从未兑现的原因。1773 年，他和包斯威尔游历了赫布里底群岛。他们带上了莪相的作品，以便与当地原住民能够记住的盖尔语故事进行比对。有时候一些诗节通过了检验,但绝大部分都通不过检验。约翰逊认定它们是高明的伪造,而麦克弗森做出了猛烈的回应,甚至威胁要痛打约翰逊一顿。

此后争议依然不断,一直持续到1805年。彼时麦克弗森已经去世,爱丁堡高地协会对他的文件进行了全面调查。高地协会的检查显示,那些批评家是对的。麦克弗森的确在文本中运用了一些真正的盖尔语的只言片语,但包括精心安排的次要情节在内的主体部分却是他自己的虚构。从那时起,"莪相"成了文学骗局的同义语。

但是,麦克弗森输了战斗,却赢了战争。正如休谟观察到的那样,到最后,人们相信了他们愿意相信的东西,他们愿意相信莪相。一个上了年纪、满脸胡须的吟游诗人蜷缩在山顶创作着关于英雄、诸神、少女的故事,这种形象激发了18世纪的想象力。莪相的诗歌被翻译成了欧洲每一种主要语言,其中包括俄语和匈牙利语。它们开创了处于早期的欧洲浪漫主义。它们似乎证实了让-雅克·卢梭的思想,即生活在原始文化中的人们比生活在更为"先进"文化中的人们更高尚、更纯粹、更有创造性。在当今我们时代的多元文化激情中,卢梭的这种思想仍然存在着。

在麦克弗森所做的努力之中,最好的当属《芬戈尔》。被《芬戈尔》赋予灵感的诗人多种多样,有拜伦勋爵、罗伯特·彭斯(他说,莪相是"我努力模仿以便形成自己品性的最辉煌的典范之一")、威廉·布莱克、塞缪尔·泰勒·柯勒律治(Samuel Taylor Coleridge)、丁尼生(Tennyson)、歌德(Goethe)。德国哲学家J. G. 赫德尔(J. G. Herder)和法国诗人夏多布里昂(Chateaubriand)把莪相的诗歌当做伟大的民族文学应该仿效的典范。拿破仑喜欢读《芬戈尔》,他甚至委托画家让-奥古斯特·安格尔(Jean-Auguste Ingres)用那些诗中场景来装饰他在马尔梅森(Malmasion)的宫殿。1796年,麦克弗森被安葬在威斯敏斯特教堂,位于他最著名的对手塞缪尔·约翰逊的坟墓不远处。

无论在欧洲大陆还是英国,麦克弗森都引发了对所有古老、中世纪事物的追求风潮。人们变得痴迷于久被遗忘的骑士诗和史诗（它们曾一度被正确的品味批驳为野蛮和“哥特式”），痴迷于凯尔特民间文化。对其他古代诗歌、歌曲、民谣的搜寻仍在继续，而沃尔特·司各特就是搜寻者之一。他知道麦克弗森的作品在很大程度上是“一系列伪造”，但他也知道，一种口头传统的确在苏格兰乡村存在着，该传统的大部分非常古老。在他父亲家里，当年长的委托人来访时，他偶然见到了这种传统的一些第一手资料。在这些委托人中，有人曾经在克罗登作战，能够详述那场战斗以及勇士、酋长们的其他丰功伟绩。

1792 年，当沃尔特·司各特等着进入律师界的时候，他徒步旅行了边界乡村，游览了罗斯班克（Rosebank）、上泰恩赛德（Upper Tyneside）、切沃厄特（Cheviot）丘陵和埃尔登丘陵（Eildon Hills），以及它们后面的埃特里克森林（Ettrick Forest）。这里是他祖先的家园，有起伏的丘陵、森林和荒废的修道院。这是一片既美丽又狂暴的土地，以数个世纪的战斗、持续“战争”而闻名，这些战斗、“战争”发生在低地人与英格兰人之间，发生在诸如道格拉斯、麦克斯韦（Maxwells）、休姆这些低地家族之间。在一个朋友的帮助下，司各特聆听并记录下了一些古代“骑马民谣”。这些民谣颂扬了大胆的劫掠者和强盗的英勇行为。一百多年前，他们曾出没于那些丘陵。他们的后代还知道这些民谣。第二年，他游历了珀斯郡和高地东部。在接下来的十年里，他数次重返边境乡村，以便搜集更多的民谣。1799 年，他被任命为塞尔扣克郡（Selkirkshire）的副治安官①，这使得他得以扩展自己的搜寻。最后，他带着一个想法决定接触爱丁堡出版商约翰·巴兰坦（John Ballantyne）。他说：“我搜集边境民谣有些年头了，我可以毫无困难地从其中整理出一个集子，或许能做成一个袖珍的小册子，每册卖四到五个先令。”

1802 年 2 月，那个“袖珍的小册子”问世了。司各特立即受到了铺天盖

① 官方的名称是“sheriff-depute”。这个工作并不像听起来那么浪漫，更像一个助理地区检察官。——原书注

地的赞扬。他曾设法诚实地做麦克弗森不诚实做的事情，通过详细考订各种变体、搜集口头传统的现存样本（边境方言中的，而非盖尔语的），并将其全部记录在纸上。因为它是真的，因此它透露出来的是一种甚至比我相的诗还要更加令人印象深刻的文学遗产，是一种对久已被遗忘的战斗和战士充满活力的颂扬：

> 此时里迪斯达勒（Liddesdale）已经骑马发动了一次突袭，
> 但我想他们要是待在家里会好一些。
> 为了温菲尔德的迈克尔（Michael o'Winfield）他已经死了，
> 赛德的乔克（Jock's the Side）被抓进了监牢。

那些民谣提供了一种生动的悲怆感：

> 因为曼杰顿（Mangerton）宅邸的唐尼（Downie）夫人已经去了，
> 她把她的外套卷到她的膝盖上，
> 她快速地沉如水中，
> 眼泪像洪水一样从她脸上快速滑了下来。

嘲讽或克制的幽默也有，就像约翰尼·阿姆斯特朗（Johnny Armstrong）因谋杀被处决前的告别或《阿姆斯特朗的再见》（"Armstrong's Good Night"）中的那样：

> 这一晚是我死去的夜晚，
> 我再也用不着待在这儿了。
> 这里既没有我的朋友也没有敌人，
> 只想着我离开。

我干的事儿没脑子，
我永远、永远不愿回忆，
我希望你们依然是我的朋友，
晚安，愿你们所有人都快乐！

此外，还有些段落描绘了令人难以忘怀的美：

再见，百合花和玫瑰花，
樱花草还能够看到。
再见，我的夫人，我唯一的欢乐，
因为我可能不能与你们在一起了。

司各特打开了一个新世界，在这个世界中，普通男女以世代保存下来的口才讲话。它是这样一种表达，即使作家也不得不承认它是一种真正的诗歌。无论在他的诗还是后来的小说里，他都逐音、逐词地记录了这样一种苏格兰人的表达。《苏格兰边境民谣》(*Scottish Border Minstrelsy*)在英格兰卖得跟在苏格兰一样好，还有德语(格林兄弟也是口头传统的搜集者，给了它高度评价)、瑞典语和丹麦语译本。美国版本的《苏格兰边境民谣》使得他蜚声大西洋彼岸，激励了诸如华盛顿·欧文(Washington Irving)之类的美国民间文化搜集者。

1803 年，司各特出版了第二卷，接下来出版了第三卷，不过这一卷是他自己的作品，这部作品被公认为是对古老的苏格兰传统风格的模仿。《最后一个吟游诗人的抒情短诗》(*The Lay of the Last Minstrel*)的确比莪相的作品要好，就像麦克弗森曾尝试着要做的那样，它创造了以中世纪的形式为基础的现代的、诗意的、反古典的语言用法，但是有着更强烈的历史语境感：

停下，停下那游艇，你们这些英勇的船员！

高贵的夫人，请屈尊留下来！
你栖息在里文斯科(Ravensheuch)城堡，
今天不要冒险去风暴肆虐的港湾。

黑色的浪镶着白边，
海鸥飞向小岛和岩石，
渔夫听见了水的精灵，
它的尖叫预示着失事在即。

尽管它们是虚构的文学作品，但关于那些诗的一切听起来都是真实的，如语言、背景(这要感谢司各特对古老历史和法律书籍孜孜不倦的研究)和爱情故事(尽管被设置在中世纪，但却对现代男女有吸引力)。

《最后一位吟游诗人的抒情短诗》开启了司各特的写作生涯，填补了文学情趣中一个临时的真空。彭斯已经去世。湖畔派诗人在很大程度上仍籍籍无名，而拜伦出版第一部作品已经有一年多了。这样一来，司各特就成了英国居于统治地位的诗人，成了苏格兰的民族英雄。与彭斯不同，他避免疏远官方的文学当权派；也不同于麦克弗森，在他孜孜以求的东西方面，他是诚实的。司各特把莪相和浪漫派对戏剧性、强烈情感和惊险的场景的偏好以及苏格兰流派冷静的历史真实感结合起来，发现了取得文学成功的一个公式。

司各特为他的读者创造了一个神奇的想象世界。这里有消失的时间和地点，有穿着锁子甲的传奇男主人公，有娇羞的女主人公，有冷酷无情的坏蛋，此外还有真正的历史事件和战斗，描写得精确到了每一个细节，并且全部设置在真实的苏格兰山水之间，从低地、边境(《马米恩》[*Marmion*])到高地(《湖上夫人》[*Lady of the Lake*]和《海岛之主》[*Lord of Isles*])。随着其作品的成功，司各特独自创造了一种新型产业，即高地旅游业。每到夏天，邮政马车、客栈和渡口都挤满了人，他们要么去参观《湖上夫人》的取材地卡春湖（Loch Katrine），要么走过特罗萨克斯（Trossachs），要么去发现《洛克比》（*Rokeby*）或《特里尔曼的婚礼》（*The Bridal of Triermain*）中那些让他们欣喜的段落的峡谷或景观。

《湖上夫人》卖出了20000册，其精装本卖出了2000册。当他的《马米恩》完成时，出版商阿奇巴尔德·康斯特布尔（Archibald Constable）未经审阅就给他支付了1000几尼。康斯特布尔也是《爱丁堡评论》的出版商，司各特则向《爱丁堡评论》供稿。司各特与编辑弗朗西斯·杰弗里自高中起就是朋友，尽管他们在政治上存在分歧。杰弗里是个专注的辉格党人，甚至是个激进的共和党人，但英国最畅销的作家司各特却是个托利党人，改革和革命的强大敌人。

把像司各特这样受过教育的苏格兰人，吸引到保守的托利党阵营，而非自由的辉格党阵营的是什么呢？尽管辉格党称他们是愚昧的反动分子或"邓达斯的求职者"，但他们并非全都如此。在威廉·皮特的领导下，托利党人支持了一项对于苏格兰长老会教徒的心灵而言十分宝贵的事业，这就是反对奴隶制。举个例子，把托马斯·麦考利吸引到他们阵营的就是这一问题。托利党也是爱国者的党。议会中的辉格党人反对对法战争，他们甚至为了破坏它而不惜罢工。但是，托利党人从一开始就是坦白无隐的"鹰派人士"，他们承诺不与一个建立在恐怖、弑君和征服之上的政权媾和。他们的大不列颠此时成了欧洲自由的最后堡垒。

反法国大革命的战争，以及接下来的反拿破仑的战争，它们在苏格兰引发了强烈的忧虑。旧式的、中产阶级的苏格兰人对不列颠联盟的奉献精神找到了一个新的出口，其可见的表达就是献给苏格兰战死者的爱丁堡民族纪念碑。在公众为这座纪念碑捐献了24000英镑之后，威廉·普莱法尔开始在卡尔顿山上建造它。然而，最终的结果证明它太过于雄心勃勃，即使对于普莱法尔这样优秀的建筑师来说也是如此。虽然它没有建成，但它的十二根朴素的多利亚式（Doric）柱子笔直耸立，直插爱丁堡的云霄，使得它在今天成了一个更为适宜的纪念物，用它来象征爱丁堡新古典主义的巅峰时期也是适宜的。

由于被爱国主义激情攫住，每个人都加入了民兵队伍。因为议会后来变得宽容了，它允许在苏格兰招募志愿民兵团。亚当·弗格森在四十年前的梦想终于变成了现实，爱丁堡的中产阶级知识分子踊跃参军。亨利·考科伯恩在回忆1803年那些不确定的日子时说，“我们都是战士”。当时拿破仑威胁要入侵英国，为了保护英国的岛屿，辉格党和托利党联合了起来。考科伯恩自己也指挥了一队步兵。亨利·布鲁厄姆加入了炮兵部队，与威廉·普莱法尔服役于同一门大炮。弗朗西斯·霍纳作为士兵加入了所谓的绅士团，人们可以看到他背着步枪在爱丁堡街头巡逻。沃尔特·司各特少年时就幻想着“一个骑兵团”，此时也加入了骑兵部队。

尽管司各特有身体障碍，但他却证明了自己是一位热诚、熟练的军官，成了他们团的军需官。考科伯恩回忆道：“显然他充满激情……他操练、饮酒、唱歌，带着一种热烈、负责的认真劲儿，很吸引人，激励着每个人，或使每个人都感到羞愧。”司各特非常认真地进行骑马训练，朝着目标飞奔，挥着马刀，同时喊着：“把他们砍倒，那些坏蛋，把他们砍倒”，就好像他真的在与法国胸甲骑兵战斗。

爱国主义也激发了司各特对苏格兰政治的看法。就像很多中产阶级苏格兰人那样，18世纪90年代的苏格兰、英格兰普遍爆发的骚乱让他感到害怕。他把他们的蓝领煽动者视为叛徒，当苏格兰高地警卫团巡逻艾尔郡并接近基尔马诺克（Kilmarnock）时，他冷酷地支持政府采取严厉的镇压措施。出于同样的原因，司各特憎恨革命，其强度与他对他的国家的热爱一样。尽管他对普通人怀着真正的同情，但暴力和对财产权的攻击却让他感到寒心。于是，就像其他苏格兰市民那样，他没有为阻止“高地清洗”这一丑陋插曲做出任何努力，而这一插曲将在接下来的五十年里伤害这个民族。

Ⅱ

高地清洗是苏格兰历史上最惨痛的一章。围绕着那些可怕的“清洗”的误解太多了，并且有数万高地居民被他们的地主逐出了他们祖先的土地，因此值得花时间来弄清这段历史。

最令人震惊的误解是一种指控，即出于某种原因，英格兰的确该受谴责。实际上，这些大规模驱逐的主要煽动者，就是那些高地首领自己以及他们的农场经理或“代理人”。一些在情感上与高地文化传统联系最密切的贵族，如斯特拉斯格拉斯（Strathglass）的奇肖姆（Chisholm）家族和格伦格里（Glengary）的阿里斯泰尔·麦克唐奈（Alistair MacDonnell）家族，他们是最冷酷的驱逐者。在他们看来，他们几乎别无选择。面对竞争日趋激烈的农业市场，以及偿付大量债务的需求（仅格伦格里的债务就高达 80000 英镑，而年租金却不到 6000 英镑），首领们寻找着让土地生利的方式。这意味着他们会倾向于奖赏负担得起更高租金的农民，或者诸如绵羊和养牛之类的本轻利厚的养殖业中的专家。

亚当·斯密对劳动的划分最终抵达了高地。当它这么做时，它清扫了道路上的一切东西。它导致了传统高地村社“拜莱”（baile）的终结，导致了其在幽谷避难、复杂又不言自明的权利、权力和义务网的终结。当首领开始根据利润和“进步”来思考，而非奖励世代的忠诚和服务时，即使在最好的时代也属脆弱的旧的生活方式是注定要消亡的。

清洗也并非克罗登战败的结果。几乎五十年后，第一次对村庄和农场的强行清洗才开始，目的是把土地变成牧场。地主们不得不回应经济的压力而非政治压力。然而，1745 年叛乱的后果就是切断了以往地主与佃户之间的纽带。邓肯·福布斯曾以为这能解放佃户，让他们拥有并耕作自己的土地。但事实恰恰相反，它解放了首领，让他们把其人民当做暂时的佃户对待，只要他们能够负担得起租金，就可以继续待在他的土地上，但如果他们不能，那么就得离开。

在 18 世纪早期，同样的事情已经发生在低地。然而，那里的土地更为肥沃，可供选择的就业机会更多，并且文化并非自我限制的。这是另外一种关键因素，即高地首领抛弃了旧方式，因为这有利于他们融入现代世界。他们的下属没有这么做，因为他们无法这样做。于是，他们最终为进步付出了代价。

从人性的角度看，那种代价是可怕的。在斯凯岛上，4000 余人收到了搬迁的命令。在一些地方，原来的 100 个家庭只剩下了 1 个。19 世纪 80 年代，在萨瑟兰女伯爵（Countess of Sutherland）和她的丈夫斯塔福德勋爵（Lord Stafford）的土地上，老人们依然能够记得阿森特（Assynt）教区一地遭到清洗的 48 个村庄的名字。数年后，曾生活在斯特拉斯纳沃尔（Strathnaver）峡谷斯凯尔（Skail）的贝琪·麦凯（Betsy McKay）回忆道："我们家非常不愿意离开，滞留了一段时间，后来放火党来了，他们从两头点着了我们的房子，将屋内保留的一切化为灰烬。"据另一个目击者唐纳德·麦克莱恩（Donald McLean）回忆，在一个老妇人的房子被点燃之后，他把她从房子里拖了出来。那个老妇人被吓呆了，"发出了令人心碎、悲痛和极度痛苦的呻吟，她发出的一些可辨的声音仅仅能够被理解成'啊，上帝，上帝，火，火'"。在 1807 年至 1821 年间，6000 人至 10000 人成群地被强行驱离萨瑟兰的土地，为绵羊养殖场让路。"在人们被驱赶后数天，几乎听不到人语，只有牛的吼叫和孩子的尖叫在四周回荡。"

跟大多数地主一样，萨瑟兰夫妇并不真的想把他们的佃户赶走。他们打算沿着海岸把佃户安置在有自耕地的村庄里，希望他们被羊取代后能够靠打渔、搜集海藻为生，并继续交付租金。曾有一个时期，有 25000 人在赫布里底群岛工作，他们收割、收集、晒干海藻，把它们卖给肥料生产商。但农场太小了（在斯凯岛上，它们平均面积不足半英亩），无力让大多数家庭养活自己。没有一个人想面对真正的问题，那就是无论清洗还是不清洗，西部高地的人都太多了，超过了土地的供养能力。社区变得严重依赖土豆，因为 1 英亩土豆的供养能力 4 倍于 1 英亩小麦或燕麦。韦斯特罗斯（Wester Ross）和萨瑟兰的丘陵很快密密麻麻地种满了一行行的土豆。这是一场等待发生的灾难，终于在 1846 年，它真的降临了。如果不是清洗导致了数千人移居美洲，那么苏格兰的土豆枯萎病导致的饥荒就可能具有爱尔兰大饥荒那样的严重性。

清洗也以不同的方式影响了高地的不同地区。在南部和东部，在阿盖尔郡和因弗内斯，它可能提高了那些留下来的人的生活标准，因为一种以绵羊、牛、小麦、大麦（其中一部分用于威士忌提炼）、渔业、亚麻纺织为基础的混合经济已经扎下了根。在西部，在斯凯和穆尔岛（Mull）上，由于那里土地贫瘠，另辟蹊径有困难，所以可供替代的选择性方案很少。许多人不得不在移民和挨饿之间做出选择。在19世纪头三年里，超过10000人去了新斯科舍和加拿大。到了19世纪20年代，移民的人数是每年20000人，大部分来自西部高地、罗斯郡和萨瑟兰郡。1831年，基尔多南（Kildonan）的人口只有1801年的五分之一。

一些人指控，苏格兰的上层阶级一致赞同当时正在发生的事情，而这不是真实的。一些人妄称，这是“文明”不断战胜无知、愚昧的野蛮人的一部分。但是，其他人却大声疾呼，尽管包括《爱丁堡评论》在内的大多数苏格兰报纸和期刊无视清洗，但罗伯特·比塞特·司各特（Robert Bisset Scott）的《军人登记册》（*Military Register*）却出人意料地成了反对“改良的”地主和首领的先声。《军人登记册》是为前英国军官编辑并由他们出版的，它很清楚，许多高地战士在西班牙和印度为帝国出生入死后，回到家却发现他们的家园不复存在了，他们的家人流离失所。《军人登记册》不仅详尽记录了在萨瑟兰郡发生的暴行，甚至还帮助起诉了负有责任的人（后来他辞职了）。

另外一位战士，加斯（Garth）的大卫·斯图尔特（David Stewart）也是一名地主和首领，有超过8平方英里的土地，介于里昂（Lyon）河与特卢默（Trummel）河之间。他的父亲是个联盟的热心支持者，但作为一位旧式首领，他却是温情的：

> 殷勤好客的王子，
> 对客人和亲戚都很殷勤，
> 佃户的好首领，

租金交晚了，
他不会皱眉头。

作为儿子和继承人的大卫在第82高地团为自己开创了一番事业，几乎参加了反拿破仑战争的每一场战役。当他的指挥官要求他编写一本关于英军高地团由来的编年史时，大卫·斯图尔特就此写了一部关于他与之成长并热爱的人民及社团的详尽历史的书。1822年，他的《关于苏格兰高地人的气质、风俗习惯和当今状况的素描》(*Sketches of the Character, Manners, and Present State of the Highlanders in Scotland*)出版了。在包括很多苏格兰人在内的大多数人曾经读过的对苏格兰高地状况充满同情、非虚构类的记叙中，这还是第一本。它全面考察了高地家族的风俗和传统，还配有其领地的地图。它猛烈抨击了清洗的冲击力："使一个勇敢、忠诚、有道德的民族的气质恶化或者干脆消灭这个民族，对于任何一个人来说都绝非福祉，要知道这个民族可是战争时期最好的支持者，和平时期最有秩序、最容易满足、最节俭的人群。"

就像清洗的大多数反对者那样，大卫·斯图尔特或许也没有意识到，无人能够阻挡清洗。它植根于一种经济现实和各种社会力量之中，超出了任何人的控制。但是，他的确抓住了牵扯其中的代价，这些代价既有人的方面的，也有文化方面的。他警告道，其最终的结果将会是"把这个国家的语言彻底摧毁，同时被摧毁的还有很大一部分讲这种语言的民族"。他应该感谢他的朋友沃尔特·司各特爵士，恰逢这个国家的那一地区正在遭受磨难之时，他正在颂扬和赞美那种遗产。

沃尔特·司各特既没有无视清洗，也不支持清洗。他虽然认识到了清洗的必然性，不过仍然写道："这样的例子太多了，高地被榨干的并非过剩的人口，而是作为整体的大批居民被无情的贪婪驱逐……"不过他感到，即使作为苏格兰的主要发言人，他也无力阻止那一天的到来，在那一天，"风笛的乐曲回荡在荒凉的地区，但那种召唤缺乏应答"。

司各特还有他不得不加以平衡的其他重要事宜。不仅如此，尽管他的名字过去是、现在也是高地的同义语，但他对保存苏格兰历史和文化的方方面面都感兴趣，其中包括他钟爱的边境的历史和文化。在他看来，发生在萨瑟兰郡和西部岛屿的事情只是一个例证，说明了新苏格兰以何种方式横扫了它过去的遗产。他决定运用他的武器去打他有把握获胜之仗。

司各特与《爱丁堡评论》的朋友的决裂赋予了他一种意想不到的操作空间。1808 年，他出版了《马米恩》。这是他的第三部以中世纪苏格兰为背景的史诗。在不到两个月的时间里，这本书卖出了 2000 多册。四年后，销量突破了 28000 册。对于一部叙事诗而言，这样的销量前所未有。但是，弗朗西斯·杰弗里的耐心已经耗尽。他在《爱丁堡评论》上严厉批评了《马米恩》。他这样写道："写一部现代骑士的冒险故事，似乎与建造一座现代修道院或一座英格兰塔一样，都是一种幻想。"尽管他们仍然是朋友，但司各特不再为杰弗里写文章。接下来，当亨利·布鲁厄姆发表了一篇似乎有支持暴力革命之嫌的煽动性政治文章后，司各特彻底断绝了与《爱丁堡评论》里的朋友们的各种关系。他不再让康斯特布尔做他的出版商，并与其他苏格兰托利党人联手创办了保守的《每季评论》，将其作为《爱丁堡评论》的一种替代选择。

司各特此时发现自己正置于一个意识形态集团的最前列。这是一个由保守的作家和诗人组成的团体，他们先是将《每季评论》，后来又将布莱克伍德的《爱丁堡杂志》（*Edinburgh Magazine*，创办于 1817 年）转变成对抗杰弗里、霍纳和布鲁厄姆的机智、聪明的平衡物。正如《每季评论》第一任编辑威廉·吉福德（William Gifford）所说，他们想"掸去辉格党人外套上的灰尘"。他们也是这么做的。吉福德、司各特、约翰·克罗克（John Croker）、约翰·洛克哈特（John Lockhart，他后来担任了《每季评论》的编辑，是司各特的女婿和传记作者）成了英国文坛主要的替代喉舌。英国浪漫主义运动的领袖罗伯特·骚塞和《爱丁堡杂志》的约翰·威尔逊（John Wilson）、詹姆斯·霍格（James Hogg）也加入了他们的队伍。霍格以前是个牧羊人，后来通过自学成为诗人，司各特在埃特里克(Ettrick)搜集民谣时认识了他。与他们的《爱丁堡评论》对手不同的是，他们中的大多数人对传统意义上的政治不感兴趣。他们想给他们的读者一种新的看世界的方式，而事实上这种方式是一种旧方式，即通过风俗的镜头和对过去的参考，其中包括苏格兰乡村消失的习俗。

他们嘲笑布鲁厄姆和杜格尔·斯图尔特快乐的自由主义及它的"科学"主张，就像他们嘲笑它对政治进步的信仰一样。作为他们的新观察方式的一部分，他们重新尊重高地对斯图亚特王室和查尔斯王子的古老忠诚，回顾过去。克罗登战役、肮脏的恐怖已经过去了半个多世纪。由于一部关于英雄主义与邪恶、阴谋与勇敢，并拥有美丽的少女(如弗洛拉·麦克唐纳)和英俊的男主人公(如快乐的小查理王子)的高地浪漫史诗，这一传奇开始蒙上了一层温暖、吸引人的光芒。

其结果便是一种迅速成长的新詹姆斯二世主义，亦即最初的、浪漫的"注定失败的事业"(Lost Cause)。对民间文化和口头传统持续不断的兴趣有助于培养并维持它，有趣的是在詹姆斯·霍格的《詹姆斯二世党人之歌》(*Collection of Jacobite Songs*)出版后，它完全征服了罗伯特·彭斯，尽管他来自传统上支持汉诺威王室的艾尔郡，却自称詹姆斯二世党人。他甚至写了《查理，我心爱的人》("Charlie He's My Darling")和《白帽章》("The White Cockade")，将其作为那早已失败的事业的战歌。另一位诗人，卡罗丽娜·奥利冯特(Carolina Oliphant)，即奈恩夫人[Lady Nairne])做了相同的事情，写了一首《你再不会回来了吗》("Will Ye No' Come Back Again")。这首诗被如此普遍地与1745年叛乱联系在一起，以至于人们很容易忘记它其实是半个多世纪后写的。

这些反动的新詹姆斯二世党人渴望的是一个业已消失的世界。这是一个有着坚强的男人和女人的世界，一个情感忠诚而非经济算计的世界，一个弘扬英雄的自我牺牲而非理性的利己主义的世界。就像一些人认为的那样，1745年叛乱成了一种寓言，象征着在反对无灵魂的现代性的斗争中注定要失败的传统价值观。司各特自己也未能免受这种怀旧诉求的影响。“我是一个保皇党人，”他在1800年写道，“更是一个詹姆斯二世党人。”但他是过于优秀的历史学者，是过于优秀的杜格尔·斯图尔特的学生，以至于他无法毫无保留地接受关于快乐小王子查理的光明神话。对于他来说，詹姆斯二世党人更多地是苏格兰历史中比较重要的一章，是当时为取得政治成功的一种武器。

现代性自以为是的对过去的蔑视激怒了他。约翰·诺克斯及其追随者轻率地摧毁了古老的教堂和修道院，埋葬了永恒的民间习俗和对君主的敬畏，这是他最不喜欢的关于长老会制度的东西。对于他来说，《爱丁堡评论》那帮人似乎并无不同。司各特投身于一个人的斗争，想扭转对苏格兰过去的仇视（或至少漠不关心）的遗产。他的叙事诗就反映了这个问题的一个方面。他还在他喜爱的边境乡间的阿伯茨福德（Abbotsford）修建了一座房子，将其作为一座苏格兰历史的博物馆，保存并展出了一些遗物，如蒙特罗斯伯爵（Earl of Montrose）的剑、罗布·罗伊的长筒枪、很多套盔甲和古老的石弓，每样东西都让其参观者的脑海中浮现出一个消失的时空，以及曾占据这一时空的人们。而他之所以选择在那个地址修建博物馆，是因为它位于中世纪一场家族战斗的战场。

接下来，1813年秋的一天，在翻检一个旧碗柜的抽屉时，司各特邂逅了他过去的一件旧物。这是他数年前开始写作的一部小说的未完成稿，而这部小说是以1745年叛乱及他儿时听到的相关故事为基础的。在浏览手稿时，他突然想到，这或许是另一种激发一群粗俗的读者去欣赏苏格兰历史的方式，即通过散文体小说的形式。他当即决定，到了离开诗歌的时候了。就在一年前，拜伦勋爵出版了《恰尔德·哈罗德游记》（*Childe Harold's Pilgrimage*），证明了他甚至能比司各特写出更好的历史叙事诗。于是，司各特将那部未完成的小说带进了楼下他的书房。他给他的出版商约翰·巴兰坦寄去了一部分。到他1814年1月返回爱丁堡时，已经完成了整个第一部分，还给小说定名为“韦弗利：五十年后”（*Waverley：'Tis Fifty Years Since*）。

小说的主要人物韦弗利压根儿不是一个苏格兰人，而是一个英格兰人、英军军官，他在查理王子登陆前夕被派驻到苏格兰。了解到这一点后，那些从未读过那部小说的人可能会感到惊讶。韦弗利认识了一个高地首领弗格斯·麦吉弗（Fergus MacIvor）和他的妹妹弗洛拉。在他们的勇气和对王子的事业的热情激励下，他自己也成了一个詹姆斯二世党人。这是一个关于分裂的忠诚和冲突的文化的故事，是一个在他对一种高尚但注定要失败的事业的热爱（美丽的弗洛拉是其象征）与他的责任感之间被撕裂的男人的故事。包括司各特的出版商在内的读者都被这个故事征服了。当它于1814年7月出版时，不仅卖得比司各特此前的所有作品都要多，还产生了一种全新的文学类型，即历史小说。

甚至《爱丁堡评论》也被征服了。它描写了一种"由一个发现激发的惊奇，那就是在我们的国家，几乎在我们的时代，风格与特色不仅是存在的，而且是出众的。我们曾习惯于认为它们只属于遥远的古代或夸张的传奇文学。"当然，那些甚至在那个夏天还被逐出位于萨瑟兰郡和罗斯郡的家园的人可能告诉了评论者那一点。但在1814年，没有一个人听他们说话。无论多么不直接，多么不完美，几乎出于偶然，司各特成了他们的代言人。通过他置入其小说中的高地牧羊人、自耕农和渔夫（所有批评家一致认为，这些是他的小说中最好的人物），乡村苏格兰的声音被更广泛的听众听到，超出了任何人的想象。

在《韦弗利》之后，司各特创作了《盖伊·曼纳林》（*Guy Mannering*），接着又创作了《修墓老人》（*Old Mortality*）和《罗布·罗伊》。这些书以令人吃惊的速度从他书桌上流出。它们是那些年的扛鼎之作，拜伦勋爵不无嫉妒地称那些年为"司各特的统治时期"。那些小说让他成了英国收入最高的作家，靠着版税和预付金，他每年的收入接近10000英镑。它们也为其他小说和小说家创造了一个大市场。司各特的每一位英国继承者都可以利用这个市场，这里面有简·奥斯丁（Jane Austen，司各特欣赏并保护了她）、查尔斯·狄更斯（Charles Dickens）、威廉·萨克雷、乔治·艾略特（George Eliot）、安东尼·特罗洛普(Anthony Trollope)。欧洲大陆19世纪文学界的其他伟大人物也可以利用这个市场,这里面有巴尔扎克(Balzac)、雨果(Hugo)、福楼拜(Flaubert)和托尔斯泰(Tolstoy)。历史小说成了一种截然不同的艺术形式,成了一种通过对历史真相的严格忠实与虚构的幻想的奇妙混合使过去复活的方式。就现代读者而言,历史小说这种形式显得比历史自身更成功。如果没有司各特的先例,托尔斯泰可能就永远也不会构思《战争与和平》(*War and Peace*),雨果也不会构思《悲惨世界》(*Les Miserables*)。其他历史小说作家,从巴尔扎克和大仲马(Alexandre Dumas)到布尔沃－李顿(Bulwer-Lytton,《庞贝的最后时光》[*The Last Days of Pompeii*])和卢·华莱士(Lew Wallace,《宾虚》[*Ben-Hur*]),他们也欠司各特相似的债务。至于司各特最好的苏格兰继承人罗伯特·路易斯·斯蒂文森(Robert Louis Stevenson),那就更不用提了。

司各特不仅发明了现代历史小说,还发明了它持久的主题之一——文化冲突的思想。他向他的读者揭示,"文明"或现代性的发展并未留下干净或整齐的断裂,一个阶段并未轻而易举地转变为下一个阶段。它们部分重叠并发生冲突,而个人则陷在断裂之中。《韦弗利》和《艾凡赫》(*Ivanhoe*)、《雷德高斯勒》(*Redgauntlet*)的主人公发现,他们不仅在文化上与他们的世界格格不入,甚至与他们的身份也不一致。无论把背景设置在高地、中世纪的英格兰还是巴勒斯坦,他的小说都把历史显现为一系列"文化战争",这里面有法兰克人(Frank)对抗撒拉逊人(Saracen,《护身符》[*The Talisman*])、犹太人对抗基督徒(《艾凡赫》)、罗马人对抗撒克逊人、苏格兰人对抗英格兰人、低地人对抗高地人、长老会教徒对抗圣公会教徒。

至于何方占优势,何方应该输掉,这个问题从未得到彻底解决。司各特痛恨旧式的苏格兰加尔文主义,但在诸如《修墓老人》这样的小说中,他以同情的方式处理了它,没有流露出丝毫他自己的情感。弗吉尼亚·伍尔芙这样评价司各特的小说:"它们的新鲜感是令人吃惊的,它们的活力是持久的,部分原因在于,你也许会一遍又一遍地阅读它们,却永远不能确定司各特自己是何许人，不确定司各特在想什么。”小说家司各特引入了现代意识的一种关键成分，亦即一种历史超然感，而麦考利（他很崇拜司各特）和其他维多利亚时代的早期历史学家缺乏的就是这样一种东西。

那种超然部分源自一种认识，司各特和大卫·休谟以及苏格兰启蒙运动的其他成员均有这种认识，那就是现代世界制造了彼此对抗的矛盾，如果不摧毁一切，这些矛盾就无从解决。司各特很清楚自己身上存在的各种分裂，这些分裂介于浪漫主义诗人与历史学者之间，介于自然的热爱者与科学的学习者之间，介于情感用事的詹姆斯二世党人与冷静的律师之间，介于坚定的托利党人与进步的崇拜者（他是爱丁堡第一个在自己房屋里安装煤气灯的人）之间。他也清楚苏格兰文化中存在相同的分裂。他在给一位朋友的信中写道：“苏格兰头脑是由诗歌和确凿的常识构成的，正是后者的力量赋予了前者以永恒和华美。”将艺术家定义为同时拥有两种矛盾思想的人的荣誉属于 F. 司各特·菲兹杰拉德（F. Scott Fitzgerald），但意识到那恰恰是所有现代人都会做的（实际上，也必须那么做）荣誉属于沃尔特·司各特爵士。

Ⅲ

“韦弗利”系列小说把司各特推向了公共舞台（尽管它们是用笔名出版的，但每个人都知道它们的作者是谁）。他成了伦敦和白金汉宫那些权贵的朋友。拿破仑在滑铁卢（Waterloo）战败后，他旅行到巴黎，会见他的英雄威灵顿公爵，以及俄罗斯沙皇。他还与威尔士亲王（Prince of Wales）成了互通信件朋友，威尔士亲王不久就成了乔治四世（George Ⅳ）。威尔士亲王决定给予司各特“桂冠诗人”的头衔，但司各特拒绝了。因为其条件是他必须每年写一首诗来庆祝国王的生日，或者为其他官方场合写诗，虽然托利党倾向保守，但对于司各特这样坚定的托利党人来说，这样的想法也让人受不了。但是在 1815 年，他们终于在伦敦会面了。

威尔士亲王肥胖、懒惰、淫荡、爱慕虚荣、不体谅他人。他是个酒鬼，靠樱桃白兰地为生。他不仅抛弃了妻子，还背叛了他在政治上的辉格党盟友。

但他也是个有教养、聪明的人，读过我相的作品，几乎能背诵《韦弗利》。亲王对司各特作品的欣赏以及无可否认的魅力赢得了司各特的心。反过来，司各特也让那个即将成为国王的人牢牢记住了一种观念，即他的使命应该是恢复包括苏格兰的遗产在内的英国的丰富的历史遗产。司各特解释道，他可以成为快乐王子查理，成为一个现代帝国的传奇性君主。

起点之一是恢复苏格兰君主制业已失去的王权标志，即剑、权杖和王冠。1707 年后，它们被保存在爱丁堡城堡，接着就被忘记了。亲王批准司各特进入城堡搜寻。经过在那座古老城堡的地窖、回廊、储藏室中漫长而富于戏剧性的搜寻（这吸引了大批人群，激发了公众的巨大兴趣），它们终于在一个受损的箱子里被发现了。对于司各特而言，它们是苏格兰国家地位的神圣象征。当司各特的一个助手打趣地提出要把王冠戴在附近一位年轻女士的头上时，他喊道："看在上帝的份儿上，不要这么做！"然后，他就把它夺了过去。苏格兰王权标志的失而复得不仅为司各特赢得了准男爵爵位，还为接下来恢复苏格兰已经消失了的荣光铺平了道路。

曾有人在一些时候声称，国王 1822 年对爱丁堡的访问是司各特的主意，但这不是真的。威尔士亲王当时已经成为乔治四世，他曾在数年里一直计划巡视他的英国领土，并且在他对爱尔兰进行国事访问后，苏格兰理应是接下来的一站。当他向爱丁堡市长宣布他的计划时，市长转而向此时已成为爵士的司各特求助。司各特则转而拜访加斯的大卫·斯图尔特这位言辞尖刻的战士和萨瑟兰郡清洗的批评者，就如何安排与王室访问相关的事宜向他讨主意。最后是斯图尔特和司各特为那年 8 月的"国王巡访"设计了庆典。这一庆典不仅无可挽回地改变了英格兰与苏格兰的关系，甚至还在高地文化即将永远消失时完成了对该文化的复兴。

国王说："我不想在苏格兰看到任何不具备纯粹民族性、无特色的东西。"当他说此话时，他是在清晰地表达他对这次巡访的意见。对于《韦弗利》和《罗布·罗伊》的一个热心读者而言，那意味着高地服装和展览，其中包括短褶裙、软帽、格子呢、风笛以及盖尔语战歌，而那也是沃尔特·司各特和大卫·斯图尔特决定提供的东西。当然了，国王从不曾看到过真正的高地服装，苏格兰高地警卫团及其他苏格兰军团的士兵穿着的制服除外。那些士兵穿着较短的短褶裙（也就是所谓的**短裙**），这种短褶裙由一条与肩部相连、1 码左右的格子花呢缠着腰部，取代了整整 12 码的格子花呢。这种格子花呢被从中间宽松地缠绕着，曾是数个世纪里高地男性的传统服饰。另一方面，短裙使用的布料少，比较容易穿着，也比较不容易让人想起乡村的贫穷和饿着肚子露天而眠。这样一来，国王的访问使这种短裙成了新的、"真实的"高地短褶裙。它就这样一直流传到了今天，国王的访问把苏格兰的历史变成了高地的历史，而低地人和边境人却在很大程度上被遗忘了。

国王对真正高地人的样子一无所知，甚至大多数爱丁堡人对此也是一头雾水。斯图尔特和司各特设计的仪式，无论对于苏格兰人还是乔治四世来说，都是苏格兰历史上的一个榜样，既是向他们的国家致敬，也是向国王致敬。这是自 1650 年以来在位君主进行的首次国事访问，也是联合王国成立以来的第一次。这是苏格兰在其国王和全世界人面前展示自己的一次机会，也是确立其在大英帝国中的地位的一次机会。正是出于那一原因，其组织者断定，无论怎样准备都不过头。

那年 7 月，司各特在城堡街（Castle Street）的房子成了一个筹备车间。每天早晨 7 时到过了午夜，人流不断，信使、访问者、搬运工和官员进进出出，而司各特则在草拟方案、礼仪、请柬、客人名单以及各种仪式的先后次序。每样东西都将与 1707 年以前的一样，在高街（High Street）还将举行正式的、显示帝王气派的游行。在詹姆斯四世（James IV）时代，爱丁堡可能曾目睹过这样的游行。

然而，有些事情不得不根据现实情况做出改变。苏格兰议会不存在了，因此举行"议会骑行"就会显得不合时宜。设计出颂扬苏格兰政治传统的其他方式势在必行。司各特和斯图尔特把"皇家护卫弓箭手"转变成了一种由苏格兰上院议议员和贵族组成的国王卫队。同时，每个人都要在仪式上穿着的高地服装不得不相应地具有军事风格，配以圆盾、阔剑、短剑以及插在长袜顶部的匕首。这将使旁观者回想起苏格兰人的英勇和豪迈。无论在克罗登的德鲁莫西荒原上，还是年代更为接近的西班牙、印度和滑铁卢战场上，苏格兰人都展示出了那种英勇和豪迈。

然而，具有嘲讽意味的是，尽管坚持一切东西都要有高地风格，但实际上几乎没有高地人会去参加仪式。司各特曾向麦克劳德及其他高地首领发出正式邀请，号召他们及其属下参加一个现代版的家族集会，来欢迎他们的"首领的首领"。但是，露面的首领只有五个。布雷多尔本的坎贝尔家族来了五个人，他们穿着格子呢，但不是自己的格子呢，而是那位爵士在爱丁堡设计并送给他们的。格列奥格雷奇(Griogaraich)的麦克格里格家族露面了，充当了国王的护卫，但他们的首领尤恩·麦克格里格爵士(Sir Ewan MacGregor)一直试图抹去这个家族漫长的依附王室的耻辱历史。派头十足的格伦格里的阿里斯泰尔·麦克唐奈也露面了。他曾是《韦弗利》中的弗格斯·麦基弗的创作灵感。他带着他的风笛手、侍从和护林人，在旁观者眼中他们看上去也确实像作品中的那种人。但在整个访问过程中，他逐渐使自己成了一个令人讨厌的人，司各特和斯图尔特都很厌恶他。

斯特拉森(Strathearn)的德拉蒙德派遣了一个代表团。比较令人吃惊的是，萨瑟兰女公爵(Duchess of Sutherland)①也是这样做的。大卫·斯图尔特在刚刚出版的书里对她的清洗政策的批评让她感到不快，她决意展示真正的高地精神。每个人都认为，这两个代表团是所有人中最邋遢的。根据唐纳德·麦克劳德的说法，"他们的外表真的太糟糕了，以至于那些负责管理的人拒绝让他们走在游行队伍中……他们被胡乱塞进一座古旧的空房子，睡在稻草上，吃着最粗劣的食物，与此同时，其他家族则生活得相当奢侈"。

就这样，这种"格子花呢全景画"(如司各特的女婿所言)的绝大多数参与者最终成了爱丁堡凯尔特协会(Celtic Society)和斯特拉斯费伦协会(Strathfillan Society)的成员。他们是上等阶级和中产阶级公民，大多数拥有

① 前文说过其封号是伯爵，因不可辨，暂且均保留。——译者注

高地姓氏或根源，但几乎所有人都没有家族生活经历。在那种意义上，他们就像大多数当今穿着短褶裙的人。当然了，当局就希望那样。当沃尔特·司各特试图从阿索尔伯爵（the Earl of Atholl）那里要几个人时，亨利·邓达斯不允许，因为他还没有忘记刚刚发生在格拉斯哥周边的暴力事件以及较早时期的高地麻烦。他说："我觉得，无论真实的还是想象的，我们完全跟盖尔人一样精明或必不可少。"

在国王驾临前夕，《爱丁堡观察者》（*Edinburgh Observer*）发表了下面这篇社论：

> 目前，所有答谢乔治四世的人都是詹姆斯二世党人，而且是纯粹的詹姆斯二世党人……我们的国王是"骑士"的继承人，而在"骑士"服役期间，我们苏格兰受的苦太多了，太出色了，并且我们会在"银十字架的姐妹"中间发现许多弗洛拉·麦克唐纳，发现许多高地人目睹了国王走向他的宝座……

爱丁堡处于狂热之中，城里塞满了来自苏格兰各地的参观者。在他们的注视下，斯图尔特将军和凯尔特协会的格子呢队伍正在王后街和贡品街（Heriot Row）之间的草地上操练。领主、地主、弓箭手、士兵、民兵聚集在街道上，笛子嘟嘟地响着，旗帜在夏日阳光下挥舞。到了晚上，在爱丁堡新安装的煤气街灯柔和的灯光下，相似的一幕还会继续上演。

8月14日，星期三，皇家游艇出现在福斯湾。当人们聚集到一起从爱丁堡前往莱斯迎接国王时，城堡山上的大炮报告了这一消息。司各特划船划得筋疲力尽，去欢迎还在游艇上的国王。"沃尔特·司各特爵士！"国王喊道，"我最想看到的苏格兰人！让他上来！"乔治四世露齿而笑，端着一玻璃杯真正的高地酒向他忠实的仆人敬酒。司各特把那个玻璃杯当做纪念品放进了他的口袋（后来由于一时激动，他坐在了玻璃杯上面，把它压碎了）。

第二天，国王真正的访问开始了。据估计，当国王在欢呼声和轰鸣的礼炮声中上岸时，以及当游行队伍从莱斯步行街前往爱丁堡高街时，前去欢迎的人群有30万（占苏格兰人口的七分之一强）之众。沃尔特坐在一辆敞篷马车里领路，受到了热烈欢呼，后面跟着喇叭手、骑马的侍从、掷弹兵、重装骑兵、来自各高地军团的士兵，再接着是马里斯切尔骑士（Knight Marischal）、财政部的男爵们、穿着猩红色袍子的司法官和法官、“怀特·罗德”（White Rod）、纹章院代表大人、高级治安官大人，最后是国王。

肥胖，红脸庞，呼吸沉重，几乎不能步行，这位当今的“快乐王子查理”慢慢地从高街来到关卡。市长在那里向他赠送了城市钥匙，然后引着他穿过圣安德鲁斯广场和两边挤满了人群的王子街。国王转过身来，他吃惊地看到还有数千人成排地站在城堡山上，就像一座活动的人山在注视着、挥动着手。当他挥手还礼时，城市响起了巨大的欢呼。

星期六，国王在荷里路德宫闪烁的枝形吊灯下举行了招待会。加斯的大卫·斯图尔特来到国王的卧室检查国王那天晚上将要穿上的“真正的”高地服装。国王穿着的是全套服装，有装饰着斯图亚特王室图案的打褶的格子呢短褶裙、格子呢紧身裤、前面的毛皮袋，以及装饰着羽毛的软帽。斯图尔特打量着国王臃肿的红脸，他看到了国王垂在短褶裙上的大肚子，紧身裤紧紧地裹着国王凸起、松弛的大腿。谨慎促使他说了下面这句话，他对他的君主说，“你打扮出了一个非常漂亮的体型”。说完，他就让国王出去迎接那些欣喜若狂的客人了。

这真是一个奇怪的时刻。这种特殊形式的苏格兰服装最近还被当做野蛮的旧玩意儿抛弃，甚至还被宣布为非法，此时却成了王室的适宜装束。这位肥胖的汉诺威王室继承人、坎伯兰公爵（为了控制苏格兰和大不列颠的命运，他曾经与穿短褶裙的族人作战并屠杀他们）的侄孙，此时穿的短褶裙上却有着其先人王朝不共戴天的敌人的格子呢图案。那周晚些时候，爱丁堡市政委员会举行了一场持续了六个半小时的宴会，在宴会上，格子呢短褶裙再次大量出现，使参加宴会的人感到激动，因为如果换到二十年前，他们穿着这种衣服被抓住就是死路一条。

这种文化倾向的转变应全部归功于沃尔特·司各特爵士。他不是第一个从历史垃圾堆中拯救高地文化的人，但却是第一个让它变得高尚和受尊敬的人，让它具有了动人的、浪漫的华丽，从那时起，这种华丽使得它成了历史想象力不可磨灭的一部分。汉诺威与斯图亚特，英格兰与苏格兰，过去与现在，这些古老敌人的和解是他为国王来访制订的更大计划的一部分。

大多数历史学家和作家都嘲笑国王的访问，并且他们有很好的理由。国王的访问试图屈服于对其篡改苏格兰历史的愤怒，屈服于对其伪善的愤怒，甚至是在借大清洗、高地文化及其人民正在被根除的机会反过来宣称提升了高地文化。即使当时的人也承认，国王的访问太滑稽了。司各特的女婿詹姆斯·洛克哈特将其称为"一种集体幻觉"。它也在很大程度上是托利党的一场庆典。《爱丁堡评论》的辉格党人将其注意力牢牢锁定在议会改革上。亨利·考科伯恩甚至都没在他自己的自传里提到它。

国王访问的后果加剧了虚假浮夸，当时诸如班诺克本(Bannockburn)的威尔逊毛纺厂开始收到新近流行的短褶裙的订单。人们想搞清楚，在格子呢数不清的图案和"套"中，究竟该买哪一种。正是威尔逊开始以特殊的高地家族来命名一套套特别的短褶裙。这样做在某种程度上是对的，生活在一个家族地区的家庭，的确倾向于编制看起来一模一样的格子呢，从而把他们与邻居区分开来。但是，家族真正的识别标志是戴在帽子或手臂上的徽章，如一根小杜松枝(麦克劳德家族的徽章)，或一朵白石楠花(麦金泰尔家族的徽章)。同一家族的人，通常穿着他们各自喜欢的不同图案的格子呢服饰，越鲜艳夺目越好。

军队开始使用格子呢作为识别标志，作为高地军团制服的一部分。苏格兰高地警卫团于 1739 年率先这么做了，采用的是忧郁的蓝、绿、黑格子呢。其他高地军团纷纷仿效。接下来，家族成员开始使用他们家族军团的格子呢。当然了，这样做并不具有排外性意义。实际上，当伦敦高地协会于 1815 年开始收集现存的格子呢碎片，并接触各位首领以便确定哪一片属于哪个家族时，它惊奇地发现，大多数首领对此一问三不知。

在国王访问二十年后，有一对吉普赛兄弟自称查理王子的非婚生孙子，他们现身时还带着他们的格子呢图案书，这本书被自命不凡地取名为“苏格兰服饰”（*Vestiarum Scoticum*）。现今所有“困惑”都结束了。他们一个自称詹姆斯·索别斯基·斯图亚特（James Sobieski Stuart），另一个自称叫查尔斯·索别斯基·斯图亚特。他们从一份16世纪的手稿上选择了75套图案各异的格子呢，每一套都与一个特殊的家族相关联。他们声称这份手稿曾经属于苏格兰玛丽女王（Mary Queen of Scots）的告解神甫，但当别人请求看看这份手稿时，他们却从未拿出并展示它。这是麦克弗森和莪相事件的再次上演，结局也非常相似。格子呢在苏格兰和英格兰成了时尚。维多利亚女王（Queen Victoria）坚决要求在她的高地静居处巴莫拉城堡（Balmoral Castle）穿格子呢。家族首领甚至低地贵族突然认定，他们最好也搞一种“真正的”家族图案，否则就会在这一潮流中迷失。

因此可以这么说，伟大的高地复兴始于一场骗局，终于另一场骗局。但是对于包括司各特在内的其真正的拥护者来说，这样评价是不公平的。毕竟司各特在国王访问后的辉煌时刻是短暂的。1825年，他的出版商及合伙人约翰·巴兰坦破产了。司各特并没有选择与他一起破产，而是向他的债权人承诺，他会偿付他欠他们的一切东西。为了换取他在爱丁堡的司法官和法院书记官的职位，以及免交租金地生活在阿伯茨福德，他同意把从未来书籍中获得的所有版税都用于偿还这一高达10万多英镑的债务。

司各特在他的日记中写道：“我将是他们的终生奴仆，并且在我想象力的矿井中挖掘，以便发现钻石。”所有作为阿伯茨福德的一位高贵地主退休的梦想此时都变得遥不可及。工作损害了他的健康，1830年他患了中风，但仍继续工作。他说：“那个睡觉时间太长、睡到上午的人，让他借一个欠债者的枕头吧。”在他于1832年去世之前，他已经偿还了一半多的债务。就在同一年，议会通过了他既恨又怕的一项法案，即《改革法案》。

听到司各特的死讯，他的辉格党邻居亨利·考科伯恩在日记中写道：“苏格兰从来没有亏欠过一个人这么多。”实际上，沃尔特·司各特爵士做了一件不平凡的事情。他已经设法创造了一个堪与那个即将跨入新世纪的苏格兰匹敌的另一个苏格兰。这是一个想象中的苏格兰。在这个苏格兰，荣誉、勇气、正直依然能够存在甚至茁壮成长于个人之中。以强壮、高贵的高地人神话为基础，司各特已经创造了一种新的民族身份。不仅苏格兰能够获得这种身份，英国的其他民族也能获得。英国能够从一种看法中获得慰藉和骄傲，那就是在特威德河以北，古老、前现代的价值观依然被鲜活地保存着。当然，生活在英国以外、拥有苏格兰血统的人后来也会让自己向这种价值观靠拢，正如某个在纽约或墨尔本出席了圣安德鲁协会的一场晚宴并看到了大量**短褶裙**的人所了解的那样。

这种新的苏格兰身份补充了现代性当时正在打造的苏格兰身份，却无法与之竞争。首先，司各特已经基本上使之大众化了，因为它向任何一个具有想象力火花的人开放，而亚当·斯密已经展示，想象力是现代社会自身的基础。其次，与莪相流露出的“年迈且腐朽”的神话般过往不同，“虽然旧方式正在消失，但它仍然对未来抱有希望”。司各特传授给现代世界的一课是，过去不必死去或消失，它可以在一个民族的记忆中继续活着，帮助养育该民族的子孙。

第十二章

实践：科学与工业中的苏格兰人

不要思考，而要尝试。

——约翰·亨特

I

当詹姆斯·瓦特还是格拉斯哥大学的仪器制作工的时候，有人告诉他，一个名叫托马斯·纽科门（Thomas Newcomen）的德比郡人发明了一台奇怪的机器——一个用蒸汽推动水泵的装置。瓦特还获悉，格拉斯哥大学就有这台机器的一个模型，而这个模型当时正在伦敦维修。瓦特对蒸汽感兴趣，他和他的朋友、老师约瑟夫·布莱克已经就它的特性争论了好几年。而此时，也就是1763年冬天，他安排船只把这个模型运回了格拉斯哥，并观察了它。

这台机器有一个锅炉，锅炉将蒸汽送入一个垂直的黄铜圆筒里，圆筒与一个紧挨着的活塞相连，而活塞又与一个金属杆连在一起。当蒸汽进入时，它把活塞往上推，压下金属杆。当蒸汽凝结成水时，它创造的真空把活塞往下带，并提升金属杆。纽科门的“火发动机”（一些人这么称呼它）是个巧妙的装置，威尔士的矿工已经利用其上下运动把水抽出他们的煤井。但是当瓦特点火使其运转时，他马上看到了问题。那个活塞一次只转动两三下，因为尽管与之相连的锅炉相对较大，但它生产的蒸汽大部分都泄漏到了空气里。

瓦特当时二十七岁，很大程度上是个自学成才的人，但他的学识给每个到过他店里的人都留下了深刻印象。甚至那些大学教授也对他印象深刻。一个教授回忆道："我看到了一个工人，也就把他当成一个工人，但却吃惊地发现了一个哲学家。"瓦特也非常自信，他相信他能修理、制造任何东西。有一次，共济会格拉斯哥分会需要一架管风琴，就请他提供。瓦特原本对音乐一无所知，但没用几周就掌握了它，学会了他能学会的关于管风琴的一切，挑选了必要的材料，出示了设计图，独自制成了管风琴。而在此时，他变得每天都痴迷于搞明白蒸汽如何发挥作用，以及如何保持纽科门的机器运转。

瓦特在"火发动机"上辛苦了一年多。接下来，1765 年初一个特别晴朗的下午（这在格拉斯哥并不常见），瓦特出去散步了。他打开夏洛特街（Charlotte Street）下面的大门，走过那家老洗衣店。"我当时正在想那个机器，"他后来写道，"这时我想到，因为蒸汽是一种弹性体，它才会冲进一个真空；如果在圆筒上接上一个真空的容器，它就会冲进这个容器，并可能在那里凝结而无须冷却圆筒……我走到高尔夫房就不往前走了，那时我想明白了整个事情。"

与传说相反，詹姆斯·瓦特并没有发明蒸汽机，发明蒸汽机的是英格兰人纽科门和托马斯·萨弗里（Thomas Savery）。瓦特做的事情具有典型的苏格兰风格，他完善了别人创造的东西，使其用起来比原来的发明者想象的更高效、更广泛。瓦特给蒸汽机提供的是单独凝结的设想，这使蒸汽机得以产生一种持续的运动，他还在 1781 年把这种运动转变成了旋转运动。他为工业革命创造了可用于实际工作的发动机。商业社会将要转变成工业社会，而技术将为其提供驱动力。他赋予了资本主义以现代面孔，而这张面孔一直延续到了现在。

苏格兰人虽然发明了科学、资本主义、自由和进步思想，但并没有发明技术。可正如在别的情况下那样，我们生活离不开诸如詹姆斯·瓦特之类的苏格兰人组织和完善的技术形式。这依靠的是苏格兰启蒙运动奉为神圣的特定基本原则——常识——它是我们最好的知识来源，通过个别实验、试验和错误可以检验一般假设并从中获得科学规律。就像瓦特蒸汽机运转不停的活塞那样，科学和技术赋予了文明的动态变化。就像它们对于我们那样，对于苏格兰人来说，它们是现代生活的关键。一系列闪亮登场的苏格兰发明者、工程师、医生和科学家向世界上其他人证明了它们的精髓。

詹姆斯·瓦特在格林诺克长大，没有受过正式教育，但由于他的父亲向当地的造船业者供应航海设备，所以他从小就被从事海运的格拉斯哥的造船设备包围着。在船只用品、绳索、滑轮、六分仪、四分仪、罗盘的环境中耳濡目染，他养成了一种对数学和机械装置的兴趣。他在伦敦和格拉斯哥都未能找到能胜任的工作，但当格拉斯哥大学发现他是当地一个在西印度群岛经商的商人搜集的一批复杂的天文仪器的继承者时，它雇用了他，让他重新校准它们。接着他认识了约瑟夫·布莱克，开始学习化学。亚当·斯密说："在我认识的人中，还没有谁的头脑中的荒唐想法比布莱克博士的少。"布莱克发现这种说法也适用于瓦特，于是他们两个人开始探索最让布莱克感到困惑的问题，那就是在物体被加热和冷却后，热发生了什么变化，用他自己的话说就是"潜在的热"。

在他对蒸汽机所做工作的引领下，瓦特严格就这一问题做了一系列试验。正如他对蒸汽机原理的描述奠定了现代机械工程的基础那样，那些试验显示，热不是一种物质，而是物质的一种特性。但是，对于瓦特来说，这个问题永远不是一种事物发挥作用的方式，而是此后怎样处理它。通过约瑟夫·布莱克，他与两个名叫罗巴克（Roebuck）和卡德尔（Cadell）的铁器制造商进行了合作。他们提出，如果他为他们在卡伦（Carron）河上的吉内尔（Kinneil）铸造厂制造一台原型机，就资助他研制新机器并准备申请专利。

然而，真正的突破却是在他认识了伯明翰的铁器制造商马修·博尔顿（Matthew Boulton）之后。他们在 1775 年成为合伙人，在接下来的二十五年里完全垄断了蒸汽机的制造。他们将蒸汽机从原来的水泵转变为一种为各类工业提供动力的方式。从约翰·威尔金森(John Wilkinson)的钢铁厂和约西亚·韦奇伍德(Josiah Wedgewood)的陶窑厂，到为疏浚伯明翰运河(Birmingham Canal)和格拉斯哥港口提供动力，蒸汽机都派上了用场。他们的机器(他们在那二十五年里共制造了五百余台)装备了从佩斯利、丁思顿(Deanston)到曼彻斯特、利物浦的棉纺厂、纺织厂的织机，使得纺织业能够以几何级数提高其产量。他们使现代工厂和现代工厂体系成为可能。他们还改变了人们看待世界的方式，而这一点在詹姆斯·包斯威尔参观他们位于伯明翰外的索霍(Soho)工厂时一览无余。当时博尔顿陪同他参观，并说出了那句名言，博尔顿说："先生，我在这里出售的是全世界都渴望拥有的东西，这就是**动力**。"

一种新观念已经进入现代意识。动力这个概念不具有政治意义，它不是控制人们的能力，而是控制自然的能力，是改变并利用自然创造新事物、以前所未有的速度制造新事物的能力。几乎与瓦特和博尔顿建立他们的工厂并生产第一台蒸汽机同时，亚当·斯密写道，劳动的划分是创造财富的关键。瓦特的发明显示，劳动划分的未来是技术革新。通过解放隐藏在自然本身中的动态力量，人们可以让其为人类的利益服务。

瓦特喜欢说，"自然有其弱点，只要我们能发现它"。发现自然的弱点是科学的工作。利用科学提供的通路是工程师及其业务伙伴企业家的工作。

有一种看法让瓦特感到十分欣慰，即他的科学知识应该像他的机器那样可以被用于获利。他的导师约瑟夫·布莱克也是如此。作为一位化学家，就像罗伯特·福里斯的设计学院为纺织印染提供了核心支持那样，布莱克非常关注改进格拉斯哥亚麻制品生产商使用的漂白技术。这也是格拉斯哥启蒙运动实践与理论相结合的一个非常典型的例子。威廉·卡伦是布莱克的老师，他在担任格拉斯哥大学解剖学教授时开创了漂白剂项目。当他于1755年迁至爱丁堡时，他不仅是医学领域的一位杰出人物，或许还可以被称为工业科学领域的一位杰出人物。

卡伦是个执业医生(他成了亚当·斯密的私人医生)，约瑟夫·布莱克也是如此。苏格兰工业革命发展初期的其他关键人物也是要被训练为医生的，其中包括瓦特的第一个商业伙伴约翰·罗巴克（John Roebuck）。这两个领域互相类似。苏格兰的医学特征包括严密的临床观察、亲自诊断、将人体的各组成部分当做一个体系来思考，这与詹姆斯·瓦特的工程师式实践方法区别不大。医学与科学的联系在苏格兰可能比其他任何一个欧洲国家都要更紧密。医学、科学，再加上数学，它们构成了苏格兰实践精神的三角基座。

1726年，爱丁堡医学院正式成立。但在此之前，苏格兰医生就已经名闻遐迩。这一领域由两大教师世家主宰，其一是格拉斯哥大学大学的格里高利（Gregory）世家，其二是爱丁堡大学的芒罗世家。在近一百三十年时间里，芒罗世家一直在给解剖学领域的志向远大的医生授课。① 这一世家的奠基人是老亚历山大·芒罗（Alexander Munro，Sr.），正是他使解剖学成了医学训练的核心课程。他上过莱顿大学，师从伟大的赫尔曼·布尔哈弗（Hermann Boerhavve）。布尔哈弗放弃了中世纪的医学传统，鼓励他的学生亲自到病人的床边用他们的眼睛和耳朵诊断病情。布尔哈弗认为，医学的进步取决于思想开放的研究。这是一种基于观察而展开的对一般规律的探寻，实际上是现代科学方法论的关键思想（布尔哈弗也非常仰慕艾萨克·牛顿）。

爱丁堡大学新建医学院的首批职员全部是莱顿大学的学生，其中就包括芒罗。医学院和新城是同一个人构想出来的，这个人就是乔治·德拉蒙德市长。不仅如此，这两者的构想还出于相同的原因，即赋予爱丁堡一种清晰的现代、“文明”的身份，让爱丁堡成为英国医学及英国城市生活的一个主要中心。医学院取得的成功超出了德拉蒙德的预想，全国各地的学生蜂拥而来，这是因为就像在其他领域一样，在医学领域，牛津大学和剑桥大学不

---

① 19世纪20年代，查尔斯·达尔文（Charles Darwin）上过芒罗世家讲授的课程。那是这个世家最后一次开设课程。然而，达尔文却回忆道：“芒罗博士上的人体解剖学课程就像他本人一样乏味。”——原书注

招收非英国国教徒。爱丁堡成了欧洲学习解剖学的一个胜地。医学院用于解剖的人类尸体达到了创纪录的数字，以至于新人类尸体的供应成了一个问题。①

芒罗世家成了爱丁堡医学院的支柱。老亚历山大创办的皇家医院发展了其著名的解剖学课程和中枢神经课程，使外科学习成了医学训练的一个基本部分。1766 年，皇家医院的发展速度大大提高了，当时已经是爱丁堡大学化学教授的威廉·卡伦作为医学理论教授插了进来。卡伦提倡打破陈规陋习，他通过用英语而非拉丁语授课，在医学领域引发了与弗朗西斯·哈奇森在哲学领域引发的革命相同的变革。他鼓励学生不要以他们被教导要去期待的东西为基础，而要以他们看到的事实为基础，在课堂上可以向他发起挑战，去独立思考。他强烈反对学术沉思，他的座右铭就是“没有事实，就没有理论”。但是，作为英国首位化学教授，他也坚持让他的学生用基础科学的最新知识武装自己。

在那些年里，爱丁堡医学院的典型产品就是一些新型的现代医生，即全科医师，集内科医生、外科医生和药剂师于一身（卡伦于 1776 年出版了第一部现代药典）。其他医学院，特别是剑桥和牛津的，它们阻止它们的学生与病人有任何形式的身体接触。探究一个痛点，或者清理并包扎一处伤口，这些都是留给卑贱的仆人（如理发师）做的，更遑论给一个人开刀去看正在发生的情况了。爱丁堡医学院将它的医生培养成事必躬亲的通才，他能够发

---

① 这个问题导致了两个胆大妄为的爱尔兰恶棍向解剖学教授罗伯特·诺克斯（Robert Knox）稳定地提供死尸。这两个恶棍分别是威廉·伯克（William Burke）和威廉·哈尔（William Hare）。他们之所以能稳定地提供死尸，是因为他们自己动手杀人。当伯克和哈尔的可怕生意于 1829 年被揭露时，对他们的审判造成了一起大丑闻。这个可怕的故事与其他同类故事一起赋予了罗伯特·路易斯·斯蒂文森的创作灵感，使其创作出短篇小说《攫夺尸体的人》（*The Body Snatcher*）。尽管哈尔提供了不利证据，但诺克斯本人从未受到指控。威廉·伯克上了绞架，并最终成了爱丁堡医学院供解剖的尸体。他的骨架目前仍然保存在爱丁堡医学院的博物馆里。——原书注

现问题、诊断病情，并亲自进行治疗。1750年，约翰·卢瑟福（John Rutherford）教授首次确立了用于训练医科学生的临床巡视病房制度。苏格兰医生不只是说起医学理论就头头是道的人，更像是科学传教士，无论走到哪里，他们都准备推进知识的边界、推动进步，准备为反对无知、冷漠以及疾病而战。

威廉·亨特（William Hunter）和约翰·亨特（John Hunter）两兄弟是这种苏格兰特征的最好例证。威廉在格拉斯哥大学受教于弗朗西斯·哈奇森和威廉·卡伦，在爱丁堡大学上了芒罗的解剖学课，当1748年他的弟弟来到伦敦与他相会时，他就把这一科目传授给了弟弟。威廉将产科学领域转变成了一个由医生监督、具有科学的严谨性的学科。他打破了生孩子是女人的专属领域的障碍，但批评者却嘲笑他是一个“男性助产士”。女性主义批评者更是谴责威廉为把分娩、女性身体转变成医学知识的一个认知对象所做的努力。但是，大男子主义并非威廉的动机，驱使他的是一种想让婴儿分娩比传统方法（其中包括禁止使用钳子）更有组织、更系统、更安全的欲望。约翰·亨特则致力于在牙科学（他是第一个使用“门牙”、“双尖牙”、“臼齿”这些专业术语的人）和外科学领域引发相似的变革。

尽管不断遭到批评并引发了很多同行的嫉妒，但亨特兄弟仍然取得了引人瞩目的成功。威廉·亨特是富人和权贵的私人医生，还是夏洛特（Charlotte）王后的御用医生。他的弟弟则是国王本人的御用医生（曾担任安妮女王医生的约翰·阿巴斯诺特［John Arbuthnot］也是一个苏格兰人）。手术过去是一种廉价、肮脏的手艺，有时候理发师也做手术，而将手术变成一个建立于解剖学和生物学牢固基础之上的一门学科的正是约翰·亨特。亨特兄弟是名副其实的苏格兰启蒙运动人物。18世纪70年代，爱德华·吉本和亚当·斯密都上过威廉讲授的课程。约翰诊断出了大卫·休谟的致命疾病，给亚当·斯密治疗过痔疮。他还把他的伟大格言“不要思考，而要尝试”传给了他最著名的英格兰学生爱德华·詹纳（Edward Jenner），正是这句格言激励了詹纳用牛痘接种，让人类摆脱了甚为致命的近亲天花的试验。詹纳因发明医学接种而受到颂扬，但事实上，是另一个在伦敦行医的杰出苏格兰医生查尔斯·梅特兰（Charles Maitland）在18世纪20年代首次借用了那种来自中东的技术，并将其用于保护他的病人免受天花的侵扰。

苏格兰医生比英格兰医生更受病人欢迎。这是因为，正如历史学家阿南德·齐尼斯所暗示的那样："他们拥有的知识与那些身为英国国教徒、牛津大学培养出来的伦敦医生的装饰性学问形成了对比。"1800年至1825年间，在皇家医院行医的371位研究员和执业医师中，有258位是苏格兰培养出来的。伦敦的盖氏医院（Guy's Hospital）接纳了一大批爱丁堡培养的杰出医生，其中包括理查德·布莱特（Richard Bright）、托马斯·阿迪森（Thomas Addison）和托马斯·霍奇金（Thomas Hodgkin），他们每个人首次诊断出的疾病都以他们的名字命名。

苏格兰医生还是公共卫生领域的开拓者。这一领域是现代医学的另一个重要方面，在很大程度上意味着制止危险的传染性疾病。布尔哈弗的另一个学生约翰·普林格尔（John Pringle）担任驻佛兰德斯英国军队的总医师。数千名士兵因为疾病和被忽视而无谓牺牲，这让他感到震惊。他坚持彻底改变军队对待病员和伤员的方式，其中包括野战医院和兵营的通风以防止疾病的传播。他确保给每个士兵都发一条毛毯，确保军营拥有适宜的厕所和下水道系统。

有一次，就在英军将要与法国人交战之前，普林格尔向司令官建议把他的野战医院布置在一个明显的中立区，远离实际的战斗，以便伤员和照料他们的人都处于安全地带。当时的司令官是苏格兰人斯泰尔伯爵四世，亦即拯救了《联合法案》的那个人的孙子。斯泰尔同意了这个建议。在战斗中，法国人发现了正在发生的情况，开始避免炮击或攻打英军的医院。随后他们也采纳了普林格尔的做法，其他欧洲国家则纷纷效仿。普林格尔创立了军队医务人员和作为非战斗人员的病人的基本原则，这一原则不仅会使欧洲的战争更人道，也赋予了建立诸如红十字会组织的灵感。

苏格兰医生詹姆斯·林德（Jammes Lind）发现，坏血病（在南大西洋和太平洋长期航行的普通英国水手苦难的根源）可以用柑橘类水果治愈。1747 年 5 月 20 日，林德收治了十二名坏血病病人。他写道："他们一般都有烂掉的牙龈，有疤，无精打采，膝盖无力。"他把他们分成六组，给他们中的一些人吃羊肉羹和补丁等丰盛食物，给另一些人每天一夸脱苹果汁，还给别的一些人"二十五格特（gutts）万能灵丹硫酸盐"，给最后一组每天两个橘子和一个柠檬。这可能是医学史上首例受控试验。吃柑橘类的那一组最先康复，六天不到他们就能胜任职务了。"我倾向于认为橘子要好过柠檬，"林德说。他建议英国海军舰只应经常携带橘子。但人们的无知和顽固延缓了他提出的改革。他的确说服了詹姆斯·库克（James Cook）船长。库克船长就血统而言也是一个苏格兰人，他于 1769 年在南太平洋上航行时使用了柑橘类水果。直到 1795 年，另外一个苏格兰人詹姆斯·布莱恩爵士（Sir James Blane）才最终说服海军部。海军部要求，皇家船只必须配备酸橙汁（lime juice）。这为英国作为一个世界强国重整旗鼓、获得帝国地位做出了关键贡献。"Limey"（英国水军、英国佬）先是成了英国水手的绰号，后来又成了海外英国人的绰号。苏格兰医学正在显现为新大不列颠的一种保障。

詹姆斯·赫顿（James Hutton）曾于 18 世纪 40 年代晚期在爱丁堡和莱顿学医，但他却没有选择成为一名医生，而是在贝里克郡的家庭庄园上干起了农业。赫顿是爱丁堡开明知识精英的一分子。他将与亚当·斯密和约瑟夫·布莱克一起召集"牡蛎俱乐部"，并且他与布莱克都对化学非常感兴趣。赫顿也是一位业余地质学家。有一天，他在庄稼地里捡到了一块奇特的石头，而这块石头是由截然不同的矿物层构成的。这引领着赫顿踏上了对地质学的全新理解的奇妙旅程。他写道："在解释自然现象方面，自然所运用的力量在地球上无一是非自然的……为了解释普通的外在表现，目前人们尚未宣称自然发生过任何非凡事件。"赫顿断定，地壳不仅由过去地质大变动的碎片构成，并且远早于圣经所说的六千年。1795 年，也就是詹姆斯·布莱恩最终打动海军部接受林德推荐的坏血病治疗方法那一年，赫顿出版了他的革命性著作《地球理论》（*Theory of the Earth*）。在这本书里，他提出地球拥有自己古老又剧烈变动的历史，这些变化就像人体的疾病那样，通过化石和沉积性岩石矿床在地球表面留下了其可见的标志。事实上，太阳的行星地球是全部地质历史的岩床。赫顿向读者们保证，地球的年龄远早于人类，并且在人类灭亡后还会继续存在很久。

仅仅两年后，赫顿就去世了。但是，一种有关自然与人类的新观点的舞台却搭建了起来。就像人类社会之于苏格兰学派，自然、物理的世界也被证明是动态、发展的。至少有一位科学家牢牢记住了赫顿的思想，这位科学家虽然生在英格兰，却在爱丁堡接受训练，他名叫伊拉斯谟斯·达尔文（Erasmus Darwin）①。在其《生物学》（*Zoonomia, or the Laws of Organic Life*）中，伊拉斯谟斯将赫顿的思想发展成了一种成熟的作为发展史的自然理论。他写道："这样设想是否太大胆，即……所有温血动物都产生于一缕有生命的细丝，从而拥有获得具有新习性的新个体的能力……因此拥有通过自身固有活动不断加以改良的能力，拥有将改良的成果一代又一代、无穷无尽地传给其后裔、世界的能力？"

伊拉斯谟斯的这种见解正是他的孙子（也受教于爱丁堡医学院）将要进一步加以完善的见识。在苏格兰地质学家查尔斯·莱尔爵士（Sir Charles Lyell）的帮助下，查尔斯·达尔文发展了他自己的生物进化理论。达尔文后来说，在发展理论地质学领域方面，莱尔比"所有曾经活过的人"所做的都要多。达尔文创造了一种自然历史视野，这种视野堪与苏格兰人为人类的历史精心创造的视野媲美，而人类的历史是一部进步的历史，是从原始、简单向更加复杂的社会的稳定上升，并且自然会在人类自身中达到极点。《物种起源》（*On the Origin of Species*）显示，苏格兰学派的设想正在变得不仅对社会科学不可或缺，而且对自然科学也不可或缺。在英语世界中，对世界的"科学认识"正在意味着与苏格兰认识等同。

---

① 即查尔斯·达尔文的祖父，是较早提出类似演化观念的学者之一。——译者注

Ⅱ

苏格兰人成了现代化的另一个技术领域的专家，这个领域就是交通与通讯领域。他们比其他任何人都理解商品、服务、人员和信息的自由流动对现代社会的必要性。

早在18世纪40年代，邓肯·福布斯就预见到便捷的交通是在苏格兰高地推进文明的关键所在。约翰逊博士关于苏格兰人发现"通往伦敦的大路"的指令表达了相同的含义。亚当·斯密早就意识到，英格兰在商业社会阶段发展得很快，在后来的工业社会阶段也很快，部分原因就在于它拥有一个由公路、运河、桥梁、河道组成的网络，可以使国家任一地区的商品相对容易地运抵其他地区。但苏格兰根本不存在这样的网络，高地被严重地与经济、社会进步隔离，就好像它们被一堵石墙包围着。

魏德将军及其军队数年前就修筑了一个贯穿高地的稀疏道路网，当时被用于民用运输及军事运输。但那些道路是简陋的，在恶劣天气条件下不可靠，并且太少了。地方道路甚至更糟糕，正如一个旅行者在途经福法尔郡（Forfarshire）时发现的那样。这个旅行者在1813年写道："这些道路有很多是自然形成的，就是在道路两边挖沟，把松软的黏土（这儿称作灰泥）扔在路面上。当然了，它们几乎无法通行……遇到下雨天，马匹陷到了它们的腹部，马车陷到了它们的车轴……"

到了18世纪90年代，情况开始改变，这要感谢两个苏格兰工程师，其中之一是约翰·麦克亚当（John McAdam）。通过使用被压碎的石块和砂砾，麦克亚当设计出了一种廉价修筑坚固路基的有效方式。他带着苏格兰人的认真劲儿做了这件事，首先穿越英格兰旅行了近3000公里，并且考察了几乎每条主要道路和公路。麦克亚当发现，只要路基保持干燥，它就能在任何天气状况下应付任何数量的交通工具，而当车轮和马蹄不断地将被压碎的砂砾挤压进道路时，道路实际上变得更加结实、牢固了。所谓的碎石路迅速在英格兰大部和苏格兰南部的部分地区纵横交错起来，它还使得马车能够更快地行驶，只要马匹能够拖动它们。碎石路是我们现代沥青路或柏油碎石路的祖先。在这样的道路上行驶，四匹马拉的四轮马车能够以每小时 15 英里的惊人速度把一封信或一个旅客从伦敦送往瓦特和博尔顿设在伯明翰的工厂。从伦敦到爱丁堡的旅行时间从十天缩短到了不到两天。过去亚当·斯密从爱丁堡到格拉斯哥要走上一天半，但 19 世纪 30 年代只需四个半小时了。

麦克亚当的方法用于维修老路和公路效果最好。但当它被证明在英格兰用处巨大时，却无法解决苏格兰面临的真正困难，那就是缺少道路。那个真正打开了苏格兰的人是托马斯·特尔福德(Thomas Telford)，他在如此做时还改变了现代交通的性质。在 19 世纪，特尔福德的重要性远非其他建筑师或工程师可及，他实际上创造了我们的现代景观的形态。

特尔福德脱胎于一种英雄典范，而这种典范也具有典型的苏格兰性质。1757 年特尔福德出生于格伦迪宁(Glendenning)，是当地牧羊人的儿子。他出生后不久父亲就死了，他的母亲含辛茹苦地将他拉扯大。后来，他设法上了当地的教区学校，学会了读、写(他后来还写诗，并且写得不错)、做算术。为了糊口，他给当地一个石匠当学徒。当他学会了他能学到的一切技能后，就动身去了爱丁堡。接下来，他又去了伦敦，为罗伯特·亚当和威廉·钱伯斯工作。在他作为建筑师和工程师发了财后很久，当他和一个朋友穿越滑铁卢桥(其建造者是另一个苏格兰工程师约翰·伦尼[John Rennie])时，他指着横跨水上的萨默塞特宫(Somerset House)说："你看那儿的石头，自从我把它们劈开放置在那里已经过去四十年了，当时我只是一个为那幢建筑干活儿的普通石匠。"

就像任何一位在伦敦工作、雄心勃勃的苏格兰青年那样，特尔福德寻找到了一位社会地位优越的苏格兰同胞来充当他的保护人。威廉·约翰斯通爵士(Sir William Johnstone)娶了巴思伯爵(Earl of Bath)的侄女，被认为是英国最富有的平民。特尔福德在去往伦敦的途中结识了约翰斯通的兄弟，约翰斯通对他的印象非常深刻，以至于让他负责建造自己位于朴茨茅斯造船厂的住房。特尔福德自学了建筑学的基本原则，并开始建造教堂、城堡和监狱。到了1793年，约翰斯通使他被任命为威尔士埃尔斯米尔运河（Ellesmere Canal）的测量员和工程师。

就像苏格兰那样，南威尔士的道路与可航行水道也乏善可陈。虽然情况不同，但也像苏格兰高地那样偏远、难以接近。它出产很多工业化所需的原材料，尤其是铁矿石和煤炭。问题是如何把这些原材料运出威尔士，而答案就是开挖运河，因为水运仍然是最廉价的穿越英国运送大宗商品的交通方式。然而，特尔福德在埃尔斯米尔运河上所做的工作超越了其所有前辈的工作。在运河的两个关键地点，他修筑了大量管道，其规模及大小自罗马时代以来闻所未闻。第二个地点"庞特西西尔特"（Pontcysyllte，其含义是"大渡口"）高过迪河127英尺，位于被加高100英尺的河岸上，附带一个四分之一英里长、用来运送船只的铁槽。两百年后，它依然矗立并被使用，其精心制作的金属接头如它们被置放之日那样完美无缺、可靠。

"庞特西西尔特"显示，特尔福德是正在萌芽的工业界里的一个新人、一个梦想家、一个摆弄铁和石头的艺术家，掌握了新技术潜在的巨大无比的规模和力量。特尔福德谦卑地把自己看做资本主义和进步的仆人。他写道："我欣赏商业企业，它是我们工业生活的强有力成果。我欣赏一切赋予其自由范围的东西，无论它走到哪里，所有我们所认为的文明应拥有的活力、精力和智力都如影相随。"但金钱并非万能，无论对于文明还是特尔福德本人来说，都是如此。"我坚持认为，一切目标和终点都不应仅仅是一个钱袋子，而是某种更高、更好的东西"，甚至有可能，通过他的桥梁运河成为一种不朽。

为某种更高、更好的东西而奋斗激励了特尔福德的所有项目，其中包括他从未建造的工程。1800年，他提议在泰晤士河上建造一座跨度为600英尺的单拱桥，这是当时所曾尝试建造的最长桥梁。这座桥梁并没有建起来，但他横跨梅纳伊海峡（Menai Strait）伸入安格西岛（Anglesey）建桥的项目却实现了，那座桥跨度579英尺，悬挂在直插云霄、高135英尺的塔上。它有

16 根由 1 码长的链环构成的悬索，每根都需要花两个半小时提升到位，既危险又费力，特尔福德亲自监督施工。当它于 1826 年开通时，是世界上最大的桥梁，高得可以让英国最大的战舰从下面通过，并且在一百多年的时间里从未进行过哪怕最轻微的维修。

特尔福德在苏格兰的建造纪录甚至更宏伟，并且产生了更具决定性的影响。1801 年，在皮特政府和一群地主的邀请下，他周游了高地。这群地主自称高地渔业协会，他们极其渴望找到一种办法来促进他们土地上的经济发展，并且使他们的佃户不被牛羊的扩张永远赶走。特尔福德提议修筑道路、桥梁、港口、码头，以便向商业捕鱼开放沿海地区。他还提议开挖运河，其中包括一条连接大峡谷内陆湖泊与因弗内斯、海洋的运河。这是一个规模巨大、近乎鲁莽的发展规划，但令人惊奇的是，政府居然同意了，还提议与当地地主分摊费用。他们一起花费 20000 多英镑在彼得黑德修建了一个港口，在邓迪花费了 70000 英镑，并且全部工程都在特尔福德的监督之下进行。他还在高地修筑了 1000 英里纵横交错、牢固安全的道路，甚至比麦克亚当修筑的道路更耐久。这些使沃尔特·司各特爵士开启的高地旅游业成为可能。特尔福德还在一百二十多座偏远的峡谷上修建了桥梁。

这些无休止的辛劳和旅行使特尔福德在英国来回穿梭。他对一个朋友说："你很清楚，我像一个橡皮球一样被扔来扔去，不久前的一天我还在伦敦，自那以后我在利物浦，过几天预计会在布里斯托尔。"所有这些辛劳和旅行都必须配合他一生中最大的项目，即开挖喀里多尼亚运河（Caledonioan Canal）。

喀里多尼亚运河是条大型可通航水道，把大西洋与因弗内斯、北海连接了起来。它在大峡谷中穿行了 60 英里，包括 20 多英里的运河和水闸，其长度是巴拿马运河（Panama Canal）的一倍半，是苏伊士运河（它是苏伊士运河的效法对象）的近三分之二。它的开挖是现代工程史上最伟大的史诗之一，耗费了特尔福德近十五年时间，使用了数万工人，而其费用是闻所未闻的近 100 万英镑（可能相当于现在的 2 万亿美元）。几乎所有费用都来自英国政府，因为它是英国历史上第一个公共内陆水道项目。它第一次向商业交通开放了中央高地，标志着那个偏远、孤零零的地区进入了一个新时代。

在每个阶段，特尔福德都会碰到新的工程问题，必须找到解决办法。这里面有给湖泊开挖出口的问题，有开掘一条新水道的问题，有为他的大型石头运河水闸找到安全地基的问题（有一个点的地基太松软了，以至于“一根铁棒可以向下插入地基 60 英尺”），或者单纯的运输建造每座水闸所要求的数量惊人的泥土的问题。他设计了一台巨大的挖掘机，这台挖掘机由瓦特的一台蒸汽机提供动力，一天能挖掘 800 吨泥土。1819 年，他的朋友、诗人罗伯特·骚塞前来参观，曾看到这台挖掘机作业。骚塞还观看了连接洛基湖（Loch Lochy）与奥义基湖（Loch Oich）的一系列水闸（也就是所谓的“海王的楼梯”），这些水闸可以把一艘船提升到海平面以上近 100 英尺，是“古往今来这类工作中最伟大的工程”。骚塞是个浪漫主义的反动分子。就像沃尔特·司各特爵士那样，湖光山色之美比工业机械更能赋予他灵感。但是，即使骚塞也能欣赏特尔福德高耸的悬索桥那惊人的景象。骚塞这样赞美位于博纳（Bonar）的那座悬索桥：“啊！它是上帝或人所能做出来的最好的东西！”当司各特看到梅纳伊桥时，他说的话几乎与骚塞的一样，称它为“我曾看到的令个人印象最深刻的艺术品”。

但是，给骚塞印象最深刻的却是特尔福德本人。“他看上去如此睿智，如此坦诚、友善、快乐……”他断定，“特尔福德的生活是一种幸福的生活，他到处修筑道路、建造桥梁、开挖运河、修建港口，这些都是可靠、坚固、持久的实用性作品……”说持久，这是对的。直到今天，特尔福德留下的 75% 的项目仍在运营。那是从创造性和自信精神深不可测的蓄水池中喷涌而出的一种毕生事业。这一事业一直奔流到他的最后岁月，当时他正着手制定一个在南美洲开挖一条把大西洋与太平洋连接起来的运河计划。他为那条运河选择的地点位于达里恩，是南北美洲陆桥最狭窄之处。两百多年前，威廉·帕特森正是在达里恩建立了他命运多舛的殖民地。当时，苏格兰正在开始第一次试验性地迈向现代世界。

但特尔福德根本没能开始修建他的新运河。他死于1834年，被葬入了威斯敏斯特教堂，加入了长眠于英国成就圣殿中的不断增长的苏格兰天才的行列。然而，其他人却意识到了达里恩的潜力。五十年后，相关的工作终于进行。威廉·帕特森将巴拿马地峡视为"海洋之门"的远见最终变成现实，但将其实现的不是英国人，而是美国人。不过，巴拿马运河的第一任总工程师就血缘而言碰巧是个苏格兰人，他是约翰·芬德利·华莱士（John Findlay Wallace）。

运河、道路、桥梁和翻修的港口，所有这一切对于自利的交换网络而言都是至关重要的，而那种网络曾经把现代商业社会结合在一起，此时又把工业社会结合在了一起。从逻辑上讲，在瓦特蒸汽机的帮助下，改善这些通衢大道上的交通方式应该是接下来要采取的步骤。奇怪的是，瓦特本人却不愿意这样做。他似乎已经认为，他的发明产生的巨大力量会使任何船只或车辆危险到难以掌控的地步。因此，将蒸汽的能量转化成工业时代新交通工具的任务，落到了其他一些有远见卓识的苏格兰人和有苏格兰血统的发明家身上。

1812年，亨利·贝尔（Henry Bell）把他的蒸汽动力船"彗星"（Comet）开到了克莱德河上。如往常一样，这艘船借用了别人的创意（早在1788年，一个名叫威廉·赛明顿[William Symington]的苏格兰人就在达勒斯温顿湖[Loch Dalswinton]上驾驶了一艘蒸汽动力船"夏洛特·邓达斯"[Charlotte Dundas]）。但是，贝尔显示，蒸汽机能够给真正的航海船只提供动力，而不仅仅是给在河流中航行的轻型船只或演示模型提供动力。到了1823年，在克莱德河上航行的汽船至少有72艘，几乎占到英国蒸汽动力船的60%。一个名叫罗伯特·富尔顿（Robert Fulton）的苏格兰裔美国人使这一创意在北美洲的水域发挥了功效。一般而言，获得了发明汽船荣誉的是富尔顿，但首次使汽船在商业及航海上可行的是贝尔，而格拉斯哥的造船厂，则成了先进性、动力性不断提高的一代又一代远洋汽船的故乡。

乔治·斯蒂芬逊（George Stephenson）的背景与托马斯·特尔福德非常

相像。他的祖父是个住在靠近北英格兰的纽卡斯尔的苏格兰人。北英格兰地区与边境低地苏格兰相似，拥有一部宗教上持异议、极端贫困，但自由程度高、盛产野心勃勃且独立奋斗的人的历史。斯蒂芬逊十几岁时在西部荒原矿山工作，就在那时他迷上了蒸汽机器——一个康沃尔郡人发明的一种由蒸汽提供动力的机车。斯蒂芬逊吸收了这一发明，并将其用于建造第一条现代铁路。并不令人感到意外的是，托马斯·特尔福德当时也在按照同一思路思考，但是他设想的蒸汽动力车是沿着坚固、结实的道路行驶的，而不是在坚硬的铁轨上。然而，修建铁轨的游说胜出了。到了19世纪20年代，斯蒂芬逊和他的工程师团队正在为他们的蒸汽动力机车建造着一个由铁路和桥梁构成的错综复杂的网络。

当延伸数百英里的铁路把英国的主要城市与工业中心、南方与北方连接起来时，工业时代的新篇章即将开始。它是史上最大规模的建造计划。特尔福德曾梦想修筑一个全国公路网，上面行驶的是机动的车辆和客车，不过他的这个梦想不得不再等一个世纪，并且其动力来源是汽油而非蒸汽。①

Ⅲ

瓦特的蒸汽机产生了一个意料不到的后果，很多与瓦特同时代的人没有看到这一后果，但德国一个名叫卡尔·马克思的敏锐观察家却看到了。蒸汽动力使得一个工厂主或磨坊主可以随心所欲地修建他的营业场所，而不用依赖地理机遇（例如一条湍急的河流，或者接近诸如煤炭之类的廉价燃料的矿井）。适合他的地方通常意味着距离他能廉价地运输他的产品或补给品的线路最近的地方，意味着距离他能够发现廉价、可以使用的劳动力供应最近的地方，而这反过来意味着一座城市。换句话说，瓦特使工业生产基

① 够奇怪的是，这方面的先驱再次是个苏格兰人，他就是詹姆斯·帕拉芬·扬（James Paraffin Young）。19世纪40年代，他发明了一种从洛锡安山的油页岩提取煤油的技术，奠定了现代石油工业的基础。——原书注

本上成了一种城市活动。其结果就是产生了一些传统的工业城市，如曼彻斯特、利物浦、伯明翰、埃森(Essen)、里昂和格拉斯哥。

格拉斯哥成了这种发展的几乎每个方面的典范，并且预示了其他很多城市的未来。到了1801年，它成了苏格兰最大的城市。烟草大亨和商人资本家的时代一去不复返了。作为替代，纺织、冶铁和现代造船成了经济和人口增长的驱动力。烟囱、制砖厂、炽热发光的玻璃厂环绕着城市，而沿着加罗门排开的简陋旧货栈被工人们的房屋淹没了。1801年，城市的人口为77000人，四十年后，增长到了275000人，增长了近3倍。1801年至1811年是暴涨的十年，人口每年增长30%。

1807年，阿奇巴尔德·布坎南(Archibald Buchanan)在格拉斯哥创建了英国首个"完整的"纺织厂，把纺织的所有工序整合到了一起。1827年，通过发展现代高炉(同样也有助于把铁加工和生铁生产结合在一起)，格拉斯哥煤气厂的经理詹姆斯·尼尔森(James Neilson)改造了钢铁产业。格拉斯哥的钢铁产量迅速超过了英格兰和威尔士，达50万吨，增长了二十倍。格拉斯哥的经理人和制造商以其专业技能、效率、革新和发展新材料或技术的意愿而闻名。直至19世纪30年代早期，格拉斯哥生产了英国其他地区的工厂所使用的大部分机器。一位观察家写道："这一切都属于这些工厂，或与这些工厂有关，(英格兰)制造业的工厂技工和工程师部门是虚构的。"

格拉斯哥作为一个主要工业城市的面目出现，为芬利(Finlays)、邓洛普(Dunlops，它成功地从出口烟草转型为制造生铁)、加特施里(Gartsherrie)的贝尔德(它最终成为全世界最主要的生铁生产商)这些商业王朝创造了财富。到了那个世纪末，威廉·贝尔德(William Baird)名列英国五十位最富裕的人之列。

然而，这种增长远远超越了格拉斯哥的承受能力，它无力提供安全、可负担的住房，甚至无力提供足够的下水道和卫生设施。数万农村移民蜂拥而来寻找工作，他们不得不涌入格拉斯哥正在衰败、早已被格拉斯哥中产阶级抛弃的旧城区。仅仅在加罗门与高街、盐市(Saltmarket)交叉的那片狭小区域，就有两万余人挤在一起，他们把垃圾倾倒在街道和他们的住房后面，一位官员说，在那里，“卫生状况糟糕得一塌糊涂，人类简直无法生存”。

他们是谁？与传说不同的是，逃避清洗的高地人微乎其微，刚开始可能不到5%。占绝大多数的是爱尔兰人，他们抛弃了故乡的不幸贫困，来寻求可以在格拉斯哥纺织厂、制铁厂和亚麻印染厂挣到的工资，这种工资虽然低，但是真实。这种工资就是让人挨饿的。克莱德河畔的爱尔兰人，是现代工业中技术不熟练但肯吃苦的“外来工人”大军的先驱，也是19世纪40年代和50年代移居到美国的廉价爱尔兰劳工大军的先驱。事实上，在《第一改革法案》（*the First Reform Bill*）①颁布时，五分之一的格拉斯哥居民出生在爱尔兰。当地人憎恶他们，因为他们是天主教徒。他们中的大多数陷入了“打零工”或兼职状态，拿着所能允许的最低工资。他们中的大多数还是女人。已婚或未婚的女人占到了格拉斯哥纺织厂全部工人的60%。他们的孩子在五六岁的小小年纪就干起了扫烟囱的活儿。当工资降低、纺织厂关闭，就像1815年和19世纪20年代那样，生活就会变得像狄更斯的一部小说中所描绘的那样可怕，也肯定比弗里德里希·恩格斯（Friedrich Engels）于19世纪早期在曼彻斯特看到的情况糟糕。曼彻斯特的糟糕状况打动了恩格斯，促使他撰写了《英国工人阶级的状况》（*Conditions of the Working Class in England*）一书。

在恶劣的生活条件及不断降低的工资的挤压下，格拉斯哥的工人阶级进行了回击。那些年雇主与雇工之间的暴力对抗，胜过了发生在那个时代的英国和欧洲其他城市的一切。劳工骚乱在所谓的“1820年激进战争”的总罢工和大规模暴动中达到了顶点，格拉斯哥的劳工积极分子希望这能点燃英国其余城市的劳工反叛。其结局是这场叛乱终结于在邦尼缪尔（Bonnymuir）与当地骑兵军进行的一场战斗，三个叛乱首要分子詹姆斯·威尔逊

---

① 即在布鲁厄姆等人的支持下通过的《改革法案》，区别于后来托利党完善后产生的《第二改革法案》。——译者注

(James Wilson)、安德鲁·哈代(Andrew Hardie)、约翰·贝尔德(John Baird)被绞死。这一切仅仅发生在国王巡访前两年。

这些斗争预示了下个百年劳方与资方关系的未来，预示了将会牵涉欧洲主要工业城市、直到我们这个时代还使政治家和知识分子感到困惑的“阶级斗争”。它也预示了它的结局。格拉斯哥的工人阶级没有发动一场无产阶级革命，因为那不是他们想要的东西。到最后，诸如生产车工协会(Operative Turners Association)和格拉斯哥纺织工人协会(the Glasgow Cotton Spinners Association)之类的早期苏格兰工会仅仅想要一种像样的生计，想要比较高的工资，想要一种个人尊严和独立感。换句话说，就像无论何处的苏格兰人那样，他们想成为进步的一部分，而非在危机中阻拦它。

这种工人阶级发出的挑战需要中产阶级作出回应。这种回应以两种形式出现了。

大卫·戴尔(David Dale)是个自学成才的工业企业家，从一个织工学徒升到格拉斯哥皇家银行支行经理，成了格拉斯哥商会的创始会员。1786 年，他在新拉纳克(New Lanark)开办了一个纺织厂，成了发明多锭纺纱机的英格兰人理查德·阿克莱特(Richard Arkwright)的合伙人。戴尔宗教信仰虔诚，做起事来一丝不苟，他想让他的工厂成为同类工厂的典范。他的雇员一天“只干”十一个小时，有两个小时用来吃晚饭，住宿免费。到了 1800 年，新拉纳克雇用的人比世界上任何工厂都多，其中三分之二是妇女和从当地孤儿院招募来的孤儿。戴尔给他们发放衣服(包括星期天穿的衣服)，让他们接受教育。戴尔给他们提供的饮食营养丰富，有麦片粥、牛奶、土豆、大麦面包，还有牛肉和奶酪。一位参观者说：“如果我忍不住要去嫉妒我的哪位同行的话，那么这个人就应该是像……戴尔先生那样的人，因为他们为人类做了好事。”

戴尔的女婿是个英格兰人，名叫罗伯特·欧文(Robert Owen)。就在同一年，欧文接管了工厂。欧文下定决心，不仅要维持戴尔的慷慨行为，还要进一步将其扩大。他想把新拉纳克变成一种“新社会”(他的第一本书的书名就是这样），在这个“新社会”中，人基于商业社会的贪婪天性将被欧文有序但仁慈的体制提高、转化。它成了第一个现世的乌托邦社会，并且社会主义这种新的政治体系诞生了。

1824 年，欧文把他的乌托邦梦想移到了美国。在印第安纳的新哈默里（New Harmony），他终于给自己的废除私有制试验找到了一个新家。但它的发展从来没有像欧文想象的那样好，那里的居民为谁应该得到什么而争吵不休并拒绝工作。仅仅三年之后，新哈默里就不得不被放弃了。它证明，卡姆斯勋爵的人的动机的基本法则（“人天生就被设计成要去占有”）比欧文的（或随后数代社会主义者的）信仰（“人应该被设计成要去共享”）更持久。

另一种回应显得更持久。苏格兰中产阶级自由主义者学会了把文明的好处扩展到被它落在后面的人。1817 年，在大骚乱审判中，诸如弗朗西斯·杰弗里、亨利·考科伯恩之类的自由主义律师志愿为工人领袖和激进分子辩护。1832 年《苏格兰改革法案》（*Scottish Reform Act*）打破了旧的邓达斯任免体系的支柱，扩大了公民权，赋予了苏格兰城市投票权。它引发了一系列事件和趋势，而这些事件和趋势将最终把投票权赋予苏格兰工人阶级，并治愈旧伤。苏格兰的政治变化与英格兰相比既不够快，范围也不够大，但到了 1868 年，整整三分之二的格拉斯哥选民是工人阶级。他们与他们的中产阶级雇主一道把选票投给了自由党，而这个党在接下来的五十年里主宰了苏格兰的政治。历史学家托马斯·迪瓦恩（Thomas Devine）曾经这样说，在 19 世纪下半叶，“自由主义价值观代表了苏格兰价值观”。

更迅疾也可能更重要的是，苏格兰中产阶级承担起了清理急剧工业化留下来的垃圾的艰难工作。早在 18 世纪 80 年代，苏格兰医生就带头成了市政公共卫生和卫生保健的斗士，先是在英格兰，后来又在他们自己的国家。英国工业革命的心脏曼彻斯特被苏格兰人彻底改变了。爱丁堡医学博士查尔斯·怀特（Charles White）创办了曼彻斯特医院和产科医院。另一个爱丁堡培养的医生托马斯·波西佛（Thomas Percival）逼迫曼彻斯特的医院保存出生和死亡数据，以便医生和官员能够跟踪这个城市中传染病的发展。约翰·法雷尔(John Ferrier)创建了英格兰第一个卫生局——曼彻斯特卫生局,为发烧病人设立了专门的医院病房,要求给病房及发烧病人个人的住所进行消毒。所有这些措施都有助于遏制诸如斑疹伤寒之类的传染性疾病的蔓延,为其他城市和公共卫生官员树立了典范。

1796年,法雷尔还确立了曼彻斯特纺织厂不卫生的工作条件与疾病的蔓延、高死亡率之间的联系。他提议将纺织厂"置于一种普遍的法律体系之下,以便更明智、人性、平等地对待所有这类工作"。政府管制工作场所安全和卫生的观念产生了,又过了四十年,议会终于通过了这一提案。

法雷尔和其他人为曼彻斯特做的事情(19世纪20年代早期,曼彻斯特医学院的创建者把爱丁堡医学院当做了他们的直接典范),约翰·希舍姆(John Heysham)在18世纪80年代也在卡莱尔做了,其中包括引入预防接种来对抗天花。相似的一群未获称赞的苏格兰英雄也在谢菲尔德出现了。格拉斯哥和爱丁堡却不得不等到很久以后。爱丁堡医学院院长威廉·埃里森(William Alison)只是在19世纪40年代才开始着手公共卫生问题,格拉斯哥开始改革和清扫贫民窟的时间还要更晚。

到了那时候,中产阶级的医学改革几乎已经完成了。詹姆斯·辛普森(James Simpson)在1847年将氯仿作为手术麻醉剂引入,接着作为分娩的麻醉剂引入。在格拉斯哥医学院,威廉·麦克文(William McEwen)采纳了约瑟夫·李斯特(Joseph Lister)为手术器械及绷带消毒的思想,并与爱丁堡的李斯特一起,让使用杀菌剂成为英国医学的标准实践。从长期来看,这些变革与瓦特的助手威廉·默多克(William Murdoch)发明的煤气街灯照明,与同时代的很多大型公共卫生项目一样,拯救了生命,提高了生活质量。

苏格兰的公共卫生努力也在两个关键方面不同于英格兰。他们更多地倾向于求助私营部门来提供必要的支持和资金,并且如果能够获得私人资源就不愿意把政府卷进来。除了清洁和公共卫生,他们也特别强调提高教育和道德的必要性。部分原因是出于宗教动机,比如在麻烦不断的19世纪最初几十年里,格拉斯哥主日学校联盟非常活跃,到1819年,它招收的学生占到了格拉斯哥人口的7%。托马斯·查莫斯(Thomas Chalmers)宣扬，自愿的救济是解决贫困之道，是苏格兰教会传统的教区责任之一。但是，这也是相信人有能力为自己、他人行善的经典自由信仰的一部分。在这方面，塞缪尔·斯迈尔斯博士(Dr. Samuel Smiles)做出了最好的阐释。他撰写了《自助》(*Self-Help*)这部经典著作，阐发了维多利亚时代的个人信仰。

《自助》一书以及其著名格言"上帝只帮助自助者"，过去常常被当做自欺欺人的宣传，甚至维多利亚时代的伪善而遭到嘲笑。但是，这本书更复杂，其作者也是一个比较复杂的人。斯迈尔斯出生于哈丁顿，是正在萌芽的科学工业文明的一个有见识的爱好者，而这种文明是其苏格兰同胞花大力气创造的。他怀着敬慕之情撰写了一本托马斯·特尔福德的传记，他的英雄是詹姆斯·瓦特和工业气锤的发明者詹姆斯·内史密斯(James Nasmyth)。他也是一个医生，在爱丁堡医学院接受过教育。事实上，在斯迈尔斯身上，苏格兰对科学、工业、技术的信仰的所有丝线拧成了一股绳。此外，还有苏格兰对个人自由和责任的开明的自由主义信仰。《自助》第二版发行于1869年，它在开篇引用了苏格兰裔哲学家约翰·斯图尔特·密尔的一句话："从长远来看，一个国家的价值就是组成它的个人的价值。"

斯迈尔斯想激励他的读者产生一种自尊感，不仅作为个人要有自尊感，作为英国这个伟大国家兴起的一部分也要有自尊感。《自助》是所有有关自助、激发积极性的书籍和录音磁带的鼻祖，是感觉自己被现代生活的潮流和速度淹没的人的必备手册。斯迈尔斯给他的读者提供的是情感依靠，是那些伟大的发明家、科学家和商人的例子——这些人起于寒微，于逆境中奋发，终于成为有用、多产的人。他提供的不仅仅是苏格兰或英国的例子，还包括德国、法国、意大利的例子(然而，他们都是男人)。每个例子都揭示了个人通过奋斗、毅力(他提供的例子中的大部分人都遭受过早期失败的困扰)、道德戒律和永不止息的乐观主义重塑他的人生和周边环境的力量，揭示了在他们展示自我时(苏格兰价值观被展示为一种堪与工业革命释放的机械新动力媲美的"个人力")抓住机会的精力。你可以成为你想成为的那种人,因此要慎重选择并接受你的选择带来的结果。

就像特尔福德那样,斯迈尔斯也强调,不能仅仅用物质条件来衡量成功,当然也就更不能用个人、自私的条件来衡量了。他告诫道:“国家的进步是个人勤勉、活力和正直的总和,正如国家的衰败是个人懒惰、自私和恶性的总和一样。”

《自助》出版之时,英国刚刚在克里米亚战争中表现糟糕、在印度兵变中蒙羞。在这样一个时刻,大英帝国的未来似乎再次变得暗淡了。全书各方面都具有一种清晰的恳求爱国的特点,尤其是下面这段引人注目的话:“自助的精神,正如个人的积极行动所展示的那样,不仅在过去的所有时代均为英国性格的一个显著特征,而且还提供了一种衡量我们作为一个民族的力量的真正标准。”

英国性格?如果19世纪的苏格兰人将自己作为“北不列颠人”从而使自己隶属于一个更大的整体,那么斯迈尔斯就是在期望“更上一层楼”。他提出,苏格兰科学家和发明家——如瓦特、特尔福德和内史密斯——正在展示着一种创造性的国家性格,这种性格结果并不是苏格兰的,而是英国的!这是一种非凡的民族谦逊,尤其是由于英国正变得前所未有地依赖其苏格兰人。如果英国要求将19世纪下半叶的伟大置于其帝国桂冠之上,那么这个帝国在很大程度上是由苏格兰人构建并组织的。

第十三章
日不落：苏格兰人与大英帝国

成功像战争，也像宗教慈善，掩盖了很多罪孽。

——查尔斯·纳比尔爵士

一天下午，罗伯特·路易斯·斯蒂文森在爱丁堡一家报纸上看到一个报道，说旧城的一间公寓楼突然坍塌，把居民掩埋于瓦砾之中。他若有所思地自言自语道："全世界——不管在伦敦、加拿大还是新西兰——都相信，有那么多人能够真的惊呼，'我出生于其中的那幢房子昨晚塌了！'"

苏格兰在18世纪和19世纪的大规模移民（斯蒂文森本人就出生在爱丁堡，死在萨摩亚[Samoa]）与历史上的任何事件一样重要。就纯数字而言，它几乎不引人注目，可能总共只有300万人，相较之下，800万意大利人在1820年和第一次世界大战期间离开了他们的祖国。然而，它在很多方面都影响深远。

从佐治亚、新斯科舍到温哥华（Vancouver），苏格兰人使英国的领土遍及北美洲。他们还跨过太平洋去了澳大利亚和新西兰。苏格兰人在众多印度城市和南非的草原上也找到了工作，还有一些人去了中国，另一些人（如斯蒂文森本人）则漫游了南太平洋的岛屿和拉丁美洲的偏远角落。人们也不应该忘记，曾有超过50万苏格兰人（如亨利·布鲁厄姆、詹姆斯·

瓦特、托马斯·特尔福德）打好行囊，向着伦敦、伯明翰或利物浦的新地平线和新事业进发。

苏格兰人的大散居伴随着（有时候也引领着）有时候被历史学家称为"第二"大英帝国的发展。第一大英帝国是围绕着英国对大西洋的贸易组织起来的，其实在美国革命中已经毁灭了。新帝国是一个远为广袤和复杂的混合物，由辽阔的自治领、领地、海军基地以及各种各样的附属国组成，占到了全世界四分之一的陆地面积，拥有全世界四分之一的人口。它是一个全球共同体，一个"日不落"帝国（an empire "on which the sun never sets"，约翰·威尔逊在《黑森林杂志》上第一次使用这个短语，并使其闻名于世）。但如果没有苏格兰人，它可能就不会存在，更别提达到它现在依然保持的传奇情形了。

实际上，是一个苏格兰人创造了大英帝国的构想。查尔斯·帕斯利（Charles Pasley）来自邓弗里斯郡的艾斯克代尔缪尔（Eskdalemuir），距托马斯·特尔福德长大的地方不远。与特尔福德一样，他也拥有惊人的智力天赋（他八岁时就把希腊语《新约》翻译成了英语），而这些天赋主要被用于解决技术难题。他在拿破仑战争中服务于"皇家工程师"（Royal engineers），成了欧洲比较重要的炸药专家和攻城战专家。1810 年，他出版了《论大英帝国的军事策略和制度》（*An Essay on the Military and Institutions of the British Empire*）。它彻底改变了英国人思考其帝国与世界其他部分关系的方式。实际上，帕斯利创建了现代地缘政治学。

帕斯利告诫他的英国同胞，他们再也不能依靠"辉煌的孤立"（splendid isolation）或他们的海军来确保未来的安全了。在现代世界，国家安全靠的是策略和力量，尤其是军事力量。那也包括大型海外殖民地，这些殖民地可以向英国海军提供水手，向英国陆军提供士兵。"战争不可避免，"他警告道。但如果英国采取进攻思想并积极行动，"地球上还有哪个国家能够抵抗我们？"

在滑铁卢之战与 1865 年美国内战之间，大英帝国平均每年获得 10 万平方英里领土。在每个转折关头，都有一群苏格兰人或苏格兰裔男人或女人起到了带头作用。他们在新南威尔士经营绵羊养殖场，在下安大略（Lower Ontario）种植黑麦和大麦，在英属哥伦比亚（British Columbia）的伐木营地工作，沿着马更些河（MacKenzie River）捕捉河狸和水獭，在锡兰（Ceylon）管理咖啡种植园，在福克兰群岛（Falkland Islands）出售造船物资，在迈索尔（Mysore）守卫军官俱乐部，在香港和广州从事鸦片贸易。他们的无处不在和普遍成功促使首相本杰明·狄斯累利说出了一句经常被引用的格言。他说："发现自己置身于许多遥远的土地，这是我的运气。我还从来没有在哪个地方发现不了一个苏格兰人，我还从来没有发现哪个在投票中不领先的苏格兰人。"

I

苏格兰移民的成功部分要归因于一个事实，即他们中最穷的人也比其他欧洲移民更有技术、受教育程度更高。这种广泛的"人才流失"就长期而言对苏格兰是坏消息，但对世界其余部分却是好消息。无论在澳大利亚、阿根廷还是美国，人们希望苏格兰人到他们的国家当临时或永久的"外来工人"。

其实，这种苏格兰迁徙并非什么新鲜事物。苏格兰人往来于苏格兰与欧洲达数世纪，寻找工作和机会。他们也给英格兰第一海外帝国提供了关键的人力，首先是在詹姆斯一世统治期间作为北爱尔兰的定居者，接着作为皇家军队的士兵。

最初的高地警卫团或武装巡逻队是在查理二世治下于 1667 年成立的。然而，詹姆斯二世党人叛乱使王室对其苏格兰军队的忠诚失去了信任，它们被解散了。此后，十五个忠于斯图亚特王室的家族组建了一些军队，在峡谷潜行，镇压残留的叛乱分子。魏德将军给这些高地连分配了一种黑蓝绿的格子呢，这种格子呢赋予了他们一个"黑警卫团"（Black Watch）的番号。

"黑警卫团"的正式番号是第 42 高地团，它激发了一些模仿者。在 1740

年至1815年间，八十六个高地团被正式组建起来，很多团的新兵和军官都从一个家族征召。一些团，如芒罗团和皇家苏格兰轻滑膛枪团曾在克罗登与詹姆斯二世党人家族作战。其他一些团，如弗雷泽高地团(第78团)、基斯(Keith)高地团和坎贝尔高地团参加了乔治二世在北美洲和欧洲发动的战争，并获得了荣誉。后来，他们忠诚地与美洲殖民者和拿破仑作战。到了1800年，他们成了英国军队的骨干。

招募志愿兵相当容易。在早期那些年里，官方禁止拥有一切武器、在家里穿格子呢，致使即使族长的的儿子和有地位的人也签约充当普通士兵。首领们命令他们的族人通过参军来换取恩惠，或者将参军作为一种光荣之事。1794年，为了给戈登高地团招募新兵，戈登女公爵穿着戈登团的夹克，戴着戈登团的软帽在亨特利(Huntly)巡行，给每个新兵一个金几尼和一个吻。① 在麦克劳德勋爵高地团(第73团)的2200名成员中，有近四分之三来自麦克劳德自己的家族。他们中的很多人的父辈曾为快乐王子查理而战。麦克劳德本人也曾如此，直到乔治三世给他签发了一道赦令并命他返乡招募军团。

可悲的是，高地清洗解决了招募新兵的所有剩余困难。一个民族的悲剧成了个人的机遇，在国王支付薪水的情况下，被赶出自己土地的年轻人为他们找到了一种新生活和一种新未来。此外，通过在高地团服役，他们设法保留了一种伴有格子呢短裙、剑、软帽和风笛的生活方式。这种生活方式正在他们的祖国，在一个以军事勇敢、忠诚和个人荣誉著称的世界快速消亡。苏格兰士兵不仅以在遭受攻击时英勇顽强而著称，也以优秀的纪律性而著称。但是，他们不仅仅是士兵。只要他们觉得某些东西稍微有损于其荣誉，就会毫不犹豫地进行反抗。18世纪90年代，全部军团都是这么做的。

1804年，当英国政府打算废除苏格兰格子呢短裙并为苏格兰军队配发标准制服时，结果爆发了大规模骚动。第79团卡梅伦团一个被激怒的上校

---

① 传说那些志愿者接受了戈登女公爵的吻，把那个金几尼给了他们的邻居。——原书注

阿兰·卡梅伦(Alan Cameron)慷慨激昂地为苏格兰格子呢短裙辩护,称其:

> (作为一种令人愉悦的当地服装)让纯净、有益健康的空气自由、适宜地流通。迄今为止,它特别有利于高地人活动。不仅如此,它还特别有利于一个士兵的其他必备的特质,无论是食物不足引发的艰难,还是装备起来的敏捷,或者进行强行军;此外,它还有一个独有的好处,就是在暂停行军的时候,可以在临近的小溪里把格子呢短裙浸湿用于清洗四肢,或者在把格子呢短裙和四肢晒干后,通过不断地扇动,不仅不会造成任何损失,相反会感觉干净、舒服……

卡梅伦最后说:"我真诚地希望陛下永远不要痛苦、屈尊地顺从这样一种主意(无论它出自四部分[quarter]中的哪一个),那就是扒掉我们身穿的当地服装……把我们塞进裤子里。"卡梅伦的话概括了所有高地团官兵的情感。白金汉宫放弃了这一计划。

在卡梅伦团和"黑警卫团"服役的士兵通常会把他们的一部分军饷用来接济他们的贫穷家庭。他们也会告知他们住在偏远峡谷或赫布里底岛上的朋友和亲属外面的世界的情形。沃尔特·司各特的朋友、加斯的大卫·斯图尔特曾率领他的士兵与第78高地团(也叫"罗斯郡暗黄色")在西印度群岛、梅诺卡岛(Minorca)和直布罗陀、埃及、西西里(Sicily)、意大利以及肯特(Kent)服役。服兵役在大多数英国人(更遑论高地盖尔人)从不知道其存在的世界上打开了一扇窗。高地团在很多方面都是后来的苏格兰人大移居的先遣队,因为士兵们告诉家人当绵羊来了后他们可以去哪儿,他们必须在挨饿和找到一个新家之间做出选择。

当然了,前提是他们讲述这一点时还活着。就像那个时代的所有士兵一样,他们遭受着可怕的疾病,如斑疹伤寒、天花、霍乱、坏血病、黄热病,特别是在热带地区。1782年,在长达五个月前往印度的行程中,西弗斯(Seaforth)高地团的1100人中有230人患上了坏血病,这在很大程度上应归咎于白金汉宫的顽固，因为詹姆斯·林德早在近六十年前就发现了治愈坏血病的方法。1819年6月，戈登高地团抵达牙买加。在接下来的六个月里，未开一枪，他们就损失了10名军官、13名军士、8名鼓手以及254名其他军阶的军人，比这个团自成立二十五年来在战斗中损失的人员总数还要多。得到戈登女公爵一吻的代价可不菲啊！

1803年，在威灵顿公爵的驻印军队中，西弗斯团和第74高地团是仅有的两支英国正规军。当时，他正率军在阿萨伊（Assaye）与人数十倍于其军队的一支马拉他（Maratha）军队对抗。第74高地团遭到了印度骑兵发起的正面冲锋，令人难以置信地损失了495名有生力量中的459名，伤亡率高达92%。除了军需官詹姆斯·格兰特（James Grant），这个团的军官全部阵亡。格兰特加入军队继续战斗，直到战斗取得胜利，马拉他人被击垮。由于这种牺牲，第74高地团获得了一种几乎独一无二的荣誉，那就是在游行中除了可以打出英国国旗、团旗，还可以打第三面旗帜。直到1881年它还可以打阿萨伊旗，但当时它已经不再是一个团了。

威灵顿在印度指挥的高地军队，就像那些在滑铁卢为他而战的士兵一样，面对的是一支装备着大炮、步枪、弹药且与他们相仿的敌军。但接下来的一系列技术变革使得英国士兵成了非常致命的对手，而这一次又要感谢两个苏格兰发明家。

1776年，第71高地团的帕特里克·弗格森少校（Major Patrick Ferguson）取得了一种步枪的专利。这种步枪从后膛而非枪口装填弹药。它能够在一分钟之内射击四次，是处在最好状况下的枪口装填弹药步枪射速的两倍。它的射程有200码，换句话说，就是枪口装填弹药步枪射程的两倍。弗格森用这种步枪装备他的部队，在1777年9月的布兰迪温（Brandywine）战役中对抗美国人，取得了显著的效果。然而，英国的豪将军却恼怒于弗格森未经允许擅自行动，下令将那些枪支没收了。如果英国人意识到他们拥有了一种多么了不起的秘密武器，如果弗格森没有于1780年10月在国王山（King's Mountain）阵亡，美国的事业将会如何就很难预料了。

结果，后膛枪还要再等待八年才得以被普遍使用。但是到了那时候，一种几乎同样关键的苏格兰发明已经加强了军事武器的火力。这就是击发装置，它发明于 1807 年，发明人是一个名叫亚历山大·福赛斯（Alexander Forsyth）的牧师兼化学家。与之前用碎石点燃弹药不同，福赛斯的枪支撞针用一点儿氯酸钾来开火。其结果便是，一杆枪可以在任何天气、任何条件下射击。一杆标准的军用燧火枪发射十次会有三次射不出去，但福赛斯把射不出去的几率降低到了每千次 4.5 次。当一个来自费城、名叫约书亚·肖（Joshua Shaw）的苏格兰人发现了一种把氯酸钾装进一个金属扣中的方法时，火帽就这样诞生了。一种新型的步兵战斗也伴随它诞生了，在这种战斗中，单兵可以几乎毫发无损地在两倍射程外进行杀戮，而密集的火力则意味着被它逮着的人必死无疑。

一些人发现这一前景令人心惊胆寒。1817 年，伦敦的一份杂志刊登了一封信。这封信署名“一位英国绅士”，对福赛斯的新发明进行了谴责：

> 此外，如果这种新系统被提供给军方，战争很快就会可怕得超出所有想象，并且未来的战争不仅用不了几年就可能摧毁敌人，还会摧毁文明自身。有鉴于此，希望广大有良知的人深思熟虑转变态度，尽最大努力阻止这种新发明产生影响。

事实上，击发步枪并没有使战争变得更加血腥。在烈性炸药或速射后膛枪、铜壳子弹（英国伍尔维奇［Woolwich］兵工厂的又一发明）出现之前，只有欧式军队在克里米亚战争和美国内战中的竞争才预示了发生在下一世纪的凡尔登和索姆河屠杀。但击发装置及其后续事物后膛枪尤其增加了殖民战争中杀戮的可能性，因为当时用相对较少的兵力就能对抗大量的帕坦人（Pathan）、阿善提人（Ashanti）和祖鲁人（Zulu），并且几乎可以随心所欲地屠杀他们。一种危险的技术差距出现在了欧洲与世界其他部分之间，它即将威胁到中国、波斯、印度这样富庶、先进的非西方文明。

印度当然是19世纪大英帝国最重要的部分，是帝国“皇冠上的明珠”。但是，印度并不总是能得到如此之高的评价。在18世纪的时候，英国曾经在那里取得了胜利，但接着就失去了活力。英国只控制了三片被包围的领土，那是围绕着东印度公司在孟买、马德拉斯（Madras）和加尔各答（Calcutta）的贸易据点发展起来的。东印度公司自身享受着一种亚当·斯密分析并蔑视过的贸易垄断。它的贪婪和无能激发了美国革命，激起了国会中的愤怒场景，并近乎使英国政府陷于破产。1773年，它失去了经营印度的能力（它认为这其实并无不妥），但并没有失去其政治影响力或其经济垄断。半个世纪的官员腐败和对当地人民的忽视（反帝国主义者后来称赞这么做是仁慈的，但实际上却源于对其统治的人民的麻木不仁、漠不关心）使印度次大陆和英国的利益陷入了不稳定。

接下来，在1806年，东印度公司委托一个名叫詹姆斯·密尔（James Mill）的三十三岁苏格兰人撰写一部英国在印度的历史。他们根本不清楚他们付出的钱将会使自己收获什么。密尔是个平庸的作家，并多多少少有点儿古怪。他的父亲是个牧师，他接受的也是成为牧师的训练。他曾经是杜格尔·斯图尔特的学生，却在爱丁堡大学没有留下任何痕迹。他曾经依据伦敦，抱着成为一个作家的梦想，就像与他同期的很多苏格兰人那样。但实际上，他不断发现自己处在破产的边缘。

密尔从未去过印度，对它也没有多大兴趣。他之所以接受东印度公司的钱，是为了养活他的妻子和儿子约翰。然而，在必需品的驱使下，同时也是因为受到了他在爱丁堡遭遇的智力传统的熏陶，密尔创作出了他的杰作《英属印度的历史》（*The History of British India*）。

把苏格兰学派的四阶段理论应用于一种非欧洲文化，《英属印度的历史》当属首次系统尝试。密尔曾认为完成它只需要三年时间，结果却用了十一年。密尔把印度的印度教和穆斯林文明放在相对于蒙昧的进步的天平上衡量，发现它们不够格到了可悲的地步。他轻蔑地将印度古老的宗教传统视为“迷信”。他攻击印度的皇帝和王侯，说他们是卑劣的暴君，他们虐待他们的臣民，靠在穷人的背脊上养肥变懒。他特别蔑视印度的法律，将其与黑暗时代欧洲的法律做了比较；特别蔑视印度的种姓制度，称它“成了反对人性福祉的，一个比异想天开的工作方式和自私的工作方式曾经创造出的其他任何一种制度还要有效的障碍”。

密尔对印度文化和文明的攻击，在多元文化主义的今天变得令人难以卒读。但是，他的愤怒源自他自由主义甚至激进的同情（他是英国激进主义的创立者杰里米·边沁的朋友、弟子）。他想用欧式的进步来提高印度农民和城市工匠的生活，他们发现自己被课以重税、无权无势，被印度教残忍、严格的种姓制度剥夺了做人的尊严。密尔宣称，如果印度统治者没有能力做到这一点，那么英国就不得不做。密尔写道：“就当今而言，只有一个经过欧洲荣誉和欧洲智慧的锤炼的简单的专制政府才适合印度斯坦。”他希望英国发号施令，而这样做不是为了加强他们的权力和利益（东印度公司已经获得了足够多的权力和利益），而是要让印度成为一个现代的“文明”社会。

这又是一个把文明带到高地的问题，但这次是在热带。密尔催生了拉迪亚德·吉卜林（Rudyard Kipling）将称为“白人的负担”的思想，这种思想迅速对英国的政策产生了影响。密尔被任命为东印度机构的一个职员，那本书也印刷了四版。控制委员会（Board of Control）的主席将密尔的观点牢记在心，未来的主席托马斯·巴宾顿·麦考利（Thomas Babington Macaulay）也是如此。麦考利厌恶密尔的左翼政治观，在《爱丁堡评论》上发表了一篇著名的文章对之加以嘲讽。但对于密尔激进的法律改革思想，他认为对印度正好合适。麦考利称《英属印度的历史》为“自吉本以来我们语言中出现的最伟大的历史著作”。他努力推进实施它提出的改革，以及在印度建立一个全国性的英语学校体系（苏格兰自身的普通教区学校的翻版）。

但是一种新的英国政策已经在印度形成了，而这要感谢另一群苏格兰人。他们就是明托勋爵杰出、专注的下属。明托勋爵曾在爱丁堡接受教育，在威灵顿公爵镇压了马拉他王公（Maratha princes）后，他于 1806 年抵达印度，出任总督。1813 年，东印度公司对英国贸易的垄断结束，明托本人监督了此事。在南印度，托马斯・芒罗（Thomas Munro，后来担任马德拉斯总督）为减轻普通农民的税赋而战，主张推行一种诚实的税收员体系（议会于1812年予以批准）和独立的乡村法庭（未获批准）。约翰・坎贝尔（John Campbell）在马德拉斯与加尔各答之间的丘陵地带待了十六年，拯救人牲仪式可能的牺牲品。最终，他拯救了一千五百条性命，阻止了数千起绑架。

艾斯克代尔人约翰・马尔科姆（John Malcolm）与波斯谈判、签署了一个现代性条约，为印度西北边界带来了和平。芒斯图尔特・埃尔芬斯通（Mountstuart Elphinstone）成了明托勋爵最信任的助手，他破除了马拉他最后的强盗贵族的权力。他不仅是位训练有素的外交官、一名坚强的战士，还是一位专心致志的古典学者。他每年夏天都在凌晨4时起床读索福克勒斯（Sophocles）的作品，而在黎明之前，他还要在山水之间策马飞奔。就像所有最好的苏格兰帝国主义者那样，埃尔芬斯通认为英国在印度的统治基本上是暂时的。他在给时任孟买首席法官詹姆斯・麦金托什的信中写道，帝国"最令人满意的死亡"将会是"土著人的进步，这种进步要达到它将会表现出的那种程度"，让包括英国在内的"外国政府不可能"保持权力。实际上，这是一百四十年后将会发生的情况。

这是一种新型的帝国主义，一种自由主义的帝国主义，它将成为英国在世界其他地区统治的特色。这涉及为了另一个社会的利益而接管它，但并不是如其他欧洲帝国主义声称所要做的那样，通过基督教拯救它的灵魂，而是为了改善其物质条件。一个人甚至可以用苏格兰措辞这样说：更好的学校、更好的道路、更公正的法律、更繁荣的城镇和城市，普通人口袋里有更多的钱，他们的餐桌上有更多的食物。乔治・本廷克（George Bentinck）总督甚至一边点头一边对弗朗西斯・哈奇森说，"英国的伟大建立在印度的福祉之上"。抛开它的所有毛病、缺点和伪善不提，这种自由主义的帝国主义的确设法把印度变成了一个更人道、有序、现代的社会。当然了，人们甚至可以这样说，它把印度变成了一个更加自由的社会。需要注意的是，这里的"自由"并非"狭隘"的政治意义上的自由。

或者，至少詹姆斯·密尔和其他一些人是把它视为狭隘的。密尔的老师杜格尔·斯图尔特曾反复向他的学生强调，一个政府产生的方式（无论通过民主或代表制方式，还是通过世袭统治乃至征服）并没有政府形成后其**所作所为**重要。只要它推动了进步、保护了个人权利和财产权，只要它跟得上社会与经济变化的步伐并为每一个人拓展机会，那么它就是一个好政府，无论谁掌权都没有关系。如果它没有这样做，那么就是一个失败者，无论有多少人投票选它都无济于事。

1707 年，苏格兰交出了它的政治主权，让它被一个位于数百英里之外的政府管理。其结果非常成功，尤其是对于苏格兰的城市中产阶级来说。为什么印度人就不可以这样呢？为什么其他需要从蒙昧和迷信中被拯救以便沐浴现代性的明媚之光的民族就不可以这样呢？

詹姆斯·密尔使这种半家长主义式的观点成了英国殖民政策的基石。它最终也影响了英国的政治。后来的杜格尔·斯图尔特的苏格兰学派得出了一个令人吃惊的结论，即政治作为"人民意志"的表达，并没有此前的思想家想象的那么重要，而这个结论里也包含着一个悖论。一方面，自治政府是文明化进步的一种成果，是包括印度人在内的任何一个民族都配得上的一个目标。另一方面，一个现代的、复杂的社会的整体福祉得益于杜格尔·斯图尔特所谓的"立法科学"的应用，而这意味着政府将越来越依靠由专家和官僚统治。

一种基本的裂隙开始在现代政治想象中显现，聪明的苏格兰人则分列裂隙两边。苏格兰启蒙运动的最后一代人变得相信，现代社会需要的唯一政治就是一个非常有效力的政府。19 世纪英国文职人员和官员的增长、20 世纪福利国家的发端，两者均为政府管理、促进现代社会创造的大规模社会变化的能力的自信表达，其结果是人民的生活水平得到了提高。但是，这种自信也使得自由主义者看不到民族主义的情感力量和感染力，而相形之下，老派托利党人如沃尔特·司各特爵士则能充分理解这一点。它使苏格兰中产阶级大移民之子威廉·格莱斯顿盲目，他摧毁了自由党。当时，他的爱尔兰自治计划遭到了大规模抗议，抗议者不仅有英格兰和阿尔斯特新教徒，还有爱尔兰人自己。当独立的激情打击了帝国其他部分时（19 世纪 90 年代，在阿非利卡人［Afrikaaner］的南非；20 世纪 20 年代，印度；最后，20 世纪末，苏格兰），它也使未来的英国政府盲目。

当然了，当查尔斯·詹姆斯·纳比尔（Charles James Napier）抵达信德（Sind）接任行政长官时，这一切还远未发生。印度的那一部分（现在属于巴基斯坦）仍然是个危险、动荡的边境地区，当地的统治者和锡克（Sikh）武士集团之间、穆斯林与印度教徒之间经常爆发战争。纳比尔去那里就是为了解决那种局面的。他的父亲乔治·纳比尔（George Napier）出生在爱丁堡，受过大卫·休谟的指导。休谟一些冷静、愤世嫉俗的人性观点，还有他的导师卡姆斯勋爵的人性观，这两者似乎也传给了查尔斯。他们一家生活在爱尔兰，当 1798 年爱尔兰叛乱爆发时，他的父亲是英军一个团的军需官。纳比尔少校给他们的房子设置了防御工事，用步枪武装了他的五个儿子，把那里当做一个有效的堡垒来守卫，直到援军抵达。

从军是查尔斯·纳比尔家族的传统。就像简·莫里斯（Jan Morris）曾经说过的那样："他的堂兄弟、祖先、后代统领着从帝国这头儿到那头儿的军队、船只、要塞或殖民地"。他十二岁就参军了，并且在威灵顿麾下参加过在西班牙的战斗。在拉科鲁尼亚（La Coruña）战役中，他五次受伤，其中包括一把马刀横砍头部留下的伤疤、一把刺刀插入背脊；在布斯克（Busaco），他的脸被一发子弹射穿。但所有这一切都无助于消除他对刺激的渴望，这的确让他产生了对非必要之事的蔑视，如维护外表，或我们所谓的维多利亚伪善。他建设帝国的规则就是"先狠揍一顿，然后再大慈大悲"。这就是他将要在信德做的事情。

纳比尔是个类似于詹姆斯·密尔的政治激进分子，对被压迫的人们非常同情，无论在英国（他支持工人阶级宪章主义者）还是印度均是如此。当他视察处理公务的当地统治者时，他写道："一种不公正的制度是多么虚弱无力啊！不公正是多么软弱啊！"他的话提醒我们记住一个严峻的真相，那就是被英国推翻的很多政权（无论印度的还是别处的）曾经在数个世纪里使他们的臣民可怜、不幸。当它们的命运处在危急关头时，它们统治下的大多数人却不愿伸出哪怕一个手指头来拯救它们。对于大多数土著而言，英国可能并非他们的第一选择。但在很多情况下，他们应该感谢像纳比尔这样的苏格兰人，让他们的处境比以前好了很多。

当总督决定兼并整个信德省时，纳比尔仍然在试图保护它免遭锡克人的袭扰。在一代人的时间里，这是英国在印度的统治的最大单方面扩张，并且在英国很不受欢迎。纳比尔知道兼并信德没有什么合法的理由，但仍然坚持这么做。他写道，它是"一种非常有利、有用、仁慈的强盗行径"。作为行政长官，纳比尔着手实施了旧统治者从来没有实施或不能实施的所有改革。他降低了税率，建造了卡拉奇（Karachi）港口，鼓励汽船在印度河（Indus River）上航行，成立一支警察力量来维持秩序，提出可以使当地农民扩大田地和提高庄稼收成的灌溉项目。他还用其他方式改变了信德的生活。他禁止印度教寡妇殉节（在火葬其丈夫的柴堆上烧死她）的做法。当他这么做时，当地的婆罗门（Brahmin）僧侣抗议说，这是在干预一种重要的民族习俗。纳比尔回答道："我们民族也有一个习俗。当男人活活烧死女人时，我们就把他们绞死。让我们都按照民族习俗来行事吧。"

纳比尔预示了英国在印度最好的统治时期。他运用了严厉但是宽宏大量的家长式统治，而这种统治结合了法治和人道主义原则（当它可行的时候）。英国对印度的统治体系自身也是在另一个苏格兰人担任总督时形成的，这个苏格兰人就是詹姆斯·达尔豪西将军（General James Dalhousie），亦即拉姆齐勋爵（Lord Ramsey）。在主政印度的八年时间里（1848—1856），他赋予了印度次大陆一个现代社会的外在标志。他修建了印度的第一批铁路，架设了数千英里电报线，创建了一个全国性的邮政系统。学校、道路和灌溉项目在他的任期内如雨后春笋般涌现，他同时还扩展了英国对下缅甸（Lower Burma）、奥德（Oudh）以及几个小一点儿的王国的控制。在每个地方，他都废除了**寡妇殉节、暗杀团**、谋杀祭仪以及最后的人牲残余。

达尔豪西还推动了他所谓的印度对女性态度的“社会革命”。对于苏格兰人而言，这标志着一种新尝试。苏格兰社会过去一直是个高度家长制的社会，苏格兰启蒙运动几乎完全是种男性事业。但是，印度妇女被贬低的地位就像中国妇女的地位，使每个接触过它的人都感到震惊。达尔豪西写道：“与其他习俗相比，印度教教徒和穆斯林更顽固地坚持对他们的女人的贬低，而就使社会主体文明化而言，改变比其他能够产生影响的东西更起作用。”他起草法律，禁止童婚、一夫多妻制以及杀死不想要的女婴。他为女孩子创办了第一批学校，坚称任何东西也不能比“为他们的女孩引入教育产生更重要、有益的结果”。到1856年离开印度时，达尔豪西对印度社会进行的变革比它数百年的总和还要多，甚至多得让它消化不了。

土著居民对达尔豪西自信的家长制和他实施的彻底变革在1857年印度兵变中爆发了。一个苏格兰人实施的进步改革引发了叛乱，两个苏格兰军人——柯林·坎贝尔（Colin Campbell）将军和休·罗斯（Hugh Rose）将军——平定了叛乱。印度兵变持续了两年时间，震撼了整个印度次大陆，标志着英印关系的一个转折点，摧毁了留给其本国统治者的所有独立性。但是，它也展示了新大英帝国的双重性质，即当它高尚的改革受到阻扰或遭到威胁时，就会毫不犹豫地动用凶残的军事力量将其消除。无论就哪一种性质而言，苏格兰人都是中流砥柱。

印度在大英帝国中的作用也发生了变化。它当时对英国的政策非常关键，而这是因为一种农产品，也就是鸦片。鸦片是英国能够向东方的另一个大帝国中国大量贩运的唯一商品。这里只有一个障碍，即鸦片在中国是非法的。

在与中华帝国有贸易往来的欧洲人中，没有一个人对其反鸦片的政策有丝毫的同情或尊重。欧洲和英国的商人知道很多中国官员吸食鸦片上瘾，为了换取一点儿利益，他们对那种非法的贸易视而不见。他们也知道，这些官员还残酷地压榨获准同“圆眼睛的魔鬼”进行交易的中国**商行**或商人。这使得从中国出口的商品利润不高，如瓷器、丝绸，而最重要的是茶叶。

大多数英国商人认为，对于一个使在中国做生意变成不幸之事的政府而言，走私印度的鸦片到中国是一种适当的报复。但是只有两个人——仅有的两个人——看到了中国鸦片市场的真正潜力，并且有能力和决心为它做点儿什么。

詹姆斯·马西森（James Matheson）来自马西森家族的萨瑟兰分支，而马西森家族主宰着奥什湖（Loch Alsh）周边的西部高地土地。在为加尔各答的一个苏格兰贸易商行工作时，他认识了威廉·加丁（William Jardine）。加丁是个精明、冷静①的低地人，曾担任过皇家海军外科医生，也已经涉足贸易。他们一起认识到，鸦片是个捞钱的东西。他们在1827年成了合伙人。在十年时间里，加丁—马西森公司是那种非法的中国贸易的支配力量。

他们在开拓庞大的中国毒品市场时的巧妙和别出心裁反映了苏格兰性格中坚忍的一面。马西森和加丁知道，除了一些古怪的英国知识分子，如塞缪尔·柯勒律治和托马斯·德·昆西（Thomas de Quincey），英国没有毒品问题；印度也没有，它几千年一直种那东西。加丁和马西森认为，如果中国政府不能控制其人民，以及他们对鸦片似乎不知餍足的欲望（有人估计，假定中国的鸦片瘾君子的数量占总人口的近1%，那也有可观的两百万人之众），那就是他们的机会。他们也理解，中国的帝国体制行将就木。对于大卫·休谟和亚当·斯密这样的苏格兰学者而言，中国一度是商业社会文明的一个典范。但在此时，对于那些被培养得用詹姆斯·密尔轻蔑的眼光看问题的英国人来说，中国看上去腐败、衰落、野蛮。中华帝国奄奄一息。加丁和马西森有意为了目的不择手段。

此外，走私是苏格兰的一个悠久传统。加丁—马西森卡特尔只是将其提升到了一个新的、复杂的水平。他们在中国当局的眼皮下把他们的快速

---

① 说加丁冷静，这一点儿都不夸张。有一天，加丁走在广州的街上。这时，一根铁棍从一个建筑工地落下来，砸中了他的头。加丁继续向前走。中国人给他取了个“铁头老鼠”的绰号，这差不多是一种恭维。——原书注

帆船开进黄埔港，然后用小一点儿的船只溯流而上抵达中国的主要城市。加丁还引入了一艘115吨位的汽船，很自然地将其命名为“加丁号”，使其在广州与澳门之间的珠江上航行。在它第一次航行时，中国人开火，强迫其改变航线。加丁暴跳如雷。他在早些时候曾警告英国政府，在鸦片贸易上的冲突会导致全面战争，除非它说服中国人做出让步。他写道：“当然不应允许我们在印度和大不列颠的宝贵商业和税收屈服于一种幻想”，发动这样一场战争“不容置疑”。换句话说，就是彻底击败中华帝国政府，最终使中国向西方开放。

所谓的第一次鸦片战争其实是三个人预谋的计划，这三个人分别是威廉·加丁、英国外交大臣帕默斯顿勋爵和英国海军大臣明托勋爵二世。[①] 他们一起谋划了为拯救鸦片贸易而发动的战争，使英国成为中国政治命运的仲裁者。西方与非西方之间的技术差距再次赶来增援，而这一次体现为一艘名叫“复仇女神”(Nemesis)的铁甲炮舰。

苏格兰造船专家约翰·莱尔德(John Laird)在他位于利物浦的场地建造了“复仇女神”。它长184英尺，由两台60马力的发动机提供动力。它携带着一门32磅大炮和五门6磅小炮以及一台康格里夫(Congreve)火箭发射器。莱尔德还把它的船体分成两个水密舱，以便防止任何吃水线损伤导致其沉没。“复仇女神”是一台可怕的战斗机器，不仅是诸如“监视器”(Monitor)的始祖，也是皇家海军后来的现代驱逐舰和战舰的始祖。

1840年3月28日，“复仇女神”离开朴茨茅斯。它是第一艘绕好望角(the Cape of Good Hope)的铁甲舰。当它于11月抵达澳门时，它是南中国海上威力最大的战舰。它是普通中国战船的两倍大，当它把炮口转向它们时，

---

① 具有讽刺意味的是，明托和帕默斯顿也碰巧是杜格尔·斯图尔特的学生。帕默斯顿后来写道，就学于斯图尔特使“我奠定了我所拥有的一切有用知识和习性的基础”。这真是一种奇怪的恭维，因为很难想象还有什么人能比帕默斯顿更加与斯图尔特的高风亮节格格不入。——原书注

它把它们的木质船体和桅杆变成了火柴棍。此外，这艘炮舰的吃水深度只有6英尺，因此它可以溯任何可航行的河流而上，大肆蹂躏倒霉的中国人。仅仅一个下午上行到黄埔的战斗，"复仇女神"就打掉了6艘战船、1个要塞、1个炮队和2个军事供应站。它的舰长兴高采烈地给约翰·莱尔德写信说："我带着极大的快乐通知你，我们的同胞对你的船的钦佩程度与中国人对它的恐惧程度一样。"指挥这次战役的英国指挥官如此措辞，这证明"英国的旗帜可以在他们的内陆水域飘扬，就贴着（中国人）可能采取的阻止它的防御工事，无论何时何地，只要我们觉得合适"。

到了下一年，又有几艘汽船和炮舰与"复仇女神"联合在了一起，其中包括它的姊妹舰、510吨的"地狱火河"（Phlegethon）。它们发动的猛击让中华帝国的军队臣服。1842年8月，中国政府在南京签署了一份停战条约，终于向英国开放了鸦片贸易和其他商业交易。加丁成了他创建的名为"香港"的地方的大班。英国在东亚打了第一场大规模殖民战争并取得了胜利。其他欧洲强国将会接踵而至，但英国当时是这一地区的主宰性政治力量，而这要归功于约翰·莱尔德和苏格兰的大毒枭。①

Ⅱ

一些领土是通过征服归于英国治下的，另一些则是通过殖民。加拿大和澳大利亚开始成为帝国必不可少、起支撑作用的部分。当它们作为自治领获得独立后，对帝国依然是最忠诚的。它们也是苏格兰人发挥主导影响力的地方，这并非出于偶然。

---

① 然而，具有讽刺意味的事情并未就此结束。1820年，出生于苏格兰的印度阿萨姆（Assam）行政长官罗伯特·司各特（Robert Scott）发现了一种他从未见过的奇异山茶树。他将其送往伦敦分析，结果证明它是一种野生茶树。在一代人的时间里，印度栽培的茶将把中国产的茶叶挤出英国市场。如果帕默斯顿和明托只是等待，对中国茶叶的需求就会消失，而随着对中国茶叶需求的消失，走私鸦片的需求也会消失。但这样一来，亚洲第一商业城市香港和现代中国开向西方资本主义的窗口也将不复存在。——原书注

从一开始，苏格兰人就涉足了加拿大的形成。最初，他们是新斯科舍定居点的苏格兰人。后来，他们散布到了其他海洋省份，那里荒凉、孤寂的嶙峋海岸让他们想起了家乡（从地质特征上讲，这并非没有意义）。在苏格兰并入英国之前，对于那些在苏格兰与弗吉尼亚之间经营烟草的走私商而言，纽芬兰（Newfounded）起到了一个中间站的作用。在那个时候，加拿大属于法国人。接下来，在1759年，伍尔夫将军（General Wolfe）①和弗雷泽高地团夺取了俯瞰魁北克城的亚伯拉罕高地（the Heights of Abraham），作为法属加拿大核心地区的魁北克省落入了大不列颠之手。② 伍尔夫的副官、苏格兰人詹姆斯·莫里（James Murray）将军成了它的第一任英国行政长官。

加拿大对欧洲人的主要价值是其皮毛贸易，而苏格兰人也在数年时间里主宰了它。最好的商人和捕兽者一般来自苏格兰北部的奥克尼群岛（Orkneys）。奥克尼岛民（他们的自称）比他们的英格兰同行享有更多优势。加拿大异常寒冷的气候、冰封的水湾和河流中长达数月的与世隔绝，以及在寒冷与潮湿中无休无止地工作，这一切难不倒他们。那里的标准笑话就是为了取暖，奥克尼人加入了哈德逊湾公司（Hudson's Bay Company）。该公司的一个代理人承认，“奥克尼人是最好的仆人，被改造得最适应这个国家，这是任何训练都培养不出来的”。1779年，在一次旅途中，另一个代理人说奥克尼人是“我所见过的能在一起共事的最好的一群人，因为他们是体贴、吃苦耐劳、优秀的划舟人”。他们也赢得了美洲原住民的尊敬。然而，奥克尼

---

① 就是前文提到的在1745年叛乱中拒绝执行坎伯兰公爵命令的詹姆斯·伍尔夫。——译者注

② 即使在这儿，依然充满了具有讽刺意味的事情。在克罗登战役中，作为一名英格兰军官，伍尔夫试图拯救时任查理王子弗雷泽军团上校、年轻的因弗洛基的弗雷泽（Fraser of Inverlochy）的生命。而此时，在战争结束之后，伍尔夫指挥着作为一个英国团的弗雷泽军团，但它就像曾经的弗雷泽那样奄奄一息。查理王子的副官约翰斯通爵士（the Chevalier Johnstone）也参加了魁北克之战，这次是作为伍尔夫的法国对手蒙特卡姆将军（General Montcalm）的副官。——原书注

人喜欢保密，不愿意流露情感，热衷于致富，也因此而臭名昭著。一位英国军官请求，“如果任何一个来自奥尼克群岛的人当了他的上司”，那么就请把他调回英国。美国历史学家伯纳德·德·维托（Bernard de Voto）给他们献上了最好的颂词，他说加拿大的奥克尼人“把荒野拽过来当披肩围住自己，像戴羽毛饰品一样穿着它的美丽”。

他们和他们的高地堂兄弟事实上接管了哈德逊湾公司，以至于到了18世纪末，五分之四的雇员是苏格兰人。“这个国家的苏格兰人太多了，”一位英格兰商人抱怨道。

接着，在1782年，另一个苏格兰人西蒙·麦克塔维什（Simon MacTavish）创办了西北公司（Northwest Company），在蒙特利尔之外经营。麦克塔维什的雇员捕捉河狸、水獭和海豹，或者雇用那些干这行的人，在魁北克和安大略之间来来回回，并且在红河谷（Red River Valley）建造了定居点。他们中有一个来自刘易斯（Lewis）岛、名叫亚历山大·麦肯齐（Alexander MacKenzie）的捕兽者，他二十五岁，在位于现在的亚伯达省（Alberta）的亚萨博斯卡湖（Lake Athabasca）上建立了一个毛皮贸易点。一条大河流出亚萨博斯卡湖，在契帕瓦堡（Fort Chipewyan）、他们的小木屋定居点附近向北流去。麦肯齐决定去看看它流到了哪里。1789年，也就是巴黎人围攻巴士底狱、乔治·华盛顿宣誓就职美国第一任总统那一年，那个捕兽者沿着现在的马更些河踏上了3000英里的行程，一路走到大西洋。四年后，麦肯齐发现了穿越加拿大的落基山脉（Rocikies）。1793年7月22日，他穿过现在的大不列颠哥伦比亚省，发现自己正面对太平洋。首度穿越北美洲大陆抵达太平洋的荣誉通常被归于麦里威瑟·刘易斯（Meriwether Lewis）和威廉·克拉克（William Clark），但实际上这一荣誉属于亚历山大·麦肯齐，他早了十年。

1821年，哈德逊湾公司与西北公司合并，成了世界上最大的土地公司，拥有的土地超过300万平方英里，从美国边界一直到北极圈。它的苏格兰董事长乔治·辛普森（George Simpson）统治的领土十倍于罗马皇帝统治过的领土。辛普森是个西部高地人，对其尊严和使命有着强烈的直觉。一个目睹过其活动的人记得：

> 他出门的时候，戴着一顶价值50先令的黑河狸皮帽子。乘独木船或小船旅行时……他依旧戴着他的河狸皮帽子，但它被一层浸油的丝绸覆盖物保护着。在黑礼服大衣外面，他披着一件长斗篷。这件长斗篷由斯图亚特王室格子呢制成，里面衬着一层猩红色或蓝色的浴衣料子。

辛普森旅行时还带着自己的风笛手。当他们乘着独木舟穿过一片冰冷、透明的湖泊向下一个贸易点或印第安人村庄进发时，那个风笛手就为他的主人演奏长长的风笛曲。

辛普森也是一个指挥手下和公司的美洲土著盟友的行家里手。他中止了与当地印第安部落的酒类贸易，通过正当的交易来获得他的河狸皮。与美国边疆不同的是，加拿大边疆不涉及与原住民的暴力对抗，没有大屠杀和报复性劫掠。恰恰相反，它见证了一百年来实质上完全的和平和秩序。辛普森对哈德逊湾的土地积极、公平的管理形成了现代加拿大的基本核心。

苏格兰人也作为定居者到来。数百名忠君派难民从纽约的莫霍克峡谷(Mohawk Velley)移居到了位于现在的格伦加里境内的东安大略。数百名逃避清洗的高地堂兄弟不久就加入了他们。现在这片土地是平整的，是一个由麦田和谷仓组成的方格图案。但那时它几乎完全是森林，吃苦耐劳的高地人将那些树砍倒，用船运到魁北克。很多人继续干着木材生意，随之进入北安大略，向南进入密歇根和明尼苏达，并且越过了不列颠哥伦比亚。他们成了格伦加里的“伐木工人”(shantymen)——北美洲技术最优秀的伐木工，成了使用斧头和锯子的艺术家。

其余的人留下来种田，使安大略格伦加里郡成了苏格兰之外世界上最大的讲盖尔语的共同体。1829年，一份面向潜在的苏格兰移民的杂志警告：

“如果你不是高地人，就不要去格伦加里。”二十年后，人口普查显示，在那个郡的 17500 名居民中，有六分之一要么姓麦克唐奈，要么姓麦克唐纳。

其他高地人定居在了埃尔金郡（Elgin County）伊利湖（Lake Erie）北岸，而埃尔金郡是以加拿大最著名的苏格兰总督的名字命名的。哈佛经济学家约翰·肯尼斯·加尔布雷斯（John Kenneth Galbraith）就出生并成长在那样一个农场之上。就像他们的很多邻居一样，加尔布雷斯一家也来自阿盖尔郡。多年后，加尔布雷斯在回忆敦维克镇区（Dunwick Township）的苏格兰人大聚居点时说：“卡里路（Currie Road）最早是麦克菲尔一家（MacPhail）和格雷厄姆家（Graham），接下来又是一家姓格雷厄姆的，然后是麦克法兰一家（MacFarlane）、麦凯乐（McKellar）的房产、卡梅伦一家、莫里森一家、高（Gow）一家、加尔布雷斯一家、麦卡鲁姆一家（McCallum）、又一家姓麦克菲尔的、又一家姓莫里森的、帕特森一家，以及夹杂在其他各家中的麦克劳德一家。”

敦维克镇区的生活基本上遵循了高地生活的模式。人们节俭、脾气暴躁，容易打架、喝醉，但非常诚实。加尔布雷斯回忆道：“屋子从不上锁，部分原因可能是里面几乎没有什么可偷的。”他们几乎不关注个人卫生和礼貌行为之类的一般规则。唯一重要的差别是谁挣的钱最多，但那带来的是尊敬而非社会地位。他们保持着苏格兰的老习惯，没有人会轻易花掉他们的钱，这正如加尔布雷斯所说：“他们认为一个爱自己的钱的人不会变成吝啬鬼。”至于那些真正的吝啬鬼，他们任由他们的房子失修，任由他们的家人穿得破破烂烂，通常会被看不起。但是，当他们的名字出现时，当地人会说他们“太苏格兰了”。

对加拿大内陆的开拓在很大程度上也是由苏格兰人推动的。1834 年，约翰·麦克劳德抵达赛特肯河（Sitkine River）河源。1847 年，亚历山大·莫里（Alexander Murray）在育空河（Yukon River）上修建了育空堡（Fort Yukon）。1834 年至 1854 年间，哈德逊湾公司的两名苏格兰雇员对北极海岸线做了第一次全面调查。然而，当约翰·麦克唐纳发起修筑加拿大太平洋铁路、将这个从太平洋到大西洋的国家连接起来时，加拿大最大的变化到来了。它是历史上最大规模的公私联合冒险之一。苏格兰主宰了推动其修筑的财团，从蒙特利尔银行的唐纳德·史密斯（Donald Smith）及其表兄乔治·斯蒂芬（George Stephen）到伦敦的银行家约翰·罗斯（John Rose）。它的总工程师桑福德·弗莱明（Sandford Fleming）也是苏格兰人。

3700英里的加拿大太平洋铁路的修筑是一个史诗般的成就，堪与托马斯·特尔福德的成就媲美。它克服的障碍及挑战之可怕程度比得上美国人在修筑他们横贯大陆的铁路时所面对的一切。弗莱明和他的测量员、工程师和铁路职员不得不把铁轨放在900英里长的无底青苔沼泽地里，跨越曼尼托巴（Manitoba）和阿尔伯达（Alberta）空空荡荡的大草原，进入加拿大落基山脉陡峭的山麓小丘。他和他的手下不得不与跌至零下三十度到四十度的低温战斗，此外还要与危险的雪崩和具有飓风威力的疾风战斗。

1885年11月7日，最后一枚道钉在不列颠哥伦比亚省的克雷盖拉希（Craigellachie）被敲下，约翰·麦克唐纳（John MacDonald）总理乘坐火车赶来参加庆典。加拿大太平洋铁路是他最自豪的成就。就像麦克唐纳在政治上把加拿大统一了起来，它也从地理上把这个国家统一了起来。

第一个打开英属北美洲（British North America，当时加拿大的称谓）独立之门的是苏格兰总督埃尔金勋爵（Lord Elgin）①。埃尔金总督采取了与其他殖民地苏格兰长官采取的措施相似的改革。他废除了法国人留下来的封建土地占有制残余，建立了加拿大教育体系。1845年他与美国签署了一份互惠协议，结束了可以追溯至美国革命的北美洲这两半土地之间的敌意和紧张。

埃尔金还警告他的上司，如果伦敦不考虑给予加拿大某种形式的自治，那么他们就有可能把自己的命运与美国人绑在一起。然而，埃尔金认为，如

① 埃尔金是个苏格兰外交官的儿子。这位外交官把雅典帕特农神庙的大理石檐壁带到了伦敦，这些檐壁在伦敦被作为“埃尔金大理石”继续存在。——原书注

果伦敦赋予他们独立，那么加拿大人倒可能真的想强化他们与英国的联系。结果他对了。尽管他自己不知道这一点，但埃尔金已经阐明了未来的英联邦以之为基础的原则，也就是如果让一个前殖民地做出选择，它更愿意与大不列颠保持联系，而非与之脱离。①

约翰·麦克唐纳是指导加拿大经过独立关键阶段的人。他出生在格拉斯哥，父母是高地人。1821 年，他随他们一起移居到安大略的金斯顿（Kingston）。“我没有少年时代，”他后来写道。他从十五岁起就开始自力更生了，最终攒够了钱，使自己获得了一个法律学位。律师业通向政治，而在加拿大，政治意味着混乱的各省政治，并且带着深深的敌意，使自由主义者对抗托利党人，长老会教徒对抗圣公会教徒，法裔加拿大人对抗说英语的人，所有人对抗美国人。麦克唐纳为人强硬、性格严厉，嗜雪茄和威士忌如命，对英格兰人非常蔑视。他写道：“加拿大政府容不得被淹没（overwasher）的英国人，他们对这个国家极其无知，并且像所有英格兰人那样难以相处。”但是，他也清楚，除非某个人能把法裔天主教徒和讲英语的新教徒整合到一起，否则他统一、独立的加拿大之梦将永远不可能实现。因此，他充当独立运动先锋的自由—保守党中包括了一个强大的法裔魁北克分支。麦克唐纳栽培他的讲法语的盟友，尊重他们的不满，这有助于治愈古老的创伤。这还确立了延续至今的加拿大总理的管理风格。

麦克唐纳几乎起草了《魁北克决议》（*Quebec Resolution*）中的每一条，这些条款提出了《英属北美洲法案》（*British North America Act*）的原则，英国议会于 1867 年通过了这一法案，赋予了加拿大独立地位。他主持了 1866 年的联邦会议（据统计，在加拿大的十个联邦“创基之父”中，有八个是苏格兰人，其中包括麦克唐纳），并成为加拿大的首任总理。在这个职位上，他创建了现代加拿大最独特的象征——加拿大皇家骑警。他把大不列颠哥伦比亚带

① 后来，威廉·格莱斯顿试图对爱尔兰人做出与埃尔金在加拿大做的事情相同的事情，却不幸造成了灾难性的结果。——原书注

入了联邦（在加拿大太平洋铁路项目上的投入就是其入场券的价格），此外还有曼尼托巴和爱德华王子岛（Price Edward Island），并且没有使不愉快的新斯科舍脱离。

麦克唐纳的继任者亚历山大·麦肯齐也是一个土生土长的苏格兰人。到了世纪之交，苏格兰人和苏格兰裔人在实际上经营着这个国家。三分之一的加拿大商业精英具有苏格兰血统，苏格兰人单独经营着诸如造纸、钢铁、油气以及毛皮贸易等整个产业。他们在加拿大高等教育中也占有一席之地。1896 年，一位作家这样写道："在加拿大的所有大学和学院中，每一所都至少能找到一位具有出众才能的'石楠花之子'。"诸如达尔豪西大学（创建于 1818 年）、麦吉尔大学（创建于 1821 年）、多伦多大学（创建于 1827 年，创建人詹姆斯·斯特罗恩［James Strachan］是苏格兰人）这样的学府将苏格兰的基本教育原则和常识哲学的伟大阐释者托马斯·里德、杜格尔·斯图尔特奉为神圣。

然而，最好地展示了苏格兰精神的核心价值观及其所能为的加拿大人，却是加拿大太平洋铁路吹毛求疵、出生于苏格兰的总工程师桑福德·弗莱明。当铁路最后一站接近完工时，弗莱明意识到对于这条横跨大陆的铁路的成功来说，还存在一个不小的障碍，那就是加拿大的时钟。就像世界各地的时钟那样，它们也是根据当地的日出、日落而设定的。太阳于任何一个特定时刻在天空中所处的位置决定了时间。

这就意味，每个人的当地时间与其他所有人的当地时间都是不同的。当多伦多是正午的时候，蒙特利尔是 12 时 25 分，哈密尔顿（Hamlton）是 11 时 58 分。仅仅在美国，就有一百多个不同的标准时间。当人们开始第一次报时时，他们就学会了与这种不断的不一致相伴生活。尽管 14 世纪机械钟就发明了，并且它的发明不断使计算小时和分钟更为准确，但仍无济于事。在马拉的时代里，旅行的距离较短，旅行也不经常，10 分钟或 15 分钟的变化乃至一两个小时的变化都没有多大影响。但在此时，这对列车时刻表造成了大规模的混乱，因为没有人能够准确说出一列火车何时进入一个特定的车站，道理很简单，因为对于同一问题来说，答案太多了。① 旅行正在开始要求世界的时钟提供一种精确的时间。

于是桑福德·弗莱明决定解决这一问题。他拿出一幅世界地图，将它分为20个时区，每个时区跨15个经度。为了安排他们的铁路时刻表，美国人已经采取了一个相似的方案，而此时弗莱明给了这个方案一种任何人都不曾想象到的更广泛的应用。在接下来的五年时间里，他独自一人发起了一场改革运动，首先使加拿大政府采用新时区并按照新的单一标准设定他们的时钟，接着又使世界其他政府也这么做了。弗莱明是如此顽强、循循善诱，他的主意是如此明智、有用，最终他成功了。1882年于华盛顿召开的一场国际会议批准了最终的协定。终于，在1883年11月17日，世界各地的时钟和手表有史以来第一次按照一个标准时间校准了。它奠定了旅行、交流和经济全球化的根本基础。当我们能够从纽约起飞，及时抵达罗马或新加坡去与我们的情人相会时，给旧金山或卡拉奇（Karachi）的一位客户打电话询问他们是否收到了我们的货物时，我们都必须感谢桑福德·弗莱明。

Ⅲ

加拿大成了第一个获承认为独立国家的英国殖民地，苏格兰功不可没。苏格兰人为澳大利亚做了同样的事情，不过采取了不同的方式。在那里，他们把一个由被定罪的男人和女人组成的野蛮、组织混乱的殖民地转变成了一个文明社会。

在库克船长（出生在约克郡，父母为苏格兰人）于1770年登陆澳大利亚后，它不久就被遗忘了，直到威廉·皮特首相将其确立为一个流放地点。第

① 英国铁路通过采用格林威治标准时间克服了这一困难，水手和水兵早已熟悉了这一点。但是一个英国的旅行者很快就了解到，巴黎、伯尔尼（Berne）、里斯本（Lisbon）甚至加尔各答的钟表保持了一种与他认为的那一天的真正时间毫不相干的当地时间。——原书注

一个装运囚犯的船队装载着1000名囚犯于1788年抵达波特尼湾（Botany Bay），也就是未来的悉尼港的南面。超过16万其他人接踵而来，里面既有男人，也有女人。一些被判犯有谋杀及其他暴力罪行的人接受了被流放至新南威尔士（流放地的称谓）以代替死刑。但是，更多的人因为偷窃等小案子或轻微的犯法行为而去了那里。一个女人偷了她的老板的连衣裙，被判处七年流放。一个只有十七岁的男性犯人在他的囚船上偷了面包，结果在一小时之内就被审讯、定罪、判决并处以绞刑。

在多数罪犯看来，流放以及耗时十八个月前往澳大利亚的旅途胜过在英国的监狱里受罪。但是，条件是严酷的，工作是残忍的。他们的看守乐意让他们干什么工作，囚犯就得干什么工作。此外，他们还按照合同，像奴隶一样被分配给自由的定居者，而后者依靠廉价的劳动致富了。挨打是家常便饭，有时候会被打死，吊死也司空见惯。一个看守记得，有一个囚犯因经常遭到鞭打，以至于他的背部"看上去几乎全是裸露的血肉"，而他的锁骨看上去"就像象牙磨制的号角"。那位看守说："要让我们找到别的地方鞭打他还真有点儿困难。"

支撑犯人挺过所有这一切虐待狂般残忍的是获得释放的希望，获七年刑期的犯人需要干四年活，获十四年刑期的需要干六年。新南威尔士提供了大量廉价、可耕土地以及一种有益健康的气候，还有一种未来（如果他们能获得释放证书的话）。但即便如此，自由定居者仍然带着怀疑和鄙视对待获释的囚犯。最轻微的抱怨也可能意味着重新被捕和更艰苦的劳动。

在18与19世纪之交，澳大利亚是个艰苦、邪恶和丑陋之地。两个苏格兰人着手改变了它，不过他们采用了截然不同的方式，一个通过改变澳大利亚的经济，另一个通过改变它的生活方式。

约翰·麦克阿瑟（John MacArthur）随着装运第二批流放犯人的船队抵达波特尼湾，在当地的军队要塞中担任中尉。他粗暴、脾气暴躁，对异性有吸引力，长着一个能嗅到商业交易的精明鼻子。他可能运作了大毒枭威廉·加丁和詹姆斯·马西森的钱。麦克阿瑟为他自己买了一片占地面积

250英亩的农场，开始种植小麦，并饲养绵羊。他还与要塞中的其他军官组织了一个非法的酒类走私团伙。一天，他与他的上校决斗，伤到了对方的肩膀。麦克阿瑟被送回英国接受军法审判，但他扭转局面，战胜了敌人。他被无罪开释，带回了一对长毛的美利诺绵羊（merino sheep，他用某种方式从国王乔治三世的私人羊群里搞到的）。他还带回了一纸2000英亩土地的王室特许状，建起了他称为卡姆登（Camden）的养羊农场。

麦克阿瑟开始做试验，让宝贵又挑剔的美利诺绵羊与孟加拉绵羊、来自南非的大尾巴羊杂交。他培育的杂交品种为澳大利亚的羊毛产业奠定了基础。在十年时间里，他和他的妻儿就建起了澳大利亚第一个绵羊饲养场。这个饲养场太成功了，以至于农场面积增加到了几乎6000英亩。直到今天，澳大利亚的养羊业还把其基本血统的源头追溯至卡姆登农场。①

麦克阿瑟在新南威尔士的政治中也是一个难以抑制的爱管闲事的人。1805年，新的英军长官、享有叛变大名的威廉·布莱（William Bligh）来到那里。布莱发现麦克阿瑟的专横方式令人难以忍受，于是下令将其逮捕。但麦克阿瑟在牢房里策划了布莱的垮台。他在酒类走私团伙中的帮凶和苏格兰同胞乔治·约翰斯通（George Johnstone）端着枪绑架了布莱，把布莱送上了一条开往英国的船上。在两年时间里，麦克阿瑟、约翰斯通和一个军人集团管理着新南威尔士，他们奖赏亲友、恐吓敌人。这个殖民地无疑到了危急关头。英国政府最终意识到需要进行重大改革，就派遣了那个能够把澳大利亚带向正道的人。

当拉克兰·麦考里（Lachlan Macquarie）听说澳大利亚总督的职位空缺的时候，他已经随第73高地军团在印度和中东服役了近二十年。他为了获得这个职位努力游说，终于在1809年夏天踏上了前往悉尼的行程。他于次

---

① 那些人没有将他们的根源追溯至苏格兰—爱尔兰移民亚历山大·赖利（Alexander Riley）。赖利追随麦克阿瑟，在他位于卡文（Cavan）的绵羊养殖站进口撒克逊美利诺绵羊。——原书注

年1月抵达，发现那个殖民地“处在最具破坏性的衰退之中”。住房和政府建筑摇摇欲坠，而政府雇员的住房如他所说，是“一个完美的猪圈”。悉尼的三座教堂是搭在空地上的三个帐篷。主街是一条泥路，车辙累累，充满了动物粪便。囚犯和看守的精神状态空前低落，而酗酒的人空前众多。

麦考里是个脚踏实地、头脑清晰的工作狂，具有军人的秩序感、严正之人的纪律感和苏格兰人的公平正义感。用罗伯特·休斯（Robert Hughes）的话来说，“在魄力、道德活力和父亲般的公正方面，以及他时不时的自以为是和固执的虚荣心方面”，麦考里罕有对手，即使在其他苏格兰殖民地官员中也是如此。他禁止了酒类贸易，命令悉尼的酒馆在星期天举行宗教仪式期间闭门歇业。他强制所有囚犯上教堂，为当地的孩子创办了主日学校。

更为重要的是，麦考里认识到保持殖民地秩序的关键是把囚犯当人来对待，而不是把他们当做牲口。他向他在伦敦的上司主张，“释放”是“可以给予居民生活方式改革的最大激励物”。他亲自会见每一艘囚船的犯人，提醒他们有服从他们的看守和雇主的义务，但他们也拥有权利。一名囚犯记得，他第一次见到麦考里时，麦考里正与医检人员和要塞指挥官站在甲板上，他对囚犯们说，“他们抵达的国家是多么美好、物产丰富”，“以及如果他们的行为让他满意的话，他会为他们做什么”。

麦考里把大多数有技能的罪犯——几乎占囚犯总数的三分之二——派去美化悉尼。他们清走了垃圾，铺设了一条穿过镇中心的适用道路，重建了政府建筑，建造了永久性的教堂以及学校、住宅、医院和广场。麦考里的一个囚犯原来是摄政时代的著名建筑师约翰·纳什（John Nash）的学生。麦考里随身带了一本建筑设计与城镇规划的书。就像詹姆斯·克雷格设计了爱丁堡新城那样，这个三人组（trio）不仅重新设计了悉尼，还在周围的领地上建造了一系列镇区，并且全部是按照罗伯特·亚当确立、纳什加以修饰的新古典风格建造的。

麦考里还把殖民地从其现在过度拥挤的飞地向外扩张。他鼓励负责地图绘制和探险的团队向悉尼以北推进(1818 年,他们在那儿发现了肥沃的利物浦大平原),向西南推进到了现在的维多利亚。他与六十名囚犯签约打算修建一条穿越蓝山(Blue Mountains)的道路,当地人和土著人说那里是无路可走的。他告诉他们,如果他们能在六个月时间内把路修成,他们就会获得自由。囚犯按时修成了全长 125 英里的整条道路,而麦考里信守了诺言。他对他的上司说,用激励取代强制,通过自由人的工作而非奴隶劳动可以完成什么,这就是证明。近四十年前,亚当·斯密在《国富论》中也表达了同样的观点。

即使在削减开支的时候,麦考里也提高了悉尼的生活质量。他甚至试图找到方法,把澳大利亚的土著吸收入他正在创造的新社会。然而,由于他公平对待犯人,坚持“获释的”工人享有与悉尼其他公民同样的权益,激怒了那些习惯了用他们的方式对待囚犯的当地人(必须承认,约翰·麦克阿瑟就是其中之一)。他们最终使麦考里的上司转而反对他,而他精疲力竭,加之失望,就于 1821 年返回了英国。他比澳大利亚短短的历史上其他任何一位总督的任职时间都长,几乎达十一年之久。他的继任者仍然是个苏格兰人。这个人名叫托马斯·布里斯班(Thomas Brisbane),被派往澳大利亚重新施加前麦考里时代的严厉惩罚。但是他很快就发现这是不可能的。变化已经对那个流放地产生了影响,而“被释放者”(获释囚犯的称谓)现在已经在新南威尔士的社会结构中扎下了根。

于是布里斯班转而扩大麦考里推行的很多改革,他允许新闻自由,鼓励种植烟草和甘蔗,扩大了向澳大利亚的自愿移民。然后他也与当地的地主发生了冲突,并且被召了回去。一个又一个英国总督暂时又恢复了鞭刑和残忍的惩罚。但是,到了 1840 年,在爱丁堡出生的海军军官和前地理学教授亚历山大·麦科诺基(Alexander Maconochie)接管了诺福克岛(Norfolk Island)这个流放地(最桀骜不驯的罪犯会被送到那里),这标志着旧体系开始终结。议会中的自由主义者已经提议废除流放。麦科诺基进行了人道、富有远见的改革,其中包括建立一个监狱图书馆(收藏了一整套司各特的“韦弗利"小说)、成立一支管弦乐队。他的改革证明监狱可以不是一种严厉的刑罚和惩罚体系,即使对于最残酷的案例也是如此。英国真正的刑事改革还要经过一代人的时间才会发生。但是在1867年,也就是加拿大成为英国第一个自治领那一年,伦敦终于停开了囚船。

到了19世纪80年代,澳大利亚拥有了世界上发展速度最快的经济和最高的人均收入。就像在新西兰那样①,苏格兰人在澳大利亚每个主要的方面都很活跃,其中包括商业、教育、宗教和农业。麦克阿瑟的绵羊产出了它最主要的出口产品,也就是羊毛。昆士兰(Queenland)和南澳大利亚(South Australia)当时有了大规模的定居点(包括以麦考里的继任者命名的布里斯班),移民像洪水一样涌入这个国家,其中包括25万苏格兰人。具有讽刺意味的是,移民中有一个人是格伦加里的阿里斯泰尔·麦克唐奈的儿子,尽管那个老头儿进行了残忍的清洗,但沉重的债务负担还是落在了他的儿子兼继承人安亚思(Anaeas)身上。1840年,安亚思·麦克唐奈终于忍受不了了。他卖掉了除诺伊达特(Knoydart)之外的所有其余庄园,带着他的家人、仆人、数卷格子呢、两座预制木房子和风笛手移居到了新南威尔士。他出发前往南地(South Land),开始了作为一个饲养绵羊的农民的新生活。②

---

① 对于西方人而言,新西兰的起源远没有其姊妹殖民地的起源邪恶。它是由虔诚、有商业头脑的苏格兰人建立起来的。苏格兰人于1807年首次抵达,并且源源不断地涌入。1840年,苏格兰人在威灵顿(Wellington)附近的佩托尼(Petone)建立了第一个永久定居点。约翰·洛根·坎贝尔(John Logan Campbell)拥有第一艘从英国直接航行至新西兰的船只,他创建了奥克兰(Auckland)市,于1844年把新西兰生产的第一批商品用船运回了英国。奥塔戈(Otago)是新西兰第一个经过设计的社区,其创立者是苏格兰人乔治·伦尼(George Rennie),其领袖之一是罗伯特·彭斯的侄子托马斯·彭斯牧师(Reverend Thomas Burns)。到了1861年,近三分之一的新西兰人口是苏格兰人。——原书注

② 不幸的是,故事的结局并不完美。安亚思·麦克唐奈在绵羊产业上败北,返回了格伦加里,于1852年死在那里,给他的遗孀留下了同样多的旧债和一个年轻的儿子。她用她唯一能用的方式还清了债务,就是把诺伊达特最后的居民也清洗出去。——原书注

Ⅳ

非洲是英国人或其他欧洲人勘察并渗透的最后一块殖民大陆。它被称为“黑大陆”，因为它裹着一层神秘。没有人知道它广大的内陆到底有什么，或者可以在那里发现什么样的民族和财富。蚊子成堆的海岸和疾病肆虐的沼泽、丛林阻止了任何欧洲人的进一步考察。对于一个欧洲人来说，为皇家非洲公司工作，在塞拉利昂（Sierra Leone）的一个英军要塞或海岸角司令部（它监督着英国的奴隶贸易禁令）服役不啻为被判处死刑。1805 年，苏格兰传教士试图率领一支探险队沿着尼日尔河（Niger）溯流而上，但所有人都死在了途中。于 1823 年至 1827 年登陆黄金海岸（Gold Coast）的英国士兵，有三分之二死于疟疾、痢疾、昏睡症和黄热病等各种疾病。仅在 1824 年，224 人中就有 221 人死去。非洲真可谓“白人的墓地”，一个拒绝欧洲人的好奇、窥探眼神的永久之谜。

第一个挑战这种公认观点的人是那位造船专家之子麦格雷戈·莱尔德（MacGregor Laird）。他相信他的家族公司正在建造的蒸汽动力船可以被用于考察西非的大尼日尔河，从其位于贝宁湾（Bight of Benin）的入海口溯流而上并且深入内陆。他认为，欧洲人接下来可以从原住民那里收购原材料，以制成品作为交换，并且将基督教的信仰传播给非洲的野蛮大众。他在写给格雷勋爵的信中说，蒸汽“将会把一种不可预测、不稳定的贸易转变成一种有序、稳定的贸易，降低生命危险，解放目前投在它里面的一大部分资本”。1832 年，莱尔德成立了他致力于尼日尔河商业发展的公司，并把两艘汽船带到了非洲。探险失败了。在第一次溯尼日尔河而上航行的 48 个欧洲人中，只有 9 个活着回来。莱尔德本人也差点儿死去，在极度的衰弱状态中于 1834 年 1 月返回英国。事实上，他的健康再也没有恢复。但是，他坚持强烈要求把蒸汽动力作为揭开非洲黑暗秘密和扩张英帝国的关键。六年后“复仇女神”前往中国的航行便是类似结果。

然而，最终打开非洲的不是扩张帝国、寻求利润的欲望，而是苏格兰文化储备中另一种强大的力量，即宗教。一个人独力做成了这件事，但他这么做不是为了让自己致富或把英国国旗插到另一个遥远的海岸，而是为了带给他们教育、医疗、免于奴隶制威胁的自由（换句话说，也就是苏格兰启蒙运动中的术语，“文明化”）以及基督教。他的名字叫大卫·利文斯通（David Livingstone），从多方面看，他的人生成了很多使苏格兰人在全世界如此受尊敬、如此有影响的缩影。

他于1818年生于距格拉斯哥8英里的布兰泰尔（Blantyre），出生在一个纺织工人之家。他的祖父尼尔（Neil）是内赫布里底群岛（Inner Hebrides）中的一个小岛澳沃（Ulva）岛上的自耕农，在清洗期间被逐出家庭农场，在布兰泰尔的棉纺厂中找到了工作。尼尔的儿子学会读写并成了同一家工厂的办事员，接着又当起了走南闯北的茶叶推销员，生计很不稳定。大卫·利文斯通出生在梭子路（Shuttle Row，它就是这么一个名字）的一个单间出租屋里。由于他的家庭需要他能积攒的每一便士，大卫十岁起就开始在那家工厂工作了，爬到巨大的蒸汽动力织布机下把断线接上。根据一个早期传记作者的记述，布兰泰尔的一个邻居记得，利文斯通家的两个男孩大卫和查尔斯（Charles）下班回家，“他们走在一条路上，如果碰到一个水坑，查尔斯会绕着走，但大卫会直接蹚过去”。

在工厂苦干十四小时后，大卫·利文斯通还要上夜校，获得他渴望的教育。他把他领到的第一笔工资花在了一所拉丁语学校上。到十四岁时，他学会了拉丁语和希腊语，掌握了大量的神学文献。他的父亲是个加尔文公理会教徒，在卖茶的时候也散发宗教小册子，因此宗教成了儿子生活中的一种强大力量并不令人感到奇怪。但是，宗教在苏格兰也曾经成为一种复兴的力量。

1757年，温和主义者击败了福音教派，控制了苏格兰教会。五十年过去了，苏格兰文化自身已经世俗化，并且在宗教事务方面变得“开明”。杜格尔·斯图尔特、亨利·布鲁厄姆、詹姆斯·密尔，甚至沃尔特·司各特爵士，都把有组织的基督教历史的大部分（特别是苏格兰教会的历史）当做一种迷信、不宽容的历史。接下来，随着新世纪的到来，新教福音主义经历了一次强力反弹。这种反弹部分是对法国大革命的无神论做出的一种反应，部分是对现有苏格兰教会的反叛。现有苏格兰教会已经变得如此优雅、脱离日常生活，以至于无法给需要发泄情感的人提供任何援助。正如美洲长老会教徒从 18 世纪的苏格兰福音派教徒那里获取了宗教之火并发起了“伟大的复兴”那样，苏格兰和英格兰加尔文教派教徒也转向美洲复兴寻求一种新的“人民宗教”。

苏格兰经历了一个毫不羞愧的“重生”阶段。新教教派如公理会、浸信会和卫理公会在苏格兰的乡村和城市工人里找到了热切的皈依者。商店、酒馆甚至大多数城市的服务都严格遵守安息日（这种风俗一直延续至最近）。在反贫困和贫民窟状况的战斗中，诸如托马斯·查莫斯之类的教会领袖成了平民领袖。复兴潮流最终席卷了苏格兰教会自身。1843 年，近 450 名牧师辞去教职，与查莫斯一起组成了“苏格兰自由抗议教会”，或自由苏格兰教会。这是苏格兰政府资助的教会的一种福音派替代品。

然而，这个坚定、上教堂、守安息日、唱圣歌的苏格兰却与这个现代化先驱是一致的。无人想倒拨时钟或推翻过去数百年取得的成就。恰恰相反，新福音主义寻求提供一种稳定改进的内在精神生活，以匹配社会与“文明”的进步。就像年轻的大卫·利文斯通在读苏格兰天文学家、神学家托马斯·迪克（Thomas Dick）的著作时所发现的那样，对于揭示上帝的真理来说，科学与宗教是两条平行道。换句话说，对世界知识的渴望与成为一个与耶稣基督同在的人的欲望并不矛盾。自然之神与启示之神是同一个神。多年后，利文斯通回忆道，“沐浴在基督教激发的爱的光辉中，我决心把自己的生命奉献给减少不幸”——既作为传教士，也作为医生。

利文斯通继续在格拉斯哥大学的安德森学院学习化学和神学。他二十三岁了，比绝大多数学生都大，但其敏锐和用心却堪比最好的学生（他们也非常优秀）。在托马斯·格雷厄姆（Thomas Graham）的化学班上，利文斯通的同学中有一个名叫威廉·汤姆森（William Thomson）的人，他后来成了开尔文勋爵(Lord Kelvin),是19世纪最有影响力的化学家。[①] 劳埃德·普莱法尔(Lloyd Playfair)也是利文斯通的同学,他是那位杰出数学家的孙子,后来成为普莱法尔勋爵。

1838年,利文斯通取得了他的医学学位,希望到中国去传教。然而,“可恶的鸦片战争”迫使他改变了计划。接下来他认识了英格兰人罗伯特·莫法特(Robert Moffat),后者就他在南非刚开始的传教于格拉斯哥做了一次演讲。莫法特给他的听众讲述了非洲大陆的辽阔,讲述了它未经勘察的美,还讲述了“不曾有一个传教士到过的一千个村庄的烟雾”。当他这么讲的时候,这些形象深深印入了利文斯通的脑海。这里有一个机会,不仅可以去做勋爵做的工作,还可以从事一项伟大的探险,去往那些白人甚至莫法特没有去过的地方。

1840年12月8日,大卫·利文斯通坐船离开利物浦,几乎没想过他从此会一别家园十六载。在三个月的旅程中,他逐渐变得焦躁不安,于是决定跟船长学习航海技艺。当他开始穿越非洲的旅行时,以及后来驾着自己的船穿越印度洋时,这种技艺将派上用场。在抵达英国殖民地开普敦后,利文斯通出发前往莫法特的驻地。莫法特的驻地在开普敦以北600英里的库鲁曼(Kuruman),位于卡拉哈里大沙漠(Kalahari Desert)的边上。可是,结果却让利文斯通很失望。莫法特只发现了不到五十个皈依者,尽管他和他的女儿玛丽(Mary)在他们的小传教团中创造了一块安全和文明的绿洲,却吸引不了接受者。于是,利文斯通决定改弦更张。他不等土著人来找他,而是主动去找他们,无论他们碰巧在什么地方,即使那意味着要深入无路可走的丛林或山脉数百英里也在所不惜。

1841年10月,他踏上了第一次深入非洲内陆的旅程。他向东北方向走了近500英里,穿过了一系列偏远的村庄,并且在这些村庄里了解到了他能

---

① 他创立了热力学温标,以他的名字命名的单位是国际单位制的七个基本单位之一。——译者注

了解的关于非洲生活和语言之类的东西。[①] 为了他的传教事业，利文斯通甘愿冒的风险是惊人的。在野蛮并经常充满敌意的乡间旅行是要冒生命危险的。有一次，利文斯通遭到一头狮子的攻击并受了重伤，使其付出了左臂残疾的代价。除此之外，还存在潜在的疾病和热病危险。他在初期就患上了疟疾，后来还不断发作。但是他设法抑制住了它的影响，并且保护他的同人免受它的蹂躏，就是服用一定剂量的法国药剂师发明的一种新药。这种药物叫奎宁，他通常将其溶解在一杯雪莉酒中。利文斯通是第一个在非洲使用奎宁的人。尽管他从来没能完全相信它对防止疟疾有效（他更愿意用自己研发的一种土方，那是一种由奎宁、甘汞、大黄和松脂制成的糖浆），但它第一次让欧洲人赢得了获得当地人喜爱的可能性。就像詹姆斯·林德发现柑橘类水果能够治愈坏血病那样，奎宁为在热带地区长期旅行（在这个例子里，是在陆地旅行）开启了一条通道，并且在这么做时，它还拯救了数十万人的性命，不仅有白人的性命，还有黑人的性命。

尽管遭遇了这样那样的危险，但利文斯通却很喜欢他的巡回传教所涉及的那种繁重的努力。他写道："在一个野蛮、未曾勘察的国家旅行的那种纯粹的动物乐趣是非常巨大的，大量运动赋予肌肉弹性，新鲜、健康的血液在大脑中循环，头脑好用，眼睛清澈，步伐坚定。"他还发现，他与非洲人相处融洽，实际上，比与欧洲白人处得还好。他们发现他太鲁莽，敢于直言不讳。此外，一个接一个的新发现和新风景也让利文斯通激动不已。

第一道新风景是恩加米湖（Lake Ngami），当他抵达卡拉哈里河上游河段时，恩加米湖出乎意料地迎接了他。然而，最著名的新风景却是维多利亚瀑布（Victoria Falls），他写道："太美丽了，飞过的天使肯定瞩目过它。"此外还有赞比西河（Zambezi River），它是世界上最大的河流之一，从赞比亚西北部流出，流经非洲中部，注入印度洋。赞比西河河面宽阔，有的地方宽达500

---

① 1852年，利文斯通出版了首部塞特索玛（Setsowma）词典。他还是第一个认识到各种各样的班图（Bantu）方言属于同一语族的欧洲人。——原书注

多码，远方则有丘陵和山脉拔地而起。利文斯通写道，当他第一次凝视它时，它唤醒了“那被遗忘已久的克莱德河和福斯河河口的情境”的记忆，“那些情境回来了，宛然如昨，我可能都哭了”。

1853 年至 1856 年，他从一个大洋到另一个大洋，穿越了非洲，成了完成这一壮举的第一个欧洲人。这次旅行显示，非洲内陆并非像一些人猜测的那样是沙漠或荒凉的大草原，而是一个植物苍翠繁茂的世界，住着数百万人口。利文斯通断定，诸如赞比西河这样的河流是把非洲向世界其他部分打开的关键所在。他认为，它们组成了一个巨大的“水上公路”网，可以把商品、服务和福音书带到甚至是最偏远的地方，就像特尔福德的道路和运河打开了高地那样。后来，他希望赞比西河被宣布为一条开放水道，供所有国家利用，但占据了位于安哥拉（Angola）境内赞比西河上游几个关键河段的葡萄牙人却拒绝允许这么做。

他本人能够带给非洲腹地的一项服务便是他的医学实践。利文斯通真的成了第一个“无国界医生”，常常走上三四十英里路到任何一个需要他帮助的村庄里去，到需要他帮助的人身边。利文斯通将苏格兰医学的敏锐分析和技术知识，带到了世界上最偏远的地方。他的努力为他赢得了当地部落成员及其领袖的尊敬，以及如他期望的那样，皈依基督教的人数稳定增长。

正如利文斯通所看到的那样，在非洲最终走向基督教、商业和“文明”的道路上存在两大障碍。第一大障碍是白人的种族偏见。像大多数苏格兰人那样，利文斯通在很大程度上没有受到白人至上种族理论的影响（相信白人**文化**至上本身是另外一回事）。在一个又一个殖民地环境中，苏格兰人证明，与他们的英格兰同类相比，他们与另一种文化或肤色的人们相处的能力要强得多。此外，苏格兰启蒙传统的整个分量都落在了对一种普遍人性的信仰上。所有人都共有这种人性，但这种人性又是根据环境和一个社会的发展阶段而形成的，也就是说，更受“环境因素”的影响，而非“天性”。

利文斯通蔑视他在好望角殖民地发现的那种种族偏见和暴虐行为。他和传教士约翰·菲利普(John Philip)成了可靠的朋友,菲利普也是苏格兰人,在为南非土著人的权利而斗争。利文斯通不断与当地的布尔人(Boer)①爆发冲突,尤其是当他支持当地土著人发动反对他们的统治的叛乱时。他写道:“每个民族都值得享有自由,都甘洒热血来捍卫它。我们同情卡非人(Caffre,原文如此),但我们更支持弱者反对强者。”他说,叛乱是坏政府一开始就具有的明显迹象。他的坦率立场让南非人大为恼火,他们实际上把他驱逐出了南非。

当他出版《赞比西河及其支流》(*The Zambesi and Its Tributaries*)时,他在种族问题上的表态甚至更为坦率。这本书里包含了对种族理论家的犀利回击,那些理论家相信,利文斯通的旅行显示,非洲黑人是野蛮人,缺乏理解文明价值的能力。“我们必须对已经写下的那一堆堆关于黑人智力的废话一笑置之……我相信,无论头脑和心灵,黑人都不缺乏能力。”利文斯通说,黑人只是显示了一种文化上的落后,而人们都能不出意外地在任何一个脱离主流文明的人身上看到这种落后。“向后倒退数百年,英国普通人的祖先像现在的非洲人一样不开化”。不仅如此,不开化程度如何是个看法问题。他写道,“非洲人无论如何也不是非理性的,我认为非理性在欧洲更是一种遗传疾病”。

1856年,利文斯通返回英国。而在那个时候,他发现自己已经名闻遐迩了。他所做的关于其功绩及探险的演说吸引了大批听众,甚至还赢得了一个与维多利亚女王在一起的听众的支持。他对非洲奴隶贸易慷慨激昂的攻击也取得了同样的效果。

非洲奴隶贸易是非洲发展的第二大障碍。英国于1807年废除了买卖奴隶,并且实际上制止了所有跨大西洋的奴隶贸易。1833年,英国释放了它的奴隶。然而,为了输出,阿拉伯商人继续进行抓捕、买卖、俘虏这种丑陋的

---

① 主要是荷兰裔白人。下文的“卡非人”大概是阿非利卡人的笔误,就是布尔人。后文的“南非人”也是指他们。——译者注

生意。为了抓获俘虏卖给奴隶贩子，非洲的王国之间不断进行战争，数千名牺牲品不断被押往奴隶贸易大港口桑给巴尔（Zanzibar），结果摧毁了整个非洲中部和南部。在大陆上旅行的时候，利文斯通会碰到一队队被木枷锁在一起的人，他们正在前往阿拉伯奴隶市场的途中，其旅程之可怕、危险甚至超过大西洋"中央航线"。利文斯通在他的日记中写道："我们经过一个女奴身边，她的身体已被子弹或刀剑刺穿……这是上午早些时候走过的一个阿拉伯人以买她而掏的钱为代价、一怒之下干的，因为她无法走路。"

利文斯通尽其所能地阻挠奴隶贩子，他毫不犹豫地将现代火器交给非洲社团，用它们击退他们。但到了最后，他相信最终的解决办法还是与欧洲国家进行的合法贸易、商业在非洲的传播。一旦当地的酋长意识到，他们可以通过卖橄榄油和象牙挣到钱，而不必卖自己的人民，非洲的道路就会改变，而要让这成为现实，用于商业和交流的河流就是关键所在。这不仅促使他发起了越来越多的对非洲内陆的勘察远征，还使他坚持认为，无论是为了白人还是非白人，英国均应在保障非洲安全方面起到领军作用。

在进行演讲、成为名人两年后，利文斯通渴望重返非洲。1858 年 2 月 8 日，他被任命为女王的领事和"考察东非、中非的一次远征的指挥官，以便促进商业和文明，以及对根除奴隶贸易进行检查"。5 月 14 日，利文斯通和他的妻子玛丽·莫法特·利文斯通（Mary Moffat Livingstone）、儿子罗伯特（Robert）、弟弟查尔斯（Charles）等一同抵达赞比西河口。他们溯流而上直达奎布拉巴萨急流（Quebrabasa Rapids）。他们乘坐的是世界上第一艘铁壳汽船"罗伯特妈妈号"（当地人对玛丽·利文斯通的尊称），它能轻而易举地应付岩石和不可避免的河滩。

接下来出了问题。利文斯通与传教团的英格兰成员就他们旅行的目标发生了争吵，他想与奴隶贸易作斗争，而他们想让土著人皈依。就在此时，疾病降临到了传教团。在溯流而上至赞比西急流的艰难旅途中，玛丽死了，他们的幼子也死了。当利文斯通和其他幸存者抵达尼亚萨湖（Lake Nyasa，即现在的马拉维湖[Lake Malawi]，非洲的第二大水体）时，当地部落之间爆发了一场战争。关于死亡、背叛和当地干旱的报告让英国政府感到气馁，于是下令让利文斯通回国。

利文斯通的第三次（也是最后一次）非洲探险是由皇家地理学会发起的。他计划发现位于东非的尼罗河河源，不过他的期望远不止于此。他打算展示古埃及文化的古老根源出自黑非洲。他的这一观点在很多方面都领先于现代非洲学者观点。他对朋友说："我的白日梦之一就是那些传奇故事——摩西和他的养母米尔（Merr）一起来到埃塞俄比亚内陆创建了一座他以她的名字命名的城市梅罗伊（Meroe）——可能是有事实依据的。"

但他永远没有机会了。1866 年，他开始向那片蛮荒之地进发。陪伴他的没有白人，只有三十个搬运工、一队印度士兵、来自政府为获释的非洲奴隶创办的一所学校的学生，以及几个从本地招募来的人。就像一部"泰山"（Tarzan）电影中的临时演员那样，麻烦的迹象刚一出现，那些搬运工和其他人就逃离了远征队。当他们吃尽苦头抵达海岸时，却散布流言说利文斯通被谋杀了。无人知道那个把非洲变成了日常谈话一部分的人到底发生了什么。一望无尽的辽阔丛林和大草原传来的只有沉默。

在两年时间里，没有人知道利文斯通的命运。一些人猜测他真的死了，一些人猜测他躲藏了起来，还有一些人猜测他发现了那些传说中的基督教埃塞俄比亚的古老城市，以及它们的神秘国王祭司王约翰（Prester John）。利文斯通博士的故事成了一个国际轰动事件。终于，作为一种吸引公众注意、推销报纸的方式，一份美国报纸的苏格兰裔老板派了一个名叫亨利·斯坦利（Henry Stanley）的记者去找他。这趟寻觅可不是愉快的郊游。斯坦利用了两年时间穿越中非东部地区，结果证明这次旅行的不确定性和危险不亚于利文斯通的任何一次探险。1872 年，斯坦利终于发现利文斯通在乌吉吉村（Ujiji），和几个忠诚的追随者在一起。利文斯通的健康彻底崩溃了。他在一张吊床上躺了数月时间，病得无法移动或拿起一杆笔。但是，他拒绝离开非洲。恰恰相反，他告别了斯坦利，踏上了最后一次深入非洲内陆的行程，依然希望着能碰巧发现尼罗河源头。

1873年5月1日，利文斯通辞世。他的两个始终不离左右的同伴、获释的奴隶楚玛(Chuma)和苏息(Susi)发现他的遗体跪在他的吊床的底部，就好像他打算祈祷一样。他们将他的心脏埋葬在距离班韦乌卢湖(Lake Bangweulu)70英里的一棵姆蓬杜(Mpundu)树下。然后，为了保存他的遗体，他们用一块印花棉布把它裹了起来。他们令人难以置信地走了11个月、1500英里，终于抵达海岸，让人把他的遗体埋到一个欧洲人的公墓里。这是爱的努力，是利文斯通曾努力保护并为之服务的人们献给他的颂词。

当利文斯通的遗体返回故乡时，相似的颂扬喷薄而出。英国陷入了悲伤。他的遗体被安葬进威斯敏斯特教堂。他的墓志铭这样写道：

大卫·利文斯通：传教士、旅行家、博爱主义者

他们忘了提这一点：苏格兰医生。

第十四章

自力更生：苏格兰人在美国

如果没有苏格兰人，美国的表现就会很糟糕。

——安德鲁·卡内基(Andrew Carnegie)

加拿大与美国应该比实际的样子更相像。它们都曾属于同一个大英帝国，共享一种语言、一种地理、一种经济命运。尽管途径不同，但它们都是移民国家，并且两国的移民中都包括大量有影响力的苏格兰人。

然而，它们的历史进程却不同。加拿大的发展在很大程度上是一个公共企业，受到自上而下的控制，并且在很多案例里，接受资金也是自上而下。哈德逊湾公司开创了这一传统，加拿大太平洋铁路的修筑就是其缩影。美国人构建他们的世界，则是围绕着亚当·斯密和托马斯·里德的原则，围绕着为常识决定的个人利己主义原则，围绕着对政府的有限需求原则。1787年美国宪法列出了联邦政府的权力，剩下的权力则留给了各个州。1867年加拿大联邦明确赋予了各省某些权力，剩下的权力留给自己。这反映了杜格尔·斯图尔特的政治观，即政府应该成为社会进步的源泉，而不是它的绊脚石。

尽管存在这些差异，但苏格兰人对美国的发展的重要性几乎与对加拿大的重要性一样大。用伯纳德·阿斯平沃尔(Bernard Aspinwall)的话说，他们是“现代化的突击队”，是抵达美国海岸并使其成为一个丰饶国家的技术移民劳动力的第一梯队。他们把一个新生共和国从一个“土地仆从”的农业社会转变成了一个工业动力室（powerhouse），一个典型的现代国家。

于19世纪来到美国的苏格兰人再次揭示，苏格兰人大移居为何与历史上的其他大规模移民如此不同。尽管他们的数量相对较少（不足75万，而爱尔兰人却有500万），但绝大多数人具备英语读写能力。除了农业之外，绝大多数人还懂一点儿商业知识。在于1815年至1914年抵达美国的苏格兰男性中，半数具备技术工人资格或半技术工人资格。实际上，当加拿大倾向于吸引那些想拥有一片土地、过乡村生活的苏格兰人时，美国吸引的却是那些决心在某一行业或工厂工作中干出点儿名堂的苏格兰人。他们的工作伦理和道德原则是一些谚语。企业家和禁酒主义者尼尔·道（Neil Dow）在1881年写道：“在所有来到我们国家的移民中，苏格兰人总是受到欢迎。”他特别补充道：“他们带给我们肌肉、头脑、可靠的技术以及在我们的很多大型产业中的可信赖性，他们在这些产业中是最成功的管理者。”

在所有美国移民团体中，恐怕只有犹太人拥有比较多和比得上的技术。但是与犹太人不同——跟爱尔兰人比也一样——苏格兰新教移民并没有受到宗教歧视的妨碍。他们也与英格兰移民不同，不期盼获得特殊对待或优待。沃尔特·司各特爵士有句名言：“我是一个苏格兰人，因此我不得不为进入这个世界而战斗。”他们就是靠着这句格言而生存的。他们预先就把艰苦工作当做理所当然的事情。

他们的新环境并没有吓倒他们。恰恰相反，它还给人一种熟悉的感觉：一个盎格鲁—撒克逊享有特权的精英集团主宰着政治和政府；一个英语化的城市中产阶级分成了彼此竞争的新教教派；爱尔兰移民工人涌入不断成长的工业城市；还有部落勇士集团统治的难以接近的内陆，不过他们将要被进步势力取代。这简直就是苏格兰的翻版！

因此，毫不奇怪，有那么多苏格兰人认同了美国。苏格兰人把美国视为他们的希望和欲望的实现，而美国迅速的进步也离不开苏格兰人。前面引用的安德鲁·卡内基的话反映了其他很多人的这种情感，即“美国是苏格兰在海外的实现”。美国是这样一个地方，苏格兰人可以利用那个大陆提供的机会为自己创造一种新生活和一种新身份。毕竟，就像曾经成为一个“北不列颠人”那样，成为一个美国人首先是一种观念或文明本身。它所要求的只是一个需要达到的目标，一个需要满足的欲望，而一个人可以成为他想成为的任何事物、任何人。

这是一种可以追溯至文艺复兴的自信的个人主义，“人可以做一切事情，只要他愿意”。但在那时，它只是精英团体的理想。它预先假设了一种稳定的社会结构，一种地位集团的等级制度，个人才智就像流水一样，可以在其中找到相应的位置。但在美国，这种东西是不存在的，或似乎是不存在的。领域是完全开放的，就像这个国家一样。托马斯·杰斐逊曾经说，美国是“一个自由的帝国”。由于在1803年收购了路易斯安那，美国的领土几乎扩大了一倍，将会向其他美国人展示在那样一种社会和文化空间中运作的是苏格兰人的方式。在那样的空间，没有什么是不可能的，一个人可以运用他的技能和意志力并将其转化成金子。

一种新的民族精神孕育而生，世界上其他国家将把它视为典型的美国精神，视为现代精神。实际上，它是一种典型的苏格兰精神。美国的苏格兰人还会展示，这种善于创造的自我塑造的无限可能性和对个人成功的追求不一定会在混乱中结束。他们能够孕育一种新的平民社会，这种社会尊重所有人追求其自身目标的权利，只要他们尊重别人的权利。它是一个开明的社会，反映了大卫·休谟的世俗金律。但是，就像混凝土和钢筋，它得到了一种长老会教义的遗产、传统的道德戒律的强化。

苏格兰人已经帮助创造了新的美国国家，而现在他们将会展示它如何运作。

I

1788年，本杰明·拉什在给约翰·亚当斯的信中写道：“美国曾经对我显现为一个剧院，人性将在舞台上最大程度地炫耀它的公民、文学和宗教。现在是把它们中的每一粒种子播撒下来的时候了。"

拉什是从苏格兰回来的。1774年，他曾经旅居苏格兰。他在那里把威瑟斯庞招募到了普林斯顿学院，也曾跟随威廉·卡伦学习医学，受到了激励，充满感激。他怀着几乎是传教士的热情投身于革命事业，接着又投身于把一个新生共和国塑造成一个现代国家的事业。拉什创建了美国第一个反奴隶制协会，认为那种"奇特的制度"正是促使美国人民与英国决裂的暴政。他不仅成了美国禁酒运动的一个先驱，还领导了一场人道对待精神病患者的改革运动，使他成了美国第一个临床心理学家。他以爱丁堡哲学学会为原型，帮助创建了美国哲学学会。他还给它提供了会训，即"当知识被局限于纯粹的玄想时，它没有多大用处"。这句会训完整地抓住了苏格兰启蒙运动实践的一面，而拉什自己则希望看到一个与那个原型相一致的美国形成。

拉什认为，这种新的、文明的美国身份的基础将会是它的教育制度，尤其是它的大学。在这方面，他的影响不仅是巨大的，而且是持久的。他在费城学院的医学院是一个受欢迎、有影响力的教师。他彻底改造了医学院，并按照爱丁堡大学医学院的典范重新制定了医学教学。他在宾夕法尼亚州创办了迪金森学院（Dickinson College，院长是个苏格兰人），该学院成了他关于一种新型非宗教教派教育制度的观念的载体。他力主把拉丁语和希腊语移出课程中心（当然了，他依然相信古典语言的重要性），引入科学。拉什认为，大学作为一个人教育中心，应该通过研究和创新，成为一个推进各领域知识边界的地方。

在其苏格兰院长威廉·斯默（William Small）的领导下，拉什自己的费城学院已经遵循基于阿伯丁大学的相关思路进行了改革。这样一来，拉什和斯默的学院（后来的宾夕法尼亚大学）就成了苏格兰人改造美国教育的一个重要渠道，而威廉·威瑟斯庞的普林斯顿学院则是另一个渠道。

即使是在威瑟斯庞于1794年去世后，他对那个新共和国的影响仍然是巨大的。他已经使普林斯顿学院成了精英领袖集团的一个训练场所。在他的任期内，普林斯顿已经培养了一位未来的美国总统（詹姆斯·麦迪逊）、一位副总统（艾伦·伯尔）、六位大陆会议的成员、九位内阁官员、二十一位参议员、三十九位众议员、三位最高法院法官、十二位州长、三十三位州和联邦法院法官和十三位学院院长。他已经使科学与历史、英语与道德哲学一起成了学院课程中必不可少的组成部分。

1825 年，哈佛大学、耶鲁大学、布朗大学和哥伦比亚大学开始沿着普林斯顿学院和费城学院的道路前进。后来，哈佛大学和那个学术星座上的另一颗新星约翰斯·霍普金斯大学（Johns Hopkins University）稍稍偏离苏格兰传统，转向德国规范。但就整体而言，直到第一次世界大战，美国高等教育保持着绝对的苏格兰规范。

这一点是在两个苏格兰人的帮助下达成的。实际上，这两个人通过远程控制在美国教育上留下了他们的印记。其中之一是杜格尔·斯图尔特。他曾一直强调道德哲学作为基础学科的重要性，道德哲学是所有其他学科（如艺术和科学）的交汇之地。他关于哲学和伦理学的演讲成了近十二代美国学者和教师的标准指导。它们为以苏格兰学校课程为基础创建新课程体系提供了一个蓝本，就像另一个有影响力的苏格兰人乔治·加丁（George Jardine）。

加丁在格拉斯哥大学讲课达五十年，从 1774 年直到 1824 年退休。他心目中的英雄是哈奇森和亚当·斯密。他关于大学教育应该提供什么思想，以及以何种方式提供思想的想法不仅改变了美国高等教育的面貌，还改变了苏格兰高等教育的面貌。加丁是逻辑学和修辞学教授，他早就认为，“教育体系出问题了，我讲的科目没有加以改进以适应学生的年龄、能力和此前的造诣。”于是，加丁创造了入门性质的大学课程，把新的、难的材料分解成小的、易消化的分量来展示，而不是用单个宏大体系进行教学，因为那样学生要么能理解，要么根本理解不了。加丁还坚持授课与考试相结合，以便评估学生的进步，以及学生必须写什么样的题目和独创论文。加丁的著名例子是“摩西时代埃及有亚麻布”，这个例子会引导学生去研究古埃及的政府、社会、政治经济以及《圣经》。

加丁的《哲学教育概要，以在格拉斯哥大学讲授逻辑课的方法为例》(*Outlines of Philosophical Eduction, Illustrated by Method of Teaching Logic Class at the University of Glasgow*)成了美国高等教育中最受欢迎的教科书之一。它阐释了在教室和演讲厅创造一种具有激励性的知识氛围的方法。它创造了后来被称为"跨课程写作"的一种体系，并且每一课、每一阶段都安排作文、论文、研究报告，这一体系不仅教学生如何独立思考，还教学生如何写出清晰、机敏、原创的英语散文。典型的《爱丁堡评论》的评论性读者成了理想的美国大学毕业生，也就是一个具有强烈道德感和独立判断的人，他掌握了历史、哲学和文学，他"全部的头脑能力都得到了运用，此前没有用过的力量被唤醒，具有了生命力和活力"。

1868 年，当普林斯顿大学需要一位新校长并转向贝尔法斯特国王学院(Queen's College in Belfast)的主宰人物詹姆斯·麦考什时，所有这些趋势汇聚到了一起。自普林斯顿转向前一个苏格兰人约翰·威瑟斯庞来复兴其命运以来，时间正好过去了一百年。麦考什的到来几乎引起了轰动。据一个大学生回忆，它"就像一次电击"。麦考什从身体和智力上把普林斯顿带入了现代，他把杰出的艺术和科学教员整合到一起，创办了首个研究生院和科学学院、哲学学院和艺术学院，在校园里建起了一系列新建筑①，其中包括一个体育馆和一座藏书 70000 册的图书馆。麦考什后来回忆道："一些批评者发现我犯错了，因为我把太多的钱投到了石头和石灰上，但我继续有条不紊地进行下去，并且我知道我在干什么。我并没有将大楼看做目标，而是将其看做一种内在生活的外在表达和象征。"

就麦考什的情况而言，内在生活具有多种成分，涉及复杂的元素。与威瑟斯庞一样，麦考什既是一位新教牧师，也是一位哲学家。他帮助领导了 1843 年的"大分裂"(the Great Disruption)，当时他和托马斯·查莫斯鼓励牧

---

① 实际上，普林斯顿是"**校园**"(campus)这个说法可以用于它的第一所学院。威瑟斯庞曾经用这个拉丁词(意为一个开放的场地)来描述那个大学的场所。——原书注

师们走出苏格兰总会并创造一个新的福音派教会，即自由苏格兰教会。但是，他也是苏格兰启蒙运动主流传统的直接继承人。对这一长达一个半世纪的智力运动，麦考什仅用了一个名称加以概括总结，即“苏格兰哲学”。

他说，苏格兰哲学“几乎与此前的所有哲学都不同——与当代的很多哲学不同，与仍在我们之间逗留不去的一些哲学也不同”。苏格兰哲学强调，观察和经验乃知识的首要之源。它把人的知觉视为我们的现实之窗和自我之窗。它还强调，作为人类，我们生而具备掌握我们自身以及环绕在我们周围的世界的真相的能力，其中包括一种是非意识。

这是苏格兰学派留给他们之后的数代人的遗产。它是科学和道德自信之友，是道德相对主义、悲观主义和怀疑之敌。“在长达一个世纪的时间里，我们有一系列杰出人物——哈奇森、亚当·斯密、里德、比提、斯图尔特、加丁……明确证明，他们使他们第一次感到他们还有一个头脑，鼓励他们去进行独立思考。”麦考什总结道，他们可能不是历史上最令人吃惊、最具独创性的思想家。“但苏格兰哲学的伟大功绩在于大量的真相，这些真相即使没有被发现，也至少被安放在了坚如磐石的基础之上。”

坚如磐石的基础。然而，即使在撰写献给苏格兰学派的颂词时，麦考什也明白，他称之为基础的那些假设正在被不断削弱。一种新力量正在西方教育界引起轰动，这就是德国大学的典范力量，它强调的是严密的研究和职业的专门化，而非麦考什和苏格兰喜爱的培养通才的方法。于是另外一种威胁接踵而来，这就是最新的选修课体系。1885 年，麦考什前往纽约，与哈佛大学校长查尔斯·W. 艾略特（Charles W. Eliot）就理想的大学课程进行辩论。麦考什谴责艾略特让学生从两百多门选修课中挑选他们要上的课。他辩称，这助长了蜻蜓点水式的肤浅涉猎，更重要的是，这还摧毁了知识的基本统一性观念，使每样东西都“像星尘一样消散，而各个世界据说就是由这些星尘构成的”。

麦考什当时七十三岁，很多人认为他赢得了那场辩论。但是在接下来的数年里，选修课不仅在数量上不断增加，而且越来越受欢迎，相伴而来的是一些新学科的产生。这些新学科有农业科学、商业管理、人类学、经济学、心理学、政治科学。具有讽刺意味的是，这些学科常常把它们的起源归于"苏格兰哲学"的伟大人物。但正如大卫·休谟所说，它们也敲响了一种比较陈旧的教育典范的丧钟，"软化并教化了那种禀赋，而那种禀赋怀有美好的情感，真正的德性和荣誉就存在于这些美好的情感之中"。威瑟斯庞曾经也说，美好的情感提升了"人类的等级和完美"。

就像威瑟斯庞那样，麦考什曾经认为，教育的目的既是培养坚强的基督徒，也是培养有教养的人。在一种变得更世俗、更充满怀疑论的知识氛围中，就连这种理想也在消失。苏格兰学派对一种普遍常识的信仰、对环绕着我们的世界的可靠现实的信仰也开始显得天真了，尤其是当包括苏格兰物理学家詹姆斯·麦克斯韦(James Maxwell)在内的科学家显示出现实可能并不那么可预知、可知时。美国哲学家开始转向法国和德国的思想家，如康德、黑格尔以及奥古斯特·孔德(Auguste Comte)，而还要晚、还要令人不安的是，他们还转向了卡尔·马克思。

1888 年，麦考什退休了。当此之时，他奉献了那么多心血的苏格兰传统已经在横跨美洲和欧洲的智力边界撤退。然而，在其消失之前，它已经创造了美国的自由主义人文科学学院以及美国的大学。它的后代将随着岁月的流逝而增加，而这些后代通常不清楚它们继承的东西来自何处。但是，普林斯顿大学 1889 届的学生补偿了这一切，他们一致要求将前校长麦考什的名字与他的继任者的名字一起印在他们的毕业证书上。当麦考什在他住所的前厅会见他们的代表时，他听取了他们的请求，快速地轻拍着他的眼睛，并告知了他的妻子。她听了后，从丈夫的牧师礼服口袋里掏出他的手绢来擦拭她的眼睛，并温和地说："吉米，你的小伙子们可没打算忘记你啊！"

II

苏格兰给 19 世纪的美国带来的不仅是肌肉，还有头脑。沿着阿巴拉契亚山脉和阿勒格尼山脉(Alleghenies)东麓，苏格兰和阿尔斯特苏格兰移民创造了第一条美国边界。在美国革命之后，他们的后裔帮助扩大并控制了美国革命的成果。这里面有安德鲁·杰克逊、约翰·C. 卡尔霍恩（John C. Calhoun）、吉姆·鲍伊（Jim Bowie）、丹尼尔·布恩（Daniel Boone）、（率领刘易斯和克拉克远征的）威廉·克拉克（William Clark）、萨姆·休斯顿（Sam Houston），以及温菲尔德·司各特将军（General Winfield Scott，其祖父曾在克罗登作战）。

接下来，在19世纪的最初十几年里，第二波、也是更大的一波移民离开苏格兰来到美国。这一波移民既包括来自低地的技术工人，也包括逃避清洗和霍乱大流行的一贫如洗的高地人。到了19世纪40年代早期，苏格兰已经处在"美国狂热"之中。当时，以格拉斯哥为基地的船运公司如肯纳德（Cunard）船运公司开辟了通往纽约、巴尔的摩、费城的定期航线，甚至还一度开辟了通往新奥尔良（New Orleans）的航线。一首流行的苏格兰歌曲抓住了那些从格拉斯哥和格林诺克出发寻求新未来的人们的情绪：

> 向西，向西，到自由的土地上去，
> 在那里，浩瀚的密苏里河奔流入海，
> 在那里，人是一个人，即使他也要苦干，
> 而最贫穷的人也能收获他的辛劳结出的果实。

并非每个人都西进到了浩瀚的密苏里河。数以千计的人在东部海岸城市找到了工作，在这些城市里，他们的工作技能和朴素的工作习惯使他们受到了雇主的欢迎。早在18世纪90年代，这一美国早期的工业基地就开始依赖苏格兰工程师、技工和工人来建造其棉纺厂，保养、维修其蒸汽泵，操作其动力织布机。一个来自佩斯利的纺织工人很快就发现，他或她可以在马萨诸塞州的工厂工作相同的时间，挣更多的钱，而生活费用却比较低。移民指南上说，北美洲是"最好的穷人国家"，因为"谷物价格非常低，而劳动力价格却非常高"，说的就是这个意思。此外，工厂主常常雇用他们的苏格兰移民

工人来向美国人传授正确的工作技能和习惯，这意味着一个苏格兰工人很快就会发现他正管理着工厂。

苏格兰工人的自信扩展到了女工之中。1853 年，马萨诸塞州的哈德里·弗斯面粉厂(Hadley Falls Mills)的一个代理人从格拉斯哥招募了 82 个从事面粉加工的未婚女工，霍利奥克面粉厂(Holyoke Mills)的一个代理人招募了 77 个。在两个月的时间里，她们挣的钱就足够偿付她们横渡大西洋的旅行费用，她们还给自己买了新衣服、鞋子。对于身处美国的苏格兰人来说，一份工厂的工作永远是别的什么东西的踏脚石，是更好的东西的踏脚石。

苏格兰人涌入了费城的造船厂、匹兹堡的钢铁厂、新英格兰和俄亥俄的采石场以及纽约的造纸厂。据说纽约城的整个铸模行业在很大程度上都被苏格兰人垄断了。其他苏格兰人成了新的成衣行业的先驱，到了美国内战时，一种将这一行业的不同方面整合到一起的新技术出现了。百货商店基本上是一个法国发明，但苏格兰人，无论是在英国的还是美国的，却使它在一个新的规模上有利可图。大卫·尼克尔森(David Nicholson)在费城，杜格尔·克劳福德(Dugald Crawford)在圣路易斯(St. Louis)，罗伯特·包斯威克(Robert Borthwick)在布法罗，约翰·福布斯(John Forbes)在堪萨斯城(Kansan City)，卡森·司各特(Carson Scott)在芝加哥，威廉·唐纳德森(William Donaldson)在明尼阿波利斯(Minneapolis)，亚历山大·斯图尔特(Alexander Stewart)在纽约城，都创办了百货公司，有助于给美国的零售业带来革命性的变化。他们不仅是商人，还是公民领袖，是当地商会的支柱，是共济会分部的成员，是圣安德鲁协会当地分会的会长，是医院和大学董事会的成员，他们重建了城市的长老会教堂，为新市政厅或学校提供资金。他们是连接企业与社会其他成员的基本链条，他们真正代表着美国资本主义的“脸面”。

其余移民定居到了伊利诺伊(在芝加哥最早的奠基人中有两个苏格兰人，分别是约翰·金赞[John Kinzie]和亚历山大·怀特[Alexander White])、俄亥俄和上中西部。但是，大量移民被吸引到了更远的地方，直到太平洋西北沿岸(苏格兰出生的罗伯特·斯图尔特[Robert Stuart]开辟了最初的俄勒冈小道[Oregon Trail])、犹他(最早的摩门教传教士是苏格兰出生的长老会改宗者),而最重要的是到了加利福尼亚。1814 年,加利福尼亚第一个非西班牙、非印第安居民是一个名叫约翰·吉尔罗伊(John Gilroy)的苏格兰海员。到了 1830 年,有五十个苏格兰家庭在加利福尼亚生活。最早在 1839 年,在墨西哥帖皮克(Tepic)经商的苏格兰商人亚历山大·福布斯(Alexander Forbes)就敦促英国将加利福尼亚殖民化。戴高顶丝质大礼帽的哈德逊湾公司的董事长乔治·辛普森同意了。他这样说加利福尼亚:"它必须成为英语之地,要么大不列颠引入它所有阶级和肤色的井然有序的自由,要么美国人民用他们自己无助的奴役或非法的不顺从的特殊混合来淹没这个国家。"

最后,"非法的不顺从"胜出了,但获胜的并非寻求建立奴隶制的势力。加利福尼亚是一个多元文化混合体,有白人、西班牙克里奥尔人(Spanish Creoles)、夏威夷人(Hawaiians)、美洲原住民,不过对于苏格兰人来说,这都不构成问题。苏格兰裔山民,如基特·卡森(Kit Carson)、伊萨克·格雷厄姆(Isaac Graham),从肯塔基和田纳西来到这里生活、经商、游玩,与西班牙人、印第安人争吵,也同英国人争吵。伊鲁格·里德(Ilugh Reid)长着一头黄头发、蓝眼睛,是卡德罗斯(Cardross)一个店主的儿子,他的父亲 1834 年移民到洛杉矶,成了詹姆斯·麦金利(James McKinley)的合伙人。里德娶了当地一个首领的女儿,开办了一所男童学校,授予自己唐·波佛克图·雨果·里德(Don Perfecto Hugo Reid)的称号。他迅速拥有了加利福尼亚最大的牧场之一,即圣安妮妲牧场(Rancho Santa Anita),它覆盖了今天的帕萨迪纳(Pasadena)的大部分。当加利福尼亚成为一个州时,他参加了加利福尼亚制宪会议,并且领导了将它作为一个自由州带入联邦的斗争。他也把白人定居者对印第安人的处置称为"这个国家的羞耻和一种耻辱",并成了印第安人权利和利益的一个主要捍卫者,直到 1852 年去世。

接下来,1848 年 1 月,在考察位于旧金山不远处的约翰·苏特尔(John Sutter)磨坊的急流时,一个名叫威尔逊·马歇尔(Wilson Marshall)的苏格兰移民“突然看到沟渠底部有东西在闪闪发光……我伸下手把它捡了起来。它让我的心怦怦地跳起来，因为我断定它是块金子。那块金子的形状和大小就像半个梨子。接着我看到另外……”马歇尔跑回磨坊，大喊道：“小伙子们，我相信我发现了一座金矿。”

他的确发现了一座金矿。加利福尼亚淘金潮不仅带来了数千名新居民(其中包括苏格兰人)，也改变了美国成功的真正性质。它瞬间就赋予了追求财富者大量财富。到了1857年，黄金的总产值达5亿美元，几乎所有黄金都落入了私人之手。对于那些敏锐、狡猾、幸运到能够发现财富的人来说，财富成了加利福尼亚和美国西部承诺的东西。

举个例子，多纳霍(Donahoe)三兄弟其实是爱尔兰血统，却出生并长在格拉斯哥。1831年，迈克尔(Michael)率先到了美国，在纽约与他的舅舅一道工作。接下来，多纳霍三兄弟迈克尔、彼得(Peter)、詹姆斯(James)开始为新泽西帕特森一个火车头制造商工作，直到淘金潮将他们吸引到加利福尼亚。他们三个全都成了百万富翁，但他们是作为勤劳的苏格兰人，而不是作为金矿的勘探者致富。彼得开办了一家汽船公司，在旧金山和萨克拉门托(Sacramento)之间运载探矿者和其他移民。他给美国西海岸的一艘海军舰只建造了第一台蒸汽发动机，还建造了加利福尼亚的第一台火车头。詹姆斯和迈克尔则成为联合铸钢厂(the Union Iron Foundry)的合伙人。当詹姆斯腰缠万贯心满意足地退休的时候，迈克尔在衣阿华达文波特(Davenport)开办了另一家铸钢厂，此外还兼营蒸汽发动机和农业机械。与此同时，1873年，苏格兰工程师安德鲁·哈利迪(Andrew Hallidie)设计建造了旧金山缆车网。直到今天，这不仅是旧金山的象征，也是苏格兰人工程、运输、交通才能的象征。

早在19世纪50年代，苏格兰传教士，如旧金山第一长老会教堂的威廉·安德森(William Anderson)和髑髅地长老会的威廉·司各特(William Scott)就预言，新加利福尼亚将会成为美国的理想国。司各特出生在田纳西的一座小木屋里，曾担任安德鲁·杰克逊的个人宗教顾问，他甚至把旧金山看做新雅典、太平洋上的爱丁堡。但是，在这些加利福尼亚苏格兰裔神职人员中，最有影响力的却是卫理公会教徒威廉·泰勒（William Taylor），一位历史学家将其称为淘金潮的施洗者约翰（John the Baptist）。除了讲道，"加利福尼亚泰勒"每天还到旧金山医院去。在医院里，来自采金区的人们被他们的朋友抛弃，活活等死。每到星期天，他就在龙仓（the Long Wharf）组织复活集会，数百人会聚集在那儿唱圣歌，听他就圣经中的一段讲道。下面这段布道特别适用于加利福尼亚："如果一个人将获得整个世界，却要失去他的灵魂，那对他还有什么益处呢？"

1854 年，旧金山又因另外一种东西而闻名。"飞云"（Flying Cloud）从纽约抵达，用 89 天又 8 个小时完成行程，创造了一项世界纪录。"飞云"是唐纳德·麦凯（Donald McKay）建造的。麦凯出生在加拿大，父母是苏格兰人，他在东波士顿（East Boston）的造船厂是伟大的快帆船时代的育婴室。《波士顿巨人日报》（*Boston Daily Atlas*）的邓肯·麦克莱恩（Duncan Maclean）写道："如果足够的长度、两头尖以及成比例的宽度和深度有助于提高速度的话，那么'飞云'的速度一定非常罕见。""飞云"当然如此。它长 225 英尺，宽 41 英尺，船体的厚木板被铁箍箍着，增加了牢固性。它在霍恩角（Cape Horn）创造的世界纪录不是一次，而是两次。

在蒸汽"消灭了"跨大洋航行的"距离"之前的数十年里，麦凯快帆船一天能航行 400 多英里。它们为一种新的世界贸易模式打开了海洋，就像其苏格兰竞争者的那些快帆船做的那样。苏格兰制造的中国快帆船（China clippers）成了传奇，如阿伯丁的威廉·汤普森（William Thompson）的白星船运公司（White Star Line）建造的"温泉关"（Thermopylae），以及 1869 年在敦巴顿（Dumbarton）建造的"卡迪萨克"（Cutty Sark）。"卡迪萨克"最初从事茶叶贸易，接着又闯入澳大利亚从事羊毛贸易，是世界上最快的船，无论在汽船还是非汽船中均是如此。与此同时，在铁路用铁轨把美国东西海岸连接在一起之前，麦凯的航海杰作如"闪电"（Lightening）以及所曾建造的最大快帆船"大共和国"（Great Republic）从东到西，从波士顿、纽约到旧金山，把美国连接了起来。

然而,即使在铁路出现之前,美洲大陆就以另一种也许更重要的方式被连接在了一起。

塞缪尔·费里·布利斯·莫尔斯(Samuel Finley Breese Morse)是生活在纽约城的一个多才多艺的画家。就像其他苏格兰出身或血统的美国人那样①,如查尔斯·威尔逊·皮尔(Charles Wilson Peale)和吉尔伯特·斯图尔特(Gilbert Stuart),他发现肖像画是艺术表达和好买卖的完美结合。莫尔斯为富人和名人画肖像,其中包括詹姆斯·门罗(James Monroe)总统。他还帮助创建了全国设计学会(National Academy of Design)。为了挣到更多的钱,他开始做一种新科学实验,这就是英格兰人和法国人开创的电报学。1834年,莫尔斯设计了一种用电线对信息进行电力传输的系统,这种系统用一系列圆点和破折号来代表每个字母。莫尔斯电报和莫尔斯密电码使远距离通讯成为可能,一条信息可以在数小时而不是数月之内穿行数千英里,且无丢失和被损坏的危险。1844 年,他在巴尔的摩与华盛顿之间铺设了一条线路,并且发送了第一条真正远距离的信息。十年后,美国就被 23000 多英里的电报线覆盖了。莫尔斯满载钞票和荣誉成了纽约社会的栋梁。他甚至两度竞选市长。他发展了卫星、电视、收音机、电话等各种形式的现代电信的原型。

亚历山大·格雷厄姆·贝尔(Alexander Graham Bell)在爱丁堡长大,在爱丁堡高中和爱丁堡大学接受了教育。他的家庭获得了人声交流专家的声望,苏格兰古老的对正确的英语发音的迷恋已经培育了一个致力于雄辩术、发音学和演讲的完整产业。他的父亲亚历山大·梅尔维尔·贝尔(Alexander Melville Bell)发明了一种“可见的演讲系统”,他希望这一系统能够成为一种普遍语音字母表的原型。在他们一家于 1870 年移居到加拿大之前,他的儿子也依此发明了一种教授听障人的方法(贝尔的母亲是个聋子,他的妻

① 他的外祖父是在阿尔斯特出生的普林斯顿校长塞缪尔·费里(Samuel Finley),费里曾激励了本杰明·拉什和威瑟斯庞之前最后一代普林斯顿毕业生。——原书注

子也是）。

1865年，当时电报线已经从加利福尼亚到东海岸把美洲大陆连接到了一起，跨大陆铁路接近完工，十八岁的阿历克斯（Alex，亚历山大的昵称）已经构想了用电传输实际人声的可能性，而不仅仅是通过键控设备上的圆点和破折号。1874年，在他们位于安大略布兰福德（Brantford）的家中，他向父亲陈述了他的理论。他最后说："如果我能使一股电流的强度精确地变化，就像声音产生过程中空气强度的变化那样，那么我就应该能通过电报的方式传输话语。"

其他人也在就相似的装置而展开工作，贝尔最初设计的某些方面已经投入试验性应用。然而，就像往常的苏格兰科学家和工程师那样，正是组织并改进他人的想法使之系统化从而将他人击败这种能力让他获益了。1875年，贝尔在波士顿聋人学校（Boston School for Deaf）当教师，而海伦·凯勒（Helen Keller）是他的一个学生。也就是在这个时候，他和他的朋友托马斯·沃森（Thomas Watson）设计了一部可以通过一根电线传输声音的电话，或"泛音电报"。1876年2月14日，就在他的主要竞争者开始提出自己的专利申请前两个小时，他向美国专利局提出了他的专利申请。3月10日，贝尔和沃森第一次在不同的房间里进行了交谈。贝尔在费城建城百年纪念展览会上展示了他的装置。第二年，他使用西方联盟公司（Western Union Company）的电报线实现了从波士顿到纽约的通话。1878年，卢瑟福·B.海斯（Rutherford B. Hayes，第三位苏格兰裔美国总统）在白宫安装了第一部电话。到了19世纪80年代，对于纽约、波士顿和芝加哥的居民来说，电话正在成为一种常见的工具。

让贝尔痴迷的是电话允许直接、个人、远距离地交流，而非像电报那样，仅仅为站对站的传递信息。他决心要让每个买得起电话的人都能用上电话。1877年，他创办了贝尔全国公司（National Bell Company）来生产电话。到了那时，他的对手已经采取行动。贝尔不得不应付600多件诉讼。这些诉讼既有个人提出的，也有公司提出的，如西方联盟公司，它的雇员伊利沙·格雷(Elisha Gray)和托马斯·爱迪生(Thomas Edison)正在研制一种相似的装置。贝尔最终胜出了,确保了他对电话技术专利的垄断。

贝尔此时成了一个富人。到了1883年,在他向世人公布他的发明后仅仅七年,他的净资产就接近了100万美元。他举家迁往华盛顿特区,在那里的温菲尔德·司各特圆形广场(Winfield Scott Circle)上修建了一座占地一个街区的豪宅,配齐了电照明和采暖设施。他为自己在新斯科舍修建了一座庄园,那里的海洋和山脉能让他想起故乡苏格兰。他继续在聋人方面的工作,将自己的45万多美元用于新的研究,并且成了全国地理学会(National Geographic Society)的会长。虽然贝尔从来也没有像摩根(Morgan)、洛克菲勒(Rockefeller)或卡内基那样富有过,但托电话的福,他至少既出名又有权势。贝尔已经成为一种新型的美国商人,即产业巨头。

在资本主义组织其自身方面,产业股份公司如贝尔电话公司及其长途子公司美国电话电报公司(America Telephone and Telegraph[AT&T])的兴起标志着一种急剧的变化。大企业正在取代作为商业驱动轮的商人—企业家,技术已经孕育了大规模生产,大规模生产进而催生了一种满足消费者和供应者需求的新体系。然而,这种体系并非突然从不知什么地方冒出来的,而是另一个苏格兰人的构想。这个苏格兰人就是现代企业法人原型的创造者、所有自我创造的人中最著名者安德鲁·卡内基。

Ⅲ

卡内基1835年出生于邓弗姆林(Dunfermline),这是一个亚麻纺织城镇,罗伯特·布鲁斯就长眠于此。他还记得,在他还是个孩子时,他听到的第一声截然不同的响声是父亲的手动织机在他的婴儿床下的起居室运转时发出的响声。机器将会在卡内基的生活中发挥各种各样的作用,就像在这个贫穷的手动织机职工的儿子的教育中那样,整个苏格兰的过去和现在交织在了一起。

从他舅舅那里,卡内基了解了口传的苏格兰历史,喜爱上了沃尔特·司各特爵士的小说和罗伯特·彭斯的诗歌,并将这种喜爱保持终生。他的祖父老安德鲁·卡内基(Andrew Carnegie,Sr.)是帕提麦尔(Pattiemuir)附近的工人"学院"自封的讨论领袖,是苏格兰启蒙运动中工人阶级的一个代表。当孙子的回忆道:"参与者虽然喝了不少麦芽威士忌,却什么论题都能胜任,如哲学、政治、经济这些方面的论题也会出现。"他的外祖父托马斯·莫里森(Thomas Morrison)出自一个一度富裕但当时已经没落的爱丁堡商人家庭。托马斯失势不失志,学会了制鞋,在邓弗姆林为自己创造了一种舒适的生活。他还是一个坚定的激进派,与英格兰改革者威廉·柯贝特通信,在柯贝特的《政治记录》(*Political Register*)上发表的文章数不胜数。从外祖父那里,卡内基学会了自己的平等主义政治学,用苏格兰激进派的座右铭来总结,就是"死于特权"。从祖父那里,他获得了乐观主义及知识能量的意识,以及教育乃民主的基础这一信仰。

1848年,瓦特的蒸汽机驱动的动力织机正在取代手动织机,于是卡内基一家动身去了美国。当他们一家定居在萨斯奎哈纳河(Susquehanna River)上当时已经被命名为匹兹堡的前皮特堡(Fort Pitt)时,安德鲁十二岁。对于那些想在煤矿、铸铁厂、木材加工场找到工作的苏格兰人来说,匹兹堡是块磁铁,因为这些厂矿已经把匹兹堡变成中大西洋北部的工业车间。卡内基一家在一个舅妈那里找到了地方,与她住在一起,她租给他们两间后房。这两间后房位于阿勒格尼市(Allegheny City)工人阶级居住区里一条条件奇差、过分拥挤的小巷子里。安德鲁的父亲在一个纺织厂里上班,而他也在同一家工厂干上缠线管的工作,每周挣1美元20美分。当时他还差几个月满十三岁。

然而,就像当时流行的苏格兰小说里的"小伙子们"那样,安德鲁·卡内基痛下决心,要提高自己。这就意味着要接受教育。只要他的手能够得着的东西,他都要读一读,此外他还学会了莫尔斯密电码。不到一年,他就在匹兹堡大西洋和俄亥俄电报局当上了送电报员。其他小伙子中的大部分也是苏格兰人或阿尔斯特苏格兰人,他们在后来的人生中都取得了成功,就像他们的管理员詹姆斯·道格拉斯·里德(James Douglas Reid)那样。但是，安德鲁超过了他们所有人。他记得电报局所有主要顾客的地址，因此他在送电报时不浪费时间。甚至在电报的卡嗒声还未出现在打印带上时，他就能把他们翻译出来。这是一种肯定会受到注意的技能，当宾夕法尼亚铁路公司西部分公司的托马斯·司各特了解到这一点时，他当场雇用卡内基当他个人的电报操作员和秘书。这份工作一月能挣35美元，他的父亲干了一辈子手工活，一个月挣的钱也只有这个工作挣的钱的三分之一左右。司各特问他："你是本地人吗?"卡内基回答道，"不是，先生，我是个苏格兰人。"他后来写道，罗马人在说"我是一个罗马公民"时感觉很自豪，而这个回答则让他"感觉像罗马人那样自豪"。

卡内基的第一桶金并非来自钢铁生意，而是来自铁路。当卡内基的上司移居费城时，他把西部分公司管理人这个职位留给了作为助手的卡内基，当时卡内基二十二岁。内战爆发后，卡内基移居华盛顿。他在那里帮助公司创建了一个铁路军事供应系统，而这个系统有助于确保北方联邦取得胜利。到战争末期，这个正在上升的年轻主管把他的个人积蓄投入了一个新公司。这个公司正在为铁路客车生产卧铺车厢，它的拥有者是乔治·普尔曼(George Pullman)。在不到一年的时间里，普尔曼就发财了，他的投资者也跟着发了财。算下来，安德鲁·卡内基的个人财富超过了40万美元。唯一的问题是，下一步该投资于什么项目。

答案似乎很明显，那就是钢。钢对铁路建设是不可或缺的，而对于美国经济发展的下一阶段和军队来说，铁路建设是关键。但是，钢也正在成为一种正在上升的工业文明的首要材料，对于建筑物、桥梁和机床来说均是如此，甚至对于炊具、缝纫机之类的家用物件来说也是如此。英国主宰了钢铁产业一百多年，而这在很大程度上要感谢詹姆斯·瓦特的蒸汽机和J. B. 尼尔森的高炉。此时，一个名叫亨利·贝塞默(Henry Bessemer)的英格兰科学家发展了一种新方法，可以直接用融化的生铁炼钢，这不仅极大地减少了所需要的劳动量，还大大提高了产量。

1873 年，在去英格兰旅行时，卡内基认识了贝塞默，并且认定贝塞默的新方法掌控着未来钢铁生产的关键。他开始在一个邻居的土地上选址，好在上面修建北美洲第一座贝塞默类型的工厂。他买下那块地，开始建造工厂。他以宾夕法尼亚铁路公司的总裁埃德加·汤姆森（Edgar Thomson）的名字命名这座工厂，因为他觉得汤姆森将会是他最大的客户。一群苏格兰同胞作为商业伙伴加入了卡内基"家族"，其中包括他的兄弟汤姆（Tom）、他的表兄"多德"·劳德斯（"Dod" Lauders）、约翰·司各特、加德纳·麦坎德利斯（Gardner McCandless）。加入他的"家族"的还有非苏格兰人，如亨利·菲普斯（Henry Phipps）、查尔斯·M. 施瓦布（Charles M. Schwab）。他们一起买下了其他制钢者的产权，将他们的企业改造成贝塞默工厂，始终坚持不懈地寻找使工序更简单、更快、更廉价的生产方式。苏格兰的彻底性和对削减业务费用的关注以及乐于冒险的精神起到了作用。不到二十年，即 1892 年，卡内基钢铁公司（Carnegie Steel Corporation）加工的钢材就相当于英国产量的一半。

这就是亚当·斯密所谓的真正巨大规模的资本主义。实际上，卡内基钢铁公司也就是后来的美国钢铁公司（United States Steel），是现代产业公司的鼻祖。卡内基创造了一种完美、垂直的完整企业，从开掘未经加工的铁矿石和煤炭到发送最终产品，控制生产的方方面面，就像约翰·洛克菲勒在标准石油公司（Standard Oil）做的那样。但是，卡内基也改变了劳动分工的性质，而在一百年的时间里，亚当·斯密及其弟子就明白了，劳动分工就是生产性财富的源泉。他通过有效地颠倒企业和技术的关系做到了这一点。在卡内基之前，企业不得不等待查尔斯·麦金托什（Charles Macintosh，硫化橡胶的发明者）之类的科学家和詹姆斯·瓦特之类的工程师取得的技术进步来创造新产品、提高产量。而现在，生产要求自身就能迫使技术革新。经理而非工程师、工头或聪明的雇员做决定，他通过查看流程图来发现哪些程序可以变得更加有效，哪些方面能更节省费用。如果他们做不到这一点，就会被解雇。这是卡内基的所有经理和管理员如威廉·琼斯（William Jones）、查尔斯·施瓦布、亨利·克莱·弗里克(Henry Clay Frick)都遵循的一条原则。产业资本主义已经变得简单又无情。

不仅如此,自始至终,卡内基及其下属一直都在调查、检查、再检查,希望找到省钱的办法。这成了卡内基做生意的关键所在。有一次,他问他的朋友、纽约出版商弗兰克·道布尔迪(Frank Doubleday)一个月能挣多少钱,道布尔迪无法回答。但他指出,出版商通常在年底编制资产负债表。卡内基问道:“你知道不知道,如果我干那一行会怎么做?”道布尔迪说:“不知道。你会怎么做?”卡内基回答道:“我会不干那一行。”

不仅如此,通过非常仔细地检查他的记录,卡内基还发现了一个新原则,即减少制造一种产品的费用的最好方式是大量制造这种产品。他清晰易懂地陈述道:“便宜是与生产的规模成比例的。如果一天生产 10 吨钢,那么每吨的费用要比每天生产 100 吨中的 1 吨的费用高好几倍……因此,生产规模越大,成本越便宜。”卡内基已经发现了“规模经济学”,无论对于现代工业生产还是一般的公司资本主义来说,这都是一种不可或缺的思想。

但是,这种冷静、冷酷的商业意识得到了他热烈、愉快的乐观主义的平衡。卡内基不仅对他公司的未来充满信心,也对美国和总体上的世界的可能性充满信心。他既是亚当·斯密的热烈信徒,也是罗伯特·彭斯的热烈信徒。彭斯的诗歌“人要保持之所以为人的尊严”经常回响在他的公开声明中,而这些声明具有进步得有些激进的倾向。他写了一本名为“胜利的民主”(*Triumphant Democracy*)的书。在这本书里,他预言,对于民主机会的扩展而言,工业资本主义是它最大的工具。他写道:“共和国可能不会给予财富和幸福,她不曾做出这样的承诺。我们能够要求的,是追求这两者的自由,而非它们的实现。但假如她没有使移民幸福或成功,但她至少使他成了一个公民,成为一个人,她能这么做,事实上她也确实为每个人这样做了。”

卡内基经常访问苏格兰。他在那里教育他以前的同胞,说有必要使英国变得更民主。正如一个苏格兰记者指出的那样,他用一种“时常被美国口音破坏的”声音对大众讲话,“但他的情感永远是苏格兰式的,他的美国做派很快会被淹没于他的母语里”。卡内基赞扬美国制度的优点。他对英国人说:“你们国家最大的错误就是把事物本末倒置。你们指望你们的官员来管理你们,而不是去管理他们。”他成了英格兰自由主义哲学家赫伯特·斯宾塞(Herbert Spencer)的一个热情崇拜者,斯宾塞把亚当·斯密对自由市场优点的信仰扩展为一种完整的社会哲学。卡内基预见了一种正在形成的“新工业世界”,这个世界“没有战争和身体暴力,在这个世界里,通过发明天才和大规模生产的奇迹,工业的果实太丰富了,所有人都能够享受到”。卡内基下一本书的书名“财富福音书”(*Gospel of Wealth*)就是对这一点的最好总结。资本主义已经成为一种世俗的赎罪形式,它是苏格兰学派对商业社会、文明、进步的颂扬的最终形式。

不幸的是,卡内基不得不首先通过一座个人炼狱。1892 年,血腥的“霍姆斯特德罢工”(Homestead Strike)爆发,打碎了卡内基关于“一个没有战争和身体暴力的工业世界”的梦想。在他位于宾夕法尼亚霍姆斯特德的钢铁厂,在美国历史上最糟糕的劳工暴力中,有 9 人丧生,而他遭到了全国的非难。卡内基承认他负有责任,就他允许对罢工做出的回应性措施失去控制深感懊悔。他在给朋友的信中写道:“我遭受的痛苦与日俱增,那些工厂连一滴血都不值!我倒是希望它们已经完蛋了。”霍姆斯特德的记忆损坏了他的公众形象,摧毁了他与钢铁业的“恋爱”。1901 年,他与金融家 J. P. 摩根接洽,询问摩根会为拥有美国钢铁公司付出什么。摩根要卡内基报出他的价格,卡内基拿起一支铅笔,在一个信封的背面写下了“4.8 亿美元”这个数字。他将信封递给摩根,摩根看了一眼,毫不犹豫地说:“我接受。”

卡内基的股份高达 3 亿多美元,在个人所得税出现前的时代里,这是一个几乎让人无法想象的数目。他遵循他的平等主义原则说:“伴着财富而死的人是可耻的。”在接下来的十年里,他开始将这种看法转化成行动。就像贝尔那样,他开始将自己的财富视为公共财产。在他的钱中,有 1.8 亿美元被用于各种各样的苏格兰模式的项目。项目之一是建造公共图书馆。没过多久,全世界就散布着 2800 多座卡内基图书馆,其中有近 2000 座分布在美国。到他去世时，据估计，每天利用他的免费公共图书馆的美国读者总数为3500万人。他还为教堂制作了管风琴，修建了公园、游泳池、礼堂（如纽约的卡内基厅）及医学研究实验室（如纽约贝尔维尤医院[Bellevue Hospital]的那个）。

卡内基将很大一笔钱投入了教育，尽管他投入的只有一种教育。本杰明·拉什说："当知识被局限于纯粹的玄想时，它没有多大用处。"卡内基则将拉什的这一原则发挥到了一种新的极致。他把科学、工程和职业训练视为美国教育的未来，拒绝资助一切脱离这些实用范围的项目。他过去常常说："诗人的情趣和哲学是所有食物中最香甜的，但对于其他人来说，对于大多数需要谋生的人来说，却并非如此。"对于卡内基而言，提供一所新的石化研究或水利工程学校比老一套的罗马戏剧课程对民主的未来更有助益，甚至作为苏格兰高等教育传统支柱的哲学也无法相比。1902年夏天，当普林斯顿大学新校长伍德罗·威尔逊（Woodrow Wilson）与卡内基接触时，他发现了那一点。

这是一个重要的时刻。苏格兰留给美国的遗产的两个分支已经紧密关联，即将短暂地交叉在一起。分支之一的源泉可以追溯至苏格兰启蒙运动将智力努力视为进步标尺的先见之明，普林斯顿大学体现了这一点，威尔逊通过他的前任麦考什和威瑟斯庞也展示了这一点。另一分支代表着苏格兰人大移居中未经训练的人力，它以技术秘诀和良好的商业感来理解进步。在写给卡内基的信中，威尔逊非常依赖普林斯顿的苏格兰遗产，他写道："她在很大程度上是苏格兰人开办的，而我个人又有着纯正的苏格兰血统，这激励着我去强调那一事实。"他认为，在卡内基的慷慨资助下，普林斯顿将成长为一所法理学和政治学校，培养的是未来的政治家和法学家。然而，他自愿增加了一个条件，"它无疑将会慎重地……去拓展商业和工业在走向国际及国内和平、促进人类所有共同利益方面已经发挥并将继续发挥的作用"。

卡内基访问了普林斯顿大学，并且的确慷慨地给予了它捐助。但是，他捐助的不是一所政治学院，也不是一座图书馆，甚至不是一个实验室。作为替代，他捐助的是一个湖泊。卡内基告诉威尔逊，他希望普林斯顿拥有一个赛艇队，就像哈佛和耶鲁那样，免得“你们的年轻人老想着足球”。其结果就是一个50英亩的水体，也就是所谓的卡内基湖。就是那个湖，别的什么也没有。苏格兰遗产的两个分支已经交汇，但由于互不理解而退却了。

Ⅳ

苏格兰启蒙运动在美国的智力遗产几乎被耗尽了，但其实践科学的一面似乎才刚刚开始。当卡内基与伍德罗·威尔逊正在分道扬镳时，另外两个人却在华盛顿特区波托马克河两岸做了一个重大实验。他们是亚历山大·格雷厄姆·贝尔和塞缪尔·兰利（Samuel Langley）。他们在史密森学会（Smithsonian Institution，兰利在那里担任执行秘书）相遇。苏格兰移民的另一个儿子约瑟夫·亨利（Joseph Henry）[①]已经将它从一个古董店转变成一个重要的科学与工程研究中心。兰利曾经告诉贝尔他的一个新想法，即建造一种比空气重、会飞行的机器。贝尔很热心，并且给了兰利5000美元，以供他做进一步研究之用。1896年5月6日，兰利用他的蒸汽动力的“航空站5”（Aerodrome V）做了一次无人飞行尝试。“航空站5”飞行了近半英里，然后沉入波托马克河。兰利和他的团队用绞车将其从波托马克河中拖出来，用它做了另一次成功的试飞，这是被记录在胶片上的首次飞行器飞行。而负责拍照的不是别人，正是贝尔本人。他后来写道：“在这一有趣的场合现身的人中，没有一个人会意识不到，机器飞行的可行性已经得到了展示。”

下一步就是有人飞行。1903年10月7日，贝尔和兰利召集他们的团队准备进行一次载人试飞，仍然沿着波托马克河进行。然而，这次试飞失败了。12月8日，他们又进行了第二次，结果仍然失败了。接着，在12月18日，他们从报纸上获悉，就在前一天，在北卡罗来纳州的吉提霍克（Kitty

① 亨利从1846年起担任史密森学会的秘书，直到1878年去世。他还创建了国家气象局。——原书注

Hawk)，莱特(Wright)兄弟奥威尔(Orville)和威尔伯(Wilbur)已经使一个机器飞行了120英尺，奥威尔负责在飞行器上操纵。莱特兄弟已经摘取了首次有人驾驶飞行的桂冠。但到了1914年，一个飞行员的确飞起了贝尔和兰利的飞机，而贝尔自己则继续进行新的探索、设计新的发明(其中包括一艘于1918年打破速度记录的水翼艇)。一个技术进步的新时代开始了，它将用一种崭新的方式来实现苏格兰创造的在不同种群之间交流和交换的梦想。莱特兄弟有资格因第一次有人驾驶动力飞行获得赞誉。但是，当史密森学会决定为第一架飞机建造一个展厅时，悬挂在展厅的却是贝尔和兰利的飞机原型。这一点意味深长。

当塞缪尔·莫尔斯于1844年从巴尔的摩向华盛顿传递他的第一份电报时，他选择了出自《圣经》的一个句子——“上帝已经造就了什么?”从那时起，这句话彷佛具有了预言性质，表达了对接下来的一个半世纪世界将会发生的变化的惊奇感甚至预感，而世界的变化要归功于技术与工业时代。从这一点出发，他可能会发一条稍微不同的电报，也就是：

苏格兰已经造就了什么?

尾声

有一个人，
他虽然还活着，
但灵魂却如此麻木，
他从来没有对自己说：
这是我自己的，
我的祖国！
——沃尔特·司各特爵士

I

随着19世纪的流逝，苏格兰作为启蒙运动的智力之都的身份也随之消失。在苏格兰启蒙运动全面开始的道德哲学领域，詹姆斯·麦考什可能是这一传统的最后健在者。在其他领域，孤立的巨人依然存在。亚历山大·贝恩(Alexander Bain)是织工之子，基本上自学成才，成长为阿伯丁马里斯切尔学院的逻辑学教授，创办了英国最重要的哲学杂志《头脑》(*Mind*)。格拉斯哥大学声称拥有英国最重要的两位物理学家中的一位，即开尔文勋爵威廉·汤姆森。阿伯丁大学拥有另外一位，即詹姆斯·克拉克·麦克斯韦。麦克斯韦是现代电动力学之父，他的工作为爱因斯坦(Einstein)的相对论扫清了道路。1890 年，詹姆斯·弗雷泽爵士(Sir Janmes Frazer)出版了《金枝》(*The Golden Bough*)，革新了现代人类学。然而在其事业早期，弗雷泽就离开阿伯丁去了伦敦大学，接着又去了剑桥大学。弗雷泽对德国和法国思想家的关注，不亚于其对"北方体系"或苏格兰学派的关注。

苏格兰作为欧洲最具原创性思想的发动机的日子已经过去了。然而，它已经完成了它的使命，现代世界的未来方向此时已经确定，而苏格兰对这一方向的制定和确立贡献良多。依然悬而未决的是苏格兰自身的命运。

在某种意义上，苏格兰终于到达了至少让大不列颠忧心忡忡的程度。格拉斯哥此时成了整个大英帝国的工业车间，繁荣的银行业和商业中心拥有一种用大理石、花岗岩和砂岩建造的气势恢宏的建筑群，堪与爱丁堡的银行业和商业中心媲美。它的钢铁厂和造船厂的产量接近于全国总产量的三分之一。它向加拿大、南美洲、欧洲其余部分以及印度、中国提供火车头和货车车厢。克莱德河沿岸的造船公司，如纳比尔造船公司、约翰·布朗(John Brown)造船公司、菲尔菲德造船(Fairfield)公司，造船的吨位占世界船运总吨位的五分之一。它们使英国海军成了最现代的舰队。1902 年，它们还建造了具有革命性的新战舰"无畏号"(Dreadnought)。

当格拉斯哥的人口接近 100 万时，生活在这个城市里的男人和女人中，有七分之一为某种工业制造商工作。为克莱德班克(Clydebank)的新辛格(new Singer)缝纫机工厂工作的有 1.2 万人，该工厂是世界上最大的工厂之一。其他城市——如邓迪和佩斯利——也繁荣兴旺起来。地球上最大的棉线生产公司科兹—佩顿(Coates-Paton)就位于佩斯利，它主宰了全世界棉线市场 70% 的份额。早在"全球经济"这个术语发明之前，苏格兰就成了它的一个主要玩家。

正如苏格兰人几乎经营了整个帝国那样，他们也主宰了英国的政治。在 1894 年格莱斯顿辞职与 1916 年索姆河战役之间，威斯敏斯特宫先后见证了五位首相上任，其中三位是苏格兰人，分别是罗斯伯里勋爵(Lord Rosebery)、阿瑟·詹姆斯·贝尔福(Arthur James Balfour)、亨利·坎贝尔－贝纳曼(Henry Campbell-Bannerman)。还有一个赫伯特·阿斯奎斯(Hebert Asquith),他娶了一个苏格兰女人,并且在其整整三十五年的政治生涯中代表苏格兰选区在议会中占有席位。

对于将其存在及信条归功于苏格兰人的自由党而言,1906年的选举是一场压倒性的胜利。在苏格兰的72个席位中,自由党人获得了58席。被击败的保守党首相贝尔福(他声称其祖先是罗伯特·布鲁斯)曾经拥有一位苏格兰裔的财政大臣和一位苏格兰裔的内政大臣。另一位未来的首相拉姆齐·麦克唐纳(Ramsay McDonald)代表正在兴起的工党(Labour Party),在新议会中拥有一席之地,而他也是被苏格兰人凯尔·哈代(Keir Hardie)发现的。

苏格兰拥有土地的家族此时是英国社会和政治精英的支柱。他们把他们的儿子送往英国最好的学校伊顿(Eton)和哈罗(Harrow)、牛津和剑桥。对说话和行为中的“苏格兰腔调”的担心已经烟消云散,苏格兰统治阶级与他们的英格兰搭档已经难以区分。第五代罗斯伯里伯爵(Earl of Rosebery)阿奇巴尔德·普利莫罗斯(Archibald Primrose)在伊顿和牛津接受了教育,娶了一个罗斯柴尔德家族(Rothschild)的女子。他不仅是位首相,还是一位英格兰赛马运动及跑马场俱乐部(the Turf Club)的杰出人物。

就像任何一位英国大地主一样,巴克卢公爵也在他433000英亩的庄园里猎狐。其他人也时常邀请英格兰客人到他们的高地庄园或低地狩猎小屋参加一年一度的对鹿、松鸡、雉鸡、鹬、山鹬、鲑鱼、大马哈鱼的捕猎,这种捕猎消耗了爱德华七世时代上流社会男性的太多休闲时间。各种清洗让高地空无一人,但它们的确给富人们留下了一个游乐场,为伦敦、曼彻斯特、格拉斯哥、爱丁堡的人们留下了一个度假胜地。

然而,出于同样的原因,苏格兰上层和中产阶级正在失去他们雄心勃勃的企业家锋芒,而这曾经是其文化遗产的一部分。他们逐渐落入了英国绅士的典范之中。伊顿、剑桥、牛津的价值观、改革和雅典娜俱乐部(Athenaeum clubs)的价值观、贵族板球场的价值观逐渐取代了苏格兰的种种观念。

贝尔福既是超级精英的剑桥使徒会的创始成员，也是英格兰上流社会的宠儿，他曾将他的内阁的一名成员形容为“那种珍稀的鸟，是适合制造之外的某种行业的一个成功的制造商”。罗斯伯里勋爵承认，“在我的头脑里，没有与伦敦的想法”或英国庞大的城市工业财富“联系在一起的自豪的思想”。当安德鲁·卡内基提议给苏格兰的四所大学200多万英镑以资助新的科学和工程项目时，他遭到了当时英国优雅的保守主义喉舌《黑森林杂志》的严厉批评。“对于他而言，成功就是攒钱……也许卡内基先生从未听说过米达斯(Midas)①的神话……要想得到钱，你必须勒死快乐、谋杀和平。”如果卡内基为所欲为，《黑森林》警告道：“那么美国现在的理想就会成为我们的理想。”

对于大多数受过教育的苏格兰人来说，一个可悲的事实就是，他们自己的文化显得更加具有地方性了，这是前所未有的事情。苏格兰的成功给它自身带来了一种不安，以及一种不断增加的、没有全部得到原先承诺的报酬的感觉。部分原因是因为苏格兰是联合王国的“好孩子”，而“坏孩子”爱尔兰却因自治运动抢走了头条新闻。此外，在第一次世界大战爆发前的二十年里，关于以如此迅速、轻率的方式成为一个现代国家的代价和后果，苏格兰人明白了一些令人不快的真相。

首先，尽管苏格兰的工业获得了发展，但贫困一如往昔，这是个棘手的问题。格拉斯哥的工资总是低于英国其他地区，它之所以对制造商有如此大的吸引力，部分原因应归结于此。然而，生活质量却遭受损害。婴儿死亡率仍然比英国其他城市高。疾病和营养不良困扰着格拉斯哥市中心那些日暮途穷的住户。苏格兰其他工业城市的状况也一样。举个例子，1914年，在邓迪的6000座房屋中，有1200座没有厕所或卫生设备。格拉斯哥市政当局拖延很久才开始大规模清理贫民窟，兴建新住宅。当时，损害已经无可挽回。1898年，布尔战争开始时，在格拉斯哥应征加入英国军队的新兵中，有三分之二被清退回

---

①　古希腊神话中贪恋金子的国王，把自己的女儿和食物也变成了金子。——译者注

去，因为他们不符合最起码的健康要求。正如一位作家所说的那样："在爱德华七世时代，苏格兰到处都是穷人、病人、老人或失业者。"

再往北，尽管佃农与地主的冲突一直持续到了19世纪80年代，但高地清洗的梦魇已经结束。贫穷依然是留下来的人的命运。他们的食物与近两个世纪前几乎没有什么变化，依然是燕麦粥、面包、燕麦饼、一点儿牛肉或羊肉。毫不奇怪，移民仍在以创纪录的数字流出这个国家。在20世纪的第一个十年，近25万人离开苏格兰，并且他们并非全部来自高地。城镇和农村的劳动力意识到，一种光明得多的未来在加拿大或美国等着他们。据统计，在20世纪20年代之前的五十年里，有一半多苏格兰移民去了美国。

苏格兰曾经是第一个全部受过教育的民族。它的教育体系尤其是大学曾一度激励了英语世界的其他部分。而此时，它似乎已经远远落在了后面。1882年，备受尊崇的爱丁堡高中的校长詹姆斯·唐纳德森（James Donaldson）尖刻地抱怨道，苏格兰的大学课程依然几乎与三百年前的一样。唐纳德森指出，在现代研究设备和实验室方面，苏格兰的大学"是知识世界的手摇纺织机织工"。爱丁堡、格拉斯哥和阿伯丁再也吸引不了苏格兰的才俊，任何一个想获得人文学科或科学高级学位的人都转而去了剑桥、牛津或伦敦。①

十年后，苏格兰的大学开始尝试自我更新，创立了入学考试制度，设立了科学学士以及荣誉学位，并最终允许妇女入学。十三四岁的大学生此时已经不复存在，苏格兰大学的学术团体与其他西方大学的学术机构更为相似。然而，它并不清楚所有这一切会不会带来好转。较穷、不太合格的学生曾一度能混入爱丁堡和圣安德鲁斯，并且获得他们的大学教育，而此时被入学考试的网眼儿卡住了。总体而言，苏格兰大学的定位更加精英主义，并且

---

① 与以往一样，这里也充满了嘲讽。伦敦的大学学院（University College）创建于1810年，它当时自觉地以爱丁堡大学为学习的典范，并且它的大部分教员都是苏格兰人或由苏格兰培养的。——原书注

这一切是以更高的标准和职业优异之名进行的。但尽管如此，才俊们仍然到南方去获得他们的学位。

苏格兰教育系统仍然在其他方面不懈努力着，以便原封不动地保存旧的平等主义理想。1872年，议会为苏格兰创建了英国的第一个义务小学教育体系，并且把对传统城镇学校的控制转交给了一个新的公共管理委员会。该委员会还提供资金，这样一来，当时的学校就能够取消学生的学费了。1914年，七分之一的学生能够升入中学，而英格兰只有二十分之一。但是，吸引那些最需要上学、最穷、地位最不利的儿童上学的问题依然像以往那样棘手。大约15%的格拉斯哥儿童从未进过教室。渐渐地，还是政府受邀前来提供帮助。与城市复兴和社会改革一样，教育改革逐渐从私人和教会组织手中转移到了政府的怀抱里，也就是说，转移到了伦敦的怀抱里。

在印刷业和图书贸易的革新方面，苏格兰商人曾一度领先。《爱丁堡评论》曾为英语世界的严肃智力文化设定了标准，但它已于1929年停刊（《黑森林杂志》设法坚持到了1980年）。此时，苏格兰人又成了小报新闻界这个新领域的先驱。1896年，阿尔弗雷德·哈姆斯沃思（Alfred Harmsworth）创办了半便士一份的《每日邮报》（*Daily Mail*），它孕育了一批效仿者，如《每日镜报》（*Daily Mirror*）和《每日快报》（*Daily Express*）。最著名的苏格兰作者不再是哲学家、政治经济学家、随笔作家或历史学家，而是幻想和逃避主义文学领域的大师。罗伯特·路易斯·斯蒂文森的《金银岛》老少咸宜，而《被绑架者》（*Kidnapped*）和《巴伦特雷的主人》（*The Master of Ballantrae*）则最后一次触及了沃尔特·司各特爵士开启的高地神话。阿瑟·柯南·道尔（Arthur Conan Doyle）不仅创造了那个时代最伟大的侦探夏洛克·福尔摩斯，还创作了一系列科幻小说，其中包括《失落的世界》（*The Lost World*）。作为一个罗马天主教徒，道尔是招魂术和降神会的拥趸，而这种东西与休谟和里德冷静的现实主义相去甚远。詹姆斯·巴里（James Barrie）引领着一群创作关于乡村苏格兰的伤感故事的作家，而批评家将他们称为“菜园派”（the Kailyard School）。他最著名的作品《彼得·潘》（*Peter Pan*）讲述了一个不愿长大、聪明的小男孩的故事,却反映了一种现在似乎正在逆行的苏格兰智力传统。

传统的苏格兰文化也同样倒退到了笨拙的自我模仿。音乐厅喜剧演员哈里·劳德(Harry Lauder)从一无所有中崛起。他十二岁就在阿布罗斯(Arbroath)的一个亚麻厂工作,然后又干矿工。接着他成了那个时代最受欢迎的演员。他的故事和歌曲,如《基利克兰基少女》(*The Lass o'Killiecrankie*)和《黄昏漫游》(*Roamin'in Gloamin'*)创造了一个苏格兰人物"节俭的小矮人奥厄"(ower thrifty wee mannie)。这个小矮人说话稍稍带点儿土腔,戴着扁扁的软帽,穿短褶裙,留着胡须,主宰了外部世界对典型的苏格兰人的看法近半个世纪。伤感民歌,如《苏格兰蓝铃》(*The Blue Bells of Scotland*)和《洛蒙德湖》(*Loch Lomond*)传达了这样一种印象,即苏格兰是穿短褶裙的少男少女之地,他们忧愁地越过峡谷,渴盼着"快乐王子查理"的回归。查理本人——或至少他安详、年轻的脸庞——装饰着"沃克奶油饼干"罐,罗伯特·布鲁斯则帮着卖起了格子呢和围巾。

在苏格兰威士忌产业的形成中,高地文化的商业化也发挥了关键作用。数个世纪以来,苏格兰家庭就已经学会了蒸馏他们的烈酒或"生命之水"(uisge beatha)。在18世纪,"生命之水"是低等阶层的饮料之选,在19世纪也是这样,尽管开征了消费税,开展了禁酒运动。1823年,议会取消了重税,使拥有酿酒厂合法、在经济上可行。到了1857年,苏格兰酿酒者在边界南边发现了一个巨大的威士忌市场。两个酿酒商——约翰·沃尔克(John Walker)和汤米·杜瓦(Tommy Dewar)——非常熟练地打入了这个市场。

在开办自己的酒厂之前,约翰·杜瓦(John Dewar)曾在一个葡萄酒商店工作。他开始提供装在玻璃瓶中的威士忌,代替了传统的罐子和木桶。1885年,他的儿子吉米(Jimmy)和汤米在伦敦开办了一个分号,在做广告时利用了威士忌与那片浪漫的格子呢和风笛之地间的联系。杜瓦的标志是一个戴熊皮帽、穿短褶裙的高地鼓乐队队长,这导致了高地服装、风笛和短褶裙在所有苏格兰威士忌广告中成为一种时尚,风靡了近一个世纪。但是,他们的"苏格兰"就像他们的同行基尔马诺克的约翰·沃尔克那样,被用来迎合英格兰的品味。混合威士忌从传统苏格兰麦芽酒那里夺走了有壳儿、多泥煤的优势。这使得它更平和,对南方的味觉更有吸引力。到了19世纪90年代,威士忌加苏打成了英格兰绅士的首选饮料。杜瓦父子成了千万富豪。汤米·杜尔进入了上议院,是第一个进入上议院的威士忌巨头,是英国第三个拥有汽车的人(第一个是苏格兰茶业巨头托马斯·利普顿[Thomas Lipton],第二个是威尔士亲王)。

苏格兰的品质,比如道德他律、正直和诚实、苦干能力、追求进步的雄心壮志,的确继续受到了认可和欣赏。但是,随着新世纪破晓的到来,它也发现自身处在了一种文化扭曲的边缘。苏格兰启蒙运动曾总是把人称为一种"社会动物",意思是说对于他或她的智力和道德发展来说,他与其他人的互动是不可或缺的。亚当·斯密坚持认为,他人的观点起到了一种道德镜子的作用,没有它的映照,我们就永远形成不了是非感。但当这种观点被推到极端时,它就在维多利亚和爱德华七世时代的苏格兰中产阶级中养成了一种严重的与社会规范保持一致的需要。对一致性的强调可能会导致以令人窒息、甚至危险的方式来阻碍革新和创造性。詹姆斯·巴里用一种辛辣的嘲讽对此做了最好的说明,他说:"一个苏格兰人最显著的道德属性就是,他绝不会做任何可能会危及他的事业的事情。"

1914年8月,整个欧洲为战争而动员起来,相信其士兵会在"叶落之前"回家。当此之时,在英国军队中最重要的战士中,有三个是苏格兰人,分别是陆军元帅罗伯逊勋爵(Lord Robertson)、总参谋长伊安·汉密尔顿爵士(Sir Ian Hamilton,曾担任基钦纳勋爵[Lord Kitchener]的参谋长)、道格拉斯·黑格将军(General Douglas Haig,后来的陆军元帅黑格伯爵)。一百多年来,苏格兰人一直是英国军队的骨干。早在18世纪50年代,每四名军官中就有一人出生在苏格兰。但是,使他们如此能干的因素除了血气之勇和荣誉感外,还有不怕死的态度、蔑视规则和可能性的意愿。在这三个人身上——多多少少——人们都能发现这些品质。汉密尔顿在很大程度上要为损失惨重的土耳其加里波利战役(Gallipoli campaign)负责,黑格勋爵要为在索姆河、伊普尔(Ypres)、帕斯尚尔(Passchendaele)进行的无休无止的屠杀负责,这种屠杀让50多万英国人丧命。尽管罗伯逊自己也担忧不安,但出于职业上的规范,他拒绝制止黑格勋爵。

黑格、罗伯逊和汉密尔顿都是聪明、有责任心的战士,但他们丢弃了独立判断的习惯,丧失了跳出局限之外思考的能力。他们接受的是关注手段的训练,失去了对目标的洞察力。亚当·斯密和亚当·弗格森曾警告,在一个过度专门化的现代社会,可能会发生这样一种状况,即“人们的头脑是狭小的,并且变得无力提高”。但在当时,这种状况出现在了社会上层,而非底层。他们三人可谓亚当·斯密和亚当·弗格森的警告的生动例子。成千上万的英格兰、威尔士、加拿大、苏格兰、爱尔兰、澳大利亚、印度战士付出了代价。

第一次世界大战结束后,苏格兰进入了一个异常艰难、失业率高的时期。第二次世界大战稍稍改变了这一状况,当时苏格兰的工厂生产喷火式战斗机以及劳斯莱斯-默林引擎,帮助英国打赢了战争。在20世纪50年代,克莱德河沿岸的大型造船厂继续生产着世界海运近15%的船只。与以往一样,煤炭、铁、钢及工程对于苏格兰经济而言依然是重要的,尽管它们几乎全都国有化了。与1938年相比,1958年工人人均收入增加了近三倍。

但是,苏格兰保持其与一个正在消失的帝国的关系的欲望已经开始减弱。在20世纪60年代,它并没有清晰的方向感或想法。苏格兰医生让位于印度和亚洲医生,后者担当了国民医疗保健体系里工作勤奋的步兵的角色。威士忌、高尔夫、足球和赛车似乎可以作为苏格兰文化成就的总结。接着,苏格兰出现了一位不大靠得住的文化英雄,即詹姆斯·邦德(James Bond)。

尽管其最著名的银幕诠释者肖恩·康纳利(Sean Connery)可能是最著名的苏格兰人,但几乎没有人意识到伊安·弗莱明(Ian Fleming)虚构的间谍是一个苏格兰人(他甚至还在爱丁堡上过学)。弗莱明自身带有苏格兰血统,他是以苏格兰人菲茨罗伊·麦克莱恩指挥官(Commander Fitzroy MacLean,第二次世界大战中一个重要的突击队队员)为原型塑造邦德的。

从多方面看，邦德的故事仍然是一个寓言，讲述了在战后的世界里，苏格兰精神与当代世界的关系是如何形成的。他有一半苏格兰人血统，一半法语瑞士人血统。批评家金斯利·艾米斯（Kingsley Amis）写道："那种元素既解释了他的清教主义倾向，又解释了那种花岗岩般的忍耐天赋，而另外一种元素使他能说流利的法语和德语，熟悉滑雪橇，爱喝葡萄酒，成了美食家。"就像那么多代苏格兰人那样，邦德是帝国的一个战士和仆人，但在这个例子中，他是"女王情报部门中的一员"。他生活在伦敦，认同英格兰绅士的价值观。他很爱国，在其他人看来，他的英格兰风范完美得不可救药。

但是，邦德也深陷一种文化真空动弹不得。他的职业使得他无所寄托，在一个被冷战贬低、变得冷酷的世界里漫游。他从纯粹的功利主义角度看待世界。在小说中，每种场景、食物、武器、个人外表的细节都会得到精准的描绘。邦德甚至用其前辈夏洛克·福尔摩斯（他的原型是柯南·道尔在爱丁堡医学院的一位教授，即杰出的诊断专家约瑟夫·贝尔［Joseph Bell］）那种冷静的公正来评估其对手的面相，例如《傻瓜》（*Moonraker*）中的这一段：

> 雨果·德拉克斯（Hugo Drax）的髭须浓密、微红，盖住了他半张脸，而他的腮须则长到与他的耳垂一样齐。他的颧骨上也长着毛。那些浓密的髭须服务于另一个目的，即它有助于隐藏他天生突出的上颌，以及他上排牙齿醒目的突出部分。邦德想，这可能要归因于他孩提时吸吮大拇指，而吸吮大拇指会导致他的牙齿丑陋地张开，形成牙缝。邦德以前听到他的牙医把这称为"中间部分"。

邦德做决定很快，我们从来没看见过他在某次行动选择上犹豫或苦苦挣扎。他总是设法保持冷静，即使在最可怕、狂暴的条件下也是如此。他是苏格兰常识精神的体现，相信自己的判断，相信自己的技能，相信自己即使犯了错误也能在已知信息条件下做到最好。而最重要的是，邦德总是知道他想要的是什么。他的目标从来都是明确的。在他看来，一切都是达到必要的目的可资利用的手段，即使令人愉悦的活动也是如此，如勾引一位女士、在牌桌上击败德拉克斯、在高尔夫球场上打败戈德芬格（Goldfinger），而他的目标就是战胜俄国人、中国人，打败中苏的间谍组织。

然而，那些目标再也不是他个人的生活目标了。虽然他有勇气、体力非凡，但坦率地说，他只是一个雇佣兵。邦德是被一个英国间谍组织雇用的职业杀手，在现实中，这个机构中充斥着苏格兰人（包括情报部门的头子“C”，亦即斯图尔特·格雷厄姆·孟席斯［Stewart Graham Menzies］，邦德的上司“M”就是以他为原型塑造的）。在邦德缩小的世界观中，个人幸福毫无位置。他曾尝试追求个人幸福，但就在他们举行婚礼的数小时内，新娘蒂芙尼·凯丝（Tiffany Case）就被他的敌人谋杀了。他已经变得像亚当·弗格森眼中的商业社会战士或官僚，“像一台机器的零件，是为了与一种目的一致而被制造的，完全没有他们个人的演唱会”，像蚁丘上的蚂蚁。

詹姆斯·邦德揭示了一种终于走上其自己道路的现代化的精神。肖恩·康纳利的电影让我们把詹姆斯·邦德当做一个 20 世纪 60 年代、甚至 70 年代的人来思考。詹姆斯·邦德系列小说的第一部《皇家赌场》（*Casino Royale*）出版于 1953 年，当时温斯顿·丘吉尔还担任着首相。意识到这一点令人震惊，因为就在三年前发生了一件事，暗示着一种全新的精神正开始在苏格兰扎根。

Ⅱ

这本书始于大学生，现在要终于大学生。

1950 年圣诞前夜，三名苏格兰大学生（格拉斯哥法学学生伊安·汉密尔顿［Ian Hamilton］、盖文·弗农［Gavin Vernon］、阿兰·斯图尔特［Alan Stuart］）从“诗人角”附近（距詹姆斯·麦克弗森墓不远）闯入威斯敏斯特教堂。他们悄悄地穿过寒冷、黑暗的教堂，走向“加冕椅”。它曾在“斯昆石”（the Stone of Scone）上安放了六百多年，是古老的苏格兰君主制的象征。这些年轻人喘着粗气推着，把那块 336 磅重的砂岩移出了教堂，放入他们车子的后备箱里。这辆车子由第四个学生驾驶，她就是见习教师凯·马西森（Kay Matheson）。接下来他们向北驶去，驶向边界和家乡。

如果警方和新闻界刚开始以为这次盗窃只是一场大学生的恶作剧，那么他们很快就会意识到这个判断错了。这四名学生是苏格兰民族主义者，他们奋力一击，改变了英国历史的方向。一种新力量已经进入战后苏格兰的场景，部分是受到了爱尔兰民族主义及其军事分支爱尔兰共和军取得的成功的激励。对于上个世纪发生在苏格兰身上的事件的愤慨而言，这将会提供一个强大的着力点。不仅如此，对于苏格兰启蒙运动的理想以及它想象的那种未来来说，这还形成了一种新挑战。

在很大程度上，斯昆石或王朝石（在盖尔语中为 Lia Fail）的故事构成了大不列颠岛自身的历史。由于历史和传奇的渲染，在四百年时间里，它成了古老的苏格兰君主制的象征。根据传说，当《圣经》中的雅各（Jacob）梦见天梯时，他的头枕着的就是这块石头。接下来，它不可思议地从埃及来到了爱尔兰。在爱尔兰，据说圣帕特里克（Saint Patrick）祝福了它，让爱尔兰的酋长们在举行加冕礼时使用它。根据传说，它的一块成了“巧言石”（the Blarney Stone）。公元 503 年，圣克兰伯（St. Columba）将另一块带给了爱奥那岛（Iona）的君主，在那里，它可能被用于当地国王的加冕，也可能没被用于那一场合。公元 843 年，北欧海盗横扫了爱奥那岛。肯尼斯·麦卡尔平（Kenneth McAlpin）将那一块带到了大陆，并最终带到了斯昆城堡（Scone Castle）。他在那里被加冕，并且每位苏格兰国王都将在那里被加冕，直到 1292 年。

1296 年，英格兰国王爱德华一世将它从其放置之地抢了出来，作为他对苏格兰人取得的胜利的战利品。自 1306 年起，每位英格兰国王和王后都是坐在那块石头上被加冕的。邓恩·斯坦利（Dean Stanley）在其《威斯敏斯特教堂的纪念品》（*Memorials of Westminster Abbey*）中这样写道，它是“将整个欧洲连接在一起的远古纪念品……一根把塔拉（Tara）传统与爱奥那连接在一起的纽带”。不仅如此，那一传统还如是说，“那块石头之所在就是帝国之所在”。

传奇、神话、奇迹、象征，这一切与自《联合法案》以来苏格兰和苏格兰人居于其中的那个实际、绝对现实的世界相去甚远。然而，这一切都是民族主义更遥远但更为人熟知的支柱。在此前的一个世纪，民族主义曾震撼欧洲其余部分，它也将不可避免地抵达苏格兰。

苏格兰民族主义在典型的英国政治事务的自治中发现了其根源。受加拿大成功地走向主权国家例子的激励，威廉·尤尔特·格莱斯顿首相认定，到了给予实际生活在不列颠群岛上的非英格兰人更大的主宰他们自己命运的权利的时候了。与苏格兰自治协会的首批成员所做的一样，他也不想使联合王国分裂。使政府对其治下的人们做出更多的回应，这一目标是一种典型的苏格兰理想。格莱斯顿本人是个苏格兰移民的儿子。他的父亲从苏格兰移居到利物浦，成了一个成功的商人和议会议员。威廉·格莱斯顿是在伊顿和牛津而非爱丁堡接受的教育，这在那个时代是种典型现象。但是，他依然保持着低地苏格兰人对自由市场资本主义的信仰，对一种强大的新教的信仰，对一种无论公开还是在私下里都保持着的崇高道德基调的信仰，对教育力量的信仰，对改善英国及国外普通人命运和品格的信仰。

历史学家基斯·韦伯(Keith Webb)写道："到了1885年，格莱斯顿被完全转变到了自治上来，既包括爱尔兰的自治，也包括苏格兰的自治。"爱尔兰的自治是一个更为紧迫的事项，但不幸的是，格莱斯顿使爱尔兰和平过渡到自治政府的希望，不仅撞到了宗教和种族冲突的礁石上，还导致了自由党自身的分裂。苏格兰的自治成为了一个暂时不重要的事项，而对于任何试图松开威斯敏斯特对联合王国其他部分的控制的人来说，爱尔兰的失败都是一种警告。

正如自由党是苏格兰的主要政党那样，自治最初是自由党的一项事业。由于一战后自由党人消亡或死去，于是苏格兰希望，它也许能改变两个世纪的趋势，将对其自身事务的一些控制从伦敦拿回爱丁堡。由于托利党顽固地反对一切权力下放，于是自治主义者转向了工党。说到底，创建工党的很多核心人物——如凯尔·哈代——也是苏格兰人。但是，工党已经逐渐把苏格兰的工人阶级看做其政治基础的一个基本组成部分，他们把苏格兰自治看成一种政治自杀。于是，在1928年，不满的苏格兰人脱离工党，组建了他们自己的苏格兰民族主义党（Scottish Nationalist Party，SNP）。

面对巨大的官方反对和激烈的派系斗争而最终取得胜利、崛起，苏格兰民族主义党令让人惊奇的故事紧随着传统英国政治的衰落。苏格兰民族主义党开始填补自由主义者和古典自由主义灭亡造成的真空，当其他政党把阶级斗争和是否扩大或取消福利国家当做其主要事项时，苏格兰的投票者开始转向一个政党，因为这个政党至少提供了一种摆脱苏格兰微恙的方式。无论权力下放、自治还是完全独立（苏格兰民族主义党领导层经常就他们想要什么而激烈争吵），至少要有某种不同的东西。大多数苏格兰人都深深地感到了这种东西引发的共鸣，但又害怕承认，这就是民族自豪感。

获得尊重的斗争，既漫长，又艰难。不景气和大萧条增加了苏格兰民族主义党的吸引力，尤其是在格拉斯哥和爱丁堡的工人阶级中，但经济恢复又削弱了这种吸引力。到了1939年，苏格兰民族主义党几乎破产。接下来，在1942年，约翰·麦考米克（John MacCormick）脱离苏格兰民族主义党，创建了他自己的苏格兰联盟（Scottish Union），然后又创建了苏格兰大会（Scottish Convention）。他的目标——尽管仍然处在一种联盟的框架下——却是为苏格兰创建一个分离主权的政党。但是，麦考米克的追随者也受到了一种文化仇英主义的激励。早在20世纪30年代，就存在关于"苏格兰的英格兰化"的不满。民俗学者罗纳德·麦克唐纳·道格拉斯（Ronald MacDonald Douglas）甚至走得更远，在1935年，他试图组织一场爱尔兰共和军模式的军事暴动（它以闹剧收场，道格拉斯被放逐到爱尔兰自由邦）。就在汉密尔顿及其同学盗窃斯昆石一年前，1949年，麦考米克发布了他的苏格兰民族自决盟约，该盟约将17世纪的长老会盟约当做其灵感之源。

苏格兰的历史当时正在回到原点。接下来，麦考米克提起诉讼，称英国的新女王不能称自己为伊丽莎白二世（Elizabeth II），因为苏格兰从来没有一个名叫伊丽莎白的女王。麦考米克坚称，根据1707年的《联合法案》，她应该是英国的伊丽莎白一世女王(该诉讼最终被撤销了)。然而,使苏格兰民族主义运动从阴影转移到中央舞台的却是斯昆石被盗的消息。它在苏格兰引发了巨大轰动,因为公众为那些窃贼喝彩。在经过长达四个月彻底并稍微有点儿歇斯底里的搜索后,当局终于在阿布罗斯修道院找到了那块石头。它及时回到了威斯敏斯特教堂,赶上了伊丽莎白二世的加冕礼(或许应该称伊丽莎白一世)。不过,女王不愿意起诉汉密尔顿和他的同学。据谣传,部分原因是因为英格兰根本拿不出任何所有权的证据。

汉密尔顿之所以选择阿布罗斯作为那块石头的最终安放地,是因为阿布罗斯自身的重要性。在罗伯特·布鲁斯死后,1320 年,正是在那里,一群主教和男爵宣告了他们对英格兰君王的蔑视以及致力于苏格兰的独立。他们的宣言相当于苏格兰的大宪章,下面是宣言的一部分:

> 只要我们这一百人还活着,就绝不向英格兰统治的枷锁低头。这不是为了我们为之而战的光荣、财富和荣誉,而仅仅是为了自由,为了每个好人都不愿意放弃而只会与之共存亡的自由。

就像斯昆石一样,《阿布罗斯宣言》此时成了苏格兰厌倦让其身份从属于一种政治理想的象征,成了苏格兰厌倦大不列颠的象征。汉密尔顿及其他民族主义者在说,苏格兰人再也不是北不列颠人了。

无论如何,魔咒已经被打破了。尽管在 20 世纪 50 年代战后的繁荣中,苏格兰民族主义党作为一个政党在继续衰落,但当首相哈罗德·麦克米伦(Harold Macmillan,那个苏格兰大出版公司老板的后代)对英国公众说"你们从来没有碰到过这么好的时机"时,几乎没有苏格兰人相信这句话。在接下来的二十年里,他们最担心的事情得到了证实。克莱德河畔的大造船厂开始关闭,拉纳克郡的煤矿和高炉也是如此。在 1979 年至 1981 年间,苏格兰的工业产量丧失了近 11%,其全部工作岗位丧失了 20%。即便 1975 年在苏格兰北海沿岸发现了石油,也只起到了推高英镑、摧毁苏格兰出口的作用。

这个边界国家的纺织生产下降了65%。仍在开工的苏格兰煤矿从十五座下降到了两座。苏格兰民族主义党活动家吉姆·塞拉尔斯(Jim Sillars)在1985年写道:“我们如今是个恐惧、焦虑、咬指甲的民族。”

在民族危机和衰落之中,苏格兰民族主义党走到了风口浪尖。与虚构的故事不同,使苏格兰民族主义党获得声誉的不是将北海油田国有化的承诺。它是在20世纪60年代后期和70年代成为一个大众政党的,那时候工程师们还根本不知道阿伯丁附近的大陆架外蕴藏着丰富的石油。事实上,让苏格兰民族主义党成为一个政治动力室(powerhouse)的恰恰是英国工党和托利党的保守主义无力挽救苏格兰的衰落感。当玛格丽特·撒切尔(Margaret Thatcher)宣布关闭又一座政府经营的造船厂或煤田时,她会说“我们别无选择”。然而对于数百万苏格兰选民来说,似乎还有另外一种选择,那就是苏格兰的独立和权力下放的承诺。

1996年,伦敦那个饱受折磨的政府试图通过一种象征性的姿态来安抚这种好情绪。在这个后现代时代,象征似乎突然变得非常强大了。11月15日,两辆军用越野车和一辆运货车载着斯昆石驶过冷溪桥(Coldstream),从英格兰来到苏格兰,并最终抵达阿伯丁,随即号角吹奏。风笛呜呜,政治家们开始演讲。英格兰宣布放弃它对斯昆石的要求。原来盗窃那块石头的小偷伊安·汉密尔顿就像托马斯·艾肯赫德那样,曾蔑视当局和传统。然而,与艾肯赫德不同的是,他赢了。然而此时,已经七十三岁高龄并且身为爱丁堡大学校长的汉密尔顿拒绝参加在荷里路德宫举行的安放仪式。但他逃跑时的司机凯·马西森参加了,凯文·弗农从加拿大飞回来,也参加了。汉密尔顿谴责那个仪式不过是种“虚假的伪装”,警告“贝蒂·温莎”(Betty Windsor)①不要在边界以北露面。他用让人想起诺克斯和詹姆斯·布坎南曾经的宣言:“我们再也不受君主的统治了。统治权现在与苏格兰人民同在。”

---

① 此处应该指英国女王伊丽莎白二世,她原名伊丽莎白·亚历山德拉·玛丽·温莎(Elizabeth Alexandra Mary Windsor)。——译者注

如今，在2001年，汉密尔顿几乎接近达成了他的愿望。苏格兰近三百年来第一次发现它拥有了一个自己的议会，有一栋新的议会大厦，一个不断增长的计算机技术产业，以及一个生机勃勃的服务部门经济。一些人发现，他们寄托于权力下放的一些希望可能不会实现，苏格兰议会中的政客显得并不比英格兰议会中的政客好多少，同时苏格兰较大的经济问题如失业仍然未得到解决。正如成为一个现代工业民族为19世纪后期的苏格兰制造的问题与它解决的问题一样多，因此权力下放的结果并不如人们预期的那样好。

当然，苏格兰启蒙运动的任何一位人物可能都已经告诉了他们这一点。苏格兰人想从伦敦夺回其对生活的某种控制，这无可厚非。在某种意义上，这实现了18世纪那些伟大的苏格兰人对现代自由的认识，那就是在个人生活尽可能多的方面提高他们的独立和自由。然而，苏格兰学派的伟大洞见却是，就生活的棘手问题而言，政治只能提供有限的解决之道，自1707年第一次交出其主权以来，苏格兰的所得要多于其所失。在试图重新主张其主权的同时，它必须谨慎，不要逆转那一进程。

就像大部分西方世界那样，苏格兰已经目睹了过度现代化的后果。因此，现代化严重不足导致的惩罚会很容易被遗忘。在过去二十年里，在苏格兰的智力生活中，有一种令人不安的倾向，这就是对苏格兰启蒙运动伟大遗产的敌意不断增加。学者们将《联合法案》谴责为对“真正的”苏格兰文化的背叛，其他人则谴责苏格兰学派的创始人是性别歧视者和精英主义者。“与他们的哲学不一致的任何东西都不是知识，并且对任何他们不理解的东西都高傲地加以摒弃”，这就是威廉·弗格森在《苏格兰的民族认同》(*The Identity of Scottish Nation*)中对休谟和罗伯逊高傲地加以摒弃的方式。

1975年，迈克尔·赫歇特(Michael Hechter)甚至出版了一本书，暗示苏格兰与爱尔兰、印度和第三世界拥有一种共同的身份，即英国殖民主义和遭到剥削的“不发达”的牺牲品。安德鲁·弗莱彻被塑造为激进苏格兰民族主义的新英雄(或许人们忘了他呼吁将强制奴役当做苏格兰疾病的解决之道），而在一种越来越具有仇英味道的苏格兰民族主义历史中，《阿布罗斯宣言》和威廉·华莱士占据了中央舞台。一些人甚至冒险进入更遥远的泛凯尔特民族主义，呼吁建立一个把苏格兰吸收进去的凯尔特联盟，这个联盟不仅包括爱尔兰和威尔士，还包括布列塔尼、康沃尔和马恩岛（the Isle of Man）。

就像那些围绕着斯昆石的传奇一样，这些也诉诸神话和历史幻想小说。苏格兰从来也不是一个完全的凯尔特民族，从中世纪开始，它就包括盎格鲁—撒克逊人、诺曼人以及斯堪的纳维亚人。同样的，关于其作为大英帝国一部分的历史是一种系统的遭到伤害和剥削的观念也是荒唐的，如果有什么的话，那就是在两百多年的时间里，作为其统治集团的一部分，苏格兰被**过度代表了**。将苏格兰人变成爱尔兰人的努力，以及试图让他们怨恨、憎恶自己与英国的联系，这不仅是对历史真相的伤害，更是对苏格兰自身的伤害。

苏格兰启蒙运动的伟大洞察力在于，它坚称人类需要将其自身从神话中解放出来，按照世界真正的样子来看待世界。他们说，这种智力解放要求人们过一种自由、积极的生活。像亚当·斯密和大卫·休谟那样，威廉·罗伯逊也很关心人的自由和他的祖国。然而，在其《苏格兰史》中，他甚至都没有提到《阿布罗斯宣言》，这并非因为他是一个亲英人士，而是因为他从历史语境角度出发，将其视为旧的苏格兰封建政权的少数受益者为这种政权做的言辞辩护。罗伯逊和他那一代苏格兰辉格党人之所以欢迎合并，就是因为他们对合并之前的苏格兰太熟悉了。他们的后继者们依然对合并取得的成就表示感激。从罗伯逊、里德到杜格尔·斯图尔特、沃尔特·司各特，苏格兰精神明白，真正的人的自由是一种历史进程的副产品，这种历史进程不仅将如《阿布罗斯宣言》的签字者这样的人置入尘埃，还将托马斯·艾肯赫德从绞架上救了下来。

这一进程就是现代世界形成的过程。尽管这一进程有这样那样的错误和失败、盲点和不公平，但苏格兰和苏格兰人在其中发挥了关键作用。当苏格兰迈向其不确定的新未来时，它一定不要忘记那一成就，它最多应该忘记其较早、前现代化的过去。

作为第一个现代民族和文化，苏格兰人已经大体上使世界变成了一个比较好的地方。他们教导世界，真正的自由既要求一种个人权利感，也要求一种个人义务感。他们显示了现代生活何以既能在精神上，也能在物质上令人满意。同时，他们还显示了一种对科学和技术的尊重何以能够与对艺术的热爱结合在一起，个人富裕何以能加强一种公民责任感，政治和经济民主何以能一起兴旺，对未来的信心何以有赖于对过去的保存。苏格兰精神理解——用休谟的话来说——“自由是公民社会的完善”，但“必须承认，权威对其存在是必不可少的”；一种对进步的坚定信仰，也要求一种对其局限性的敏锐评估。

进阶阅读的原始资料和指南

关于苏格兰历史，有大量一般性考察，也有众多专业研究和专著，但其中的好书并不多。为大众写作的历史学家，易于被苏格兰历史中较为浪漫的插曲所吸引，如苏格兰玛丽女王的生平和1745年詹姆斯二世党人的叛乱。到任何一个公共图书馆，你都会在摆放苏格兰历史书籍的书架上发现这些书，此外还会发现一两本罗伯特·布鲁斯或威廉·华莱士的生平，也许还能找到一本撰写时间较早、讲述英国内战时期的苏格兰的书（如约翰·布坎[John Buchan]撰写的蒙特罗斯伯爵的生平，他曾在1645年为查理一世召集各家族）。

在最近数十年里，有三位学者已经着手纠正这一问题。对于现代苏格兰的经济和社会历史而言，托马斯·迪瓦恩（Thomas Devine）的《苏格兰民族史（1700—2000）》（*Scottish Nation: A History, 1700—2000*，纽约，1999）是本价值无法估量的指南。此外，迪瓦恩还出版了其他不同主题的有益的书，如关于格拉斯哥烟草大亨的（1975），关于克罗登战役后高地家族的生活的《乡村苏格兰的转变》（*The Transformation of Rural Scotland*，爱丁堡，1994），他也编辑过几本书。圣安德鲁斯大学的布鲁斯·莱曼（Bruce Lenman）教授是学术界的另一典型，他出版了《詹姆斯二世党人叛乱：1689—1746》（*The Jacobite Risings in Britain, 1689—1746*，伦敦，1980）、《大峡谷中的詹姆斯二世党人家族》(*The Jacobite Clans of the Great Glen*,伦敦,1984)、《苏格兰的整合和启蒙:1746—1832》(*Integration and Enlightenment: Scotland, 1746—1832*,伦敦,1981)。就18世纪苏格兰的演变来说,这些书提供了一种见解深刻、清醒的审视。我本人撰写这本书时也依靠了这些资料。

已经去世的约翰·柏宝(John Prebble)穷其一生,试图揭开苏格兰现代历史上那些被遗忘的悲剧性插曲,将它们生动地呈现给现代读者。他撰写了苏格兰高地的失败三部曲,其一是《克罗登》(*Culloden*,伦敦,1961),其二是《高地清洗》(*The Highland Clearances*,1963),其三是《格伦科:大屠杀的故事》(*Glencoe: The Story of the Massacre*,1966)。可以这么说,这三本书已经改变了苏格兰历史写作的面貌,助燃了现代苏格兰民族主义之火。柏宝在三部曲中毫不掩饰他的民粹主义反英倾向,在他的其他著作中也是如此,如《达里恩灾难》(*The Darien Disaster*,伦敦,1968),以及最后一本著作《国王的巡游》(*The King's Jaunt*,伦敦,1999)。当书中的偏见太过强烈的时候,有头脑的读者应将偏见抛在一边,仅仅欣赏引人入胜的故事和丰富鲜活的细节。柏宝还出版了一部关于苏格兰历史的个人调查,名为《北方雄狮》(*The Lion in the North*,纽约,1971)。柏宝虽只是个记者,而非职业历史学家,但在该领域工作的每一个学者都应该感谢他。

此外,还有三部一般性的著作,尽管已经绝版,但值得提一下。华莱士·诺特斯坦(Wallace Notestein)的《历史中的苏格兰人》(*The Scots in History*,纽黑文,1947)虽然相当陈旧,但很有趣,触及了我的一些主题,不过主要集中于苏格兰改革的影响。尼尔·麦卡鲁姆(Neil McCallum)的《一个小国家:1700—1830年间的苏格兰》(*A Small Country: Scotland, 1700—1830*,爱丁堡,1983)展示了一系列与18世纪苏格兰的兴起有关的小场景和逸闻趣事,本书也采用了其中的一些资料。伊恩·芬利森(Iain Finlayson)的《苏格兰人》(*The Scots*,伦敦,1987)试图在生动的粗笔勾勒中总结"苏格兰的民族性格",有时候取得了成功,不过在权力下放的时代,他关于作为现代英国一部分的苏格兰的章节再也没有什么重大意义了。

序 幕

在《国家审判和起诉全集》(*A Complete Collection of State Trials and Proceedings*)一书中,可以找到托马斯·艾肯赫德案的细节。这本书于1812年在伦敦出版,编者为T. B. 豪威尔(T. B. Howell),全书共33卷,对艾肯赫德案的审判在第13卷中,包括证人的证言、艾肯赫德向枢密院递交的诉状,以及安斯托瑟勋爵写的信,我的相关引用就出自这封信。约翰·洛克的相关资料出自《约翰·洛克通信集》(*The Correspondence of John Locke*),这本书1981年出版于牛津,编者为E. S. 德·比尔(E. S. de Beer)。与波尔沃思男爵在家族穹形墓穴相关的逸闻出自塞缪尔·考恩(Samuel Cowan)的《英格兰大法官》(*The Lord Chancellor of England*,爱丁堡,1911)。爱丁堡议会的决议出自H. 艾美特(H. Armet)编辑的《爱丁堡自治市纪录精选:1689—1701》(*Extracts of Records of Burgh of Edinburgh, 1689—1701*,爱丁堡,1962)。亨利·格雷·格雷厄姆关于1695年饥荒的引文出自大卫·戴西斯(David Daiches)撰写的安德鲁·弗莱彻的传记(参见第二章)。

第一章 新耶路撒冷

罗莎琳德·K. 马歇尔(Rosalind K. Marshall)据信将出版一本新的约翰·诺克斯传记,这极为必要。在此之前,读者必须求助于加斯帕·里德雷(Jasper Ridley)的《约翰·诺克斯》(*John Knox*,纽约,1968)和斯坦福·里德(Stanford Reid)1974年出版的同名传记。罗杰·梅森(Roger Mason)为"剑桥政治思想史"丛书编纂了全新版的诺克斯政治著作(平装本),收录于同一丛书中乔治·布坎南的评传之后。如果想了解与他们对人民主权论的革命性支持相关的讨论,可参看昆汀·斯金纳(Quentin Skinner)所著《现代政治思想基础,第二卷:改革时代》(*The Foundations of Modern Political Thought, Volume 2: The Age of Reformation*,剑桥,1978)。

在C. V. 韦奇伍德(C. V. Wedgewood)的《国王的和平:1637—1641》(*The*

King's Peace, *1637—1641*,伦敦,1955;1969[平装版])中,有关于苏格兰反查理一世起义的记述,可读性很强。大卫·斯蒂文森(David Stevenson)的《苏格兰革命,1637—1644:立约者的胜利》(*The Scottish Revolution*, *1637—1644*: *The Triumph of the Covenanters*,纽约,1973)学术性更强。改革后苏格兰"教区政府"方面的专家是罗塞兰德·默奇森(Rosiland Murchison),她关于济贫法的论文尤其专业。这篇论文收录在默奇森和托马斯·迪瓦恩编辑的《苏格兰人民和社会》(*People and Society in Scotland*,爱丁堡,1988)第一卷中。

改革后苏格兰培养读写能力的历史最近激发了大量的讨论和修正。劳伦斯·斯通(Lawrence Stone)教授的经典文章《英国的读写能力和教育:1640—1900》("Literacy and Education in England,1640—1900")提供了统计学形式的标准观点,这篇文章于 1969 年发表在《古与今》(*Past & Present*)上。R. A. 休斯顿(R. A. Huston)的《苏格兰读写能力与苏格兰身份,1600—1800》(*Scottish Literacy and Scottish Identity*, *1600—1800*,剑桥,1985)提出了一种修正主义观点,主张所谓的苏格兰对读写能力的偏爱是一个神话。出于种种原因,我发现这一观点没有说服力。亚历山大·布罗迪(Alexander Broadie)的《苏格兰哲学传统》(*The Tradition of Scottish Philosophy*,萨维奇,MD,1990)则提出了另外一种具有挑衅性的观点,认为苏格兰思想具有深刻的连续性,从中世纪一直贯穿到启蒙运动。关于苏格兰教育理想的持久影响力,也可参看乔治·大卫(George David)的《民主的智力:19 世纪的苏格兰及其大学》(*The Democratic Intellect*: *Scotland and Her Universities in Nineteenth Century*,爱丁堡,1961)。因纳帕菲(Innerpeffay)公共图书馆的证据来自阿南德·齐尼斯的《苏格兰启蒙运动》(*The Scottish Enlightenment*,伦敦,1976)。

G. 惠廷顿(G. Whittington)和 I. D. 怀特(I. D. White)的《苏格兰历史地理学》(*An Historical Geography of Scotland*,伦敦,1983)提供了一种有价值的关于从 16 世纪到合并前夕苏格兰经济的概述,托马斯·迪瓦恩的《苏格兰民族史》相关章节也是如此,前面已经提到过。约翰·柏宝的《达里恩灾难》提供了所有与威廉·帕特森命运多舛的方案相关的材料。尽管《达里恩冒险》(*The Darien Venture*,纽约,1926)是本相当古旧的著作,但仍然提供了一些有趣的细节,其中包括威廉·帕特森称巴拿马为“海洋之门”那段引文。

第二章 自掘坟墓

关于《联合法案》前英格兰与苏格兰关系的著作有那么几本,而最好的可能是威廉·弗格森的《苏格兰与英格兰的关系:1707 年全面调查》(*Scotland's Relations with England*: *A Survey to 1707*,爱丁堡,1977)。关于就合并展开的讨论,最好的书当属查尔斯·唐德(Charles Dand)的《重大事件》(*The Mighty Affair*,爱丁堡,1972),而约翰·肖(John Shaw)的《18 世纪苏格兰政治史》(*The Political History of 18th Century Scotland*,伦敦,1999)和 P. W. J. 赖利(P. W. J. Riley)的《英格兰与苏格兰的合并:18 世纪盎格鲁苏格兰政治研究》(*The Union of England and Scotland*: *A Study in Anglo Scotland Politics of Eighteenth Century*,曼彻斯特,1979)中关于金融细节方面的信息可以补充这本书。对苏格兰议会开幕仪式的描述来自弗雷德里克·瓦特基斯(Frederick Watkeys)的《老爱丁堡》(*Old Edinburgh*,卷一,波士顿,1970)。

大卫·戴西斯为其《索尔顿的安德鲁·弗莱彻:政治著作选集》(*Andrew Fletcher of Saltoun*: *Selected Political Writings*,爱丁堡,1979)写的前言才华横溢、生动有趣。这本书不仅是弗莱彻的一本简要传记,也是对 1688 年光荣革命和 1707 年《联合法案》之间的苏格兰政治史的一个很好的总结。不过,戴西斯的著作现在必须得到保罗·H. 司各特(Paul H. Scott)的长篇传记《安德鲁·弗莱彻与联合法案》(*Andrew Fletcher and the Treaty of Union*,爱丁堡,1992)和约翰·罗伯逊编纂的《安德鲁·弗莱彻政治著作集》(*Andrew Fletcher*: *Political Works*,剑桥,1997)的补充。

我对这一章的历史顺序做了两个小小的修正。我加入了 1703 年“议会骑马游行”的仪式。此外,关于弗莱彻反对合并产生的经济后果的主张,我的引文实际上出自弗莱彻的《对一次与政府权利管制相关的对话的记录》(*An Account of a Conversation Concerning a Right Regulation of Government*),这份记录出版于 1704 年。

第三章 人性研究(一)

在启蒙运动历史上的人物中,被捎带讨论的,恐怕没有哪一个能比得过弗朗西斯·哈奇森。每个人都承认他在大西洋两岸和英吉利海峡两岸的巨大影响,每个都承认他作为苏格兰启蒙运动奠基之父的角色。但对于那些其实想讨论亚当·斯密和大卫·休谟这两位甚至更伟大的人物的学者来说,正是因为他是一个如此有用的陪衬,也因为他的著作(老实说)现在读起来很费劲,因此研究哈奇森而且专门研究哈奇森的书实在少得可怜。我们不得不求助于 W. R. 司各特(W. R. Scott)撰写的古老传记(它首次出现已经是一百多年前的事情了),以及学术书籍和期刊上刊载的一些优秀的学术文章。在我接触哈奇森的过程中,对我影响最大的一篇文章是詹姆斯·莫尔(James Moore)写的《弗朗西斯·哈奇森的两个体系》("The Two Systems of Francis Hutcheson"),这篇文章见于 M. A. 斯图尔特编辑的《苏格兰启蒙哲学研究》(*Studies in the Philosophy of Scottish Enlightenment*,剑桥,1990)。唐纳德·温奇(Donald Winch)和伊安·罗斯(Ian Rose)所著关于亚当·斯密的书中有关于哈奇森的章节,这些章节也特别有用(参见第九章)。

欲重构哈奇森在都柏林生活的环境,可参看司各特的《弗朗西斯·哈奇森》和 M. A. 斯图尔特的启发性文章《约翰·史密斯与莫尔斯沃思圈子》("John Smith and Molesworth Circle"),这篇文章见于 1987 年出版的《18 世纪的爱尔兰》(*Eighteenth Century Ireland*)。至于伊斯雷勋爵在格拉斯哥雇用哈奇森的过程中所发挥的作用,以及在整体的苏格兰学术政治中发挥的作用,可参看罗杰·埃莫森(Roger Emerson)的《政治学和格拉斯哥教授,1690—1800》("Politics and Glasgow Professors, 1690—1800"),这篇文章见于安德鲁·胡克(Andrew Hook)和理查德·谢尔(Richard Sher)编辑、1995 年于东林顿(East Linton)出版的《格拉斯哥启蒙运动》(*The Glasgow Enlightenment*)。

就像其生平那样,哈奇森的著作也遭到了同样的忽视。伯恩哈德·费边(Bernhard Fabian)整理了1755年版的弗朗西斯·哈奇森的《作品集》(*Collected works*)的摹写版本,于1969年在德国西尔德斯海姆(Hildesheim)出版。"每人经典"出了一本其著作摘录的廉价平装本。亚历山大·布罗迪的《苏格兰启蒙运动》(*The Scottish Enlightenment*,爱丁堡,1999)摘录了一系列作者的著作,其中就有哈奇森的。我在这一章中大量引用了《道德哲学体系》和《探究美与德性概念之起源》,这两本书都有现代版本,不过已经绝版。另一方面,他最早、最短的论述之一——他对伯纳德·曼德维尔的《蜜蜂的寓言》(*Fable of Bees*)的评论(他谴责曼德维尔认为私人恶行有助于催生公共利益的思想),却有数不清的版本流传,甚至在互联网上也能找到。当然了,这是因为它再次成了亚当·斯密经济理论的陪衬。

第四章　人性研究(二)

就传记而言,卡姆斯勋爵的情况要好得多。他有两个现代版本的传记,分别是威廉·莱曼(William Lehmann)的《亨利·侯姆——卡姆斯勋爵与苏格兰启蒙运动》(*Henry Home, Lord Kames and the Scottish Enlightenment*,海牙,1971)和伊安·罗斯的《卡姆斯勋爵及其时代的苏格兰》(*Lord Kames and the Scotland of His Day*,牛津,1972),后者是两部书中较好的一部。即使是伍德豪斯里(Woodhouselee)的亚历山大·弗雷泽·泰特勒(Alexander Fraser Tytler)于1814年出版的卡姆斯传记也有重读的必要,尤其是关于卡姆斯在最高民事法院与法官同事的讨论。欧内斯特·莫斯纳(Ernest Mossner)的《大卫·休谟的一生》(*The Life of David Hume*,参见第八章)中也包含着价值无法估量的信息。

不幸的是,卡姆斯的著作遭遇的情况甚至比哈奇森的还要糟糕。数年前才出版了《道德与自然宗教原理》。此外,如果你想看《法律的历史轨迹》,还需要到比较大的大学图书馆。

这些章节的主要主题是苏格兰启蒙运动的起源。这一主题过去的经典著作是格拉迪斯·布莱森(Gladys Bryson)的《人与社会:18世纪苏格兰调查》(*Man and Society: The Scottish Enquiry of the Eighteenth Century*,普林斯顿,1945),但如果想入手,读大卫·戴西斯、皮特·琼斯、简·琼斯编辑的插图本《天才的温床:苏格兰启蒙运动,1730—1790》(*Hotbed of Genius: The Scottish Enlightenment, 1730—1790*,爱丁堡,1986)比较好一点儿。然而,就欧洲文化史上这一令人惊奇的插曲的社会背景而言,阿南德·齐尼斯的《苏格兰启蒙运动》(前面提到过,参见第一章)依然提供了最好的描述。I. 哈恩特(I. Hont)和M. 伊格纳季耶夫(M. Ignatieff)编辑的目前很知名的论文集《财富与美德:苏格兰启蒙运动中政治经济学的形成》(*Wealth and Virtue: The Shaping of Political Economy in the Scottish Enlightenment*),塑造了我自己的路径。这一论文集中收录了大卫·利伯曼(David Lieberman)的论文《一个商业社会的合法需求:卡姆斯勋爵的法理学》("The Legal Needs of a Commercial Society: The Jurisprudence of Lord Kames"),这篇论文对这一章也很重要。皮特·琼斯编辑的《苏格兰启蒙运动中的哲学与科学》(*Philosophy and Science in the Scottish Enlightenment*,爱丁堡,1988)收录了罗伯特·瓦科勒尔(Robert Wokler)的《苏格兰启蒙运动中的模仿者与种族:蒙博多和卡姆斯对人性的论述》("Apes and Races in the Scottish Enlightenment: Monboddo and Kames on Nature of Man"),涵盖了卡姆斯的种族和历史观。约瑟夫·奈特案应该得到更多的关注,我的描述来自罗斯撰写的卡姆斯传记。

第五章　南北鸿沟

尼尔·麦卡鲁姆的《一个小国家》提供了18世纪早期爱丁堡的一些有趣的细节,A. J. 扬森(A. J. Youngson)的《古典爱丁堡的形成》(*The Making of Classical Edinburgh*,爱丁堡,1966)亦是如此。《亚当·皮特里文集,苏格兰的柴斯特菲尔德》(*The Work of Adam Petrie, The Scottish Chesterfield*,爱丁堡,1877)贡献了关于皮特里对文明举止的指导的丰富材料。

关于18世纪苏格兰—英格兰"文化战争"的标准著作是大卫·戴西斯

的《苏格兰文化的悖论》(*The Paradox of Scottish Culture*,牛津,1964)。然而,詹姆斯·包斯威尔的日记和信件为分析这一问题提供了大量材料,弗雷德里克·伯托(Frederick Pottle)和威廉·维姆萨特(William Wimsatt)编辑的几卷,特别是《包斯威尔的伦敦日记:1762—1763》(*Boswell's London Journal, 1762—1763*,纽约,1950)、《作为辩护律师的包斯威尔,1769—1774》(*Boswell for the Defence, 1769—1774*,纽约,1959)、《詹姆斯·包斯威尔的早年岁月:1740—1769》(*James Boswell: The Earlier Years, 1740—1769*,纽约,1966)很有用,读起来也很有趣。包斯威尔斥责卢梭的幻想出自《詹姆斯·包斯威尔的早年岁月:1740—1769》。1998 年 5—6 月号《高地人》(*Highlander*)杂志刊登了一篇题为《英语的一种腐朽的方言?》("A Corrupt Dialect of English?")的文章,这是一篇关于苏格兰的迷人文章,其作者是布莱恩·奥斯本(Brian Osborne)。那段开启这种讨论的罗伯逊引文引自他的《苏格兰史》(*History of Scotland*)1811 年版第二卷。

我关于高地社会和文化的阐释得益于布鲁斯·莱曼的两部著作,分别是《大峡谷中的詹姆斯二世党人家族:1650—1784》和《詹姆斯二世党人叛乱》。托马斯·迪瓦恩的《自耕农战争的家族性:苏格兰高地的社会转变》(*Clanship to Crofter's War: The Social Transformation of the Scottish Highlands*,曼彻斯特,1994)、R. A. 休斯顿和 I. D. 怀特在《苏格兰社会:1500—1800》(*Scottish Society, 1500—1800*,剑桥,1989)中收录的 R. A. 道奇森(R. A. Dodgson)的《苏格兰家族的性质》("The Nature of Scottish Clans")、L. F. 格兰特(L. F. Grant)和休·奇普(Hugh Cheape)的《高地历史的几个时期》(*Periods in Highland History*,伦敦,1987),这些著作也起到了补充作用。关于巴里斯代尔的科尔·麦克唐奈的记述出自弗兰克·麦克林恩(Frank Mclynn)的《詹姆斯二世党人》(*The Jacobites*,伦敦,1985),与这一章开头的卡西乌斯·狄奥的引文一样。大阿奇·麦克菲尔的故事出自约翰·柏宝的《格伦科》,这本书就像其姊妹篇《克罗登》那样,特别生动地描摹了高地生活的场景。

柏宝还讨论了克罗登的邓肯·福布斯和他对他的高地邻居的滑稽看法，罗伯特·克莱德的《从反叛者到英雄：高地人的形象，1745—1830》(*From Rebel to Hero: The Image of Highlanders, 1745—1830*，东洛锡安，1995)也有涉及，而乔治·梅纳里(George Menary)的古老传记《克罗登的邓肯·福布斯的生平和信件》(*The Life and Letters of Duncan Forbes of Culloden*，伦敦，1936)可以补充这两种讨论。

第六章　最后一战

我是在罗伯特·钱伯斯(Robert Chambers)的《1745—1746年的叛乱史》(*History of Rebellion of 1745—1746*，1840；爱丁堡，1869)中找到本章开头的《詹姆斯二世党人之歌》的。无论在苏格兰还是英格兰，新近阐明詹姆斯二世主义的重要性的学术成就不仅太多了，而且学术性可能太强，无法为一般的读者大段引用。但伊夫林·克鲁克香克(Evelyn Cruickshank)的任何一部著作(如《政治贱民：托利党人与1745年》[*Political Untouchables: The Tories and the 45*])和保罗·莫诺(Paul Monod)的《詹姆斯二世党人主义与英格兰人民：1688—1788》(*Jacobitism and the English People, 1688—1788*，剑桥，1989)将会让读者了解，历史学家何以开始意识到作为一种政治意识形态的詹姆斯二世党人主义在理性时代发挥的关键作用。

非常奇怪的是，尽管关于詹姆斯二世党人1715年和1745年在苏格兰发动叛乱的文献汗牛充栋，但苏格兰却没有此类关于詹姆斯二世党人的意识形态和情绪的学术书籍。在通常情况下，欲了解1745年叛乱，首先要看一本快乐王子查理的传记。几乎每一位为大众读者写作的英国历史作家最终都会尝试叙述那位王子的故事。每个人都应该选择最好的版本，这就是大卫·戴西斯的《查尔斯·爱德华·斯图亚特：快乐王子查理的时代和生平》(*Charles Edward Stuart: The Life and Times of Bonnie Prince Charlie*，伦敦，1973)。对于我来说，这本书在可读性与学术的精确性之间取得了平衡。在展开这一章时，我毫不犹豫地利用了它。当然，我还依靠了弗兰克·麦克林恩更为详尽的《查尔斯·爱德华·斯图亚特》(*Charles Edward Stuart*,伦敦,1988),以及钱伯斯的《叛乱史》和《詹姆斯二世党人1745年叛乱回忆录》(*Jacobite Memoirs of Rebellion of 1745*,爱丁堡,1834)。

关于爱丁堡志愿者的故事来自约翰·侯姆的《1745年叛乱史》(*The History of Rebellion in the Year 1745*,伦敦,1802),以及亚历山大·卡莱尔的《我们时代的逸闻和人物》(*Anecdotes and Characters of Our Time*),后一本书有各种各样的版本。关于克罗登战役本身,约翰·柏宝的《克罗登》无法逾越,就像他提供了那场战役血淋淋的后果的权威记述。然而,我也依赖凯瑟琳·托马森(Katherine Tomasson)和弗朗西斯·比伊斯特(Francis Buist)的《1745年战役》(*Battles of the 45*,伦敦,1962),因为这本书非常清晰地讨论了整个战役的军事方面。

埃里克·林克莱特(Eric Linklater)的《石楠花荒野中的王子》(*The Prince in the Heather*,伦敦,1965)生动地叙述了查理王子的逃亡和躲藏在苏格兰最偏远角落的时期。当然,还有一个年代更接近的版本:休·道格拉斯(Hugh Douglas)和迈克尔·J. 斯特德(Michael J. Stead)的《快乐王子查理的逃亡》(*The Flight of Bonnie Prince Charlie*,爱丁堡,2000)。塞缪尔·约翰逊最后的话出自《苏格兰西部岛屿游记》(*A Journey to the Western Islands of Scotland*),这部著作有各种版本,我选择的是耶鲁大学出版社的版本,它的编辑是玛丽·拉赛尔斯(Mary Lascelles),出版于1971年。

第七章　经济起飞

关于格拉斯哥的烟草贸易及其参与者,托马斯·迪瓦恩的《烟草大亨》(*The Tobacco Lords*,1975;爱丁堡,1990)是本价值难以估量的著作。不过它有时候缺乏对名人的讨论,我就转向下面的书来弥补,它们是乔治·斯图尔特的《格拉斯哥公民的好奇心,就像主要在其旧商业贵族的商业生涯中所展示的那样》(*Curiosities of Glasgow Citizenship, as Exhibited Chiefly in the Business Careers of Its Old Commercial Aristocracy*,格拉斯哥,1881)、C. A. 奥克利

(C. A. Oakley)的《我们杰出的祖先》(*Our Illustrious Forbears*,格拉斯哥,1980)、玛格丽特·林德赛(Margaret Lindsay)的《格拉斯哥肖像》(*Portrait of Glasgow*,伦敦,1972)。伊安·罗斯撰写的传记(参见第三章)包含了亚当·斯密与格拉斯哥商业界的关系,以及他与罗伯特·福里斯的关系。至于福里斯兄弟自身,我依靠的是大卫·莫里(David Murray)的《福里斯兄弟与格拉斯哥出版社》(*Robert and Andrew Foulis and the Glasgow Press*,格拉斯哥,1913)、《罗伯特·福里斯书信集》(*Some Letters of Robert Foulis*,格拉斯哥,1917),以及 T. M. 迪瓦恩和戈登·杰克逊(Gordon Jackson)编辑的《格拉斯哥(第一卷):从开端到1830 年》(*Glasgow*, *Volume I*: *Beginning to 1830*,曼彻斯特,1995)中收录的理查德·谢尔(Richard Sher)的《商业、宗教与 18 世纪的格拉斯哥启蒙运动》("Commerce, Religion, and the Enlightenment in Eighteenth Century Glasgow")。

理解格拉斯哥的地理演化,我发现最有帮助的著作是安德鲁·吉布(Andrew Gibb)的《格拉斯哥城的形成》(*Glasgow*: *The Making of the City*,伦敦,1983)。就爱丁堡而言,A. J. 扬森的经典著作《古典爱丁堡的形成》依然是不可或缺的,查尔斯·麦基恩(Charles MacKean)的《爱丁堡建筑学指南(插图本)》(*Edinburgh*: *An Illustrated Architectural Guide*,爱丁堡,1992)是一部便利的指南,几乎是逐街逐屋地描绘了这座迷人的城市的发展。关于詹姆斯·克雷格,可参看凯蒂·克罗夫特(Kitty Croft)和安德鲁·弗雷泽(Andrew Fraser)的《詹姆斯·克雷格:1744—1795》(*James Craig*, *1744—1795*,爱丁堡,1995)。

亚当一家,父子四人依然没有获得他们应得的那种学术关注。《建筑精品》有几个版本,其前言最有助于了解他们的政治和社会议题,以及他们的审美信条。此外,学者依然依靠约翰·弗莱明的那本精彩小书《罗伯特·亚当及其在爱丁堡和罗马的社交圈》(*Robert Adam and His Circle in Edinburgh and Rome*,坎布里奇,MA,1962),这本书细致、详尽、文笔优美,是职业历史学术成就的一个典范。对这一章有用的书还有约瑟夫·里克沃特(Joseph

Rykwart)和安妮·里克沃特(Anne Rykwart)的《罗伯特·亚当和詹姆斯·亚当：人与风格》(*Robert and James Adam: the Men and the Style*,伦敦,1985)、斯蒂夫·帕里森(Steve Parissien)所著的《亚当风格》(*Adam Style*,伦敦,1992)、斯特林·博伊德(Sterling Boyd)所著的《亚当风格在美洲,1770—1820》(*The Adam Style in America, 1770—1820*,纽约,1985)。对查尔斯·卡梅伦有兴趣的读者可以参阅德米特里·史维卡斯基(Dimitri Shvidkosky)所著的《女王与建筑师》(*The Empress and the Architect*,纽黑文,1996)。

第八章　精英协会：亚当·斯密和他的朋友

关于亚当·斯密的参考书目当然非常多,尤其是因为那些记述他的人是从三个甚至四个维度来抵达他们的对象的。历史学家想象的亚当·斯密与哲学家讨论的亚当·斯密稍有不同,而经济学家设法想象出的是另外一个亚当·斯密,社会学家的也不同。例如,不妨比较一下唐纳德·温奇的《亚当·斯密的政治学》(*Adam Smith's Politics*,剑桥,1978)中描绘的亚当·斯密与罗伯特·埃尔布罗内(Robert Heilbronner)的《世俗哲学家》(*The Worldly Philosopher*,1953;第七版,1999)中的亚当·斯密。然而,欲理解其时其地的亚当·斯密,最好从理查德·谢尔的《苏格兰启蒙运动中的教会和大学:温和的爱丁堡文人》(*Church and University in Scottish Enlightenment: The Moderate Literati in Edinburgh*,普林斯顿,1985)开始,亚当·斯密在这本书中仅仅作为一个小人物出现。欲了解18世纪下半叶爱丁堡的知识环境,这本书是个必不可少的向导。此外,这本书也为理解斯密思想的接受和影响提供了一种适当的环境。介绍亚当·斯密本人的书有两本最好,一本是前面提到的唐纳德·温奇的那本,另一本是杰里·Z.穆勒(Jerry Z. Muller)的《处于其时代中的亚当·斯密》(*Adam Smith in His Time*,纽约,1993)。

当然,伊安·罗斯所撰写的亚当·斯密传记对写这一章发挥了关键作用。杜格尔·斯图尔特的《对亚当·斯密的传记性回忆》(*Biographical Memoir of Adam Smith*)也很关键,这本书最早出现于1793年,重新收录于

1966年的杜格尔·斯图尔特著作集。亚当·斯密的两部主要著作《国富论》和《道德情操论》一般都能获得,即使他的法理学讲义和《修辞和纯文艺讲义》(*Lectures on Rhetoric and Belles-Lettres*)也有现代版本,这两部著作是根据他以前的学生做的笔记编纂的。我发现对这一章最有助益的《国富论》版本是芝加哥大学出版社的版本,其编辑是埃德温·迦南(Edwin Canaan)。

威廉·罗伯逊作为历史学家和作家的声望现在几乎被遗忘了,但是斯图尔特·布朗(Stewart Brown)校订版的《威廉·罗伯逊与帝国的扩张》(*William Robertson and the Expansion of Empire*,伦敦,1997)有助于纠正这一偏差,而理查德·谢尔的优秀短文《"查理五世"与图书贸易》("'Charles V'and the Book Trade")尤有助益。

关于大卫·休谟的学术成就数量之巨,堪与关于亚当·斯密的比肩。当然了,在这里,享有主导权的是哲学家(大卫·诺顿[David Norton]的《剑桥休谟指南》[*The Cambridge Companion to Hume*]是一部优秀的总指导书,这本书1993年出版了平装本)。就如斯密的情况那样,这种关注的一个关键优势是,几乎休谟的所有著作都有这样那样的印刷形式,包括他的《道德、哲学及文学随笔》,其中最好的是尤金·米勒(Eugene Miller)在1985年为自由出版社编辑的那个版本。即使休谟的《英格兰史》也有适合一般读者阅读的删节版。当然了,不读邓肯·福布斯的《休谟的哲学政治学》(*Hume's Philosophical Politics*,剑桥,1975)及J. G. A. 波克科(J. G. A. Pocock)的《马基雅维利时刻》(*The Machivallian Moment*,普林斯顿,1975)关于休谟的相关部分,就没有人会把休谟当做一个历史学家。在我形成对亚当·斯密的研究路径的过程中,《马基雅维利时刻》也发挥了决定作用。

我对休谟的阐释肯定会让人觉得存在争议,这并不奇怪,因为早在两百年前,休谟就是一个有争议的人物。在大卫·利文斯通的《休谟的日常生活哲学》(*Hume's Philosophy of Common Life*,芝加哥,1981)中,可以找到一种与我的不同,在某些方面还很令人信服的路径。但无论怎样,任何一种把休谟当做一个历史人物的严肃处理的基础都将是欧内斯特·莫斯纳撰写的无法逾越的休谟传记《大卫·休谟的一生》（牛津，1954，现在这本传记有了平装本），以及他关于休谟的论文集《被遗忘的休谟》（*The Forgotten Hume*，1943年首次出版）。尼古拉斯·菲利普森（Nicholas Phillipson）的《休谟》（*Hume*）是一本具有启发性、显现出才华的简要传记，1989年由剑桥大学出版社出版，但不幸的是，现在这本书已经绝版了。一般的读者会从细读休谟的短篇自传（这篇传记被收入自由出版社的《随笔》），甚至细读《大卫·休谟书信集》（*Letters of David Hume*，牛津，1912）中找到乐趣。

亚当·弗格森是个精彩的小文化产业的接受者，而这要感谢他与休谟、斯密的关系，他们也是他最严厉的批评者。他的《文明社会史论》有两种现代版本，而关于它的优秀的批评性研究则有很多，其中最好的可能是邓肯·福布斯的《亚当·弗格森与共同体思想》（*Adam Ferguson and the Idea of Community*，佩斯利，1979）。关于弗格森对欧洲思想的影响，法尼亚·奥茨－扎尔茨贝格（Fania Oz-Salzberger）的《翻译启蒙：18世纪德国的苏格兰公民话语》（*Translating the Enlightenment*：*Scottish Civic Dicourse in Eighteenth Century Germany*，牛津，1995）中有很好的研究，这一研究清晰地显示了弗格森对费希特、黑格尔（进而对马克思）等德国思想家的影响。J. G. A. 波克科的权威著作《野蛮与宗教：爱德华·吉本的启迪，1737—1764》（*Barbarism and Religion*：*The Enlightenments of Edward Gibbon*，*1737—1764*，剑桥，2000）详细记述了爱德华·吉本与苏格兰学派的关系。关于吉本所欠休谟之债的引文来自《爱德华·吉本自传》（*The Autobiography of Edward Gibbon*），这本书于1896年在伦敦出版，其编辑为约翰·莫里。

第九章　“伟大的设计”：苏格兰人在美洲

关于初期的苏格兰大移居，我必须提及两本价值无量的指导书。邓肯·布鲁斯的《苏格兰人的标志》（*Mark of the Scots*，Seacaucus，1996）是一本全面的参考指南，不仅对探究苏格兰对美洲生活的影响如此，对探究它对全球的影响也是如此。布鲁斯先生更系谱的方法与我的方法不同，我们在某些细节方面也有不同看法，例如，苏格兰人是否实际上在哥伦布之前就发现了美洲。但通过利用他制作的苏格兰历史名人目录，我的工作变得容易多了，这个目录被他当做了《历史上影响最大的100位苏格兰人的肖像》(*The Scottish One Hundred: Portraits of History's Most Influential Scots*，纽约，2000)的附录。布鲁斯的课题有一个年代较远的模范，这就是乔治·弗雷泽·布莱克(George Fraser Black)的《美洲的苏格兰标志》(*Scotland's Mark on America*，纽约，1921)，这本书依然有用。

阿尔斯特苏格兰人在美洲的影响的标准指南是詹姆斯·利伯恩(James Leyburn)的《苏格兰—爱尔兰人社会史》(*The Scottish-Irish: A Social History*，教堂山，1969)。在很多方面，它都是一部陈旧的著作。利伯恩也拒绝把苏格兰—爱尔兰人看做苏格兰人。正如我希望在这一章厘清的那样，这种观点我不能认同。实际上，这两个群体与来自英格兰边界地区的定居者有很多相同之处，这也是大卫·哈克特·费舍尔(David Hackett Fisher)在其《阿尔比恩的种子：美洲的四种英国习俗》(*Albion's Seed: Four British Folkways in America*，牛津，1989)中提出的观点，这本书是这一章上半部分的主要来源，尤其是我对词语和用具的讨论。另外，利伯恩和格雷迪·麦克温尼(Grady McWhiney)的《穷苦白人文化：凯尔特人的老南方之路》(*Cracker Culture: Celtic Ways to the Old South*，Tuscaloosa，1988)也是来源之一。

此外，涉及18世纪苏格兰人与美洲人关系的还有两本好书，其一是W. R. 布洛克(W. R. Brock)的《苏格兰裔美洲人》(*Scotus Americanus*，爱丁堡，1982)，其二是安德鲁·胡克(Andrew Hook)的《苏格兰与美洲文化关系研究》(*Scotland and America: A Study of Cultural Relations*，格拉斯哥，1975)。关于苏格兰对大觉醒的影响，我的来源是玛丽莲·韦斯特坎普(Marilyn Westerkamp)的《普通信徒的胜利：苏格兰—爱尔兰虔诚与大觉醒，1625—1760》(*Triumph of the Laity: Scots-Irish Piety and the Great Awakening, 1625—1760*，牛津，1988)。至于本杰明·拉什，我依赖的是唐纳德·德里亚(Donald D'Elia)的《美国革命哲学家本杰明·拉什》(*Benjamin Rush: Philosopher of A-*

merica Revolution，费城，1979），我所引用的塞缪尔·戴维斯校长的话出自约翰·克洛斯（John Kloos）的《神圣感：本杰明·拉什博士的共和国灵性》（*A Sense of Deity：The Republic Spirituality of Doctor Benjamin Rush*，布鲁克林，1991）。

大多数美国人对约翰·威瑟斯庞在他们的革命和独立宣言的形成过程中发挥的作用一无所知。即使学者也很少将其列入那群人数极少的"奠基之父"中去，这可能是因为他作为一个神职人员的特殊身份。尽管如此，一种威瑟斯庞研究的学术亚文化群体依然方兴未艾。托马斯·米勒（Thomas Miller）编辑了《约翰·威瑟斯庞选集》（*The Selected Writings of John Witherspoon*，Carbondale，1990），其中收录了中心文本《上帝的主权》（"The Dominion of Providence"）。L. 戈登（L. Gordon）最近出版了一部威瑟斯庞思想的研究著作，名为《约翰·威瑟斯庞的虔诚：教堂长椅、讲道坛和公共论坛》（*The Piety of John Witherspoon：Pew，Pulpit，and Public Forum*，日内瓦出版社，2000）。在理查德·谢尔和杰弗里·斯密顿（Jeffrey Smitten）的《启蒙时代的苏格兰与美洲》（*Scotland and America in the Age of Enlightenment*，爱丁堡，1990）收录的几篇文章中，威瑟斯庞扮演了一个主要角色。然而，唯一详尽的威瑟斯庞传记依然是瓦纳姆·科林斯（Varnum Collins）撰写的两卷本《威瑟斯庞校长传》（*President Witherspoon：A Biography*，普林斯顿，1925）。威瑟斯庞应召就任普林斯顿校长的故事来自莱曼·巴特菲尔德（Lyman Butterfield）的《约翰·威瑟斯庞来到美洲》（*John Witherspoon Comes to America*，普林斯顿，1953）。

我探究苏格兰启蒙运动对美国奠基之父们的影响，遵循了一种更常见的路径。即使一般的读者也能够欣赏道格拉斯·阿代尔具有启发性的优秀之作《政治学可能简化为一种科学：大卫·休谟、詹姆斯·麦迪逊和第十个联邦主义者》（"That Politics May Be Reduced to a Science：David Hume，James Madison，and the Tenth Federalist"），这篇文章被收录在特雷弗·科尔伯恩（Trevor Colborn）编辑的《道格拉斯·阿代尔论文集》（*Eassys by Douglass*

Adair,纽约,1974)中得以再版。正是在这篇文章中,阿代尔决定性地陈述了我的中心观点,即"1776 年那些中途投身于战争的年轻人,曾受过苏格兰社会科学文本的训练"。盖里·威尔斯(Garry Wills)以多少有些不同的方式在其《发明美国:杰斐逊的独立宣言》(*Inventing America: Jefferson's Declaration of Independence*,纽约,1978)中表达了相同的观点。威尔斯遭到批评说,他在其苏格兰影响的探寻中撒网太宽,并试图将苏格兰启蒙运动的所有不同元素纳入一个单一的公有制社会范式。这些批评是很公正的。但是,他也值得大受赞扬,因为他迫使所有人去关注在美国革命的精神框架形成的过程中哈奇森、里德、休谟等思想家发挥的关键作用。

就托马斯·里德本人而言,关于他的文献几乎(不完全)和大卫·休谟的一样丰富。如果想了解他,也许最好从克鲁德·哈康森(Knud Haakonsen)1990 年为普林斯顿大学编辑的《实践伦理学》(*Practical Ethics*)中的具有启发性的前言开始。在其为《托马斯·里德的哲学演讲》(*The Philosophical Orators of Thomas Reid*, Carbondale, 1989)写的前言中,D. D. 托德(D. D. Todd)也提供了一个优秀的托马斯·里德哲学的总结。我还发现,皮特·J. 戴尔蒙德(Peter J. Diamond)的《常识与改善:作为社会理论家的托马斯·里德》(*Common Sense and Improvement: Thomas Reid as social Theorist*,现在有平装版)和乔治·大卫(George David)的经典研究《苏格兰常识哲学的社会意义》(*The Social Significance of Scottish Philosophy of Common Sense*,邓迪,1973 年)也很有用。

最后,我对詹姆斯·威尔逊的讨论依靠的是马克·大卫·霍尔(Mark David Hall)的《詹姆斯·威尔逊的政治与法律哲学,1742—1798》(*The Political and Legal Philosophy of James Reid, 1742—1798*,哥伦比亚,MO,1997),以及前面已经引用的谢尔和斯密顿编辑的《启蒙时代的苏格兰与美洲》那一卷中收录的优秀之作《国家陪审团》("A Jury of the Country"),它的作者是香侬·斯廷森(Shannon Stimson)。

第十章 北部的光芒：苏格兰人、自由主义者与改革

爱丁堡所谓的黄金时代，大致开始于亚当·斯密辞世的1790年，终于国王巡视的1820年。欲了解这一段历史，最好的方式可能是直奔其源头。这其实指的是亨利·考科伯恩的《他的时代的纪念物》(*Memorials of His Time*)，这本书最容易获得的是1974年芝加哥大学版本，其编辑是卡尔·米勒(Karl Miller)，尽管它已经绝版，但应该能在任何一家好的图书馆里找到。此外，对于苏格兰建筑学和城市规划这个较晚时期而言，其中包括新大学和夏洛特广场的建造，扬森的《古典爱丁堡的形成》仍然是有用的。大卫·戴西斯的《沃尔特·司各特爵士及其世界》(*Sir Walter Scott and His World*，纽约，1971)干净利落地总结了那一时代的文化，保罗·约翰逊(Paul Johnson)的《现代的诞生，1815—1830》(*The Birth of Modern, 1815—1830*，纽约，1991)中涉及苏格兰的部分亦是如此，但不幸的是，它只谈了爱丁堡，忽视了新思想和新人的另外两个动力室格拉斯哥和阿伯丁。

关于苏格兰如何从启蒙运动中脱胎而出、在19世纪早期接管了英国的文化控制的完整历史，此前一直无人讲述。然而，在《苏格兰启蒙运动与维多利亚时代早期英格兰社会》(*The Scottish Enlightenment and the Early Victorian English Society*，伦敦，1986)中，阿南德·齐尼斯指出了道路及其主要特征。齐尼斯完全领悟到了约翰·米勒的重要性，就像在其令人陶醉的《高贵的政治学学科论文集》(*Essays, That Noble Science of Politics*，剑桥，1983)中，约翰·巴罗(John Burrow)、斯特芬·科里尼(Stefan Collini)、唐纳德·温奇发现了杜格尔·斯图尔特在维多利亚时代早期精神形成中所发挥的作用。我们现在仍在等待一份关于斯图尔特的权威研究或传记。因此，为了理解斯图尔特与托马斯·里德的关系，我求助于约翰·维奇(John Veitch)的《杜格尔·斯图尔特回忆录》(“A Memoir of Dugald Stewart”)，这篇文章被收录在1966年版斯图尔特的《对亚当·斯密、威廉·罗伯逊、托马斯·里德的传记性回忆录》(参见第八章》)中。关于斯图尔特对英格兰精神的吸引力的

引文来自詹姆斯·麦考什关于斯图尔特的一篇论文,这篇论文被收录在《苏格兰哲学》(*Scottish Philosophy*)中,有各种各样的重印版本,甚至网上也有(www. utm. edu/research/iep/text/mccosh/mccosh)。

杜格尔·斯图尔特在学术的边缘徘徊。这样的命运没有降临到他那些才华横溢的创办《爱丁堡评论》的学生身上。约翰·克莱夫(John Clive)的《苏格兰评论家:爱丁堡评论,1802—1815》(*Scotch Reviewers: The Edinburgh Review, 1802—1815*,伦敦,1957)堪称经典研究,乔安妮·沙托克(Joanne Shattock)的《政治学与评论:爱丁堡评论与每季批评》(*Politics and Reviews: The Edinburgh Review and the Quarterly*,Leicester,1989)、拜亚尼玛利亚·丰塔纳(Bianeamaria Fontana)的《商业社会政治学的反思:爱丁堡评论》(*Re-thinking the Politics of Commercial Society: The Edinburgh Review*,剑桥,1985)可以作为补充。目前有布鲁厄姆和杰弗里的几部传记存世,包括亨利·考科伯恩对其朋友杰弗里价值难以估量的描述。我发现罗伯特·斯图尔特(Robert Stewart)的《亨利·布鲁厄姆》(*Henry Brougham*,伦敦,1985)特别有用。当洛锡安工人得知托利党人落败、辉格党人胜选时,他们欢呼"亨利·布鲁厄姆万岁",关于这一场景的引文就出自这本书。

关于托马斯·麦考利,有一本书不错,这就是约翰·克莱夫的《作为历史学家的麦考利的成长》(*Macaulay: The Shaping of the Historian*,纽约,1973)。麦考利最重要的两篇议会演讲见于他各种各样的随笔集中,因为它们被一度认为是英语散文不可或缺的典范。今天我们不需要麦考利了,因为我们有了琼·狄迪翁(Joan Didion),或者还有 P. J. 奥罗克(P. J. O'Rourke),所以这些集子在市面上很难找到,但从一个二手书店或公共图书馆找到一本还是有可能的。

第十一章　最后的吟游诗人:沃尔特·司各特爵士与高地复兴

除了三十多年前出版的埃德加·约翰逊(Edgar Johnson)撰写的两卷本《沃尔特·司各特爵士:伟大的默默无闻者》(*Sir Walter Scott: The Great Un-*

known,伦敦,1970),再无标准长度的沃尔特·司各特爵士的文学传记,原因何在?其一,毋庸置疑,司各特仍然是最被低估的现代文学大家之一。威廉·哈兹里特这样评价司各特:"他最坏的东西也比其他人最好的东西要好。"他的小说尽管被数代严肃的批评家忽视,但却被拍成了广受欢迎的电影(有《艾凡赫》、《罗布·罗伊》为证)。对于这样一个作家来说,被忽视是一种可悲的命运。因此,严肃的读者仍需要去阅读《沃尔特·司各特爵士日记》(*The Journal of Sir Walter Scott*,一卷本,爱丁堡,1950),以及他的女婿詹姆斯·J. 洛克哈特撰写的传记《沃尔特·司各特爵士的一生》(*The Life of Sir Walter Scott*,七卷本,出版于1837—1838年间)。当然了,在埃里克·奎尔(Eric Quayle)撰写的一本古怪小书《沃尔特·司各特爵士的毁灭》(*The Ruin of Sir Walter Scott*,纽约,1968)中,洛克哈特本人遭到了猛烈攻击。奎尔把司各特晚年的金融灾难直接归罪于司各特本人,指责洛克哈特掩盖了事实。

由于其与1822年国王巡视的关系,司各特也遭到了苏格兰民族主义作家的嘲笑。然而,在《沃尔特·司各特与苏格兰》(*Walter Scott and Scotland*,爱丁堡,1981)中,保罗·H. 司各特同情司各特,对司各特的处理显示出了深刻的洞察力。读者唯一的愿望是,这本书应该再长一点儿。对于大卫·戴西斯的《沃尔特·司各特爵士及其世界》(前面第十章提到过)而言,亦是如是。格雷厄姆·麦克马斯特(Graham McMaster)很好地概述了司各特对苏格兰历史学派的依赖,其中包括对约翰·米勒的依赖。关于司各特与其他民俗学者、苏格兰遗产搜集者的关系,包括与霍格、詹姆斯·威尔逊的关系,那位学者求助了简·米尔盖特(Joan Millgate)的《沃尔特·司各特:小说家的诞生》(*Walter Scott: The Making of the Novelist*,多伦多,1984)和唐纳德·卡斯维尔(Donald Carswell)的《司各特及其圈子》(*Scott and His Circle*,花园城,纽约,1930)。

据统计,罗伯特·彭斯的传记超过900种,但只有一种能满足所有可能的欣赏口味。我求助的是彭斯书信的编辑詹姆斯·麦凯(James MacKay)的《罗伯特·彭斯传》(*RB: A Biography of Robert Burns*,爱丁堡,1992)。但是,大卫·戴西斯写的任何一本传记都值得一读,其中包括他的《罗伯特·彭斯》(*Robert Burns*,纽约,1966),休·道格拉斯则在《罗伯特·彭斯:易燃的心》(*Robert Burns: The Tinder Heart*,1999)中提供了一种新版的彭斯生平。别的任何与彭斯研究相关的东西均可在《彭斯百科全书》(*The Burns Encyclopedia*)中找到,这本书出版于1959年,编辑为莫里斯·林德赛(Maurice Lindsay),但于最近的1996年以平装本重新出版了。当然了,彭斯的诗几乎随处可见,有的印刻在那些最具文学气质的苏格兰人的头脑中。

关于詹姆斯·麦克弗森,最好的书当属菲奥娜·斯塔夫(Fiona Stafford)的《崇高的野蛮人:詹姆斯·麦克弗森及莪相之诗研究》(*The Sublime Savage: James McPherson and the Poems of Ossian*,爱丁堡,1988)。斯塔夫还给最现代版的《莪相的诗》(*The Poems of Ossian*)写了序言,这本书爱丁堡大学1996年出了平装版,编辑为伊洛沃德·加斯基尔(Iloward Gaskill)。

约翰·柏宝在其1963年同名书籍中讲述了高地清洗令人伤心的故事,但本书需要托马斯·迪瓦恩的《自耕农战争的家族性》加以平衡。亚历山大·麦肯齐的《高地清洗史》也很有用,这本书1883年问世,但爱丁堡的梅卡(Mercat)出版社已将其重新出版,本章所引用的唐纳德·麦克劳德对萨瑟兰的斯特拉斯纳沃尔清洗的描述就出自这本书。詹姆斯·罗伯逊撰写的大卫·斯图尔特传记《高地第一人:加斯的大卫·斯图尔特少将》(*The First Highlander: Major-General David Stewart of Garth*,爱丁堡,1998)不仅提供了大量关于大卫·斯图尔特事业和著作的信息,还详尽描述了他在国王巡视中扮演的角色。关于后一点,读者还可参阅约翰·柏宝的《国王的巡游》。关于苏格兰身份认同和高地传统之"发明"、甚至高地自身(就是说,围绕着它们构建一种意识形态神话)之"发明"的书很多,任何对这一问题感兴趣的人都能找到与自己的观点和情感(通常从稍微感觉有趣到愤怒都有)相合的作者。我认为罗伯特·克莱德的《从反叛者到英雄:高地人的形象》(见于前面第五章)与其他书差不多,但为了安全起见,可以这么说,在这个带有偏见、反复不定的问题上,谁都没有决定权。

第十二章 实践：科学与工业中的苏格兰人

关于这一章，以及接下来的两章，我的资源的数量和种类是如此之多，以至于难以进行精确的总结。因此，我将仅限于指出引文、事实的出处，以及对于那些有明辨力的读者而言，哪些书特别有用。

我依靠了两部关于詹姆斯·瓦特的毋庸置疑的杰作，其一是约翰·罗德（John Lord）的《资本与蒸汽动力》（*Capital and Steam Power*），这本书出版于1923年，1965年再版；其二是托马斯·马歇尔（Thomas Marshall）撰写的瓦特传记，出版于1925年。关于格拉斯哥的教授与当地工业企业家的关系的讨论出自大卫·戴西斯收录在《天才的温床》中的论文，该书中还有一篇关于詹姆斯·赫顿的有价值的文章。任何关于苏格兰医学的起源及影响的讨论，其出发点都应该是大卫·汉密尔顿的《医生们：苏格兰医学史》（*The Healers：A History of Medicine in Scotland*，爱丁堡，1981）。关于布尔哈弗及其学生，G. A. 林德伯姆（G. A. Lindeboom）的《赫尔曼·布尔哈弗及其工作》（*Hermann Boerhavve：The Man and His Work*，伦敦，1968）是标准著作。A. J. 多诺万（A. J. Donovan）的《苏格兰启蒙运动中的哲学化学》（*Philosophical Chemistry in the Scottish Enlightenment*，爱丁堡，1975）细致地描述了医学与哲学关系的背景。

亨特兄弟的传记倒有几本，不过并不总是容易获得。我发现查尔斯·伊林沃斯（Charles Ilingworth）的《威廉·亨特的故事》（*The Story of William Hunter*，爱丁堡，1967）依然有用，乔治·奎斯特（George Quist）的《约翰·亨特，1728—1793》（*John Hunter，1728—1793*，伦敦，1981）亦是如此，而年代最近、最好的一篇文章当属罗伊·波特（Roy Porter）撰写的关于威廉·亨特的文章，这篇文章被收录在理查德·谢尔编辑的《格拉斯哥启蒙运动》中。苏格兰医生在曼彻斯特及别处公共卫生政策发展中所起的作用出自阿南德·齐尼斯的《苏格兰启蒙运动与维多利亚时代早期英格兰社会》。

如欲全面了解苏格兰和英国的交通革命，可阅读 A. R. B. 霍尔丹（A. R.

B. Haldane)的《穿越峡谷的新路:19 世纪早期高地道路、桥梁和隧道的建造者》(*New Ways through the Glens*: *Highland Road*, *Bridge*, *and Canal Makers in the Early Nineteenth Century*,伦敦,1962)。关于约翰·麦克亚当的传记,我最喜欢 W. J. 里达(W. J. Reader)的《麦克亚当:麦克亚当一家与收费公路》(*Macadam*: *The Macadam Family and the Trunpike Roads*,伦敦,1980)。至于托马斯·特尔福德,其年代最近的传记于 2000 年在伦敦出版,作者是安东尼·伯顿(Anthony Burton),但我依赖更多的是德雷克·贝克特(Derrick Beckett)的《特尔福德的英国》(*Telford's Britain*,纽顿—阿伯特,1987)。在保罗·约翰逊的《现代的诞生》(前面第十章提到过)中,有一段关于特尔福德的记述激动人心,也比较有用。关于亨利·贝尔和汽船,可阅读布莱恩·奥斯本的《发明天才贝尔先生》(*The Ingenious Mr. Bell*,阿盖尔,1995)。塞缪尔·斯迈尔斯的《自助》有各种版本,但他的《工程师们的生平》(*Lives of Engineers*)同样值得关注,并且对我撰写这一章起到了帮助。斯迈尔斯自己应该受到立传的待遇,但不幸的是,大多数讨论过他的作者都太轻视或太谦逊,因此他们的书只有一时的价值。

最后,另一种苏格兰工程师研究不应该被错过,这就是对罗伯特·刘易斯·斯蒂芬逊家族及其灯塔建造事业的研究,贝拉·巴瑟斯特(Bella Bathurst)的《建造灯塔的斯蒂芬逊一家》(*The Lighthouse Stevensons*,纽约,1999)对此有详细的、令人愉悦的描述。

第十三章　日不落:苏格兰人与大英帝国

我第一次看到罗伯特·刘易斯·斯蒂文逊那句话,是在伊安·麦克劳德(Ian MacLeod)的《苏格兰人》(*Scots*)中看到的,我毫不犹豫地就在这里借用了。苏格兰人海外大移居是个大而复杂的课题,最好的着手之处可能是托马斯·迪瓦恩的《苏格兰民族史》中关于移民的那一章,以及 R. A. 凯奇(R. A. Cage)编辑的《海外苏格兰人,1750—1914》(*The Scots Abroad*, *1750—1914*,伦敦,1985)中的论文集。戈登·唐纳德森(Gordon Donaldson)的《海外苏格兰人》(*The Scots Overseas*,韦斯特波特,康涅狄格州,1976)也值得一读。

邓肯·布鲁斯的《苏格兰人的标志》中也有一个苏格兰人与大英帝国的章节。詹姆斯·莫里斯(James Morris)的《上帝的命令:帝国的进步》(*Heaven's Command: An Imperial Progress*,伦敦,1973)有趣地总结了巅峰时期的大英帝国。但是,它甚至没有特别提及苏格兰人,除了一篇关于查尔斯·纳比尔的歪曲、诙谐的随笔,我在这一章里引用了这篇随笔。

保罗·约翰逊在《国家的诞生:帕斯利的军事政策及大英帝国的制度》(*The Birth of the Nation: Pasley's Military Policy and Institutions of the British Empire*)中讨论了查尔斯·帕斯利,这部书一版再版,我选用的是在伦敦出版的第四版,这一版的内容终于1813年拿破仑战争。1975年芝加哥大学出版社出版了密尔的《英属印度的历史》的一个删节本,其编辑是威廉·托马斯(William Thomas),一些二手书店可能有售。剑桥大学出版社出版的詹姆斯·密尔所著的《政治著作》(*Political Works*)选集更容易获得。对达尔豪西提高印度妇女生活品质的尝试,苏雷士·钱德拉·戈什(Suresh Chandra Gosh)在《达尔豪西在印度,1845—1856》(*Dalhousie in India, 1845—1856*,新德里,1973)中进行了很有感染力的总结。

"复仇女神号"的故事及其在第一次鸦片战争中所发挥的作用源自丹尼尔·赫德里克(Daniel Headrick)的《帝国的工具:技术与19世纪欧洲的帝国主义》(*Tools of Empires: Technology and European Imperialism in the Nineteenth Century*,牛津,1981),这本书也概括了后膛枪及其火帽的影响。关于加丁·马西森,可阅读罗伯特·布莱克(Robert Blake)有趣的《加丁·马西森的历史》(*Jardine Matheson: A History*,伦敦,1999)。关于在加拿大的苏格兰人,可阅读斯坦福·里德的《加拿大的苏格兰传统》(*The Scottish Tradition in Canada*,Guelph,1976)。关于奥克尼岛民在哈德逊湾公司中发挥作用的记述源自彼得·纽曼(Peter Newman)的《冒险者的公司》(*Company of Adventures*,纽约,1985),关于乔治·辛普森的描述来自巴特利特·布雷布纳

(Bartlett Brebner)的《加拿大现代史》(*Canada: A Modern History*,Anne Arbor,1960)。约翰·肯尼斯·加尔布雷斯(John Kenneth Galbraith)的《苏格兰人》(*The Scots*,第二版,波士顿,1985)对加拿大的苏格兰遗产的描述既迷人,又机敏。关于格伦加里的引文出自詹姆斯·亨特的《一种被称为美洲的舞蹈:苏格兰高地人在美国和加拿大》(*A Dance Called America: The Scottish Highlands in the United States and Canada*,爱丁堡,1994),这本书对这一章和下一章都有帮助。克拉克·布莱斯(Clark Blaise)写了一本桑福德·弗莱明的新传记,名为《时间的主人:桑福德·弗莱明与标准时间的创造》(*Time Lord: Sandford Fleming and the Creation of Standard Time*,纽约,2001)。

关于拉克兰·麦考里,可阅读罗伯特·休斯(Robert Hughes)令人痴迷的《致命海岸》(*The Fatal Shore*,纽约,1987)。我对利文斯通博士的描述十分依赖乔治·西弗(George Seaver)的《大卫·利文斯通的生平及书信》(*David Livingstone: His Life and Letters*,纽约,1957)。在这个多元文化时代,一些传记作者试图丑化利文斯通的传奇,但即使朱迪思·利斯托维尔(Judith Listowel)在《利文斯通的另一面》(*The Other Livingstone*,1974)中的批评,也只是声称她发现有些对利文斯通的赞扬应归于他人。多萝西·赫莉(Dorothy Helly)的《利文斯通的遗产》(*Livingstone's Legacy*,雅典,俄亥俄州,1987)在为利文斯通的进步种族观辩护中结束。

第十四章　自力更生:苏格兰人在美国

我以为,欲理解苏格兰人对美国作出的贡献,除了已经提到的邓肯·布鲁斯和乔治·布莱克的著作(参见前面第九章),最好的指导书是伯纳德·阿斯平沃尔的《可移植的理想国:格拉斯哥与美国,1820—1920》(*Portable Utopia: Glasgow and the United States, 1820—1920*,阿伯丁,1984),以及他紧凑的文章《苏格兰人在美国》("The Scots in the United States",参见前一章提到的凯奇编辑的那本论文集)。移居美国的移民的数量来自戈登·唐纳德森的《海外苏格兰人》(前面也提到过)。

在《苏格兰启蒙运动与美国大学的典范》(*The Scottish Enlightenment and American College Ideal*,纽约,1971)中,道格拉斯·斯隆(Douglas Sloan)对苏格兰对美国教育的贡献的描述是可靠的。大卫·赫费勒(David Hoeveler)的《詹姆斯·麦考什与苏格兰智力传统》(*James McCosh and the Scottish Intelligent Tradition*,普林斯顿,1981)可以对斯隆的书加以补充。乔治·加丁值得拥有他自己的传记,19 世纪出版的《哲学教育提纲》(*Outlines of Philosophical Education*)仍大量存世,这本书本身就很重要,但加丁本人在很大程度上仍被忽视了,甚至在斯隆的其他优秀著作中也是如此。

我对在加利福尼亚的苏格兰人的记述很大程度上要归功于两本书,其一是凯文·斯达尔(Kevin Starr)的《美国和加利福尼亚之梦》(*America and the California Dream*,牛津,1973),其二是布莱恩特·戴金(Bryant Dakin)的《苏格兰同胞雨果·里德在加利福尼亚的生活,1832—1852》(*A Scotch Paisano: Hugo Reid's Life in California, 1832—1852*,伯克利,加利福尼亚,1939)。关于威廉·泰勒,可阅读约翰·保罗的《灵魂矿工,或威廉·泰勒的生平和时刻》(*The Soul Digger or The Life and Times of William Taylor*,1928)。我利用 S. I. 普林(S. I. Prinne)的《塞缪尔·莫里斯生平》(*The Life of Samuel F. B. Morse*, LL. D.,纽约,1875)来探究莫里斯的苏格兰和苏格兰—爱尔兰家系,利用罗伯特·布鲁斯的《铃声:亚历山大·格雷厄姆·贝尔与对孤独的征服》(*Bell: Alexander Graham Bell and the Conquest of Solitude*,波士顿,1973)来探究那位电话发明者的生平。在《历史上影响最大的 100 位苏格兰人的肖像》中,邓肯·布鲁斯关于贝尔的评论概括了贝尔在兰利飞机的研制中发挥的作用。至于其他细节,可以从史密森航空航天博物馆的展览中点滴搜集。

与其同行约翰·D. 洛克菲勒和 J. P. 摩根不同,安德鲁·卡内基仍然没有找到一个能将其生平转化成畅销书的作者。于是我利用了两本书,其一是年代较早的《安德鲁·卡内基》(*Andrew Carnegie*,纽约,1970),其作者为约瑟夫·弗雷泽·沃尔(Joseph Frazier Wall),其二是哈罗德·利夫赛(Harold Livesay)简洁、美妙的《安德鲁·卡内基与大企业的兴起》(*Andrew Carnegie and the Rise of Big Business*),这两本书都有平装版。但对卡内基感兴趣的读者不必止步于此,《卡内基自传》有很多现代版本,不仅是个信息矿藏,写得也很吸引人,尤其是关于苏格兰的章节。

尾 声

关于19世纪晚期苏格兰可怕的日常生活环境,我引用的是C. W. 希尔(C. W. Hill)的《爱德华七世时代的苏格兰》(*Edwardian Scotland*,1976)。然而,关于这些年的苏格兰有更好、更详尽的记述,其中包括托马斯·迪瓦恩的《苏格兰民族史》后面几章,以及I. G. C. 哈奇森(I. G. C. Hutchison)的《19世纪苏格兰的政治》(*Scottish Politics in the Nineteenth Century*,伦敦,2001)。欲了解苏格兰蒸馏产业在19世纪的快速兴起及之后的衰落,大卫·戴西斯的《苏格兰威士忌的过去与现在》(*Scotch Whisky: Its Past and Present*,格拉斯哥,1976)是一部完美的指南。为了试着理解詹姆斯·邦德,我总是求助于金斯利·艾米斯的《詹姆斯·邦德档案》(*The James Bond Dossier*,伦敦,1967),可惜这本书现在已经绝版。

帕特·柏博尔(Pat Berber)在其《王朝石》(*Stone of Destiny*,爱丁堡,1997)中给出了关于斯昆石最新最好的描述,勇敢地尝试从围绕那块石头的起源及流传的很多版本的虚构故事中整理出事实。凯·马西森关于1950年盗窃案的目击报告就出自这本书,那块石头返回苏格兰时伊安·汉密尔顿说的那番话亦是如此。在书架上,关于苏格兰民族主义和权力下放条件下苏格兰的未来的书逐月增加,然而,关于那一运动的起源及与主流政治的关系,我认为基斯·韦伯的《苏格兰民族主义的成长》(*The Growth of Nationalism in Scotland*,格拉斯哥,1977)的记述最好、最平衡。在1971年,无论韦伯还是别的什么人,都不知道苏格兰民族主义党最终将终结于何处。足够奇怪的是,这一事实赋予了这本书一种超然的视角,而更近、更狂热的记述缺乏的也正是这样一种视角。科林·基德(Colin Kidd)的《颠覆苏格兰的过去:苏格兰辉格党历史学家及一种盎格鲁—不列颠身份的创造》(*Subverting Scotland's Past*: *Scottish Whig Historians and the Creation of an Anglo-British Identity*,剑桥,1993)其实是一部比其书名所暗示的要平和很多的书,它揭示了存在于两者之间的一种紧张状态,其一是苏格兰启蒙运动既为苏格兰人也为英国人提供了一种确立现代身份的愿望,其二是传统主义者对苏格兰的过去(其中包括《阿布罗斯宣言》)的自豪。对于那些希望从民族主义视角看待这些事务的人来说,威廉·弗格森的《苏格兰的民族认同》(爱丁堡,1988)唾手可得。人们只能希望这种讨论最终将以一种较少愤怒的调子结束。

致谢

篇幅有限,使我无法向那些通过智慧之语及慷慨表示帮助完成这本书的个人或机构一一表达适当的谢意。不过,下面是这些个人或机构的名单:格拉斯哥米切尔(Mitchell)图书馆、爱丁堡苏格兰国家图书馆、弗洛格尔·莎士比亚(Folger Shakespeare)图书馆、国会图书馆、乔治敦大学劳因格(Lauinger)图书馆、乔治·梅森大学芬维克(Fenwick)图书馆、约翰斯·霍普金斯大学常青树协会(Evergreen Society);亚当·贝罗(Adam Bellow)、约翰·比林斯(John Billings)、丹尼尔·布尔斯廷(Daniel Boorstin)、詹尼弗·布拉德肖(Jennifer Bradshaw)、丽莲·布朗(Lillian Brown)、费伊·戴尔·布朗宁(Faye Dale Browning)、约翰·巴克利·伯恩斯(John Barclay Burns)、杰克·森瑟(Jack Censer)、简·克里沃(Jan Cleaver)、黛博拉·戈麦斯(Deborah Gomez)、伊安·哈兹里特、林恩·霍普夫加藤(Lynn Hopffgarten)、彼得·克莱帕(Peter Klepper)、尼克·莱昂斯(Nick Lyons)、安格斯·麦克唐纳(Angus MacDonald)、罗伯特·马西森、杰里·Z.穆勒、马文·莫里(Marvin Murray)、尼克·菲利普森(Nick Phillipson)、J. G. A.波克科、理查德·谢尔、卡洛琳·辛瑟尔博克斯(Caroline Sincerbeaux)、罗伯特·韦(Robert Vey)、大卫·伍顿(David Wooton)、弗雷德·沃沙夫斯基(Fred Warshofsky)。

保罗·柯达(Paul Koda)耐心听取了我关于这一项目的最初计划,提出了一贯明智的建议,并且直到最后都是一个热情的伙伴。我博学的朋友查尔斯·T.马西森(Charles T. Matheson)阅读了整部手稿的一个早期版本。我的父母阿瑟·赫尔曼和芭芭拉·赫尔曼用他们专家一样的批评眼光审阅了定稿和长条校样。我还要特别感谢纽约大学的彼得·J. 戴尔蒙德、圣安德鲁斯大学的布鲁斯·莱曼、外交政策研究所的威尔·海(Will Hay),他们阅读了各种版本的独立章节,带着他们的所有技能和学识加以支持,认同一些观点,并就其他观点展开辩论,纠正了遍及各处的错误。如果还有什么错误的话,也完全是我一个人造成的。

此外,还有六个人,没有他们,这本书就不会存在。美国参议院的劳埃德·约翰·奥格尔维(Lloyd John Ogilvie)牧师从头至尾都提供了建议和灵感。如往常那样,林恩·楚(Lynn Chu)和格伦·哈特利(Glen Hartley)表明,他们既是聪明的伙伴,也是聪明的文学代理人。我在王冠出版公司最初的编辑鲍勃·麦考伊(Bob Mecoy)给予了热情的支持,使写作这本书既是一种乐趣,也是一种旅行。艾米丽·鲁斯(Emily Loose)中途接手,通过其优秀、高效的编辑,引导着这本书跨过了终点。

在我酝酿这一项目的五年时间里,我的妻子贝丝(Beth)给我提出了建议,赋予了我她的见识。我要把这一最终成果深情地献给她。

简明人名译名表

Adair, Douglass 道格拉斯 · 艾代尔
Adam, James 詹姆斯 · 亚当
Adams, John 约翰 · 亚当斯
Addison 阿迪森
Adolphus, Gustavus 古斯塔夫斯 · 阿道尔弗斯
Ahtoll 阿图尔
Aikenhead, Thomas 托马斯 · 艾肯赫德
Albemarle 阿尔比马尔
Alison, William 威廉 · 埃里森
Angus mór 年长的安格斯
Angus ruadh 红色的安格斯
Annandale 安南代尔
Anstruther 安思托瑟爵士
Aquinas 阿奎那
Arbuthnot, John 约翰 · 阿巴思诺特
Ardshiel 阿德希尔
Aristotle 亚里士多德
Arkwright, Richard 理查德 · 阿克莱特
Aspinwall, Bernard 伯纳德 · 阿斯平沃尔
Atterbury, Francis 弗朗西斯 · 阿特伯里
Augustine 奥古斯丁
Backus, Isaac 艾萨克 · 巴克斯
Baillie, Robert 罗伯特 · 贝里
Baird, William 威廉 · 贝尔德
Ballantyne, John 约翰 · 巴兰坦
Balliol 巴里奥
Ban, Angus 安格斯 · 班
Bannatine, Hugh 休 · 巴那丁
Barrie, James 詹姆斯 · 巴里
Bayne, Alexander 亚历山大 · 贝恩
Beattie, James 詹姆斯 · 比提
Belhaven 贝尔黑文
Bell, Alexander Graham 亚历山大 · 格雷厄姆 · 贝尔
Bell, Henry 亨利 · 贝尔
Berkeley, George 乔治 · 贝克莱
Black, Joseph 约瑟夫 · 布莱克
Blackstone, William 威廉 · 布莱克斯通
Blair, Hugh 休 · 布莱尔
Blair, Samuel 塞缪尔 · 布莱尔
Blane, James 詹姆斯 · 布莱恩
Bligh, William 威廉 · 布莱
Boerhavve, Hermann 赫尔曼 · 布尔哈弗
Bogle 博格尔

Bonnie Prince Charlie 小查理王子
Boswell, James 詹姆斯・包斯威尔
Boulton, Matthew 马修・博尔顿
Bowman 鲍曼
Boyle, Robert 罗伯特・波义耳
Brough, John 约翰・布拉夫
Brougham, Henry 亨利・布鲁厄姆
Broughton 布劳顿
Bruce, Robert 罗伯特・布鲁斯
Buccleuch 巴克卢
Buchanan 布坎南
Buchanan, Archibald 阿奇巴尔德・布坎南
Buchanan, George 乔治・布坎南
Buffon, George-Louis Leclerc de 乔治－路易・勒克莱尔・德・布丰
Bulfinch, Charles 查尔斯・布尔芬奇
Burke, Betty 贝蒂・伯克
Burke, Edmund 埃德蒙・柏克
Burke, William 威廉・伯克
Burlington 伯灵顿
Burnet, Gilbert 吉尔伯特・伯内特
Burnett, James 詹姆斯・伯内特
Burns, Robert 罗伯特・彭斯
Burton, John Hill 约翰・希尔・伯顿
Burr, Aaron 艾伦・伯尔

Calhoun, Patrick 帕特里克・卡尔霍恩
Calvin, John 约翰・加尔文
Cameron 卡梅伦
Camerons 卡梅伦
Campbell, Archibald 阿奇巴尔德・坎贝尔（伊斯雷[Islay]勋爵）
Campbell, Colin 柯林・坎贝尔
Campbell, John 约翰・坎贝尔
Carlyle, Alexander 亚历山大・卡莱尔
Carmichael, Gershom 格肖姆・卡迈克尔
Carnegie, Andrew 安德鲁・卡内基
Carstares, William 威廉・卡斯代尔斯
Carter, Landon 兰登・卡特
Catherine the Great 凯瑟琳大帝（叶卡捷琳娜二世）
Cato 加图
Chalmers, Thomas 托马斯・查莫斯
Chambers, William 威廉・钱伯斯
Charlotte 夏洛特
Chavis, John 约翰・查韦斯
Chippendale, Thomas 托马斯・齐本代尔
Chitnis, Anand 阿南德・齐尼斯
Cicero 西塞罗
Clark, George Rogers 乔治・罗杰斯・克拉克
Clarke, Samuel 塞缪尔・克拉克
Cleghorn, William 威廉・克莱格霍恩
Clerk, John 约翰・克拉克
Clive, Robert 罗伯特・克莱夫
Cobbett, William 威廉・柯贝特
Cochrane, Andrew 安德鲁・科克伦
Cockburn, Henry 亨利・考科伯恩
Coke, Edward 爱德华・寇克
Coleridge, Samuel Taylor 塞缪尔・泰勒・柯勒律治
Collum mac 科勒姆麦克（意思是某某之子）
Connery, Sean 肖恩・康纳利
Constable, Archibald 阿奇巴尔德・康斯特布尔
Constable, Andrew 安德鲁・康斯特布尔
Cook, James 詹姆斯・库克
Cooper, Anthony Ashley 安东尼・阿什利・库珀（沙夫茨伯里[Shaftesbury]伯爵）
Cope, Jonathan 乔纳森・科浦
Craig, James 詹姆斯・克雷格
Craig, Mungo 芒戈・克雷格
Cromwell, Oliver 奥利弗・克伦威尔
Cullen, William 威廉・卡伦

Cunninghame, William 威廉·坎宁安

Dale, David 大卫·戴尔
Dalhousie, James 詹姆斯·达尔豪西
Dalrymple, Hew 休·达尔林普尔
Dalrymple, John 约翰·达尔林普尔
Darmouth 达特茅斯
Darnley 达恩利
Darwin, Erasmus 伊拉斯谟斯·达尔文
Davies, Samuel 塞缪尔·戴维斯
de Saxe, Marshal 德·萨克斯元帅
Defoe, Daniel 丹尼尔·笛福
Descartes 笛卡儿
Devine, Thomas 托马斯·迪瓦恩
Dewar, Tommy 汤米·杜瓦
Dick, Robert 罗伯特·迪克
Dickinson, Jonathan 乔纳森·迪金森
Dickson, John 约翰·迪克森
Diderot, Denis 丹尼斯·狄德罗
Dio, Cassius 卡西乌斯·狄奥
Diocletian 戴克里先
Donizetti 唐尼采蒂
Doubleday, Frank 弗兰克·道布尔迪
Douglas, James 詹姆斯·道格拉斯
Drummond 德拉蒙德
Drummond, George 乔治·德拉蒙德
Dryden, John 约翰·德莱顿
Duncannon, Whip 威珀·邓坎农
Dundas, Henry 亨利·邓达斯
Dundas, Laurence 劳伦斯·邓达斯
Dundas, Robert 罗伯特·邓达斯
Dunlop, John Boyd 约翰·博伊德·邓禄普
Dunlop, William 威廉·邓禄普

Edwards, Jonathan 乔纳森·爱德华兹
Elcho 艾尔科
Eliot, Charles W. 查尔斯·W. 艾略特
Elliott, Gilbert 吉尔伯特·艾略特
Elphinstone, Mountstuart 芒斯图尔特·埃尔芬斯通
Erskine 厄斯金
Erskine, John 约翰·厄斯金

Fandino, Juan de Leon 胡安·德·莱昂·范迪诺
Fénélon, François 弗朗索瓦·芬乃伦
Fergus vic 弗格斯维克(意思是某某之孙)
Ferguson, Adam 亚当·弗格森
Ferguson, Patrick 帕特里克·弗格森
Ferrier, John 约翰·法雷尔
Fisher, David Hackett 大卫·哈克特·费舍尔
Fleming, Alexander 亚历山大·弗莱明
Fleming, Sandford 桑福德·弗莱明
Fletcher, Andrew 安德鲁·弗莱彻
Flora 弗洛拉
Forbes, Duncan 邓肯·福布斯
Forsyth, Alexander 亚历山大·福赛斯
Foulis, Robert 罗伯特·福里斯
Fountainhall 方汀霍尔
Fox, Charles James 查尔斯·詹姆斯·福克斯
Franklin, Benjamin 本杰明·富兰克林
Fraser 弗雷泽
Fraser, Luke 卢克·弗雷泽
Frederick the Great 普鲁士的腓特烈大帝
Frederick 弗雷德里克
French, William 威廉·弗兰奇
Fulton, Robert 罗伯特·富尔顿

Galbraith, John Kenneth 约翰·肯尼斯·加尔布雷斯
Garrick, David 大卫·加里克
Gibbon, Edward 爱德华·吉本

Gibbs, James 詹姆斯・吉布斯
Gifford, William 威廉・吉福德
Gladstone, William 威廉・格莱斯顿
Glassford, John 约翰・格拉斯福德
Gorden 戈登
Grant of Grandiston 格兰迪斯顿的格兰特
Grant 格兰特
Gray, Thomas 托马斯・格雷
Grotius, Hugo 胡果・格劳修斯

Hallyburton, Thomas 托马斯・哈利波顿
Hamilton, Alexander 亚历山大・汉密尔顿
Hamilton, Ian 伊安・汉密尔顿
Hannibal 汉尼拔
Hare, William 威廉・哈尔
Harley 哈利
Hatfields 哈特菲尔德家族
Hazlitt, William 威廉・哈兹里特
Hegel, Georg Wilhelm Friedrich 格奥尔格・威廉・弗里德里希・黑格尔
Herder, Johann Gottfried 约翰・戈特弗里德・赫尔德
Heysham, John 约翰・希舍姆
Hobbes, Thomas 托马斯・霍布斯
Hogg, James 詹姆斯・霍格
Hughes, Robert 罗伯特・休斯
Home, John 约翰・侯姆
Hooper, William 威廉・胡帕
Hope, Thomas 托马斯・霍普
Horace 贺拉斯
Horner, Francis 弗朗西斯・霍纳
Hume, David 大卫・休谟
Hume, Patrick 帕特里克・休姆
Hunter, John 约翰・亨特
Hunter, William 威廉・亨特
Hutcheson, Francis 弗朗西斯・哈奇森
Hutton, James 詹姆斯・赫顿

Ingres, Jean-Auguste 让－奥古斯特・安格尔
Ingram 英格拉姆
Irving, Washington 华盛顿・欧文

Jackson, Hugh 休・杰克逊
Jackson, Andrew 安德鲁・杰克逊
Janet 珍妮
Jardine, George 乔治・加丁
Jardine, John 约翰・加丁
Jardine, William 威廉・加丁
Jay, John 约翰・杰伊
Jefferson, Thomas 托马斯・杰斐逊
Jeffery, Francis 弗朗西斯・杰弗里
Jenkins, Robert 罗伯特・詹金斯
Jenner, Edward 爱德华・詹纳
John of Gaunts 冈特的约翰
Johnson, Patrick 帕特里克・约翰逊
Johnson, Gabriel 加布里埃尔・约翰逊
Johnson, Samuel 塞缪尔・约翰逊
Johnstone, James 詹姆斯・约翰斯通
Johnstone, William 威廉・约翰斯通

Kames 卡姆斯
Kant, Immanuel 伊曼纽尔・康德
Kaufmann, Angelica 安吉丽卡・考夫曼
Kenrick 肯里克
Key, Francis Scot 弗朗西斯・司各特・基
Keynes, John Maynard 约翰・梅纳德・凯恩斯
Kipling, Rudyard 拉迪亚德・吉卜林
King, William 威廉・金
Kirkcaldy of Fife 法夫郡的柯卡迪
Knight, Joseph 约瑟夫・奈特
Knox, John 约翰・诺克斯
Knox, Robert 罗伯特・诺克斯

Laird, John 约翰·莱尔德
Laird, MacGregor 麦格雷戈·莱尔德
Lauder, Harry 哈里·劳德
Lauderdale 劳德戴尔
Law, John 约翰·洛
Lee, William 威廉·李
Leechman, William 威廉·里奇曼
Leod of Lewis 刘易斯的雷欧德
Lind, Jammes 詹姆斯·林德
Livingstone, David 大卫·利文斯通
Locke, John 约翰·洛克
Lockhart, George 乔治·洛克哈特
Lockhart, John 约翰·洛克哈特
Loudun 劳顿
Loyola, Ignatius 圣依纳爵·罗耀拉(西班牙文的名字是 Ignacio de Loyola)
Luther, Martin 马丁·路德
Lyell, Charles 查尔斯·莱尔
Lynch, William 威廉·林奇

John MacArthur 约翰·麦克阿瑟
Macaulay, Thomas 托马斯·麦考利
Macaulay, Zachary 扎卡里·麦考利
Macbean 麦克比恩
MacCoys 麦科考伊家族
MacDonald, Alexander 亚历山大·麦克唐纳
MacDonalds of Glencoe 格伦科的麦克唐纳
MacDonnell, Coll 科尔·麦克唐奈
MacDonnells of Keppoch 凯波奇的麦克唐奈
MacGillivray 麦杰里弗雷
MacGregors 麦克格里格
MacKenzie and Maclean of Clanranald 克兰拉纳德的麦肯齐\麦克莱恩
MacKenzie, Alexander 亚历山大·麦肯齐
MacKenzie, Henry 亨利·麦肯齐
Mackinnon 麦金农
Mackintosh, William 威廉·麦金托什
Maclains of Ardnamurchan 阿德纳默坎半岛的麦克莱恩
Maclaurin, Colin 柯林·麦克劳林
MacLeod, Malcolm 马尔科姆·麦克劳德
MacLeods of Sleat 斯里特的麦克劳德
MacLeods 麦克劳德
Maconochie, Alexander 亚历山大·麦科诺基
MacPherson 麦克弗森
Macpherson, James 詹姆斯·麦克弗森
Macquarie, Lachlan 拉克兰·麦考里
Madison, James 詹姆斯·麦迪逊
Mair, John 约翰·梅尔
Maitland, Charles 查尔斯·梅特兰
Malcolm, John 约翰·马尔科姆
Mandeville, Bernard 伯纳德·曼德维尔
Mansfield 曼斯菲尔德
Mar 马尔
Marchmont 马奇蒙特
Marshall, Wilson 威尔逊·马歇尔
Martineau, Harriet 哈丽特·马迪诺
Matheson, James 詹姆斯·马西森
Maxwell, James 詹姆斯·麦克斯韦
McAdam, John 约翰·麦克亚当
McAlpin, James 詹姆斯·麦卡尔平
Mccall, George 乔治·麦考尔
McCosh, James 詹姆斯·麦考什
McEwen, William 威廉·麦克文
McHenry, James 詹姆斯·麦克亨利
McKean, Thomas 托马斯·麦基恩
McKay, Donald 唐纳德·麦凯
McLean, Donald 唐纳德·麦克莱恩
McNeill, William 威廉·麦克尼尔
Melville, Andrew 安德鲁·梅尔维尔
Melville, Henry 亨利·梅尔维尔

Mencken, H. L. H. L. 门肯
Mennons, John 约翰·曼农斯
Mercer, Robert 罗伯特·默瑟
Midletoyne, Patrick 帕特里克·米德尔顿
Mill, James 詹姆斯·密尔
Mill, John Stuart 约翰·斯图亚特·密尔
Millar, John 约翰·米勒
Milton 弥尔顿
Moffat, Robert 罗伯特·莫法特
Molesworth 莫尔斯沃思
Monboddo 蒙博多
Montgomery 蒙哥马利
Montgomery, Catherine 凯瑟琳·蒙哥马利
Montgomery, Hugh 休·蒙哥马利
Morgan, Daniel 丹尼尔·摩根
Morse, Samuel Finley Breese 塞缪尔·费里·布利斯·莫尔斯
Morton 莫顿
Muir, Edwin 埃德温·缪尔
Munro, Thomas 托马斯·芒罗
Murdoch, William 威廉·默多克
Murray, James 詹姆斯·莫里
Murrays of Atholl 阿索尔的莫里

Nairne 奈恩
Napier, Charles James 查尔斯·詹姆斯·纳比尔
Napier, McVeigh 麦克维·纳比尔
Nasmyth, James 詹姆斯·内史密斯
Neilson, James 詹姆斯·尼尔森
Neilson, John 约翰·尼尔森
Newcomen, Thomas 托马斯·纽科门
Newhall, Forbes 福布斯·纽霍尔
Newton, Isaac 艾萨克·牛顿

O'Neill, Con 康·奥尼尔
Ogilvie 奥格尔维
Oswald 奥斯瓦尔德
Owen, Robert 罗伯特·欧文

Paine, Thomas 托马斯·潘恩
Pasley, Charles 查尔斯·帕斯利
Paterson, William 威廉·帕特森
Percival, Thomas 托马斯·波西佛
Pericles 伯里克利
Petrie, Adam 亚当·皮特里
Philip, John 约翰·菲利普
Pinkie 平克
Pitt, William 威廉·皮特
Pittock, Murray 莫里·皮托克
Playfair, John 约翰·普莱法尔
Playfair, Lloyd 劳埃德·普莱法尔
Playfair, William 威廉·普莱法尔
Polk, James Knox 詹姆斯·诺克斯·波尔克
Polk, Robert 罗伯特·波尔克
Polwarth 波尔沃思
Pope, Alexander 亚历山大·蒲柏
Potter, John 约翰·波特
Prebble 普雷布尔
Prebble, John 约翰·普雷布尔
Pufendorf, Samuel 萨穆埃尔·普芬道夫
Pulteney, William 威廉·普尔特尼

Queensberry 昆斯伯利

Raeburn, Henry 亨利·雷伯恩
Ramsay, Allan 艾伦·拉姆齐
Redman, John 约翰·雷德曼
Reid, Robert 罗伯特·里德
Reid, Thomas 托马斯·里德
Revett, Nicholas 尼古拉斯·里维特
Richardson, Samuel 塞缪尔·理查森
Riley, Patrick 帕特里克·赖利
Ritchie 里奇

Robertson, William 威廉・罗伯逊
Roebuck, John 约翰・罗巴克
Romilly, Samuel 塞缪尔・罗米利
Rousseau, Jean-Jacques 让-雅克・卢梭
Roy, Rob 罗布・罗伊
Ruddiman, Thomas 托马斯・拉迪曼
Rush, Benjamin 本杰明・拉什
Rutherford, John 约翰・卢瑟福

Salem 赛伦
Savery, Thomas 托马斯・萨弗里
Schiller, Friedrich 弗里德里希・席勒
Scott, Robert Bisset 罗伯特・比塞特・司各特
Scott, Walter 沃尔特・司各特
Scotus, John Duns 约翰・邓斯・司各托
Senior, Nassau 拿骚・西内尔
Shaw, Joshua 约书亚・肖
Sher, Richard 理查德・谢尔
Sheridan, Thomas 托马斯・谢里丹
Sibbald, Robert 罗伯特・希巴德
Simpson, George 乔治・辛普森
Simpson, James 詹姆斯・辛普森
Simson, Robert 罗伯特・西蒙森
Simson, Robert 约翰・西蒙森
Sinclair 辛克莱
Small, William 威廉・斯默
Smiles, Samuel 塞缪尔・斯迈尔斯
Smith, Adam 亚当・斯密
Smith, Sydney 西德尼・史密斯
Smollett, Tobias 托比阿斯・斯摩莱特
Snow, C. P. C. P. 斯诺
Soane, John 约翰・索恩
Somerville, Alexander 亚历山大・萨默维尔
Southey, Robert 罗伯特・骚塞
Spiers, Alexander 亚历山大・斯皮尔斯
Stair 斯泰尔
Stanley, Henry 亨利・斯坦利
Stapleton, Walter 沃尔特・斯特普尔顿
Stark, William 威廉・斯塔克
Steel, Patrick 帕特里克・斯蒂尔
Stephenson, George 乔治・斯蒂芬逊
Stevenson, Robert Louis 罗伯特・路易斯・斯蒂文森
Stewart, David 大卫・斯图尔特
Stewart, Dugald 杜格尔・斯图尔特
Stewart, James 詹姆斯・斯图尔特
Stewart, Matthew 马修・斯图尔特
Stewarts of Appin 阿平的斯图尔特
Stuart, Charles Edward 查尔斯・爱德华・斯图亚特
Swift, Jonathan 乔纳森・斯威夫特
Syme, Sarah 萨拉・塞姆

Taylor, Jeremy 杰里米・泰勒
Taylor, William 威廉・泰勒
Telford, Thomas 托马斯・特尔福德
Tennant, Gilbert 吉尔伯特・田农特
Tennant, William 威廉・田农特
Thackeray, Willaim Makepeace 威廉・梅克皮斯・萨克雷
Thomson, James 詹姆斯・汤姆森
Thomson, William 威廉・汤姆森
Tillotson, John 约翰・蒂洛逊
Townshend, Charles 查尔斯・汤森德
Toynbee, Arnold 阿诺德・汤因比
Tull, Jethro 杰思罗・塔尔

Vanburgh 范布勒
Virgil 维吉尔
Voltaire 伏尔泰

Wade, George 乔治・魏德
Walker, John 约翰・沃尔克

Wallace, John Findlay 约翰·芬德利·华莱士
Wallace, William 威廉·华莱士
Walpole, Horace 霍勒斯·沃波尔
Walpole, Robert 罗伯特·沃波尔
Watt, James 詹姆斯·瓦特
Webb, Keith 基斯·韦伯
Wedderburn, Alexander 亚历山大·韦德伯恩
Wedgewood, Josiah 约书亚·威奇伍德
White, Charles 查尔斯·怀特
Whitefield, George 乔治·怀特菲尔德
Wilkie, William 威廉·威尔基
Wilkinson, John 约翰·威尔金森
William of Orange 威廉五世(奥兰治亲王)
William Seton of Pitmedden 皮特蒙德的威廉·西顿
Wilson, Scot James 司各特·詹姆斯·威尔逊
Wishart, William 威廉·威沙特
Witherspoon, John 约翰·威瑟斯庞
Wolfe, James 詹姆斯·伍尔夫
Woolf, Virginia 弗吉尼亚·伍尔芙
Wren, Christopher 克里斯托弗·雷恩
Wylie, Hugh 休·怀利

Zucchi, Antonio 安东尼奥·祖奇

简明地名译名表

Abbotsford 阿伯茨福德
Aberdeen 阿伯丁
Achnacone 阿齐纳肯
Alleghenies 阿勒格尼山脉
Alloway 阿洛威
Antibes 安提比斯
Antrim 安特里姆郡
Arbroath 阿布罗斯
Ardersier 阿德西尔
Armagh 阿马市
Auchinleck 奥金莱克
Ayr 艾尔

Banff 班夫郡
Belfast 贝尔法斯特
Belle Île 美丽岛
Berwick-on-Tweed 特威德河畔的贝里克
Berwickshire 贝里克郡
Bonnymuir 邦尼缪尔
Borlum 博格勒姆
Borrodale 波罗代尔
Botany Bay 波特尼湾
Boyne 博伊奈
Braemar 布雷马
Brandywine 布兰迪温
Braxfield 布拉克斯菲尔德
Breadalbane 布雷多尔本
Bristol 布里斯托尔
Bucks County 雄鹿县
Bute 布特

Caledonioan Canal 喀里多尼亚运河
Cape Fear River 菲尔角河
Candle Makers Row 烛匠路
Carlisle 卡莱尔
Carnwath 康沃斯
Carrickfergus 卡里克弗格斯
Carskerdy 卡斯柯迪
Cessnock 赛斯诺克
Chesapeake Bay 切萨皮克湾
Chester 切斯特
Cisterna 西斯特纳
Clanranald 克兰拉纳德
Cleish（金罗斯郡的）克莱西镇
Cluny 克卢尼
Clyde 克莱德海湾/峡湾

Corriearrack Pass 科里亚拉克
Coventry 考文垂
Craigcrook 克雷格克鲁克
Crieff 克里夫
Culloden 卡罗登
Cumberland 坎伯兰
Currie 柯里

Dalkeith 达尔基斯
Darien 达里恩
Deanston 丁思顿
Derby 德比
Donegal 多尼各郡
Drogheda 德罗伊达
Drummossie Moor 德鲁莫西荒原
Dumfriesshire 邓弗里斯郡
Dunkirk 敦刻尔克

East Lothian 东洛锡安区
Eccles 埃克尔斯
Elgol 埃尔戈尔
Ellesmere Canal 埃尔斯米尔运河
Eriskay 埃里斯凯
Ettrick 埃特里克

Flanders 佛兰德斯
Forfarshire 福法尔郡
Forth 福斯

Galloway 加洛韦
Garth 加斯
Genoa 热那亚
Gettysburg 葛底斯堡
Gladsmuir 格拉迪斯缪尔
Glencoe 格伦科
Glendenning 格伦迪宁
Glenfinnan 格伦芬南
Glengary 格伦格里
Glengarry 格伦加里
Glenlyon 格伦里恩
Greenock 格林诺克
Griogaraich 格里奥格雷奇

Haddington 哈丁顿
Hampstead 汉普斯特德
Hanover 汉诺威
Hebridean 赫布里底
Herculaneum 赫库兰尼姆
Holyrood 荷里路德宫
Honduras 洪都拉斯

Innerpeffray 因内佩弗里
Inverary 因弗拉里
Inverlochy 因弗洛基

Karachi 卡拉奇(印度港口)
Kendal 肯德尔
Kilchonat 基尔乔恩奈特
Kildonan 基尔多南
Kilmarnock 基尔马诺克
Kincardineshire 金卡丁郡
Kinross 金罗斯郡
Kirkcudbright 柯尔库布里

Lanarkshire 拉纳克郡
Lancaster 兰开斯特
Leith 莱斯
Lichfield 利奇菲尔德
Lizard 利泽德
Loch Katrine 卡春湖
Loch Shiel 希尔湖
Lochiel 洛切尔
Lovat 洛瓦特
Luckenbooths 卢肯布斯

Lunenberg County 卢嫩堡县

Macclesfield 麦克莱斯菲尔德
Mackay 麦凯
Manchester 曼彻斯特
Meadowflat 梅多夫拉特
Mecklenburg County 梅克伦堡县
Menai Strait 梅纳伊海峡
Middle Atlantic 中大西洋
Moffat 莫法特
Mohawk Valley 莫霍克峡谷
Monmouth 蒙茅斯
Monticello 蒙蒂塞洛
Moore's Creek 摩尔溪

Neshaminy 尼沙米内
Netherbow 内泽波
Newcastle 纽卡斯尔
Ninewells 奈维尔
Norfolk 诺福克
Northampton 北安普敦

Ohio Valley 俄亥俄谷
Orange County 橘子县
Orangeburg 橘子堡
Orkneys 奥克尼群岛

Paisley 佩斯利
Penrith 彭里斯
Perth Amboy 珀斯安波伊
Perth 珀斯
Perthshire 珀斯郡
Peterhead 彼得黑德
Piedmont 皮德蒙特
Pittsylvania County 皮茨瓦尼亚县
Pompeii 庞贝
Portadown 波塔顿
Potomac 波托马克
Prestonpans 普雷斯顿潘斯

Raasay 拉塞
Ramshorn 拉姆索恩
Renfrewshire 伦弗鲁郡
Reston 雷斯顿
River Esk 艾斯克河
Rochester 罗切斯特
Rockbridge County 洛克布雷奇县
Roxburgh 罗克斯伯勒

Saltoun 索尔顿
Saratoga 萨拉托加
Savannah River 萨凡纳河
Savona 萨沃纳
Scarsdale 卡斯代尔
Seafield 谢菲尔德
Sedgemoor 赛吉穆尔
Selkirkshire 塞尔扣克郡
Shenandoah Valley 谢南多厄谷
Sheriffmuir 谢里夫缪尔
Sind 信德
South Uist 南尤伊斯特
Spithead 斯皮特赫德
St. Giles 圣吉尔斯
Stirling 斯特灵郡
Strathearn 斯特拉森
Strathglass 斯特拉斯格拉斯
Strathnaver 斯特拉斯纳沃尔
Susquehanna 萨斯奎哈纳
Sutherland 萨瑟兰

Tilbury 蒂尔伯里
Tortugas 托尔图加斯
Trenton 特伦顿
Trafalgar 特拉法加

Ujiji 乌吉吉
Ulster 阿尔斯特

Valley Forge 福吉谷

Wester Ross 韦斯特罗斯
Worcester 伍斯特

Yukon River 育空河

Zanzibar 桑给巴尔

图书在版编目（CIP）数据

苏格兰：现代世界文明的起点 /（美）赫尔曼(Herman,A.) 著；启蒙编译所译 . — 上海：上海社会科学院出版社，2016
ISBN 978-7-5520-1142-5

Ⅰ . ①苏… Ⅱ . ①赫… ②启… Ⅲ . ①苏格兰－历史
Ⅳ . ① K561

中国版本图书馆 CIP 数据核字 (2016) 第 043399 号

启蒙文库系启蒙编译所旗下品牌
本书版权、文本、宣传等事宜，请联系：qmbys@qq.com

苏格兰：现代世界文明的起点

著　　者：〔美〕阿瑟·赫尔曼
译　　者：启蒙编译所
责任编辑：唐云松
出版发行：上海社会科学院出版社
地　　址：上海顺昌路 622 号　　邮　　编：200025
电话总机：021-63315947　　销售热线：021-53063735
http://www. sassp. cn　　E-mail: sassp@sassp. cn
印　　刷：北京市十月印刷有限公司
开　　本：710 × 1000　1/16 开
印　　张：30
插　　页：3
字　　数：410 千
版　　次：2016 年 8 月第 1 版　2025 年 12 月第 8 次印刷

ISBN 978-7-5520-1142-5/K·309　　定价：128.00 元

读者联谊表

（电子文档备索）

姓名：　　　年龄：　　　　性别：　　　宗教：　　　党派：

学历：　　　专业：　　　　职业：　　　　所在地：

邮箱：____________________手机：_____________QQ：___________

所购书名：________________________在哪家店购买：______________

本书内容：满意　一般　不满意　　　本书外观：满意　一般　不满意

价格：贵　不贵　阅读体验：较好　一般　不好

有哪些差错：

有哪些需要改进之处：

建议我们出版哪类书籍：

平时购书途径：实体店　网店　其他（请具体写明）

每年大约购书金额：　　　　藏书量：　　　每月阅读多少小时：

您对纸质书与电子书的区别及前景的认识：

是否愿意从事编校或翻译工作：　　　　　愿意专职还是兼职：

是否愿意与启蒙编译所交流：　　　　　　是否愿意撰写书评：

如愿意合作，请将详细自我介绍发邮箱，一周无回复请不要再等待。

读者联谊表填写后电邮给我们，可六五折购书，快递费自理。

本表不作其他用途，涉及隐私处可简可略。

电子邮箱：qmbys@qq.com　　联系人：齐蒙

启蒙编译所简介

启蒙编译所是一家从事人文学术书籍的翻译、编校与策划的专业出版服务机构，前身是由著名学术编辑、资深出版人创办的彼岸学术出版工作室。拥有一支功底扎实、作风严谨、训练有素的翻译与编校队伍，出品了许多高水准的学术文化读物，打造了启蒙文库、企业家文库等品牌，受到读者好评。启蒙编译所与北京、上海、台北及欧美一流出版社和版权机构建立了长期、深度的合作关系。经过全体同仁艰辛的努力，启蒙编译所取得了长足的进步，得到了社会各界的肯定，荣获凤凰网、新京报、经济观察报等媒体授予的十大好书、致敬译者、年度出版人等荣誉，初步确立了人文学术出版的品牌形象。

启蒙编译所期待各界读者的批评指导意见；期待诸位以各种方式在翻译、编校等方面支持我们的工作；期待有志于学术翻译与编辑工作的年轻人加入我们的事业。

联系邮箱：qmbys@qq.com
豆瓣小站：https://site.douban.com/246051/